Peer Learning in der beruflichen Ausbildung

Potenziale und Auswirkungen auf Lernumgebungen in Betrieb und Berufsschule

Philipp Struck

Die Reihe **Berufsbildung, Arbeit und Innovation** bietet ein Forum für die grundlagen- und anwendungs-orientierte Forschung zu den Entwicklungen der beruflichen Bildungspraxis. Adressiert werden insbesondere berufliche Bildungs- und Arbeitsprozesse, Übergänge zwischen dem Schul- und Beschäftigungssystem sowie die Qualifizierung des beruflichen Bildungspersonals in schulischen, außerschulischen und betrieblichen Handlungsfeldern.

Hiermit leistet die Reihe einen Beitrag für den wissenschaftlichen und bildungspolitischen Diskurs über aktuelle Entwicklungen und Innovationen. Angesprochen wird ein Fachpublikum aus Hochschulen und Forschungseinrichtungen sowie aus schulischen und betrieblichen Politik- und Praxisfeldern.

Die Reihe ist gegliedert in die **Hauptreihe** und in die Unterreihe **Dissertationen/Habilitationen**.

Weitere Informationen finden
Sie auf **wbv.de/bai**

Philipp Struck

Peer Learning in der beruflichen Ausbildung

Potenziale und Auswirkungen auf
Lernumgebungen in Betrieb und Berufsschule

Die Verantwortung für den Inhalt dieser Veröffentlichung liegt bei dem Autor.

Die Habilitation wurde im März 2023 an der Philosophischen Fakultät der Universität Rostock genehmigt. Der Originaltitel der Habilitation lautet **„Peer Learning in der beruflichen Ausbildung – Nutzen und Effekte für Lernsettings in Betrieb und Berufsschule"**.

Berufsbildung, Arbeit und Innovation – Dissertationen/Habilitationen, Band 78

2023 wbv Publikation
ein Geschäftsbereich der
wbv Media GmbH & Co. KG, Bielefeld

Gesamtherstellung:
wbv Media GmbH & Co. KG, Bielefeld
wbv.de

Umschlagmotiv: 1expert, 123rf

Bestellnummer: 76171
ISBN (Print): 978-3-7639-7617-1
ISBN (E-Book): 978-3-7639-7618-8
DOI: 10.3278/9783763976188

Printed in Germany

Bibliografische Information der Deutschen Nationalbibliothek
Die Deutsche Nationalbibliothek verzeichnet diese Publikation in der Deutschen Nationalbibliografie; detaillierte bibliografische Daten sind im Internet über http://dnb.d-nb.de abrufbar.

Die freie Verfügbarkeit der E-Book-Ausgabe dieser Publikation wurde ermöglicht durch ein Netzwerk wissenschaftlicher Bibliotheken und Institutionen zur Förderung von Open Access in den Sozial- und Geisteswissenschaften im Rahmen der *wbv Open-Library 2023*.

Die Publikation beachtet unsere Qualitätsstandards für Open-Access-Publikationen, die an folgender Stelle nachzulesen sind:
https://www.wbv.de/fileadmin/importiert/wbv/PDF_Website/Qualitaetsstandards_wbvOpenAccess.pdf

Großer Dank gebührt den Förderern der OpenLibrary 2023 im Fachbereich Berufs- und Wirtschaftspädagogik:

Otto-Friedrich-Universität **Bamberg** | Humboldt-Universität zu **Berlin** | Universitätsbibliothek **Bielefeld** | Bundesinstitut für Berufsbildung (BIBB, **Bonn**) | Rheinische Friedrich-Wilhelms-Universität **Bonn** | Technische Universität **Braunschweig** | Vorarlberger Landesbibliothek (**Bregenz**) | Staats- und Universitätsbibliothek **Bremen** | Universitäts- und Landesbibliothek **Darmstadt** | Universitäts- und Landesbibliothek **Düsseldorf** | Sächsische Landesbibliothek – Staats- und Universitätsbibliothek (SLUB, **Dresden**) | Goethe-Universität **Frankfurt am Main** | Pädagogische Hochschule **Freiburg** | Justus-Liebig-Universität **Gießen** | Fernuniversität **Hagen** | Staats- und Universitätsbibliothek **Hamburg** | TIB **Hannover** | Universitätsbibliothek **Kassel** | Karlsruhe Institute of Technology (KIT, **Karlsruhe**) | Pädagogische Hochschule **Karlsruhe** | Universitätsbibliothek **Kiel** | Universitäts- und Stadtbibliothek **Köln** | Universitätsbibliothek **Leipzig** | Zentral- und Hochschulbibliothek (ZHB, **Luzern**) | Hochschule der Bundesagentur für Arbeit (**Mannheim**) | Fachhochschule **Münster** | Universitäts- und Landesbibliothek **Münster** | Landesbibliothek **Oldenburg** | Pädagogische Hochschule **Schwäbisch Gmünd** | Universitätsbibliothek **St. Gallen** | Zürcher Hochschule für Angewandte Wissenschaften (ZAHW, **Winterthur**)

Danksagung

Im Entstehungsprozess dieser Arbeit haben mich viele Menschen unterstützt, ihnen möchte ich an dieser Stelle meinen persönlichen Dank aussprechen. Ein besonderes Dankeschön gilt meinem Erstbetreuer Franz Kaiser, der mich von Beginn an gefördert und motiviert hat sowie mit seinem fachlichen Rat durchgängig eine wichtige Hilfe für mich gewesen ist. Ebenso danke ich herzlich meiner Zweitgutachterin Viola Deutscher.

Wertvoll waren ebenfalls die kollegiale Unterstützung und die inhaltlichen Anregungen, die ich am Institut für Berufspädagogik der Universität Rostock erhielt. Namentlich möchte ich dabei gerne Claudia Kalisch, Mathias Götzl und Sandra Fahle sowie Anne Traum und Uta Ziegler hervorheben. Weiterer Dank gebührt unbedingt auch Patricia Franz, Yannik Alcala und Hannah Frind sowie der studentischen Seminargruppe des „Berufsbildungsforschungsprojekts".

Abschließend möchte ich von ganzem Herzen meiner Frau und meinem Sohn, meinen Eltern und Großeltern, meiner gesamten Familie und meinen Freundinnen und Freunden danken, die mich in den letzten Jahren immer unterstützt haben.

Inhalt

Abkürzungsverzeichnis

BIBB	Bundesinstitut für Berufsbildung
BMBF	Bundesministerium für Bildung und Forschung
bspw.	beispielsweise
bzgl.	bezüglich
bzw.	beziehungsweise
d. h.	das heißt
et al.	et alii
etc.	et cetera
ggfs.	gegebenenfalls
Hrsg.	Herausgeber*innen
inkl.	inklusive
KMK	Kultusministerkonferenz
MZP	Messzeitpunkt
S.	Seite(n)
SDT	Self Determination Theory
SPSS	Statistical Package for the Social Sciences
TZI	Themenzentrierte Interaktion
u. a.	unter anderem
z. B.	zum Beispiel

Vorwort

Peer Learning als Beitrag zur Förderung kritischer Gestaltungsfähigkeit in der beruflichen Bildungspraxis

Warum kritische Gestaltungsfähigkeit fördern?

Die berufliche Bildung findet häufig an den beiden Lernorten Ausbildungsbetrieb und Berufsschule statt. Dieses sogenannte „Duale System" der Berufsbildung genießt in vielen Teilen der Welt eine Vorbildfunktion aufgrund seiner starken Nähe zu den Anforderungen am Arbeitsmarkt und seiner damit verbundenen effektiven Übergangsgestaltung von der Schule in den Beruf – eine mögliche Ursache für die vergleichsweise niedrige Jugendarbeitslosigkeit in Deutschland. Zugleich existiert aber auch ein bedeutsamer Teil beruflicher Ausbildung außerhalb dieses Systems in beruflichen Fachschulen (bspw. im Bereich Gesundheit und Pflege). Damit wird deutlich, dass eine Betrachtung der beruflichen Ausbildung in Deutschland sinnvoll beide Formen und Lernorte berücksichtigen sollte, will sie Aussagen zur Gesamtsituation treffen. Forschungen, die diese Komplexität bei didaktischen Entwicklungen in den Blick nehmen, sind aufgrund ihrer Komplexität sehr selten.

Neben dieser Unterschiedlichkeit sieht sich die Berufsbildung zugleich mit einem wachsenden Trend zur Akademisierung konfrontiert, der ihre Attraktivität mildert, zumal insbesondere die betriebliche Ausbildung noch immer mit tradierten Vorstellungen und Haltungen wie z. B. „Lehrjahre sind keine Herrenjahre" verbunden wird. Dies führt zu der Frage, ob sich Methoden finden lassen, die einer solch tradierten Form entgegenwirken. Gibt es Lernformen, die demokratische Selbstständigkeit und soziale Kompetenz befördern und damit auch gegen die Ausbildung autoritärer Persönlichkeit (Henkelmann et al., 2020) wirken können und zugleich die Aneignung von notwendigen Kenntnissen und Fähigkeiten in der Berufsausbildung ermöglichen?

Wir wissen, dass in Abhängigkeit von den Lernformen, die in Erziehungssystemen und auch der beruflichen Bildung praktiziert werden, die Lernenden/Auszubildenden mehr oder weniger Möglichkeiten zur Selbststeuerung und Selbstentfaltung sowie zum Erleben ihrer bereits entwickelten Kompetenzen und zur kritischen Reflexion ihrer Erfahrungen und Perspektiven erlangen (Caspers et al., 2023). Auch ist uns bewusst, dass diese Lernformen nicht für alle Lernenden in gleicher Weise geeignet sind (Bremer, 2004).

Innovative Lernformen wie das hier untersuchte Peer Learning bieten im Hinblick auf die soeben geschilderte Situation mehrere Möglichkeiten, wenn sich durch ihren Einsatz ein spezifisches Potenzial zur Verbesserung des Lernens, der Zusammenarbeit und des Kompetenzerlebens in der beruflichen Ausbildung bestätigt. So könnte ein Ansatz, der überwiegend in der Sozialpädagogik und Prävention der Jugendarbeit seine Wirksamkeit nachgewiesen hat, zu einer Effektivitäts- und Attraktivitätssteigerung der beruflichen Bildung beitragen, die Methodenvielfalt dort hilfreich erweitern und schließlich auch Ansatzpunkt für eine Förderung der sozialen Kompetenz der Auszubildenden sein.

Die vielfach in schulischen Settings und zum Teil auch in betrieblichen Hierarchien gespiegelten Lernformen des „Vormachens, Nachmachens, Übens" könnten enthierarchisiert werden und stärker auf ein kollegiales Zusammenarbeiten und Mitdenken vorbereiten, was zunehmend in einer sich wandelnden Arbeitswelt auf der Ebene der Facharbeit benötigt wird. Das hier untersuchte Konzept passt auch in besonderer Weise zu den aktuell vorgelegten Standardberufsbildpositionen der Ausbildungsordnungen, die eine zunehmende Selbstständigkeit und Mündigkeit der Auszubildenden fordern, wenn dort bspw. zum Thema „Umweltschutz und Nachhaltigkeit" die Anforderung formuliert wird: „Vorschläge für nachhaltiges Handeln für den eigenen Arbeitsbereich entwickeln" (BIBB, 2020, S. 2).

Die Wissens- und Erfahrungsbestände der Auszubildenden zu nutzen und ihnen in betrieblicher und schulischer Ausbildung auch als Innovationsfaktor Raum zu eröffnen, erscheint in Anbetracht des aktuellen Klimawandels, der gewaltigen sozialen Herausforderungen und der damit einhergehenden Notwendigkeit von Transformationsprozessen dringend geboten (Kaiser, 2023).

Der Beitrag der Forschung zu Peer Learning in der beruflichen Bildung

Die Habilitationsschrift von Dr. Philipp Struck basiert auf einem Umsetzungsprojekt, das verschiedene Formen des Peer Learning in der beruflichen Ausbildung in Schulen und Betrieben zum Gegenstand hat. Diese Umsetzung in den Jahren 2018/2019 wurde mit einem mehrere Methoden umfassenden Forschungsdesign begleitet, um damit Effekte dieses Ansatzes in der beruflichen Erstausbildung zu beobachten. Peer Learning umfasst hierbei Ansätze, die Auszubildende für die Unterstützung von Lernprozessen mit spezifischen Rollen und Aufgaben untereinander einsetzen und damit die Verantwortung für den Lernprozess vorübergehend verstärkt auf die Auszubildenden selbst übertragen.

So erschließt die Schrift Begründungen für den Einsatz der Methode, dazugehörige theoretische Grundlagen, das Forschungssetting, die projekthafte Implementierung der Ansätze in unterschiedlichen Berufsfeldern in Betrieben und Schulen, einschließlich der damit verbundenen Schulungen der Auszubildenden, und die Analyse der Befunde bis hin zu Gestaltungsempfehlungen.

Besonders hervorzuheben ist hierbei insbesondere das aufwendige forschungsmethodische Design und die umfangreiche Datengrundlage, die auf 14 mehrmonatigen Lernprojekten in sechs verschiedenen Institutionen (drei Betrieben, drei berufliche Schulen) und in elf unterschiedlichen Ausbildungsberufen basiert. Auch der Einsatz und die Verknüpfung mit dem Studiengang für das Lehramt an beruflichen Schulen im Rahmen des Moduls „Berufsbildungsforschungsprojekt" für Masterstudierende der Universität Rostock liefert interessante Hinweise für Möglichkeiten des forschenden Lernens an Universitäten und Hochschulen.

Die drei wesentlichen Fragestellungen, inwiefern erstens Peer Learning zu Einstellungsveränderungen führt, ob es zweitens die Intensität der Zusammenarbeit verändert und schließlich welcher Bedingungen es bedarf, damit Peer Learning gelingt, spannen einen weiten Bogen und erheben einen hohen Anspruch an die Forschung, die durch mehrmalige quantitative Erhebungen, Netzwerkanalysen und zusätzliche qualitative Interviews erfolgt.

Dr. Struck verfolgt dabei zwei Ziele. Zum einen werden praxisbezogen exemplarisch Varianten der Methode in unterschiedlichen Organisationen und Ausbildungsgängen erprobt und zudem wird eruiert, ob und wie Peer Learning in der beruflichen Ausbildung gelingen kann, einschließlich der Entwicklung einer Schulung von Auszubildenden. Zum Zweiten wird ein Forschungsinstrumentarium unter Rückgriff auf unterschiedlich disziplinär beheimatete Forschungsstände auf den Gegenstand bezogen designt und die Forschung durchgeführt, ehe die Befunde analysiert und im Hinblick auf deren Konsequenzen bezogen auf die Implementierung von Peer Learning in der beruflichen Ausbildung bewertet werden. Damit liegen Anregungen sowohl für die betriebliche und schulische Ausbildungspraxis als auch für die Berufsbildungsforschung und deren methodisches Instrumentarium vor.

Bemerkenswert ist, dass die kritische Berufsbildungstheorie aufgegriffen und zur Reflexion herangezogen wird. Dies macht Limitationen der eingesetzten Umsetzungsmethode sichtbar, aber auch bestehende Widersprüche der beruflichen Bildung, die sich auf die Implementierung von Peer Learning in die berufliche Bildungspraxis auswirken. Das dieser theoretische Bezugspunkt hier nur exemplarisch und in Ansätzen zur Geltung gebracht werden kann, ist neben seinem sehr umfassenden Anspruch auch dem bislang bestehenden Desiderat zur empirischen Prüfung kritischer Bildungstheorien zuzuschreiben und bereits als Versuch ein besonderer Verdienst.

Auch der Rückgriff auf die Selbstbestimmungstheorie und insbesondere die Themenzentrierte Interaktion als Gestaltungsinstrument für die Schulungen und zur kritischen Reflexion ist eher selten und erweist sich hier, wie auch in neueren Arbeiten von Thole (2021) und Casper et al. (2023), als außerordentlich fruchtbar.

So bietet die vorgelegte Schrift eine Vielzahl von Anknüpfungsmöglichkeiten für die forschungsmethodologische Weiterentwicklung zur Untersuchung von Lernsettings, aber auch im Hinblick auf die praktische Ausbildungsgestaltung in Schule und Betrieb. Ein großer Wehmutstropfen aber bleibt. Eine nachhaltige Implementierung von innovativen methodisch-didaktischen Ansätzen, die auf eine Stärkung der Auszubildenden durch Selbstwirksamkeitserfahrungen zielen und zugleich eine Entlastung für das eingesetzte Bildungspersonal langfristig in Aussicht stellen, setzt gute Methodenkompetenz bei ebendiesen voraus. Der aktuelle Trend zu Schnellqualifizierungen durch Quer- und Seiteneinstiege in das berufliche Lehramt ohne fundierte pädagogische und bildungswissenschaftliche Grundlagen und die quantitative Entwicklung im Bereich des betrieblichen Ausbildungspersonals (Bahl & Schneider, 2022) stehen diesen Zielen massiv entgegen und bedürfen des politischen Widerspruchs, dem diese Arbeit, die am Institut für Berufspädagogik in Rostock entstand, ein weiteres Argument zuführt.

Prof. Dr. Franz Kaiser, September 2023

Quellen

Bahl, A. & Schneider, V. (2022). Betriebliches Ausbildungspersonal in Zahlen. *Berufsbildung in Wissenschaft und Praxis, 4*, 8–10.

BIBB (2020). *Empfehlung des Hauptausschusses des Bundesinstituts für Berufsbildung vom 17. November 2020 zur „Anwendung der Standardberufsbildpositionen in der Ausbildungspraxis".* Online: https://www.bibb.de/dokumente/pdf/HA172.pdf (14.09.2023).

Bremer, H. (2004). Der Mythos vom autonom lernenden Subjekt. Zur sozialen Verortung aktueller Konzepte des Selbstlernens und zur Bildungspraxis unterschiedlicher sozialer Milieus. In S. Engler & B. Krais (Hrsg.), *Das kulturelle Kapital und die Macht der Klassenstrukturen* (S. 189–213). Weinheim, München: Juventa.

Casper, M., Kastrup, J. & Nölle-Krug, M. (2023). Lebendiges Lernen mit kreativen und erfahrungsbasierten Methoden zur didaktischen Umsetzung einer Berufsbildung für nachhaltige Entwicklung. In M. Ansmann, J. Kastrup & W. Kuhlmeier (Hrsg.), *Berufliche Handlungskompetenz für nachhaltige Entwicklung. Die Modellversuche in Lebensmittelhandwerk und -industrie* (S. 180–197). Leverkusen: Barbara Budrich.

Henkelmann, K., Jäckel, C., Stahl, A., Wünsch, N. & Zopes, B. (Hrsg.) (2020). *Konformistische Rebellen. Zur Aktualität des autoritären Charakters.* Berlin: Verbrecher.

Kaiser, F. (2023). Berufliche Bildung als Befähigung zum Widerstand gegen eine nichtnachhaltige Gegenwart. *berufsbildung, 1(77)*, 2–5.

Thole, C. (2021). *Berufliche Identitätsarbeit in der subjektivierten Arbeitswelt als Bildungsauftrag der Berufsschule. Am Beispiel der dualen Ausbildung im Einzelhandel.* Bielefeld: wbv.

1 Einleitung

1.1 Thematische Einführung und Erkenntnisinteresse

Die Gestaltung von Lernsettings in der beruflichen Ausbildung ist eine zentrale Aufgabe für schulisches und betriebliches Bildungspersonal. Wird im beruflichen Lernen eine Steigerung von Lernmotivation und Lernerfolg bei den Auszubildenden beabsichtigt, sind aktivierende Lernformen wie Peer Learning potenziell geeignete Methoden. Als zentrale Kriterien im Peer Learning werden u. a. die Kommunikation auf Augenhöhe und die gegenseitige Glaubwürdigkeit der Peers erachtet. Diese Aspekte können die Weitergabe von Fähigkeiten, Kompetenzen und Wissen von Peer zu Peer sowie die Vermittlung in Konflikt- oder Problemsituationen erleichtern. Darüber hinaus ermöglicht die aktive und wechselseitige Unterstützung, beiden Seiten im Lernprozess zu profitieren. Auf individueller Ebene wird als Nutzen für die Auszubildenden erwartet, dass die Ansätze des Peer Learning das Interesse und die Motivation am Lernen fördern sowie insbesondere zur Wiederholung von fachlichen Inhalten geeignet sind.

Die Stärkung sozialer und sozial-kommunikativer Kompetenzen ist ein weiteres Ziel, denn Peers können in der Regel Lerninhalte authentischer vermitteln und bei (Verständnis-)Schwierigkeiten mit größerer emotionaler Beteiligung unterstützen als professionelles Lehrpersonal. Durch die wechselseitige Vermittlung fachlicher Kenntnisse und die Erweiterung der Kooperationsfähigkeit können Formen des gemeinsamen Lernens zusätzlich die Persönlichkeitsentwicklung der Auszubildenden fördern. Die Implementierung von Ansätzen des Peer Learning kann potenziell auch das Gruppenklima bzw. den Zusammenhalt in der Gruppe verbessern, u. a., da durch Peer Learning auch leistungsschwächere oder sozial isolierte Auszubildende (besser) erreicht werden können.

Die vorliegende Arbeit möchte einen Forschungsbeitrag für die Berufs- und Wirtschaftspädagogik sowie die berufliche Bildung leisten und den Nutzen des Peer Learning in der beruflichen Ausbildung mit vier forschungsmethodischen Zugängen analysieren. Des Weiteren sollen für die Gestaltung pädagogischer Lernsituationen konkrete Hinweise und Anregungen zur Implementierung des Peer Learning in der beruflichen Ausbildung formuliert werden. Die Handlungsempfehlungen zur Gestaltung von Lernsettings richten sich an betriebliches und schulisches Bildungspersonal und sollen als Anregungen verstanden werden, wie das gemeinsame Lernen innerhalb der beruflichen Ausbildung zusätzlich gefördert werden kann.

Das *Erkenntnisinteresse* der vorliegenden Arbeit umfasst demzufolge die Betrachtung und Analyse des Nutzens und der Effekte von Peer Learning für Lernsettings in den Lernorten Betrieb und Berufsschule. Untersucht werden der (potenzielle) Einfluss auf das gemeinsame Lernen sowie benötigte Voraussetzungen, um die pädagogischen Ansätze erfolgreich in der beruflichen Ausbildung implementieren zu können.

Das Erkenntnisinteresse bildet entsprechend mehrere Perspektiven ab, die sich in drei *Forschungsfragen* unterteilen lassen:

(1) Welche Einstellungen und Dimensionen können durch Peer Learning bei Auszubildenden gefördert werden?

(2) Inwieweit hat Peer Learning Einfluss auf das gemeinsame Lernen sowie die (sozialen) Beziehungen und Interaktionen innerhalb von Klassen und Jahrgängen in der beruflichen Ausbildung?

(3) An welche Voraussetzungen ist die Durchführung von Peer Learning in der beruflichen Ausbildung gebunden?

Um diese Forschungsfragen beantworten zu können, werden in der vorliegenden Arbeit insgesamt drei verschiedene Formen von Peer Learning (Peer Tutoring, Peer Mentoring und Peer Education) in gewerblich-technischen Ausbildungsberufen sowie Ausbildungsberufen im Gesundheitswesen unter Verwendung von vier forschungsmethodischen Zugängen (Soziale Netzwerkanalyse, Fragebogen mit mehrfach erprobten Skalen, Problemzentrierte Interviews und Expert*inneninterviews), in einem Kontrollgruppendesign wissenschaftlich untersucht. Das Forschungssetting umfasst Auszubildende aus drei berufsschulischen und drei betrieblichen Lernorten, sodass mit einem Fragebogen insgesamt 243 Auszubildende schriftlich befragt werden konnten. Zudem konnten 39 Interviews mit Auszubildenden und 15 Interviews mit Lehr- und Ausbildungskräften realisiert werden.

Durch den Ansatz des Mixed Methods Research bzw. die Triangulation sollen die Schwächen der einzelnen Methoden wechselseitig ausgeglichen bzw. ergänzt werden. Den Empfehlungen von Steckler, McLeroy, Goodman, Bird und McCormick (1992) folgend, werden die qualitativen und quantitativen Methoden gleichberechtigt verwendet, um die Resultate aller Methoden separat analysieren zu können. Dies ermöglicht abschließend die Überprüfung, ob die Ergebnisse der vier Forschungsmethoden ähnliche Schlussfolgerungen zulassen. Als Stärke quantitativer Methoden kann formuliert werden, faktische und zuverlässige Daten zu generieren, welche partiell verallgemeinerbar sind. Qualitative Methoden ermöglichen hingegen detaillierte Prozessdaten, welche auf der Perspektive der Teilnehmenden im Forschungsprojekt beruhen (Steckler et al., 1992, S. 1 ff.). Für die wissenschaftliche Auswertung des vorliegenden Forschungsprojekts sind beide Perspektiven relevant, um abschließend neue Erkenntnisse über den Nutzen und die Effekte von Peer Learning in der beruflichen Ausbildung ermitteln zu können.

Die pädagogischen Ansätze des Peer Learning sollen sowohl den Auszubildenden beim Lernen als auch für ihren Wissensaufbau helfen und im Idealfall zur Förderung von Teildimensionen der beruflichen Handlungskompetenz (KMK 2018) beitragen. Zur kritischen Einordnung und Betrachtung der Widersprüche in der beruflichen Bildung werden Anmerkungen und Forderungen der kritisch-emanzipatorischen Berufsbildungstheorie (Kaiser & Ketschau, 2019) in der Arbeit berücksichtigt. Demnach kann ein unzureichender Blick auf das einzelne Subjekt und die persönlichen Bedürfnisse in der beruflichen Bildung kritisiert werden. Mit den Ansätzen des Peer Learning soll in Teilen auch diesen Forderungen Ausdruck verliehen werden, um (potenziell) einen Beitrag zur Förderung und Stärkung von Aspekten wie Solidarität oder auch Partizipation leisten zu können.

Zur weiterführenden theoretischen Verortung der Ansätze des Peer Learning in der beruflichen Bildung erscheint ferner die Selbstbestimmungstheorie der Lernmotivation von Deci und Ryan (1993, 2000, 2008), mit den psychologischen Grundbedürfnissen nach Autonomieerleben, sozialer Eingebundenheit und Kompetenzerleben, als geeignete Option. Denn diese Theorie wurde für die wissenschaftliche Analyse von (gelingenden) Lernprozessen und Lernkontexten in der beruflichen Bildung bereits mehrfach grundlegend verwendet, wie u. a. Arbeiten von Prenzel und Drechsel (1996), Harteis, Bauer, Festner und Gruber (2004), Gebhardt, Martínez Zaugg und Nüesch (2009), Rausch (2011) oder auch Gebhardt, Martínez Zaugg und Metzger (2014) belegen.

Insbesondere der Aspekt der sozialen Eingebundenheit (als Voraussetzung für gelingende Lernhandlungen) erscheint relevant, da Peer Learning u. a. das soziale Lernen verbessern und die soziale Isolierung (Einzelner) reduzieren will, wie u. a. Topping (1996) und auch Haag und Streber (2011) anmerken. Durch das Peer Learning soll den Auszubildenden in der beruflichen Bildung ein Bewusstsein ermöglicht werden, welches ihnen verdeutlicht, dass sie gemeinsam bzw. als Gruppe (oder im Team) mehr erreichen können. Das gemeinsame Lernen soll das Gemeinschaftsgefühl stärken und die soziale Integration fördern.

Der Bedarf bzw. die Relevanz solcher Ziele kann entlang empirischer Studien (u. a. Kutscha, Besener & Debie (2012); Gebhardt et al. (2009)) aufgezeigt bzw. argumentativ gestützt werden. So wünschen sich Auszubildende im Rahmen ihrer Ausbildung mehr Feedback und mehr (kollegiale) Unterstützung sowie auch mehr Anerkennung bzw. Lob und Wertschätzung. Ferner haben sie Angst, Fehler zu machen. Um diesen Herausforderungen zu begegnen, kann Peer Learning eine geeignete pädagogische Methode sein. Denn Peer Learning will wechselseitiges Feedback sowie Lob und Anerkennung untereinander fördern. In der praktischen Umsetzung werden die Auszubildenden u. a. dazu angeregt, sich gegenseitig um Rat zu fragen, auch, um ihre eigene Unsicherheit und Unwissenheit mit anderen Peers zu thematisieren. Ergänzend ist zu erwähnen, dass die Studie von Leijten und Chan (2012) zum Peer Learning in der beruflichen Bildung verdeutlicht, dass Peer Ansätze die Feedbackqualität erhöhen und wirksame Peer Feedbackstrategien befördern können. Darüber hinaus konnte von Leijten und Chan (2012) gezeigt werden, dass sozialkompetentes Verhalten gefördert wird und die Vielfalt sowie der Umfang der Peer Interaktionen während der Lernaktivitäten zugenommen haben.

Dennoch bestehen gegenwärtig diverse Forschungsdesiderate zum Peer Learning, bspw. liegen nur wenige empirische Studien zum informellen Lernen in Peer Beziehungen vor (Krüger & Hoffmann, 2016, S. 392 f.) sowie zu Peer Beziehungen am Arbeitsplatz (Köhler, 2016, S. 108). Ähnliches gilt für peerbezogene Möglichkeitsräume, welche Lern- und Bildungsprozesse im Jugendalter fokussieren (Grunert & Krüger, 2020, S. 706). Mit der vorliegenden Arbeit soll die Wirksamkeit des Peer Learning für die Lernorte Betrieb und Berufsschule empirisch analysiert werden, um dadurch einen Beitrag zur Förderung partizipativer Lernformen in der beruflichen Bildung zu leisten.

Entsprechend soll mit der Arbeit versucht werden, die bestehende Forschungslücke über den Nutzen von Peer Learning in der beruflichen Bildung ein Stück weit zu reduzieren. Gleichzeitig sollen für die Gestaltung von Lernprozessen in Betrieb und Berufsschule praktische Anregungen und Hinweise zur Umsetzung formuliert werden. Entsprechend soll das Potenzial bzw. der Mehrwert, das bzw. den Peer Learning für die berufliche Ausbildung (potenziell) eröffnet, empirisch abgesichert und für die Praxis anwendungsorientiert aufbereitet, in der vorliegenden Arbeit illustriert werden.

1.2   Struktur und Aufbau der Arbeit

Einleitend beginnt die Arbeit in Kapitel 2 mit einer thematischen Herleitung und theoretischen Rahmung. Dazu werden zentrale Begriffe wie Peer Learning fokussiert und die theoretische Argumentation und Vorüberlegungen zu den pädagogischen Ansätzen dargestellt. Daran anschließend werden die berufliche Bildung und ihre Ziele beschrieben sowie die inhaltliche Nähe und Relevanz des Forschungsprojekts für die Wissenschaftsdisziplin der Berufs- und Wirtschaftspädagogik hervorgehoben. Zur weiterführenden thematischen Auseinandersetzung werden im darauffolgenden Unterkapitel die Widersprüche innerhalb der beruflichen Bildung diskutiert und Sichtweisen sowie Argumentationen der kritisch-emanzipatorischen Berufsbildungstheorie in den Diskurs übertragen. Darüber hinaus werden in Kapitel 2 die Selbstbestimmungstheorie der Lernmotivation von Deci und Ryan (1993, 2000, 2008) sowie die Themenzentrierte Interaktion zur fortführenden Einordnung und Rahmung des Forschungsprojekts vorgestellt und ihre Relevanz für das Projekt wird verdeutlicht, um die Bedeutung der Konstrukte und Theorien zu unterstreichen. Das Kapitel schließt mit einem Zwischenfazit.

Im Anschluss an die theoretische und inhaltliche Rahmung werden in Kapitel 3 empirische Ergebnisse verschiedener Studien aus der beruflichen (Aus-)Bildung, der Peer Forschung und dem Peer Learning in der beruflichen (Aus-)Bildung präsentiert. Die systematische Übersicht unterstreicht erneut die Forschungslücke, da die in dieser Arbeit angenommenen Effekte (bzw. Veränderungen) des Peer Learning in der beruflichen Ausbildung zuvor noch nicht überprüft wurden und auch keine (umfassenden) Erkenntnisse zu den Voraussetzungen für eine Durchführung von Peer Learning in der beruflichen Ausbildung vorliegen. Dennoch beinhalten die Studien (erste) Erkenntnisse, welche vergleichend berücksichtigt werden können. In einem Zwischenfazit werden die empirischen Befunde in den aktuellen Forschungsdiskurs eingeordnet und die Konsequenzen für die eigene Arbeit diskutiert.

Daran anschließend werden in Kapitel 4 die drei Forschungsfragen und die Hypothesen hergeleitet, wobei die theoretischen Vorannahmen aus Kapitel 2 und die empirischen Erkenntnisse aus Kapitel 3 berücksichtigt werden. Die Vorstellung der Überlegungen zu den Forschungsfragen und den statistisch überprüfbaren Hypothesen erfolgt zur übersichtlicheren Darstellung getrennt in drei Unterkapiteln.

In Kapitel 5 werden das forschungsmethodische Vorgehen und die Projektumsetzung thematisiert. Zunächst werden das Forschungssetting und das Projekt „Peer Learning in der beruflichen Ausbildung" vorgestellt. Dabei wird u. a. die konkrete Umsetzung der drei Ansätze Peer Tutoring, Peer Education und Peer Mentoring beschrieben. In den Unterkapiteln 5.3 bis 5.6 werden darüber hinaus die vier Forschungsmethoden, die quantitative Fragebogenerhebung (inkl. der Vorstellung der verwendeten Skalen), die Soziale Netzwerkanalyse, die Interviews mit den Auszubildenden und die Interviews mit den Lehr- und Ausbildungskräften (jeweils inkl. der Auswertungsmethode und der Vorstellung des Kategoriensystems), erläutert.

Die empirische Auswertung und Analyse der erhobenen Daten erfolgt in Kapitel 6, strukturiert nach den drei Forschungsfragen und gegliedert in drei Unterkapitel. In Kapitel 6.1 werden zur Auswertung der ersten Forschungsfrage sowohl die Ergebnisse aus der Fragebogenerhebung sowie aus den Interviews mit den Auszubildenden und den Lehr- bzw. Ausbildungskräften zusammengetragen und analysiert. Die Auswertung der zweiten Forschungsfrage in Kapitel 6.2 berücksichtigt die Ergebnisse aus der Sozialen Netzwerkanalyse und den Interviews, während die Auswertung der dritten Forschungsfrage in Kapitel 6.3 ausschließlich die Interviews mit den Auszubildenden und den Lehr- bzw. Ausbildungskräften als Datenbasis umfasst. Alle drei Unterkapitel schließen jeweils mit einer Einordnung der generierten Ergebnisse.

Die Arbeit endet in Kapitel 7.1 mit der Betrachtung zentraler Erkenntnisse, dies umfasst eine abschließende Diskussion und die Präsentation der Handlungsempfehlungen für die Praxis. Des Weiteren wird in Kapitel 7.2 das forschungsmethodische Vorgehen, unter Benennung von Limitationen, reflektiert und die eigene Arbeit mit einem Fazit und Forschungsausblick (7.3) abgeschlossen.

2 Thematische Herleitung und theoretische Rahmung

Das Kapitel 2 widmet sich einer vertiefenden Betrachtung zentraler Begriffe, Konzepte, und theoretischer Aspekte, welche das Thema herleiten und rahmen, zugleich aber auch einen argumentativen Hintergrund bilden. Nach Vorstellung des Peer Learning und seiner theoretischen Grundlagen und Bezugspunkte, der Skizzierung des Aufgabenfeldes der beruflichen (Aus-)Bildung, einer Thematisierung von Widersprüchen in der beruflichen Bildung (unter Berücksichtigung der Perspektive und Argumentation der kritisch-emanzipatorischen Berufsbildungstheorie), der Selbstbestimmungstheorie der Lernmotivation und Überlegungen aus bzw. zu der Themenzentrierten Interaktion werden abschließend die Aspekte einordnend in einem Zwischenfazit diskutiert. Dies geschieht insbesondere, um den Ansatz und potenziellen Nutzen des Peer Learning in der beruflichen Ausbildung argumentativ zu festigen.

2.1 Peer Learning

Bevor im Kapitel 2.1.2 theoretische Argumente zur Erklärung und (potenziellen) Wirkung des Ansatzes von Peer Learning behandelt werden, erfolgt in Kapitel 2.1.1 zunächst eine Begriffsklärung.

2.1.1 Der Ansatz des Peer Learning – Eine Begriffsklärung

In diesem Unterkapitel werden, im Sinne eines vertiefenden thematischen Einstiegs, drei zentrale Begriffe („Peers", „Peer Group" und „Peer Learning") der Arbeit vorgestellt. Neben der inhaltlichen Klärung werden zudem Aspekte hinsichtlich ihrer Relevanz und Funktion im Jugendalter thematisiert und abschließend (an-)diskutiert.

Mit dem Begriff *Peers* sind im (alltäglichen) deutschen Sprachgebrauch zumeist gleichaltrige Personen im Jugendalter gemeint (die „Gleichaltrigengruppe"), wobei das Alter nur eines von mehreren Kriterien darstellt. Die ursprüngliche Bezeichnung ist von dem altfranzösischen Wort „pair" abgeleitet, welches „gleicher Rang" oder „gleicher Status" bedeutet. Dieser gleiche Rang oder Status unter „Peers" bzw. innerhalb einer *Peer Group* kann sich bspw. auch auf Schulklassen, Studiensemester, Gehaltsstufen oder Lebensphasen beziehen und entsprechend als gleiche Probleme, Ziele oder Herausforderungen verstanden werden (Machwirth, 1980, S. 246; Naudascher, 1977, S. 13; Naudascher, 2003a, S. 119 f.).

Jugendliche erfahren durch ihre Peers eine soziale, emotionale und informationsbezogene Unterstützung für die Lösung von Problemsituationen. Dies erklärt (auch) die teilweise sehr stark ausgeprägte Identifikation mit der (eigenen) Peer Group. Peers stellen für Jugendliche eine zentrale Bezugs- und Referenzgruppe dar, da sie über eine besondere Nähe zur alltäglichen Lebensrealität verfügen. Durch den Peer Austausch und Kontakt übernehmen Jugendliche u. a. auch Werte, Normen und Verhaltensweisen (Nörber, 2003a, S. 9 f.). Daneben sind als weitere Funktionen eine Schutz- und Ausgleichsfunktion und eine (wechselseitige) Vermittlung von Sicherheit und Status zu nennen. Jugendliche finden in der Peer Group Rückhalt gegenüber dem Anpassungsdruck aus der Erwachsenenwelt, sie erfahren eine Reduzierung des durch die Arbeitsbelastung entstandenen Stresses und bekommen ein Verständnis für altersbezogene Probleme und Herausforderungen (Machwirth, 1980, S. 252). Des Weiteren erfüllen Peers eine Sozialisationsfunktion, indem sie soziale Übungs- bzw. Trainingsräume für den Übergang in die Erwachsenenwelt ermöglichen. Dazu zählen auch der Aufbau eigener Verhaltensweisen, das Erproben der eigenen Autonomie sowie ein Abweichen von Erwachsenennormen, ohne (direkt) Sanktionen befürchten zu müssen. Demzufolge fördert die Peer Group durch ihre Sozialisationsleistung die Entwicklung sowie den Aufbau der eigenen Identität und Persönlichkeit von Jugendlichen (Machwirth, 1980, S. 253; Ferchhoff, 2012, S. 526). Die persönliche Identitätsbildung ist eine der wichtigsten Herausforderungen und Entwicklungsaufgaben im Jugendalter. In der Peer Group erfahren Jugendliche Bestätigung, Anerkennung und Zugehörigkeit bzw. soziale Eingebundenheit (siehe dazu auch „Basic Needs" in den Kapiteln 2.4, 3.1 und 5.3.1), welche sie für ihre (Identitäts-)Entwicklung in dieser Lebensphase benötigen (Machwirth, 1980, S. 253; Naudascher, 2003a, S. 132 ff.).

Entsprechend können Peers als eine zentrale Erziehungs- und Sozialisationsinstanz im Jugendalter erachtet werden. Die Gleichaltrigengruppe verfügt über eine herausgehobene Bedeutung für die Übermittlung gesellschaftlicher Werte sowie auch im privaten Umfeld. Denn die Zugehörigkeit zu einer Peer Group unterstützt die Identitätsbildung: Jugendliche helfen einander wechselseitig, sich in einer zunehmend unübersichtlicheren Welt zu orientieren und lösen (teilweise) die Eltern als einflussreichste Instanz ab (Nörber, 2003b, S. 80; Naudascher, 2003a, S. 120 ff.). Die Peer Group bietet Jugendlichen einen Statusersatz und ein Gefühl der Geborgenheit und Sicherheit, dadurch können Jugendliche (temporär) Selbstsicherheit, Selbstwert und Selbstbestimmung gewinnen bzw. erfahren. Zudem können Peers eine wichtige kompensatorische Funktion übernehmen, indem sie einen Raum bieten, welcher sich in Teilbereichen der zumeist übermächtigen sozialen Kontrolle durch Institutionen und Pädagogisierungen (vonseiten der Schule oder des Elternhauses) entzieht. Im Sinne der Sozialisations- und Erziehungsfunktion trägt die Peer Group deshalb zum Ablösungsprozess vom (eigenen) Elternhaus bei (Naudascher, 2003b, S. 142; Ferchhoff, 2012, S. 527). Die Anzahl und die Heterogenität der Funktionen von Peers bzw. der Peer Group im Jugendalter verdeutlichen, weshalb und inwieweit Peers, neben den Eltern, zu einer relevanten Bezugsgruppe (Naudascher, 1978, S. 10; Ferchhoff, 2012, S. 524) werden.

Resümierend erscheint, dass die Peer Group für den gesellschaftlichen Sozialisations- und Bildungsprozess von Jugendlichen eine besondere Bedeutung hat. Die Peer Group hat aber, wie Bohnsack und Hoffmann (2016) darstellen, auch eine paradoxe Doppelfunktion und bildet sowohl eine Institution als auch eine „Gegeninstitution" (im Sinne einer „Antistruktur"). Die Peer Group kann als Gegeninstitution verstanden werden, weil sie den Jugendlichen zu einer Distanz gegenüber den bestehenden Institutionen (wie z. B. der Schule) verhilft, um dadurch eine reflektierte Auseinandersetzung zu allgemeinen gesellschaftlichen Normen und Werten (erst) zu ermöglichen. Daneben hat die Peer Group durch die generalisierbare Erwartbarkeit ihrer gesellschaftlichen Funktion im Jugendalter ebenso selbst den Charakter einer „sekundären" Institution und bildet eine Art „Übergangsmoratorium" (Bohnsack & Hoffmann, 2016, S. 277 ff.).

Peer Beziehungen erlauben somit eine ambivalente Deutung, dahingehend, dass sich Jugendliche nicht nur in positiver Weise beeinflussen und bestärken, sondern auch in negativer Form auf den Sozialisationsprozess einwirken (Krüger & Hoffmann, 2016, S. 384). Durch bzw. in Peer Groups können z. B. delinquente oder gewaltsame Handlungen als Form einer Bewältigungs- und Distinktionsstrategie ausgelöst werden. Dementsprechend können Peer Beziehungen auch einen Raum bieten, welcher sozialabweichendes oder grenzüberschreitendes Verhalten schützt bzw. (im negativen Sinn) ermöglicht (Grunert & Krüger, 2020, S. 703). Teilweise bilden sich aus Peer Groups gewaltbereite Cliquen oder Gangs heraus, die sich entsprechend als eine Gegeninstitution zu den bestehenden (Bildungs-)Institutionen einer Gesellschaft verstehen. Die Peer Group als Gegeninstitution ist gekennzeichnet durch Überschreitung oder Provokation von institutionalisierten Normen, Werten und Regeln. Dies kann sich z. B. in exzessivem Feiern an den Wochenenden äußern, um dadurch einen bewussten Kontrast zur Schule, Ausbildung oder Arbeit erleben zu können. Bezogen auf das Agieren in schulischen Kontexten kann eine Peer Group somit ebenso ein Risikopotenzial darstellen (Bohnsack & Hoffmann, 2016, S. 279 ff.). Denn im Kindes- und Jugendalter sind hinsichtlich der Peer Beziehungen, als negative Merkmale, auch aggressives oder antisoziales Verhalten zu beobachten, wie z. B. Mobbing. Dabei erleben Jugendliche über eine längere Zeit eine absichtliche verbale oder physische Gewalt bzw. Aggression durch andere Peers. Im Sinne der Peer Beziehungen kann ferner auch die Rolle der nicht direkt im Mobbing involvierten Peers, welche als Zuschauende für die Täter*innen den gewünschten sozialen Unterstützungsraum konstruieren, thematisiert werden (Zander, Kreutzmann & Hannover, 2017, S. 354 ff.).

Nichtsdestotrotz können Peer Beziehungen, bspw. über gemeinsame Freizeitaktivitäten, auch schulaffine soziale und kulturelle Kompetenzen fördern und die schulische Leistung unterstützen oder auch zur Bewältigung problematischer biografischer Erfahrungen beitragen. Peer Beziehungen sind innerhalb der Schule stets als relevante Rahmenbedingungen für Lern- und Bildungsprozesse zu berücksichtigen, denn Schule als Institution, bildet für Peers zugleich einen sozial selektiven und einen (gewissermaßen) erzwungenen Interaktionsraum (Grunert & Krüger, 2020, S. 703 ff.). So kann Ablehnung oder Zurückweisung durch die Peer Group bei Kindern und Jugendlichen u. a. zu höheren Fehltagen in der Schule, einer negativen Einstellung gegenüber der Schule, einer geringen Beteiligung in der Schule, schlechteren Schulleistungen bis hin zu Klassenwiederholungen und vorzeitigen Schulabbrüchen führen. Die Ablehnung durch die Peer Group kann auch im höheren Lebensalter zu Misserfolgen im

Berufsleben führen. Schule ist insgesamt ein sehr sozialer Ort und Lernen in der Schule ist in besonderem Maße eine soziale Aktivität. Die Eingebundenheit in Spiele oder Gruppenarbeiten sowie Informationen und Feedback zu erhalten oder Ermutigung zu erfahren, fördern die Motivation, zur Schule zu gehen und sich konstruktiv am Unterricht zu beteiligen (Salisch, 2016, S. 79 f.).

Insgesamt können nach Krüger (2016) vier Varianten von Peer Beziehungen unterschieden werden, welche vom Kindesalter bis in die Jugend zunehmend an Bedeutung gewinnen. Dyadische zunächst feste Freundschaften zeichnen sich durch Offenheit und Vertrauen aus. Informelle Cliquen in schulischen oder außerschulischen Settings basieren auf dem Prinzip der Freiwilligkeit und können durch eine hohe Fluktuation gekennzeichnet sein. Die Mitglieder „organisierter Gruppen" sind durch eine gemeinsame Aufgabe in Schulklassen oder Vereinsgruppen verbunden. Diese Verbindung kann auch als Zwang (und entsprechend nicht freiwillig) gestaltet sein. Die vierte Variante der Peer Beziehungen bildet sich durch ein größeres soziales Netzwerk ab, welches durch oberflächliche Beziehungen und hohe Fluktuation gekennzeichnet ist (Krüger, 2016, S. 38 f.; Krüger & Hoffmann, 2016, S. 382).

Folglich können Peer Beziehungen entlang verschiedener Merkmale und Varianten unterschieden werden, wobei für die vorliegende Arbeit auf die Form der organisierten Gruppen (Krüger, 2016; Krüger & Hoffmann, 2016) fokussiert werden soll. Diese zeichnet sich in ihrer Verbundenheit durch eine gemeinsame Aufgabe oder Zielsetzung aus, wie z. B. ein erfolgreicher Abschluss (als gemeinsames Ziel) von Schulklassen oder Jahrgängen. Die hier untersuchten Peer Groups befinden sich im selben (oder im nächsthöheren) Ausbildungsjahr und sind demzufolge vom „gleichen Rang" bzw. im „gleichen Status".

Peer Learning Ansätze wollen den Einfluss der Gleichaltrigen pädagogisch (sinnvoll) nutzen. Sie basieren auf der engen Beziehung und dem unmittelbaren Kommunikationsgefüge auf gleicher Augenhöhe zwischen den Peers. Neben wechselseitiger Hilfe und Unterstützung sind zugleich auch eine (positive wie negative) Beeinflussung und Anpassung durch Peers zu erwarten. Nörber (2003a) spricht von einer „pädagogischen Kraft" der Gleichaltrigen, insbesondere, weil Jugendliche gute Expert*innen für die Vermittlung in Konflikt- oder Problemsituationen sind sowie für die Wissensweitergabe sowie die Modifikation von Verhaltensweisen und Einstellungen (Nörber, 2003a, S. 11). Allgemein ist die Vermittlung bzw. die Weitergabe von Wissen, Fähigkeiten und Kompetenzen durch Jugendliche an Jugendliche zentraler Gegenstand von Peer Ansätzen (Kästner, 2003, S. 57; Nörber, 2003b, S. 83). So will Peer Learning beispielsweise zur Vermittlung sozialer und sozial-kommunikativer Kompetenzen beitragen, denn Peers können Lerninhalte mit größerer emotionaler Beteiligung vermitteln und zugleich unterstützen, (zumindest dann,) wenn sie als authentische, gleichaltrige Vorbilder anerkannt und wahrgenommen werden. Peer Learning kann den Erwerb von Fertigkeiten fördern und zur Stärkung der eigenen Persönlichkeit beitragen. Ein weiteres Kennzeichen ist die Entwicklung von Bewältigungsressourcen bzw. Lebensbewältigungsstrategien. Die Wissen- und Informationsweitergabe erfolgt zwischen

Peers zumeist informell oder auch formell „schneeballartig" (Kästner, 2003, S. 51 ff.; Appel & Kleiber, 2003, S. 349).

Zusammenfassend kann behauptet werden, dass die Ansätze des Peer Learning stark den sozialen Kontext fokussieren sowie die Entwicklung von Wissen und Fähigkeiten durch die aktive und gegenseitige Unterstützung beim Lernen fördern, sodass ein effektiver Lernprozess realisiert werden kann. Ein zentraler Faktor ist die größere (wechselseitige) Glaubwürdigkeit unter Peers, sodass im Lernprozess beide Seiten profitieren (können) und Selbstwirksamkeit, Kooperationsfähigkeit oder auch Konfliktfähigkeit erwerben. Daneben stärken positive Feedbacks von Peers das Selbstkonzept von Jugendlichen, dies führt zu einer Steigerung der intrinsischen Motivation (siehe auch Kapitel 2.4) und ermöglicht eine positive emotionale Beziehung zum Lernstoff sowie einen größeren persönlichen Lernerfolg. Im Mittelpunkt des pädagogischen Handelns stehen folglich die lernenden Jugendlichen. Im Rahmen von Peer Learning wird den Jugendlichen ein gewisses Maß an Verantwortung für das Lernen übertragen, um den Lernprozess selbst zu steuern und um dadurch die Effektivität des Lernens erhöhen zu können. Diese Verantwortungsübertragung verändert die Haltung und die Rolle der Lehr- oder Ausbildungskraft hin zu einem bzw. einer Organisator*in und Begleiter*in von Lernprozessen, welche zur Eigenaktivität und Selbstmotivation bei den Lernenden anregt. Im positiven Fall bereichert dies den (Berufs-)Schulalltag und entlastet die Lehr- bzw. Ausbildungskraft (Schülke, 2012, S. 279 ff.).

Bezogen auf eine (Gesamt-)Gruppe kann Peer Learning unterstützend auf die Selbstorganisationsprozesse von Jugendlichen wirken, ihre Partizipationsmöglichkeiten in der Gesellschaft sowie die Mit- und Selbstbestimmung im Schulalltag fördern und Beiträge zu einer Demokratisierung bzw. demokratischen Entwicklung leisten (Apel, 2003, S. 17; Rohloff, 2003, S. 318; Kahr, 2003, S. 368; Otto, 2015, S. 38). Allgemein schafft die Peer Group „neue Orte" informellen Lernens und ermöglicht den Erwerb von personalen, kulturellen und sozialen Kompetenzen. So finden von Peers selbstinitiierte (informelle) Lernprozesse sowohl in formalen Bildungsorten (wie der Schule), in non-formalen Bildungsorten (z. B. Musikschule, Jugendzentrum) als auch in informellen Bildungsorten (z. B. Schulhof, Medien) statt (Krüger & Hoffmann, 2016, S. 381).

In der (deutschsprachigen) Literatur werden sowohl die Bezeichnung Peer Education als auch Peer Involvement als Sammel- oder Oberbegriff für verschiedene Peer Ansätze verwendet. Peer Education kann zudem als eigener Ansatz verstanden werden. Backes & Schönbach (2001) verwenden die Bezeichnung des Peer Involvement[1] als Überbegriff und differenzieren darunter drei Ansätze: Peer Counseling, als einen Ansatz, bei dem einzelne Multiplikator*innen mit einzelnen Adressat*innen arbeiten; Peer Education, bei der einzelne Multiplikator*innen mit Gruppen von Adressat*innen arbeiten, und Peer Projekte, bei denen Gruppen von Multiplikator*innen mit Gruppen von Adressat*innen arbeiten (Backes & Schönbach, 2001, S. 7). Kästner (2003) weist hingegen daraufhin, dass unter dem Sammelbegriff Peer Education häufig Formen des Peer Involvement, der Peer Mediation, des Peer Counselin sowie der

---

1 Involvement bedeutet in diesem Zusammenhang Einbeziehung und Beteiligung der jugendlichen Peers (Kästner, 2003, S. 50).

Peer Education zusammengefasst werden (Kästner, 2003, S. 50 ff.). In der hier vorliegenden Arbeit werden insgesamt drei verschiedene Ansätze des Peer Learning (Peer Tutoring, Peer Education und Peer Mentoring) verwendet und unter dem Oberbegriff des Peer Learning zusammengefasst (siehe dazu auch Kapitel 5.2).

In der US-amerikanischen Literatur unterscheiden Topping und Ehly (1998) unter dem Begriff des „Peer Assisted Learning (PAL)" sechs Verfahren[2]: Peer Tutoring, Peer Modeling, Peer Education, Peer Counseling, Peer Monitoring und Peer Assessment (Topping & Ehly, 1998, S. 5 ff.). Metaanalysen von Rohrbeck, Ginsburg-Block, Fantuzzo und Miller (2003) sowie Ginsburg-Block, Rohrbeck und Fantuzzo (2006) zeigen zudem, dass potenziell benachteiligte Jugendliche, deren Eltern über ein geringeres Einkommen verfügen, sowie Jugendliche mit Migrationshintergrund bzw. Angehörige einer Minderheit stärker von den PAL-Interventionen profitieren konnten. Diese Argumentation wird ebenso in die deutschsprachige Literatur (u. a. Gold, 2011) übernommen. Diese Peer Ansätze, wie u. a. Peer Tutoring, fördern nicht überproportional leistungsstärkere oder privilegierte Schüler*innen, somit ist hierbei kein „Matthäus-Effekt" zu erwarten.

Obwohl es Gemeinsamkeiten zwischen den Ansätzen des PAL und dem kooperativen Lernen gibt bzw. PAL auch als eine Form des kooperativen Lernens erachtet werden kann, sind nach Topping und Ehly (1998) kooperatives Lernen und PAL zu unterscheiden. Sie postulieren, kooperativen Lernens „can be and is applied to any form of working together in schools" (Topping & Ehly, 1998, S. 9). Ferner ergänzen sie:

> „It could be argued that all PAL methods are a form of working together and thus come under the general umbrella of CL. However, this is of no advantage. The differentiation of cooperative from collaborative learning is also a difficult question, and many people use the terms synonymously." (Topping & Ehly, 1998, S. 9)

In der deutschsprachigen Literatur verfassen Hasselhorn und Gold (2013, 2017) eine Definition, wonach beim kooperativen Lernen[3], als eine Organisationsform zur Gestaltung des Unterrichts, Schüler*innen gemeinsam in kleinen Lerngruppen (mit zumeist 2–5 Personen) arbeiten, „um sich beim Aufbau von Kenntnissen und beim Erwerb von Fertigkeiten gegenseitig zu unterstützen" (Hasselhorn & Gold, 2013, S. 308; Hasselhorn & Gold, 2017, S. 301).

Eine Methode bzw. eine Form des kooperativen Lernens ist das Peer Tutoring, bei dem sich Peers gegenseitig unterrichten (Smith, 2006, S. 19; Eskay, Onu, Obiyo & Obidoa, 2012, S. 933). Jugendliche aus denselben Klassen oder Jahrgängen (mit demselben Informations- und Wissensstand) lernen und arbeiten zu zweit in einem Tandem, um berufliche oder schulische Kenntnisse gemeinsam zu wiederholen, zu vertiefen und

---

2   Entsprechend wird der Ansatz des Peer Mentoring, im Verständnis einer „supportive one-on-one relationship" als „cross-age" und zumeist „cross institution" (Topping & Ehly, 1998, S. 9), von Topping und Ehly (1998) nicht zum PAL gezählt. In der vorliegenden Untersuchung wird Peer Mentoring jedoch nicht in Form einer Eins-zu-eins-Betreuung umgesetzt, zudem sind die Mentor*innen nicht aus anderen Institutionen und in ihrer Ausbildung lediglich ein Lehrjahr höher.

3   Auch Hasselhorn und Gold (2013, 2017) deuten an, dass gelegentlich „auch Begriffe des Peer-Assisted Learning (PAL), des Peer Learning (PL) oder des Peer Tutoring (PT) verwendet [werden; P. S.], um das dyadische und das Lernen in (meist heterogenen) Kleingruppen thematisch zusammenzufassen" (Hasselhorn & Gold, 2013, S. 308; Hasselhorn & Gold, 2017, S. 301).

zu überprüfen. Eine Person übernimmt während der Durchführung die Rolle der Lehrkraft (Tutor*in), die zweite Person die Rolle der bzw. des Lernenden (Tutand*in). Die Lehrkraft vermittelt das Wissen, prüft die Antworten der bzw. des Lernenden und korrigiert diese bei Bedarf. Der Tutand bzw. die Tutandin verhält sich wie ein*e Schüler*in, das bedeutet, Fragen zu beantworten, gestellte Aufgaben zu bearbeiten und den eigenen Lösungsweg zu erläutern. Generell können verschiedene Formen des tutoriellen Lernens unterschieden werden: Tandems mit konstanter versus variabler Rollenverteilung, leistungshomogene vs. leistungsheterogene Tandems und altersgleiche vs. altersverschiedene Tandems. Insbesondere bei altersgleichen Tandems sollten möglichst innerhalb jeder Sitzung die Partner*innen ihre Rollen regelmäßig tauschen, damit beide von den zwei verschiedenen Rollen profitieren können (Haag, 2014, S. 463). Zudem wird erwartet, dass Peer Tutoring ein (inter-)aktives und partizipatives Lernen fördert, welches wechselseitiges Feedback erleichtert und die Eigenverantwortung für den (eigenen) Lernprozess erhöht. Zudem kann und soll es die soziale Isolierung Einzelner reduzieren und positiv auf Dimensionen wie das Selbstwertgefühl, das Selbstvertrauen und das Einfühlungsvermögen einwirken (können) (Topping, 1996, S. 325).

Diese Form des gemeinsamen Lernens kann als Lernmethode eine Ergänzung zum allgemeinen Unterricht darstellen. Denn tutorielles Lernen ermöglicht eine gesteigerte und vertiefte Lernaktivität, daneben bestehen größere Chancen zur aktiven Beteiligung der Schüler*innen sowie einer stärkeren Individualisierung des Unterrichts. Die Lernenden können (und sollen) sich stets wechselseitig Rückmeldung geben, zudem können sie in jedem Tandem das Lerntempo individuell anpassen und die Lösungen gestellter Aufgaben sowie ihr eigenes Lernen (inkl. der Möglichkeiten zur Verbesserung) reflektiert erörtern. Peer Tutoring nutzt die soziale Interaktion zwischen Lernenden als natürliche und leicht realisierbare Ressource, um berufliche und schulische Fähigkeiten und Fertigkeiten zu erwerben und zu festigen. Wichtige Anwendungen sind die gemeinsame Einübung von Lernstrategien und die Vermittlung metakognitiver Fertigkeiten, wie planvolles und reflektierendes Lernen (Haag, 2014, S. 463 f.). Die Individualisierung des Lernens im Peer Tutoring fördert die soziale Integration innerhalb der Gruppe, ermöglicht einen positiven Umgang mit Heterogenität und eine Reduzierung individueller Lernrückstände. Wichtig ist (mit Verweis auf Topping, 2001; siehe dazu auch Kapitel 5.2.1), dass das Verhalten als Tutor*in zuvor vorgemacht und eingeübt werden kann, es Regeln und Verhaltensanleitungen gibt, wie z. B. klare Fragen zu stellen, eindeutige Rückmeldungen zu geben, Geduld zu üben und positive Antworten lobend zu verstärken (Haag & Streber, 2011, S. 358 ff.).

Für die praktische Umsetzung wurden in dieser Studie, in der wechselseitigen Partner*innenarbeit stets die Rolle der Lehrkraft und der bzw. des Lernenden nach einer vorgegebenen Zeit gewechselt, sodass sich jede*r Jugendliche*r in beiden Rollen erproben kann. Innerhalb einer Klasse werden die Tandems zudem immer wieder neu gemischt, sodass alle Kombinationsmöglichkeiten der einzelnen Gruppenmitglieder für die Bildung eines Tandems untereinander genutzt werden (siehe Kapitel 5.2.1).

Für eine erfolgreiche Umsetzung von Peer Learning bilden die Jugendlichen selbst eine wichtige Voraussetzung. In den meisten Peer Ansätzen sind zwei Gruppen zu unterscheiden, die agierenden Peers (Engagierte) und die agitierten Peers, welche als Zielgruppe (Nörber, 2003b, S. 84) oder Adressat*innen (Appel, 2002, S. 9) bezeichnet werden. In Ansätzen wie der Peer Education und dem Peer Mentoring ist eine sorgfältige Auswahl und Schulung der agierenden (oder vermittelnden) Peers besonders relevant (Kästner, 2003, S. 58; Schmidt, 2003, S. 216 ff.). Kästner (2003) weist für die Auswahl der Educator*innen und Mentor*innen auf Merkmale wie soziale Kompetenz, methodisches Geschick und Sprachvermögen hin. Ebenso wie auf die Kommunikationsfähigkeit und eine Anerkennung durch die Mitschüler*innen (Kästner, 2003, S. 58). Eine entsprechende Bezeichnung für agierende Peers verwendet Kelly (2004) und spricht von „popular opinion leaders" (Kelly, 2004, S. 139), was frei übersetzt in etwa „beliebte Meinungsführer*innen" bedeutet. Kahr (2003) benennt neben der Anerkennung durch die Peer Group und den rhetorischen Fähigkeiten die Merkmale Freiwilligkeit, Interesse, eine ausgeglichene Verteilung der Geschlechter, die Fähigkeit, zuhören zu können, und Durchsetzungsvermögen (Kahr, 2003, S. 376). Durch agierende Peers können potenziell auch die Schüler*innen erreicht bzw. angesprochen werden, welche von der Lehr- oder Ausbildungskraft nicht mehr erreicht werden. Dies sind zumeist die Jugendlichen, welche eine Außenseiter*innenrolle innerhalb der Klasse haben oder eine größere Leistungsschwäche aufweisen. Hierbei besteht die Chance, dass diese Jugendlichen durch die agierenden Peers erreicht und somit in die Gruppe integriert werden können (Schülke, 2012, S. 280).

Neben den verschiedenen Ansätzen des Peer Learning wird in der Literatur[4], u. a. von Otto (2015), der Arbeitsansatz der „Positiven Peerkultur" diskutiert, welcher die Stärken und Potenziale von Jugendlichen als zentralen Gedanken fokussiert, um diese in der pädagogischen Praxis zu nutzen. Dabei soll es (z. B. im Rahmen von Schule, aber auch in Heimkontexten oder im offenen Strafvollzug) den Jugendlichen ermöglicht werden, durch wechselseitige unterstützende Kommunikation (z. B. durch pädagogisch initiierte und ritualisierte Gruppengespräche) gemeinsam Strategien zu finden, um auf diesem Wege voneinander zu profitieren, Themen, Anliegen und Konflikte selbst zu lösen sowie für das eigene Verhalten und Handeln die Verantwortung zu übernehmen. Ziel ist es, gemeinsame Aushandlungs- und Konfliktlöseprozesse zu inszenieren und zugleich eine (positive und vertrauensvolle) Beziehungskultur unter Peers zu schaffen. Für eine derartige Umsetzung wird der sozialisatorische Wert der Peers pädagogisch genutzt. Wichtig ist, dass der Ansatz der positiven Peerkultur im schulischen Kontext als ein Möglichkeitsraum verstanden wird und nicht als verpflichtende oder auferlegte Intervention praktiziert wird. Im (optimistisch antizipierten) Idealfall kann die positive Peerkultur dazu beitragen, Peer Räume (in der Schule) zu initiieren, in denen Jugendliche partizipative Freiräume zur wechselseitigen Beratung und Gestaltung ihrer Lebenswelt erhalten. Insgesamt entstehen positive Peer Kulturen überall dort, wo eine Peer Group lernen soll, die alltäglichen Probleme, Herausforderungen und Konflikte sowie Ängste oder Nöte aller anderen Gruppenmitglieder zu er-

---

4   Merkmale eines sachlichen und konstruktiven Peer Feedbacks und einer (positiven) Fehlerkultur unter Peers werden auch von Gebhardt, Martínez Zaugg und Metzger (2014) berücksichtigt.

kennen und durch eine gemeinsame sowie respektvolle Diskussion zu lösen (Otto, 2015, S. 12 ff.).

Dieses Verständnis weist zugleich eine inhaltliche Nähe zum Gruppen- bzw. „Wir"-Gedanken in der Themenzentrierten Interaktion auf, welche im Kapitel 2.5 vertiefend thematisiert wird. Zuvor werden im folgenden Unterkapitel theoretische Argumentationen vorgestellt, welche die Wirkung bzw. den Effekt des Peer Learning versuchen zu erklären.

2.1.2 Theoretische Argumentationen zum Peer Learning

Im Folgenden werden mehrere Ansätze kurz vorgesellt, welche in der Literatur als Grundlage und Argumentation für den Einsatz von Peer Learning herangezogen werden. Peer Ansätze werden aus entwicklungspsychologischer Sicht häufig mit der symmetrischen Beziehung zwischen Peers für die kognitive und soziale Entwicklung sowie mit einer strukturierten Anleitung durch Peers mit leichtem Entwicklungsvorsprung, und damit aufbauend auf den Arbeiten von Vygotsky und Piaget, begründet. So verweisen unter anderem sowohl Appel (2002) als auch Fileccia (2016) auf die Werke von Vygotsky[5] (1929, 1978, 1986) und Piaget (1932, 1986) sowie auf das Lernen am Modell von Bandura[6] (1976, 1979, 1986).

Grundlegende Theorien zur lernförderlichen Interaktion zwischen Mensch und sozialer Umwelt

Die Darstellung der Ansätze von Vygotsky, Piaget und Bandura erfolgt in verkürzter Form, da ihre Theorien im Diskurs der beruflichen Bildungsforschung weitgehend als bekannt vorausgesetzt werden und es hier nur um den Bezug zu deren Grundverständnis geht. Für die Konzeptionierung und Analyse der vorliegenden Arbeit sind darauf aufbauende Theorien und Forschungen von zentraler Bedeutung, welche in den anschließenden Kapiteln entsprechend tiefergehend präsentiert und diskutiert werden.

Wie Fileccia (2016) darlegt, weist der *Ansatz von Vygotsky* (1929, 1978, 1986) darauf hin, dass die Internalisierung von Wissen durch soziale Interaktion und wechselseitigen Austausch besonders dann durch Peers gelingen kann, wenn diese in der Entwicklung einen leichten Vorsprung haben. Folglich kann ein Peer durch die Anleitung von leistungsstärkeren Peers profitieren und sich weiterentwickeln. In Peer Learning Projekten werden dafür häufig agierende Peers eingesetzt, die über einen Wissensvorsprung sowie zumeist auch ein höheres Lebensalter verfügen (Fileccia, 2016, S. 89 ff.).

Appel (2002) verweist Bezug nehmend auf Vygotskys (1929, 1978, 1986) Überlegungen darauf, dass die Entwicklung der Kognition beim Individuum als Mittel erachtet wird, um kompetentes Mitglied der Gesellschaft zu werden. Die soziale Umwelt ist eine Quelle dieser Entwicklung und die Kognition wird durch soziale Interaktion, u. a. durch Sprache, erworben. Im kommunikativen Austausch sowie der partizipativen Interaktion (z. B. bei einer Problemlösung) durch eine strukturierte Anleitung von Peers

---

5 Ebenso nehmen Topping (1996) und Gerholz (2015) Bezug auf Vygotsky (1978).
6 Auch Turner und Shepherd (1999) diskutieren den Ansatz der sozial-kognitiven Lerntheorie.

mit einem leichten Entwicklungsfortschritt profitieren Jugendliche in ihrer kognitiven Entwicklung innerhalb der Zone der nächstfolgenden Entwicklung („The Zone of Proximal Development") und internalisieren (kulturelle) Verhaltensweisen und Ansichten (Appel, 2002, S. 47 f.).

Für die erfolgreiche Umsetzung von Peer Learning ist nach Appel (2002), unter Berücksichtigung der *Perspektive von Piaget* (1932, 1986), die Bedeutung der symmetrischen Peer Beziehung als Basis der sozialen Beziehung und Zusammenarbeit unter gleichaltrigen Jugendlichen hervorzuheben. Dazu gehört ebenso die Annahme, dass die Diskussion unter gleichrangigen Jugendlichen zum (wechselseitigen) Lernen befähigt. Die Zusammenarbeit und Interaktion unter Peers befördern eine Perspektivübernahme für das jeweilige Gegenüber und können demzufolge auch ein neues Moralverständnis erzeugen. Denn Peer Interaktionen bewirken kritisch-kognitive Konflikte, im Sinne eines Widerspruchs zwischen den (bisherigen) Überzeugungen des Individuums und den vermittelten Erfahrungen aus der Umwelt, welche dadurch die Entwicklung von Jugendlichen fördern. Durch persönliches Bewusstwerden eines solchen kognitiven Konflikts entsteht ein Ungleichgewicht und bisherige individuelle Überzeugungen und Ansichten werden gedanklich hinterfragt und darauffolgend neue Standpunkte oder Sichtweisen (aus-)getestet bzw. konstruiert. So ist, rekurrierend auf Appel (2002), insbesondere der Kommunikationsstil unter den Peers dazu geeignet, die aktive Partizipation und Interaktion zu fördern, da Jugendliche wechselseitig ihr Feedback ernst nehmen und bemüht sind, Widersprüche zu klären und verschiedene Perspektiven sozial kompetent in einem Konsens zu vereinen. Folglich profitieren Jugendliche von Peer Interaktionen nicht nur in ihrer kognitiven Entwicklung, sondern ebenso bezüglich der Entwicklung ihres Moralverständnisses und ihrer sozialen Kompetenzen (Appel, 2002, S. 48 ff.).

Aus lernpsychologischer Sichtweise können die Einflüsse des Peer Learning zudem mit der sozial-kognitiven Lerntheorie, einem *Konzept von Bandura* (1976, 1979, 1986), erklärt werden. Der Ursprung der Theorie liegt im Ansatz zum Modelllernen, welcher das Lernen durch Beobachtung und Nachahmung (und Erfahrung) von Modellen bzw. Vorbildern beschreibt und besagt, dass Individuen nicht nur durch Verhaltenskonsequenzen lernen (können). Das Lernen durch Beobachtung ermöglicht die Vermittlung oder Weitergabe von Erfahrungen und Wissen. Menschen benötigen sowohl reale als auch symbolische Vorbilder und Modelle, um von ihnen (sozial) lernen zu können. Die Vorbilder oder Modelle werden beobachtet und nachgeahmt, sodass entlang der sozial-kognitiven Lerntheorie Lernprozesse und menschliches Verhalten erklärt werden können (Bandura, 1976, S. 9 ff.; Struck, 2016, S. 28).

Aus sozial-kognitiver Sicht werden Menschen weder durch innere Kräfte angetrieben noch ausschließlich von Umweltstimuli gelenkt, sondern vielmehr durch ein triadisch-reziprokes Interaktionsmodell aus Verhalten, kognitiven, emotionalen und physischen Persönlichkeitsfaktoren und Umweltbedingungen. Die reziproke (wechselseitige) Beziehung dieser drei Determinanten bildet die Grundlage der „human agency", die den Menschen als aktiven Agenten sieht, welcher den äußeren Umständen nicht passiv ausgesetzt ist, sondern vielmehr auf seine Umwelt selbst einwirken kann. Folglich ist der Mensch sowohl Produkt als auch Produzent seiner Umwelt. Dem Individuum obliegt die Option einer Selbstregulation bzw. Selbststeuerung des eigenen Lebens. Dieser Argumentation folgend, sind Menschen in der Lage, ihr Verhalten selbst zu kontrollieren. Zwischen dem Menschen und seiner Umwelt besteht daher eine wechselseitige Bestimmung und Begrenzung (Bandura, 1979, S. 13 ff.; Bandura, 1986, S. 18 ff.; Struck, 2016, S. 28). Die Annahmen und Vorüberlegungen von Bandura werden ebenso von Deci und Ryan (1993, 2000) aufgegriffen und für die Entwicklung der Selbstbestimmungstheorie der Lernmotivation (siehe Kapitel 2.4) berücksichtigt.

Für das Lernen am Modell sowie für das Gelingen von Peer Learning sind die Eigenschaften der Vorbilder bzw. Modelle von besonderer Bedeutung, wie z. B. kompetent, vertrauenswürdig, Identifikationspotenzial, Prestige, Status, Alter oder eine freundliche Interaktionsform, sowie ebenfalls die Eigenschaften der beobachtenden Person, wie kognitive Fähigkeit zur Aufnahme von Informationen, Selbstregulation und Selbstwirksamkeit. Zudem sind der Grad der (wahrgenommenen) Ähnlichkeit und Sympathie zwischen lehrenden und lernenden Peers, bezogen auf Alter, Geschlecht und Herkunft (sowie auch Statuts und Prestige), relevant für das Gelingen der Lernprozesse. Des Weiteren kann der Einsatz mehrerer verschiedener lehrender Peers, die damit verschiedene Modelle im Sinne eines Vorbildes darstellen, als eine sinnvolle Voraussetzung für Peer Projekte erachtet werden (Kästner, 2003, S. 60; Fileccia, 2016, S. 95 f.).

Generell kennzeichnet die Auseinandersetzung mit wechselnden Vorbildern wichtige Etappen auf dem Weg zur Herausbildung der eigenen Identität, wobei besonders in der Jugendphase zunehmend selbst gewählte Vorbilder, z. B. aus der eigenen Peer Group, an Bedeutung gewinnen und entsprechend die Identitätsentwicklung beeinflussen. Der Ansatz beim Lernen am Modell, insbesondere für das Peer Learning, berücksichtigt diese Vorüberlegungen, sodass, in der sozial-kognitiven Lerntheorie nach Bandura, Jugendliche nicht nur das Verhalten, sondern auch Verhaltensweisen, Haltungen, Einstellungen, Gedanken und Gefühle ihrer Modelle bzw. Vorbilder (mit) übernehmen (Knörzer, 2012, S. 572 ff.).

Weiterführende theoretische Grundlagen bezogen auf den „Peer" Ansatz

Eine theoretische Begründung, weshalb das tutorielle Lernen bzw. Peer Tutoring erfolgreich sein kann, legen Haag und Streber (2011) vor. Sie verweisen auf mehrere Argumente: Zum einen fördert tutorielles Lernen das Vorwissen und die Lernstrategien, zwischen denen ein (wechselseitiger) Zusammenhang besteht, da ein höheres Vorwissen zu einem effektiveren Einsatz von Lernstrategien führt. Ebenso kann Vorwissen als Konsequenz vergangener Lern- und Kontrollstrategien interpretiert werden. Des Weiteren fördert tutorielles Lernen den Einsatz der individuellen Bezugsnormorientierung. Gemeint ist die (enge) Verbindung zwischen kognitiven und motivationalen Prozessen, da leistungsschwächere Jugendliche häufiger (schulische oder berufliche) Misserfolge erleben, kann sich dies negativ auf motivational bedeutsame Faktoren (wie z. B. das Selbstkonzept eigener Fähigkeiten oder die Ursachenzuschreibung für erbrachte Leistungen) auswirken. Dahingegen hat sich die Berücksichtigung der individuellen Bezugsnorm bei der Leistungsbewertung als eine motivational förderliche Maßnahme erwiesen. Ein weiterer Aspekt, welcher als Argument für tutorielles Lernen verstanden werden kann, ist die Erhöhung der Instruktionsquantität, also eine Erhöhung der (regelmäßig) zur Verfügung gestellten und effektiv genutzten Lernzeit. Ebenso ist die Förderung von Merkmalen des selbstgesteuerten Lernens ein relevanter Aspekt für das tutorielle Lernen. Denn beim selbstgesteuerten Lernen stellt der oder die Lernende seinen bzw. ihren persönlichen Lernbedarf eigenständig fest, motiviert sich selbst und steuert, überwacht und bewertet das eigene Lernen (Haag & Streber, 2011, S. 362 f.).

Für das Lernen in der Peer Group, spielt insgesamt der (direkte) Austausch mit Jugendlichen eine besondere Rolle. Die Konstruktion von Wissen erfolgt in hohem Maße durch sozialen Kontakt mit anderen Jugendlichen und ist als (inter-)aktiver, selbstgesteuerter, situativer und sozialer Prozess in Lerngemeinschaften zu verstehen. Lernen erfolgt hierbei durch die individuelle Konstruktion und Ko-Konstruktion von Wissen entlang der Verifizierung von Gedanken und Internalisierung durch sozialen Austausch (Knörzer, 2012, S. 576 f.). Peer Learning weist folglich eine Nähe zu den Merkmalen konstruktivistischen Lernens auf, denn konstruktivistisches Lernen ist (u. a.) kooperatives Lernen und selbstgesteuertes Lernen. Das Wissen wird im Lernprozess (kooperativ) in einer Aushandlung innerhalb der Lerngruppe sozial konstruiert, wobei sich die Lernenden (selbstgesteuert) mit ihren Emotionen, Erfahrungen und Vorwissen aktiv einbringen (können). Diese Merkmale des konstruktivistischen Lernens weisen zahlreiche Methoden auf, in denen miteinander gelernt wird. Dies lässt sich ebenso auf das Peer Learning übertragen, denn auch das Peer Learning berücksichtigt die aktive und interaktive Vermittlung von Inhalten, Erfahrungen sowie (Vor-)Wissen und das Lernen erfolgt in einem konstruierenden und sozialen Prozess (Wilbers, 2020, S. 433 f.).

Bois-Reymond und Behnken (2016) verweisen zudem auf die Selbstbestimmungstheorie der Motivation von Deci und Ryan (1993) (siehe Kapitel 2.4) und deuten an, dass Peers untereinander beim informellen Lernen selbst Lernende sind und anderen Lernenden etwas lehren. Peers lehren, was sie selbst wissen, und lernen wechselseitig von anderen das, was sie wissen wollen, sodass das Lernen auf Freiwilligkeit und Zwanglosigkeit beruht, (zumeist) intrinsisch motiviert ist und nicht durch Zertifikate oder Sanktionen gesteuert wird. Gute Peer Beziehungen (innerhalb der Klasse) können das intrinsische Lernen unterstützen bzw. verstärken, sodass Peers sich untereinander zum Lernen motivieren (können) (Bois-Reymond & Behnken, 2016, S. 368 ff.). Diese Freiwilligkeit und Lockerheit des informellen Lernens unter Peers soll für die praktische Umsetzung des vorliegenden Forschungsprojektes berücksichtigt werden und von einer informellen in eine (eher) formale Methode des Lernens (in Betrieb und Berufsschule) transformiert werden. Dadurch sollen allen Auszubildenden eines Jahrgangs bzw. einer Klasse die Vorteile des informellen Lernens (unter Peers) offeriert werden.

2.2 Die berufliche (Aus-)Bildung und ihre Ziele

In diesem Kapitel werden die Ziele der beruflichen (Aus-)Bildung thematisiert, eine Definition beruflicher Handlungskompetenz präsentiert sowie Ansätze zum Lernen im Betrieb und zur Didaktik der beruflichen Bildung (kurz) vorgestellt.

Einleitend ist anzumerken, dass sich die berufliche Bildung „mit der Ausbildung von jungen Menschen im Übergang von der Schule in das Erwerbsleben" (Schapfel-Kaiser, 2009, S. 332) befasst.

> „Sie bezieht sich hierbei auf das mittlere Qualifikationsniveau in der Tradition der mittelalterlichen Handwerkerausbildung und kaufmännischen Lehre und vermittelt sogenannte Facharbeiterabschlüsse (Bäckerin, Gärtner, Mediengestalterin, Immobilienkaufleute, Tierwirtin, Altenpfleger etc.). An diese Ausbildungsberufe schließt sich eine Vielzahl von spezialisierenden oder übergreifenden staatlich anerkannten Fortbildungsberufen an, die dann einen Zugang in die Managementebene vorbereiten (Meister, Fachwirte). Die Ausbildung erfolgt in Deutschland überwiegend im Dualen System an den beiden Lernorten Betrieb und Berufsschule und dauert im Durchschnitt drei Jahre." (Schapfel-Kaiser, 2009, S. 332)

Neben den dualen Ausbildungsberufen, in denen die Ausbildung in den Lernorten Betrieb und Berufsschule erfolgt, werden (vollzeitschulische) Ausbildungsberufe an Berufsfachschulen (wie z. B. Altenpflege oder Pflegeassistenz) und Fachschulen (wie z. B. Heilerziehungspflege) gelehrt. Der berufsbezogene Unterricht erfolgt entlang berufstheoretischem und -praktischem Unterricht sowie im Rahmen der Praxisbegleitung in der praktischen Ausbildung (Arens & Brinker-Meyendriesch, 2020, S. 5 f.).

In der dualen Berufsausbildung sind durch die beiden Lernorte das betriebliche und das (berufs-)schulische Lernen zu unterscheiden: Das Lernen im Betrieb oder am Arbeitsplatz (in der Ausbildung) weist, insbesondere im Vergleich zum Lernen in schulischen Settings, einen defizitären Forschungsstand auf. Potenzielle Gründe sind u. a. der schwierig(er)e Feldzugang sowie die Heterogenität und Intransparenz des betrieblichen Settings (Rausch, 2011, S. 4). Eine (weitere) Besonderheit ist die Wechselwirkung zwischen Lernen und Arbeiten (im Betrieb), weshalb eine trennscharfe Abgrenzung von Lern- und Arbeitssituationen häufig nicht möglich ist (bzw. Lernen und Arbeiten identisch sein können) und die Begriffe teilweise synonym verwendet werden. Lernen kann beim Arbeitshandeln auch beiläufig erfolgen (nicht beabsichtigtes Lernen). Dies ist eine wichtige Form des Lernens im Prozess der Arbeit, da diese Lernform eine (Art) Rückwirkung einer Arbeitshandlung darstellt. Insgesamt weist das betriebliche Lernen, gegenüber dem schulischen Lernen, einen stärkeren Bezug zum Arbeitsplatz auf (Dehnbostel, 2015, S. 30 ff.; Gebhardt et al., 2009, S. 3193 ff.). Eine Lernsituation im Betrieb muss vom Auszubildenden als eine solche erkannt werden, denn, wie Gebhardt et al. (2009) berichten, ist das Lernen im Betrieb den Auszubildenden oftmals nicht bewusst bzw. es wird von ihnen nicht bewusst als Lernen erlebt (Gebhardt et al., 2009, S. 19 f.).

Berufliche Bildung will zur Bewältigung beruflicher Arbeitsaufgaben befähigen (Rauner, 1999, S. 429) und verfolgt das Leitziel einer umfassenden beruflichen Handlungskompetenz (Dehnbostel, 2015, S. 2). Nach Dehnbostel (2015) ist für die Kompetenzentwicklung das informelle (nicht geplante, beiläufige) Lernen von entscheidender Bedeutung (Dehnbostel, 2015, S. 2). Informelles Lernen ist jedoch, um qualifizierend und bildend zu sein, in hohem Maße von den Arbeitsaufgaben und -bedingungen der jeweiligen Arbeitssituation abhängig (Dehnbostel, Fürstenau, Klusmeyer & Rebmann, 2010, S. 93). Zudem benennt Dehnbostel (2015) das situierte Lernen im Kontext des Lernens im Betrieb als bedeutsam. Das Konzept basiert auf Lernprozessen, die durch Interaktionen im sozialen Kontext innerhalb einer sozialen Gruppe erfolgen und die über eine Relevanz für das eigene Handeln verfügen. Die Gruppenzughörigkeit ist sozial und individuell fördernd, weshalb das Lernen bei allen Gruppenmitgliedern in einem gemeinsamen sozialen Raum erfolgt (Dehnbostel, 2015, S. 45). Ferner haben soziale Interaktionen im Lernprozess einen besonderen Stellenwert, denn erst in sozialen Interaktionen entwickeln Lernende eine persönliche Erfahrungswirklichkeit und können diese wechselseitig miteinander teilen, überprüfen und weiterentwickeln (Rebmann & Tenfelde, 2008, S. 161). Insgesamt zeichnet sich betriebliches Lernen durch eine Verbindung von subjektivem praktischem Wissen und Handeln sowie objektivierbarem Wissen aus. Ferner ist das betriebliche Lernen (besonders) durch Erfahrungen und Erfahrungswissen charakterisiert. Das situierte Lernen hebt die soziale Verankerung des Lernens hervor, sodass Lernen als integraler Bestandteil sozialer Handlungen verstanden wird. Betriebliches Lernen vollzieht sich (immer) in sozialen Kontexten bzw. in Interaktion mit anderen Personen (Elsholz, 2013, S. 22).

Thematisch und inhaltlich sind gleichfalls die Entwicklung vom „Novizen" zum „Experten" und damit die Entwicklung zu einem vollwertigen Mitglied der „Community of Practice", einem Ansatz von Lave und Wenger (1991), zu nennen. Lernen kann, diesem Ansatz folgend, als ein sukzessiver Entwicklungsprozess des kontinuierlichen Hineinwachsens in eine soziale Gruppe, inkl. ihrer spezifischen Handlungsziele, Kompetenzen, Binnenstrukturen und Regeln, verstanden werden. Dabei ist die Herausbildung einer Gruppenidentität, innerhalb der „Community of Practice" zentral, weshalb die Gruppe als soziale Gemeinschaft zu verstehen ist, welche sowohl individuelle als auch kollektive Handlungen umfasst und ein gemeinsames Ziel fokussiert (Dehnbostel, 2015, S. 44).

Die Aufgaben und Erwartungen in der beruflichen Bildung sind seitens der Kultusministerkonferenz (2018) (klar) formuliert, denn „die Berufsschule und die Ausbildungsbetriebe erfüllen in der dualen Berufsausbildung einen gemeinsamen Bildungsauftrag" (KMK, 2018, S. 14) bzw. „einen gemeinsamen Bildungs- und Erziehungsauftrag" (KMK, 2019, S. 2). Die Berufsschule wird dabei als ein eigenständiger Lernort und gleichberechtigt, gegenüber den weiteren in der Berufsausbildung beteiligten Partner*innen, erachtet. Sie soll den Schüler*innen „die Stärkung berufsbezogener und berufsübergreifender Handlungskompetenz" (KMK, 2018, S. 14) ermöglichen. Die Schüler*innen sollen „zur nachhaltigen Mitgestaltung der Arbeitswelt und der Gesellschaft in sozialer, ökonomischer, ökologischer und individueller Verantwortung" (KMK, 2018, S. 14) befähigt werden. Das Bildungsangebot an der Berufsschule soll, dem Bildungsauftrag folgend, so differenziert sein, dass der Unterricht u. a. eine individuelle Förderung ermöglicht, zu einem individuellen und selbstorganisierten Lernen (in der digitalen Welt) anregt, eine Förderung von bildungs-, berufs- und fachsprachlicher Kompetenz erzielt und zu einer selbstbestimmten Teilhabe an der Gesellschaft befähigt (KMK, 2018, S. 14f.).

Das zentrale (Leit-)Ziel in der Berufsschule ist die Förderung der „Entwicklung umfassender Handlungskompetenz" (KMK, 2018, S. 15). Ihre Definition umfasst die „Bereitschaft und Befähigung des Einzelnen, sich in beruflichen, gesellschaftlichen und privaten Situationen sachgerecht durchdacht sowie individuell und sozial verantwortlich zu verhalten" (KMK, 2018, S. 15). Die Handlungskompetenz gliedert sich in drei Dimensionen, entlang der Fach-, der Selbst- und der Sozialkompetenz. Die Fachkompetenz ist die „Bereitschaft und Fähigkeit, auf der Grundlage fachlichen Wissens und Könnens Aufgaben und Probleme zielorientiert, sachgerecht, methodengeleitet und selbstständig zu lösen und das Ergebnis zu beurteilen" (KMK, 2018, S. 15). Die Selbstkompetenz umfasst die „Bereitschaft und Fähigkeit, als individuelle Persönlichkeit die Entwicklungschancen, Anforderungen und Einschränkungen in Familie, Beruf und öffentlichem Leben zu klären, zu durchdenken und zu beurteilen, eigene Begabungen zu entfalten sowie Lebenspläne zu fassen und fortzuentwickeln. Sie umfasst Eigenschaften wie Selbstständigkeit, Kritikfähigkeit, Selbstvertrauen, Zuverlässigkeit, Verantwortungs- und Pflichtbewusstsein. Zu ihr gehören insbesondere auch die Entwicklung durchdachter Wertvorstellungen und die selbstbestimmte Bindung an Werte" (KMK, 2018, S. 15). Die Sozialkompetenz beinhaltet die „Bereitschaft und Fähigkeit, soziale Beziehungen zu leben und zu gestalten, Zuwendungen und Spannungen zu erfassen und zu verstehen sowie sich mit anderen rational und verantwortungsbewusst auseinanderzusetzen und zu verständigen. Hierzu gehört insbesondere auch die Entwicklung sozialer Verantwortung und Solidarität" (KMK, 2018, S. 15).

Zudem sind drei weitere Dimensionen, die Methodenkompetenz, die kommunikative Kompetenz und die Lernkompetenz, immanenter Bestandteil der Fach-, der Selbst- und der Sozialkompetenz (siehe dazu auch Abbildung 1). Die Methodenkompetenz umfasst die „Bereitschaft und Fähigkeit zu zielgerichtetem, planmäßigem Vorgehen bei der Bearbeitung von Aufgaben und Problemen (zum Beispiel bei der Planung der Arbeitsschritte)" (KMK, 2018, S. 16). Die kommunikative Kompetenz ist die „Bereitschaft und Fähigkeit, kommunikative Situationen zu verstehen und zu gestalten. Hierzu gehört es, eigene Absichten und Bedürfnisse sowie die der Partner wahrzunehmen, zu verstehen und darzustellen" (KMK, 2018, S. 16). Und die Lernkompetenz berücksichtigt die „Bereitschaft und Fähigkeit, Informationen über Sachverhalte und Zusammenhänge selbstständig und gemeinsam mit anderen zu verstehen, auszuwerten und in gedankliche Strukturen einzuordnen. Zur Lernkompetenz gehört insbesondere auch die Fähigkeit und Bereitschaft, im Beruf und über den Berufsbereich hinaus Lerntechniken und Lernstrategien zu entwickeln und diese für lebenslanges Lernen zu nutzen" (KMK, 2018, S. 16).

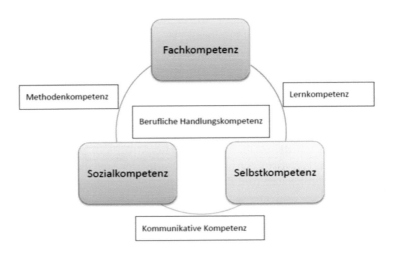

Abbildung 1: Berufliche Handlungskompetenz (eigene Darstellung, in Anlehnung an KMK, 2018)

Wie in Abbildung 1 illustriert, gehört der Aufbau von Lernkompetenz, neben Fach-, Selbst-, Sozial-, Methoden- und kommunikativer Kompetenz, zu den Bildungsaufgaben der Berufsschule, wobei der Aufbau der Lernkompetenz, wie angeführt, Aspekte des selbstständigen Lernens sowie des gemeinsamen Lernens mit anderen umfasst. Die Ziele und Ansätze des Peer Learning (siehe Kapitel 2.1) sind daran somit potenziell anschlussfähig. Um gemeinsam lernen zu können bzw. um eine hohe Lernmotivation für das gemeinsame Lernen mit anderen zu erreichen, müssen (aber auch) die drei psychologischen Grundbedürfnisse der Selbstbestimmungstheorie befriedigt sein (siehe dazu Kapitel 2.4). Entsprechend berücksichtigt die Definition der KMK (2018) für die Lernkompetenz mit „Bereitschaft" und „Fähigkeit" sowohl eine motivationale als auch eine kognitive Dimension[7] (Rosendahl, Fehring & Straka, 2008, S. 202). Des Weiteren, so die Annahme der vorliegenden Arbeit, soll durch die Ansätze des Peer Learning die Umsetzung des Bildungs- und Erziehungsauftrags für die Berufsschulen und die Betriebe unterstützt werden (können), sodass eine Stärkung der (berufsbezogenen und berufsübergreifenden) Handlungskompetenz realisiert werden kann.

Zudem sollen Auszubildende in der beruflichen (Aus-)Bildung zu einer Mitgestaltung von Arbeitswelt und Gesellschaft (u. a. in sozialer Verantwortung) befähigt werden. Hierbei ist zu erwarten, dass Auszubildenden, um dies zu erreichen, bestimmte Rollen und Handlungsfelder zur (freien) Erprobung und Gestaltung offeriert werden (sollten). In einer positiven Deutung können (ggfs.) die Ansätze des Peer Learning solche bereitstellen, zumindest bezogen auf das soziale Interagieren und Lernen, innerhalb von Klassen oder Ausbildungsjahrgängen, um (neue) Rollen und Handlungsfelder (oder Möglichkeitsräume) zu schaffen, in denen Auszubildende sich selbstwirk-

---

7   Aufgrund dieser Argumentation und (inhaltlichen) Zusammenhänge berücksichtigt der Fragebogen der vorliegenden Untersuchung u. a. die Dimensionen „Lernen mit anderen", „berufliche Handlungskompetenz", „Schulisches Selbstkonzept" oder auch „Elaborationsstrategien" (siehe Kapitel 5.3.1).

sam erleben können und somit neue Handlungskompetenzen entwickeln (können). Dadurch sollen die Auszubildenden (langfristig) zu einer aktiven Mitgestaltung von Arbeitswelt und Gesellschaft befähigt werden.

Die verschiedenen Dimensionen der beruflichen Handlungskompetenz sollen in der beruflichen Bildung gleichermaßen gefördert und entwickelt werden. Durch den Einsatz von Peer Learning in der beruflichen Bildung ist (optimistisch betrachtet) anzunehmen, dass insbesondere die Fachkompetenz und die Sozialkompetenz der Auszubildenden eine Förderung erfahren könnten.

Die Fachkompetenz im Sinne einer „Bereitschaft und Fähigkeit, [...] Aufgaben und Probleme zielorientiert [...] und selbstständig zu lösen und das Ergebnis" (KMK, 2018, S. 15) beurteilen zu können, kann durch Peer Learning dahingehend potenziell eine Förderung erfahren, da insbesondere beabsichtigt ist, dass sich die Auszubildenden im Rahmen des Forschungsprojekts thematisch mit fachlichen Inhalten ihrer Ausbildung auseinandersetzen. Gelernte Inhalte sollen wiederholt und bspw. im Rahmen des Peer Tutoring zwischen zwei Auszubildenden wechselseitig (siehe dazu Kapitel 5.2.1) dargestellt werden. Durch den wechselseitigen Austausch in den Ansätzen des Peer Learning sollen beide Seiten profitieren können.

Ferner könnte ebenso die Sozialkompetenz, als „Bereitschaft und Fähigkeit, soziale Beziehungen zu leben und zu gestalten [...] sowie sich mit anderen rational und verantwortungsbewusst auseinanderzusetzen und zu verständigen (KMK, 2018, S. 15), und zudem Aspekte einer sozialen Verantwortung und Solidarität einschließend, durch die Ermöglichung neuer zusätzlicher sozialer Räume innerhalb des Peer Learning potenziell eine positive Entwicklung erfahren. Denn wie von Grunert und Krüger (2020) beschrieben, sollten Peer Beziehungen innerhalb der Schule stets als relevante Rahmenbedingungen für Lern- und Bildungsprozesse berücksichtigt werden (Grunert & Krüger, 2020, S. 703 ff.). Otto (2015) begreift eine positive Peerkultur im schulischen Kontext als Möglichkeitsraum (Otto, 2015, S. 12 ff.), da eine positive Peer Kultur dazu beitragen kann, dass Auszubildende partizipative Freiräume erhalten, die ihnen bspw. den Ausbau und die Gestaltung sozialer Beziehungen innerhalb der Peer Group erleichtern. Dies könnte eine positive Entwicklung der Sozialkompetenz unterstützen.

In einem optimalen Szenario könnte Peer Learning in der beruflichen Bildung einen geschützten Raum bieten, in welchem ohne Angst vor Sanktionen Rückfragen gestellt werden können und Fehler oder persönliche Schwächen von Auszubildenden gezeigt und von anderen Auszubildenden ernst genommen werden, um ihnen daraufhin authentisch sowie mit bestem (fachlichem) Wissen begegnen zu können.

Ferner könnte Peer Learning (potenziell) zudem Einfluss auf die Lernkompetenz nehmen, insbesondere wenn Lernkompetenz nach der KMK die „Bereitschaft und Fähigkeit, Informationen über Sachverhalte und Zusammenhänge selbstständig und gemeinsam mit anderen zu verstehen, auszuwerten und in gedankliche Strukturen einzuordnen" (KMK, 2018, S. 16), beinhaltet. Peer Learning versucht, Lernende in einen gemeinsamen Austausch zu bringen und (im Idealfall) dazu zu veranlassen, das eigene Lernen zu reflektieren.

Im weiteren Verlauf der vorliegenden Studie (und insbesondere in Kapitel 6.1) wird darauf in der empirischen Auswertung vertiefend eingegangen. Gelingt diese Förderung durch die Ansätze des Peer Learning, können diese als potenziell sinnvolle Ergänzung bzw. als eine zusätzliche Lernmethode, sowohl für den Unterricht von Lehrkräften an Berufsschulen als auch für betriebliche Ausbildungskräfte, erachtet werden.

Für die Gestaltung von Lernsituationen in der beruflichen Bildung (insbesondere in der Berufsschule) können (oder sollten) Lehrkräfte die Hinweise und Anregungen der Didaktik der beruflichen Bildung heranziehen. Die didaktische Theoriebildung berücksichtigt sowohl Erfahrungen aus der Unterrichtspraxis als auch theoretische Erkenntnisse bzw. den Austausch zwischen subjektiven und objektiven Theorien. Die Didaktik der beruflichen Bildung umfasst folglich eine wissenschaftliche und eine unterrichtspraktische Dimension, wobei die unterrichtspraktische Perspektive die Gestaltung von Lehr-Lernsituationen und die Interessen, Wahrnehmungen sowie Überzeugungen von Lehrkräften beinhaltet. Weiterführend soll die Didaktik der beruflichen Bildung u. a. Lehr- und Lernhandeln benennen sowie Umstände und Rahmenbedingungen klären, unter denen Lehr- und Lernhandlungen erfolgen können bzw. sollen. Darüber hinaus fördert die Didaktik der beruflichen Bildung eine begründete Auswahl von Zielen sowie Inhalten und stellt Empfehlungen für die Gestaltung von Lehr-Lernsituationen bereit (Riedl, 2011, S. 17 f.).

Entsprechend kann der Ansatz des Peer Learning in den didaktischen und methodischen Überlegungen zur Gestaltung von Lehr-Lernsituationen in der beruflichen Bildung (gezielt) berücksichtigt werden, u. a., da, wie Rebmann und Tenfelde (2008) anmerken, in der Didaktik der beruflichen Bildung zunehmend Ansätze zur Beförderung des Wissenserwerbs anstelle von Konzepten der Wissensvermittlung diskutiert werden. Dies ist verbunden mit einer Tendenz zur Entwicklung von Gestaltungsprinzipien, welche sich an einer Konstruktivität des beruflichen Wissens durch die Auszubildenden orientieren (Rebmann & Tenfelde, 2008, S. 36). So scheint Peer Learning insgesamt (zumindest potenziell) eine geeignete Lernmethode zu sein, welche für die Gestaltung von Lernprozessen in der beruflichen Ausbildung und unter Berücksichtigung didaktischer Vorüberlegungen angewendet werden kann. Insbesondere, weil sie es den Auszubildenden ermöglicht, kollaborativ und konstruktiv sowie selbstbestimmt in der beruflichen Bildung zu lernen.

2.3 Widersprüche der beruflichen Bildung – Sichtweisen und Argumente der kritisch-emanzipatorischen Berufsbildungstheorie

Die Untersuchung der vorliegenden Arbeit betrachtet die Lern- und Bildungsprozesse in der beruflichen Ausbildung. Die kritisch-emanzipatorische Berufsbildungstheorie stellt (u. a.) diese Prozesse seit mehreren Jahrzehnten (kritisch-prüfend) infrage und will (potenzielle) Widersprüche aufdecken. Zentrale Gegenstände der Auseinandersetzung sind die (Bildungs-)Ziele der beruflichen Bildung, die Förderung und Entwicklung von beruflicher Handlungskompetenz sowie der gemeinsame Bildungs- und Erziehungsauftrag der Ausbildungsbetriebe und der Berufsschulen, wie im vorherigen Kapitel beschrieben. Ein zentraler Diskussionspunkt in der kritisch-emanzipatorischen Berufsbildungstheorie ist, ob und inwieweit allein die Fähigkeiten und Kompetenzen ausgebildet werden, welche am Arbeitsmarkt nachgefragt werden bzw. (ökonomisch) verwertbar sind oder ob die berufliche Bildung nicht einen allgemeinen Bildungsauftrag hat, welcher die persönliche Bildung und Entwicklung des einzelnen Subjekts zu fokussieren hat, und ob dies situativ im Widerspruch zueinander steht, weil die Funktion des Berufs und der drauf bezogene Qualifizierungsprozess das Ziel einer Persönlichkeitsentwicklung verengen. Darüber hinaus werden Herrschafts- und Abhängigkeitsverhältnisse gegenüber Forderungen nach Emanzipation, Partizipation und Mitbestimmung in der beruflichen Bildung betrachtet. Entsprechend wird die Frage aufgeworfen, inwieweit berufliche Bildung und insbesondere die Berufsschule, Auszubildende über das Wirken und die Vorgehensweisen sowie die (bestehenden, wechselseitigen) Abhängigkeiten des kapitalistischen Wirtschaftssystems aufklären und zu einer (kritischen) Reflexion anregen sollte, um auf diese Weise zu einer kritischen Emanzipation zu ermutigen und zu erziehen.

Die Auseinandersetzung mit diesem theoretischen Ansatz erfolgt insbesondere, weil dort die Frage aufgeworfen wird, inwiefern die Förderung der sozialen Kompetenz und des selbstreflexiven Lernens sich lediglich auf die Steigerung der Effektivität des Lernens reduziert bzw. kooperative Kompetenzen zur Zusammenarbeit entwickelt werden, die aber nicht zur Aufklärung über bestehende Herrschaftsverhältnisse und Widersprüche beitragen (Schapfel-Kaiser, 2000).

Den (zentralen) Begriff der Emanzipation, welcher die Zwänge und Befangenheiten des Subjekts gegenüber den Formen der Herrschaft zusammenträgt, definiert Lempert (1971) wie folgt:

> „Das emanzipatorische Interesse ist das Interesse des Menschen an der Erweiterung und Erhaltung der Verfügung über sich selbst. Es zielt auf die Aufhebung und Abwehr irrationaler Herrschaft, auf die Befreiung von Zwängen aller Art. Zwingend wirkt nicht nur die materielle Gewalt, sondern auch die Befangenheit in Vorurteilen und Ideologien. Diese Befangenheit läßt sich, wenn nicht völlig lösen, so doch vermindern, durch die Analyse ihrer Genese, durch Kritik und Selbstreflexion." (Lempert, 1971, S. 318, zitiert nach Büchter, 2019, S. 12)

Der Forderung nach Emanzipation entstand in Deutschland entlang der Student*innen- und Lehrlingsproteste der 68er-Generation. Kritisch-theoretische Vordenker wie Adorno oder Horkheimer trugen zur (späteren) Entstehung der kritischen Bildungstheorie und somit zur kritisch-emanzipatorischen Berufsbildungstheorie bei. Besonders Adorno (1966) ist es ein zentrales Anliegen gewesen, die Bildung und Mündigkeit der Bürger*innen zu entwickeln und zu fördern. Als eine zentrale Forderung an die Erziehung wurde artikuliert, dass sich von Menschen verübte Gewalttaten und Grausamkeiten, wie in Auschwitz geschehen, niemals wiederholen[8] (dürfen). Daran schließt die Erwartung, dass mündige Bürger*innen widersprochen hätten, statt unhinterfragt Befehle auszuführen. Dieser Ansatz ist Schutz und Stärkung der Demokratie zugleich. Heydorn (u. a. 1970) knüpft an die Überlegungen zur Erziehung zur Mündigkeit von Adorno (u. a. 1966, 1971) an und bekräftigt die Erwartungen an die Pädagogik. Gemeinsam vertreten beide Vordenker der kritischen Ansätze, dass Bildung der Ausweg aus der Unmündigkeit ist und zugleich Mündigkeit den Menschen dazu befähigt, sich solidarisch zu verhalten (Kaiser, 2016, S. 183 ff.; Kaiser, 2020, S. 73). Mündige Bürger*innen erlangen die Befähigung zu einer Mitgestaltung der Arbeitswelt und der Gesellschaft, hingegen bliebe ihnen dies ohne (Erziehung zur) Mündigkeit verwehrt. Demgegenüber, so die Sichtweise der kritisch-emanzipatorischen Berufsbildungstheorie, hat die bürgerlich-kapitalistische Gesellschaft zur Sicherung von Besitz und Status ein Interesse an der Unmündigkeit der Bürger*innen. Die Frage, ob berufliche Bildung (auch heute noch) in erster Linie der Arbeitsfähigkeit und ökonomischen Verwertbarkeit oder der individuellen Entwicklung und Bildung des Subjekts verpflichtet ist, hat an Aktualität nicht verloren[9].

Die Erziehung zur Mündigkeit umfasst neben der allgemeinen Schulbildung auch die berufliche Bildung, diese Notwenigkeit bzw. Verbindung wurde in zahlreichen Arbeiten vorwiegend von Blankertz (u. a. 1963, 1964, 1966) und Lempert (u. a. 1971, 1974, 1998) thematisiert, weshalb auch Kutscha (2019) für die Implementierung der emanzipatorischen Ansätze in der Berufs- und Wirtschaftspädagogik u. a. den beiden Werken „Menschlichkeit der Technik" von Blankertz (1964) und „Leistung und Emanzipation" von Lempert (1971) eine zentrale Bedeutung zuweist. So reicht die kritische und wissenschaftliche Auseinandersetzung (in Deutschland) mehrere Jahrzehnte zurück. Büchter (2019) zeichnet die historische Entwicklung und Bedeutung der Begriffe Emanzipation und Kritik, in den zeitlichen Kontexten und Gegebenheiten, nach. Zugleich betrachtet sie die Widersprüchlichkeiten und diskutiert die Aktualität einer kritisch-emanzipatorischen Berufsbildungstheorie. Seit den 1960er- bzw. 1970er-Jahren übt die emanzipatorische Berufspädagogik

> „Kritik an den Herrschaftsstrukturen in der Gesellschaft und der Berufsbildung sowie an technologischen und ökonomischen Sachzwängen in berufsbildungstheoretischen und -politischen Konzepten und fordert[...] den Abbau von Autoritätsstrukturen in Betrieb und Schule, von Benachteiligungen und individueller Ausbeutung in der Ausbildung zugunsten von beruflicher Autonomie und Demokratisierung (vgl. Lempert 1974; überblicksartig: Stratmann 1979/ 1999, 550)" (Büchter, 2019, S. 4).

In der vorliegenden Arbeit wird vorwiegend auf die neueren Arbeiten der kritischen (bzw. kritisch-emanzipativen) Berufsbildungstheorie rekurriert, was zudem die Aktualität der Suche nach Antworten auf (alte) Fragen nach Bildung und Persönlichkeitsentwicklung in der beruflichen Bildung unterstreicht. Der Diskurs um die Ziele beruf-

---

8   „Die Forderung, dass Auschwitz nicht noch einmal sei, ist die allererste an Erziehung. Sie geht so sehr jeglicher anderen voran, dass ich weder glaube, sie begründen zu müssen noch zu sollen" (Adorno, 1966, S. 92).

9   Die *bwp@* veröffentlichte dazu Beiträge von Kutscha (2019, 2020) und Beck (2019), welche das hier skizzierte Thema intensiv behandeln.

licher Bildung und einer emanzipatorischen Pädagogik scheint eine Renaissance[10] zu
erleben bzw. gegenwärtig (wieder) an Bedeutung zu gewinnen, wie aktuelle Veröffent-
lichungen, u. a. von Kaiser (2016, 2019, 2020), Ketschau (2018), Büchter (2019), Kutscha
(2019, 2020) oder Kaiser und Ketschau (2019), interpretativ nahelegen. Zwar sind „Begriffe wie kritisch, subjektorientiert, mündig, selbstbestimmt mittlerweile gängig in
der Berufs- und Wirtschaftspädagogik" (Büchter, 2019, S. 13), jedoch erweckt ihr regelmäßiger und zugleich beliebiger Gebrauch „den Eindruck, dass sich eine gesellschafts-
kritisch-emanzipatorische Perspektive durchgesetzt habe, verkennt aber, dass sich
Herrschaft und Hegemonie des Neoliberalismus nicht nur dieser Begriffe, sondern
auch ihrer Potenz bedienen" (Büchter, 2019, S. 13 f.). Dies erlaubt den Schluss, dass
„Fragen nach der Rolle und Funktion der Berufs- und Wirtschaftspädagogik bei der
Reproduktion und Ausdifferenzierung neo-liberaler Gouvernementalität und nach
ihrem Beitrag zur Konstruktion von ökonomischen und gesellschaftlichen Wahrhei-
ten, Denkweisen und Vorurteilen umso dringender" (Büchter, 2019, S. 14) sind.

Im Kontext beruflichen Handelns wird, so Kaiser und Ketschau (2019), die moralische Urteilskraft von Auszubildenden bewusst eingeschränkt und berufliche Bildung
eher als Anpassungsqualifizierung vollzogen. Jedoch besteht zwischen der ökonomischen Verwertbarkeit und der individuellen und subjektbezogenen Emanzipation
ein Widerspruch. Demzufolge müssten junge Auszubildende zu eben diesem Widerspruch befähigt werden, damit sie die gesellschaftlichen Irrationalitäten erkennen und
diese (für sich und andere) überwinden können (Kaiser & Ketschau, 2019, S. 13 ff.).
Falls die (Berufs-)Pädagogik sich dieser, ihrer „humanistischen Verantwortung" (Kaiser & Ketschau, 2019, S. 20) verweigert, so ist die Berufsbildung „dann instrumentelle
Bildung, entstanden durch die zweckrationalisierte Vernunft der bürgerlichen Gesellschaft. Für den Auszubildenden hieße das Leistungs- und Selektionsdruck statt Selbstentfaltung und Erfahrung, es hieße Konkurrenzdenken statt Solidarität" (Kaiser &
Ketschau, 2019, S. 20). Vielmehr gilt es, den Anspruch der Selbstbefreiung zu verwirk-
lichen, da die (gegenwärtige) Gesellschaft auf Unmündigkeit ausgerichtet sei, dementsprechend ist Erziehung „zwar selbst auch Zwang, aber dort legitimierbar, wo ihr
Ziel die Befreiung davon ist" (Kaiser & Ketschau, 2019, S. 25). Denn eine „Erziehung
zur Mündigkeit bedeutet aus emanzipatorischer Sicht: Mündigkeit zu ermöglichen.
Nicht: Mündigkeit zu verordnen!" (Kutscha, 2020, S. 3). Büchter (2019) präzisiert diese
Forderung wie folgt:

> „Um substantiell gehaltvolle Bildungsprozesse [wie von Kutscha (2019) (ein)gefordert;
> P. S.] in berufsbildenden Schulen anbieten zu können, müssen in der Lehrerbildung jene
> politischen, ökonomischen und sozialen Rationalitäten, die Berufsbildung regieren und
> in die Mikroprozesse von Schule und in die Eigenlogik von Aneignungsprozessen ein-
> dringen, unter dem Aspekt von subjektiver Abhängigkeit und Unterwerfung und schließ-
> lich von Bedingungen für Emanzipation analysiert, problematisiert und diskutiert wer-
> den." (Büchter, 2019, S. 15 f.)

---

10 An dieser Stelle kann nicht final geklärt werden, ob die kritisch-emanzipatorische Berufsbildungstheorie durch die ange-
    führten Publikationen gegenwärtig tatsächlich eine Renaissance erfährt oder vielmehr „mittlerweile überholt" zu sein
    scheint, wie von Büchter (2019) angedeutet.

Kritisch-emanzipatorische Berufsbildung verfolgt das Ziel einer Aufdeckung von Unterwerfungsweisen und eine dauerhafte, intensive und nachhaltige Auseinandersetzung mit dem „hörigen Ausgeliefertsein an soziale, politische, ökonomische Konstellationen, an für selbstverständlich genommene eigene Wahrnehmungsmuster, Wertungen, Einstellungen" (Ruhloff, 2000, S. 31, zitiert nach Büchter, 2019, S. 2).

Dies umfasst bzw. bedeutet konkret auch die Forderung nach der Befreiung des Subjekts aus „dem Primat der Verwertung" (Kaiser, 2016, S. 181), welches allein auf die Nützlichkeit der qualifizierten Arbeitskraft fokussiert, während der Anspruch auf Bildung, „im Sinne einer Selbstermächtigung des Menschen und Befähigung zur umfassenden Mitgestaltung gesellschaftlicher und individueller Verhältnisse" (Kaiser, 2016, S. 181) keine Berücksichtigung erfährt. Kaiser (2016) formuliert dazu fortführend: „Anpassung an Gegebenes ist nicht die Sache der (beruflichen) Bildung" (Kaiser, 2016, S. 193), vielmehr müsse die Umgestaltung der Arbeit, bezogen auf Inhalte, Organisation und insbesondere die Frage nach der Verteilung der aus der Arbeit entstandenen (erarbeiteten bzw. erwirtschafteten) Gewinne, als Gegenstand der beruflichen Bildung thematisiert werden. Des Weiteren sollte berufliche Bildung nicht (allein) auf arbeitsmarktorientierte Anpassungsqualifizierung reduziert werden, sondern Mündigkeit fördern, woraus eine Ermächtigung der Subjekte folgt, welche zugleich die Gestaltung eigener Arbeitsbedingungen und Biografien sowie eine solidarische Verantwortung gegenüber einer Weltgesellschaft umfasst (Kaiser, 2016, S. 193 ff.). Insgesamt kann berufliche Mündigkeit als Befähigung des Subjekts zur Erkenntnis und Befreiung von gesellschaftlich bestimmten Zwängen verstanden werden und somit könnten auch Einzelaspekte wie Problemlösefähigkeit, Denkfähigkeit, Kreativität, Selbstständigkeit, Bewertungsfähigkeit, Verantwortungsfähigkeit sowie Leistungsfähigkeit dazugerechnet werden (Ketschau, 2018, S. 95).

Die Forderungen an die berufliche Bildung und die Berufsschulen konkretisiert ebenso Kutscha (2019) und spricht von einer „demokratischen Eindämmung kapitalistischer Auswüchse" und einer „Gestaltung gemeinwohl- und gerechtigkeitsorientierter Alternativen" (Kutscha, 2019, S. 11). Auszubildende sollten im Rahmen der allgemeinen und beruflichen Bildung befähigt werden, „verallgemeinerungsfähige Legitimationsansprüche gegen den ‚Geist des Kapitalismus' wirksam geltend zu machen" (Kutscha, 2019, S. 11), jedoch „ist der Unterricht an Berufsschulen im Dualen Ausbildungssystem [davon; P. S.] weit entfernt" (Kutscha, 2019, S. 11)[11]. Aber auch Betriebe kommen der Erziehung zur Mündigkeit nicht nach, sie „sind keine Bildungseinrichtungen, sondern funktional an einzelwirtschaftlichen Erfolgs- und Überlebenskriterien (Kapitalrentabilität, Zahlungsfähigkeit) orientierte Sozialsysteme" (Kutscha, 2019, S. 4). Berufsschulen sind dagegen als staatliche (Bildungs-)Institutionen in der öffentlichen Verantwortung und nicht der Marktwirtschaft ausgesetzt, weshalb sie berufsbezogene und berufsübergreifende Lernprozesse unabhängiger vom unmittelba-

---

11 Der Beitrag von Kutscha (2019) veranlasst Beck (2019) zu einer argumentativen Entgegnung, in der er u. a. die These vertritt, dass man mit dem Konzept von Kutscha Auszubildende (bspw. der Einzelhandelsklassen, des Handwerks oder der Industrie) in ein „gravierendes Dilemma" stürzen und in einen „desaströsen Loyalitätskonflikt zu ihren Ausbildungsbetrieben" treiben würde, da sie zwischen dem Ausbildungsbetrieb und der Berufsschule als institutioneller Gegenpart positioniert würden (Beck, 2019, S. 5).

ren Verwertungsdruck fördern und initiieren könn(t)en. Kurzum, ihr Bildungsauftrag umfasst mehr als eine ausschließliche Vermittlung beruflicher Handlungskompetenz. Die Berufsschule wäre dann ein Ort, an dem die im Ausbildungsbetrieb erworbenen Erfahrungen verarbeitet und hinsichtlich einer umfassenden reflexiven Handlungskompetenz vertieft werden können sowie politisches Engagement, u. a. für soziale Gerechtigkeit und Solidarität, gefördert werden kann. Dies würde zudem zu der Entwicklung einer beruflichen Identität bei Auszubildenden beitragen. Infolgedessen wird deutlich, weshalb berufliche Handlungskompetenz und berufliche Bildung nicht identisch sind bzw. gleichgesetzt werden dürfen (Kutscha, 2019, S. 4 ff.; Kutscha, 2020, S. 4).

Zur Umsetzung der Forderungen im alltäglichen Unterricht an Berufsschulen sind, nach Kaiser (2019), angehende Lehrkräfte zur kritischen Gestaltung in der beruflichen Bildung zu ermutigen. Ein wichtiger Bestandteil ist eine (kritische) Gesellschaftsanalyse zur Erlangung von Mündigkeit sowie die Befähigung zur kritischen Selbstreflexion. Angehende Lehrkräfte bedürfen einer intensiven und persönlichen Auseinandersetzung mit der eigenen Lebensgeschichte, denn (erst) dies ermöglicht die individuelle Mündigkeit. Sowohl zur Auseinandersetzung mit persönlichen (Lebens-)Erfahrungen als auch zur Erprobung von partizipativer Leitung sowie zur späteren Unterrichtsgestaltung werden Lehramtsstudierenden deshalb die Inhalte und Potenziale der Themenzentrierten Interaktion (siehe auch Kapitel 2.5) im Studium vermittelt. Daneben ermöglichen es diese universitären Seminarinhalte den Studierenden, selbstbestimmtes Verhalten im Verständnis einer Mündigkeit einzuüben. Denn erst die bewusste Erkenntnis um die eigene Gefangenheit im System, im Prekariat des Denkens und Handelns sowie der selbst gewählten Unterwerfung unter die Leistungslogik, ermöglicht die aktive und persönliche Veränderung (Kaiser, 2019, S. 37 ff.). Dieser Aspekt verdeutlicht die Relevanz zur (wiederholten) kritisch-reflexiven Auseinandersetzung innerhalb der beruflichen (Aus-)Bildung. Universitäten können dies ihren Studierenden vermitteln, Lehrkräfte an Berufsschulen (später) ihren Auszubildenden. Zur praktischen Umsetzung im Studium oder in der Berufsschule bildet die Themenzentrierte Interaktion eine geeignete Option, wie im übernächsten Kapitel (2.5; und in Kapitel 3.1) gezeigt werden soll. Zuvor wird im folgenden Kapitel (2.4) die Selbstbestimmungstheorie der Lernmotivation präsentiert.

Als zentrale Argumentation, ist zu rekapitulieren, dass an der Umsetzung bzw. Realisierung der Ziele der beruflichen Bildung (siehe Kapitel 2.2) bedeutende Kritik besteht. Die Aspekte einer Förderung von individueller Mündigkeit, Emanzipation, Demokratie, Lernen und Umgang auf Augenhöhe oder Solidarität werden gegenwärtig nicht ausreichend berücksichtigt. In der vorliegenden Arbeit soll deshalb untersucht werden, ob und inwieweit die drei verschiedenen Ansätze des Peer Learning zu einer Entwicklung dieser Aspekte beitragen können. Gleichzeitig ist darauf hinzuweisen, dass das Peer Learning keine „Aufklärung" über das kapitalistische Wirtschaftssystem leisten will oder soll. Diese Forderung der kritisch-emanzipatorischen Berufsbildungstheorie wird durch das Peer Learning nicht (weiter) verfolgt. Peer Learning will vielmehr soziales Lernen bzw. sozial-kompetentes Verhalten in der Ausbildung sowie den Zusammenhalt und die soziale Integration innerhalb der Lerngruppe

(Gruppen- und Lernklima verbessern) fördern, um dadurch positiv zur (Persönlichkeits-)Entwicklung eines jeden Individuums beizutragen. Dies sind, wenn auch vielleicht nur zweitrangig formuliert, ebenso Ziele und Forderungen der kritisch-emanzipatorischen Berufsbildungstheorie, welche ferner in der vorliegenden Arbeit als Instrument zur Analyse und Interpretation der (qualitativ erhobenen) Forschungsergebnisse (siehe Kapitel 7.1) verwendet wird.

2.4   Die Selbstbestimmungstheorie der Lernmotivation

In der kritisch-emanzipatorischen Berufsbildungstheorie haben, wie gezeigt, Zieldimensionen wie Emanzipation, Mündigkeit, Solidarität und Demokratie eine zentrale Bedeutung. Sie für den Lern- und Entwicklungsprozess junger Auszubildender in der beruflichen Bildung zu berücksichtigen bzw. zu implementieren, bedarf zusätzlicher und weiterführender theoretischer (Vor-)Überlegungen. Die Annahmen der Selbstbestimmungstheorie der Lernmotivation von Deci und Ryan (1993, 2000, 2008) schließen, bezogen auf die Gestaltung von Lernsituationen in der beruflichen Bildung, in Teilen daran an. Die beiden theoretischen Ansätze erscheinen in bestimmten Aspekten, insbesondere bezogen auf Lern- und Persönlichkeitsentwicklungsperspektiven in der beruflichen Bildung, als kombinierbar insofern, als dass sie sich wechselseitig vervollständigen könn(t)en. Im weiteren Verlauf des vorliegenden Kapitels werden deshalb auch Gemeinsamkeiten (und Unterschiede) der kritisch-emanzipatorischen Berufsbildungstheorie und der Selbstbestimmungstheorie der Lernmotivation thematisiert. Hierbei wird der Fokus darauf gerichtet, einerseits die Ansätze des Peer Learning in der beruflichen Bildung (theoretisch fundiert) zu implementieren und gleichfalls den Kritikpunkten und Forderungen der kritisch-emanzipatorischen Berufsbildungstheorie (zumindest in Teilen) gerecht zu werden.

Die Selbstbestimmungstheorie (englisch: Self Determination Theory; kurz: SDT) nach Deci und Ryan (1993, 2008) ist eine Theorie der menschlichen Motivation, der Entwicklung und des Wohlbefindens. Sie fokussiert verschiedene Typen von Motivation in der Ausübung einer (allgemeinen) Handlung (z. B. Arbeit, Lernen) und differenziert zwischen extrinsischer und intrinsischer Motivation. Eine zentrale Annahme der SDT besagt: Werden die drei psychologischen Grundbedürfnisse nach Autonomie(erleben), Kompetenz(erleben) und sozialer Eingebundenheit[12] (z. B. in einer Lernsituation) befriedigt, wird das Lernen vom Individuum in höherem Ausmaß als selbstbestimmt erlebt und dadurch effektiver. Die Theorie berücksichtigt neben den drei Grundbedürfnissen ebenfalls die grundlegenden Fähigkeiten sowie die Interessen des Individuums. Zudem betrachtet die SDT die sozialen Bedingungen, die die verschiedenen Arten von Motivation fördern oder vermindern, entsprechend gilt: In dem Grad, in dem die psychologischen Grundbedürfnisse nach Autonomieerleben, Kompetenz-

---

12 Insbesondere Mündigkeit, Emanzipation und Solidarität weisen eine inhaltlich-konzeptionelle Nähe zu den Dimensionen des Autonomieerlebens, des Kompetenzerlebens und der sozialen Eingebundenheit auf. Diese Überlegungen werden im Verlauf des Kapitels und in Kapitel 2.6 weiterführend diskutiert.

erleben und sozialer Eingebundenheit unterstützt oder verhindert werden, wird sowohl die Art als auch die Stärke der Motivation beeinflusst. Die verschiedenen Typen der Motivation eignen sich als Prädiktoren für Leistungs-, Beziehungs- und Wohlfühlergebnisse, weshalb die SDT für verschiedene Lebensbereiche, wie Arbeit, Partnerschaft, Bildung, Umwelt, Sport, Nachhaltigkeit, Gesundheitsvorsorge und Psychotherapie, angewendet werden kann (Deci & Ryan, 1993, S. 223; Deci & Ryan, 2008, S. 182).

Die Theorie der Selbstbestimmung ist als organismische und dialektische Theorie der menschlichen Motivation zu verstehen: Mit „organismisch" wird die fundamentale Tendenz zur andauernden Integration der menschlichen Entwicklung beschrieben, „dialektisch" beschreibt die interaktive Beziehung zwischen dem organismischen Integrationsprozess und den Einflüssen der sozialen Umwelt. Von zentraler Bedeutung in der Theorie ist das Selbst, welches als Prozess und als Ergebnis einer Entwicklung interpretiert und untersucht werden kann. Das bedeutet, im Lauf der Entwicklung erweitert und verfeinert sich die Struktur des Selbst in der Auseinandersetzung mit der sozialen Umwelt (Deci & Ryan, 1993, S. 223).

Die SDT basiert auf einem organismisch-dialektischen Menschenbild[13] bzw. einer Metatheorie, welche von einem universalen Streben nach Wachstum und Autonomie ausgeht. Zentrale Annahme ist, dass das menschliche Verhalten darauf ausgerichtet ist, die eigene Selbstbestimmung zu vergrößern bzw. zu erhalten und zugleich Fremdbestimmung zu reduzieren. Menschen werden als aktive Organismen betrachtet, welche von Geburt an nach psychologischem Wachstum und Entwicklung (bzw. Verwirklichung des eigenen Potenziales) streben, sie handeln proaktiv und sind leistungsorientiert. Dies umfasst, persönliche Herausforderungen und Aufgaben zu bewältigen und neue persönliche Erfahrungen in ein kohärentes Selbstbild zu integrieren, zugleich ist der Mensch einer dauerhaften Beeinflussung durch seine soziale Umwelt ausgesetzt. In diesem Verständnis ist die Selbstbestimmungstheorie als organismisch-dialektisch zu erachten, wobei eine Persönlichkeitsentwicklung die Befriedigung der drei Grundbedürfnisse nach Autonomieerleben, Kompetenzerleben und sozialer Eingebundenheit voraussetzt (Ryan & Deci 2000, S. 68 ff.; Kramer, 2002, S. 18 f.; Rausch, 2011, S. 134 f.).

Das Verhalten eines Menschen wird, den theoretischen Annahmen folgend, motivational gesteuert, so gelten Menschen „dann als motiviert, wenn sie etwas erreichen wollen – wenn sie mit dem Verhalten einen bestimmten Zweck verfolgen. Die Intention zielt auf einen zukünftigen Zustand, gleichgültig ob er wenige Sekunden oder mehrere Jahre entfernt liegt. Dazu gehört auch die Bereitschaft, ein Mittel einzusetzen, das den gewünschten Zustand herbeiführt" (Deci & Ryan, 1993, S. 224). In der Selbstbestimmungstheorie werden qualitative Ausprägungen motivierten Handelns bzw. motivationale Prozesse nach dem Grad der Selbstbestimmung differenziert. Betracht wird, inwieweit motivierte Handlungen vom Selbst oder durch äußere und innere

---

13 Dieses Menschenbild unterscheidet sich von dem einer kritisch-emanzipativen Berufsbildungstheorie, welches den Menschen aus dem (wirtschaftlichen) Verwertungszusammenhang/-zwang befreien möchte. Dennoch können und werden beide theoretischen Ansätze zur Konzipierung der vorliegenden Forschungsarbeit berücksichtigt.

Zwänge verursacht bzw. kontrolliert werden. Dementsprechend werden manche Handlungen als frei gewählt erlebt, diese entsprechen den Wünschen und Zielen des individuellen Selbst und können als selbstbestimmt bzw. autonom definiert werden. Andere Handlungen werden hingegen als aufgezwungen erlebt und als kontrolliert bezeichnet. Diese Unterscheidung ist in der Selbstbestimmungstheorie zentral, so beinhaltet die intrinsische Motivation Merkmale wie Neugier, Exploration, Spontanität und Interesse, bspw. an den unmittelbaren Gegebenheiten der Umwelt. Eine extrinsische Motivation zeigt sich hingegen in Verhaltensweisen, welche mit einer instrumentellen Absicht vollzogen werden, wobei versucht wird, eine von der Handlung separierbare Konsequenz zu erreichen. Solche extrinsisch motivierten Verhaltensweisen erfolgen zumeist nicht spontan, sie werden durch Aufforderungen initiiert, deren Belohnung eine positive Bestärkung antizipieren lässt. So ist eine kontrollierte Handlung für Menschen mit dem Erleben von Druck verbunden, z. B. in einer bestimmten Weise zu denken, zu fühlen oder sich zu verhalten. Während autonome Motivation tendenziell zu effektiverer Leistung und langfristiger Persistenz einer Handlung führt (Deci & Ryan, 1993, S. 224 f.; Deci & Ryan, 2008, S. 182 f.).

Für Deci und Ryan (1993) repräsentieren intrinsisch motivierte Handlungen in gewisser Weise einen Prototyp selbstbestimmten Verhaltens. Das Verhalten stimmt mit der eigenen Auffassung überein, dadurch fühlt sich das Individuum frei in der Wahl und Umsetzung des eigenen Handelns. Die intrinsische Motivation ermöglicht dem Individuum, frei von äußerem Druck oder innerem Zwang, nach einer Tätigkeit zu streben und sich interessengeleitet zu engagieren. Somit ist eine intrinsisch motivierte Handlung als selbstbestimmt definiert und eine extrinsisch motivierte Handlung (gegenteilig) als nicht selbstbestimmt. Relevant ist zudem, dass ebenfalls extrinsisch motiviertes Verhalten selbstbestimmt sein bzw. als selbstbestimmt erlebt werden kann, denn „extrinsisch motivierte Verhaltensweisen können durch Prozesse der Internalisation und Integration in selbstbestimmte Handlungen überführt werden" (Deci & Ryan, 1993, S. 227). Entsprechend können auch extrinsische Anreize die intrinsische Motivation verstärken. Die Internalisation beschreibt den Vorgang, bei dem externale Werte von einer Person in die internalen Regulationsprozesse übertragen werden. Der Prozess der Integration geht noch darüber hinaus, denn hierbei werden (bereits) internalisierte Werte in das individuelle Selbst eingegliedert. Weiterführend wird angenommen, dass Menschen tendenziell Regulationsmechanismen der sozialen Umwelt internalisieren, um sich mit anderen verbunden zu fühlen und um Mitglied ihrer sozialen Umwelt zu werden. Durch eine derartige Integration sozial vermittelter Verhaltensweisen in das individuelle Selbst kann das eigene Handeln als selbstbestimmt erfahren werden. Der Wunsch, sich mit anderen verbunden zu fühlen und zugleich das eigene Verhalten autonom zu bestimmen, ermöglicht die Integration von Zielen und Werten in das eigene Selbstkonzept. Dies erfolgt insbesondere, wenn in einem akzeptierten sozialen Milieu die entsprechenden Verhaltenstendenzen verstärkt werden. Zentral für die Internalisation und die Integration ist das Erleben der jeweiligen Handlung als vergleichsweise eher selbstbestimmt oder eher kontrolliert (Deci & Ryan, 1993, S. 226 f.).

Eine solche Unterscheidung kann ebenso für (langfristige) Lebensziele getroffen werden, dabei bilden Lebensziele wie Zugehörigkeit und persönliche Entwicklung intrinsische Bestrebungen ab. Zu den extrinsischen Bestrebungen gehören Ziele wie Reichtum, Ruhm und Attraktivität. Dabei sind extrinsische Bestrebungen in gewisser Weise ein Bedürfnisersatz, da sie nur wenig oder keine direkte Bedürfnisbefriedigung bieten bzw. zur Folge haben. Menschen verfolgen diese Ziele (dennoch), weil sie ihnen einen Ersatz bzw. eine Kompensation für den Mangel an wirklicher, realer Bedürfnisbefriedigung ermöglichen. Ferner besteht die Gefahr, bei der Verfolgung extrinsischer Ziele das Streben nach Befriedigung von Grundbedürfnissen zu verdrängen, sodass keine Förderung der Integration oder des Wohlbefindens gelingt, selbst (dann nicht) wenn die Ziele erreicht werden (Deci & Ryan, 2008, S. 183).

Ein wesentlicher Bestandteil der Selbstbestimmungstheorie von Deci und Ryan (1993, 2000) ist die kriteriengeleitete Unterscheidung verschiedener Typen motivationaler Zustände. Differenziert werden einerseits Amotivation[14] und intrinsische Motivation sowie vier Typen extrinsischer Motivation bzw. Verhaltensregulation, welche motivationale Ausprägungen zwischen den beiden Extremen kennzeichnen. Diese vier Typen der extrinsischen Verhaltensregulation sind aufsteigend in ihrer theoretischen Nähe zur intrinsischen Motivation, und damit zur Selbstbestimmung, konzipiert; unterschieden werden: externale Regulation, introjizierte Regulation, identifizierte Regulation und integrierte Regulation (Deci & Ryan, 1993, S. 223 ff.; Deci & Ryan, 2000, S. 236 f.).

Der erste Typ, die externale Regulation, beschreibt regulierte Verhaltensweisen, auf die der Mensch keinen direkten Einfluss hat. Die Handlungen werden ausgeführt, um eine externale Belohnung zu erhalten oder eine potenzielle Bestrafung zu vermeiden. Äußere Anregungs- und Steuerungsfaktoren definieren das Verhalten, sodass ein Individuum nicht freiwillig agiert. Die introjizierte Regulation (Typ 2) bezieht sich auf Verhaltensweisen, welche einem internen Anstoß bzw. einem inneren Druck folgen. Hierbei zielt das (eigene) Verhalten auf die Vermeidung eines schlechten Gewissens ab; Handlungen werden ausgeführt, „weil es sich so gehört" und sie als relevant für eine (positive) Selbstachtung gesehen werden. Eine introjizierte Handlungsregulation ist dahingehend als internal zu betrachten, als dass sie keine äußeren Handlungsanstöße (mehr) benötigt (Deci & Ryan, 1993, S. 227).

Eine identifizierte Regulation (Typ 3) liegt vor, wenn eine Verhaltensweise vom Selbst als persönlich wertvoll erachtet wird. Die Handlung wird ausgeführt, weil sie vom Individuum selbst als wichtig bewertet wird (im Verständnis eines selbst gesetzten Ziels) und nicht allein, weil man es tun sollte. Bedeutsam ist hierbei die persönliche Relevanz, welche aus der Identifikation mit den zugrunde liegenden Werten und Zielen resultiert sowie aus der Integration in das individuelle Selbstkonzept. Der vierte Typ, die integrierte Regulation, ist der Typ mit dem höchsten Grad an Selbstbestimmung in der extrinsischen Motivation. Sie ist das Resultat „der Integration von Zielen,

---

14 Als Amotivation wird ein Zustand ohne Tätigkeitsanreize beschrieben (Harteis, Bauer, Festner & Gruber, 2004, S. 131). Lernhandlungen, die von Amotivation gekennzeichnet sind, beschreiben Zustände ohne Lernmotivation; Lernende stehen dem Lerninhalt bzw. der Lernaktivität gleichgültig gegenüber (Gebhardt, Martínez Zaugg & Metzger, 2014, S. 3).

Normen und Handlungsstrategien, mit denen sich das Individuum identifiziert und die es in das kohärente Selbstkonzept integriert hat" (Deci & Ryan, 1993, S. 228). Der integrierte Regulationsstil, als eigenständigste Form extrinsischer Motivation, ist, zusammen mit der intrinsischen Motivation, die Grundlage für selbstbestimmtes Handeln (Deci & Ryan, 1993, S. 228).

Zur Erklärung menschlichen Verhaltens sowie der Herkunft motivationaler Handlungsenergie postuliert die SDT drei wesentliche Energiequellen: physiologische Bedürfnisse, Emotionen und psychologische Bedürfnisse. Dabei sind die psychologischen (Grund-)Bedürfnisse, wie bereits erwähnt, von besonderer Bedeutsamkeit, da sie die Prozesse beeinflussen, durch die ein Individuum Triebe und Emotionen autonom steuern kann. Deci und Ryan (1993, 2000, 2008) erachten drei angeborene psychologische Bedürfnisse für die intrinsische und extrinsische Motivation als zentral: das Bedürfnis nach Kompetenz(erleben) bzw. eigener Wirksamkeit, nach Autonomie(erleben) (oder Selbstbestimmung) und nach sozialer Eingebundenheit bzw. Zugehörigkeit. Folglich wird angenommen, „dass der Mensch die angeborene motivationale Tendenz hat, sich mit anderen Personen in einem sozialen Milieu verbunden zu fühlen, in diesem Milieu effektiv zu wirken (zu funktionieren) und sich dabei persönlich autonom und initiativ zu erfahren" (Deci & Ryan, 1993, S. 229). Intrinsisch motivierte Verhaltensweisen sind vorwiegend mit den Bedürfnissen nach Kompetenz und Selbstbestimmung (Autonomie) verbunden, während extrinsisch motivierte Verhaltensweisen in ihrer Entwicklung mit allen drei Grundbedürfnissen verbunden sind. Das Konzept der psychologischen Grundbedürfnisse ist aus mehreren Perspektiven bedeutsam, da erklärt werden kann, weshalb bestimmte Handlungsziele motivierend sind. Weitergehend kann angenommen werden, dass Menschen bestimmte Ziele verfolgen, weil sie dadurch ihre psychologischen Bedürfnisse befriedigen können (Deci & Ryan, 1993, S. 229). Entsprechend postulieren Deci und Ryan (1993), „dass soziale Umweltfaktoren, die den Heranwachsenden Gelegenheit geben, ihre Bedürfnisse nach Kompetenz, Autonomie und sozialer Eingebundenheit zu befriedigen, das Auftreten intrinsischer Motivation und die Integration extrinsischer Motivation erleichtern. Soziale Umweltfaktoren, die die Befriedigung dieser Bedürfnisse behindern, hemmen diese Prozesse" (Deci & Ryan, 1993, S. 229 f.).

Intrinsische Verhaltensweisen bedürfen eines Kompetenzerlebens und eines Autonomieerlebens; sie tragen zugleich aber auch (wechselseitig) zu ihrer Entstehung bei. Die soziale Umgebung beeinflusst demnach die Entwicklung bzw. Entstehung intrinsischer Motivation insofern, als dass sie die psychologischen Bedürfnisse nach Kompetenzerleben und Autonomieerleben fördert und unterstützt (Deci & Ryan, 1993, S. 230). Der Faktor der sozialen Umwelt beeinflusst die Entstehung bzw. Entwicklung selbstbestimmter Motivation, da sie die Gegebenheiten im Erleben von Autonomie und Kompetenz sowie auch sozialer Eingebundenheit determiniert. Diese Zusammenhänge gelten ebenso für Lern- und Arbeitsorte in der beruflichen Bildung. Für die in der vorliegenden Arbeit untersuchten Ansätze des Peer Learning bedeuten diese (theoretischen) Annahmen, dass ihre Implikation in einer berufsschulischen oder betrieblichen Umgebung, welche Kompetenzerleben und Autonomieerleben (in stärkerem Maße) ermöglicht, zielführender (und effektiver) realisiert werden kann.

Für Lernende sind bspw. kontrollierende Maßnahmen, Ereignisse oder Rückmeldungen, die als Druck wahrgenommen werden, kontraproduktiv für die intrinsische Motivation. Rückmeldungen oder Maßnahmen, die hingegen als selbstständigkeitsfördernd wahrgenommen werden, und dadurch die Eigeninitiative und Wahlfreiheit stärken, fördern die intrinsische Motivation. In der Regel werden Angebote zur Wahlmöglichkeit sowie wertschätzende Äußerungen als autonomiefördernd erlebt, dies bewirkt zudem eine Steigerung der intrinsischen Motivation. Ein solches positives und wertschätzendes (Peer) Feedback (siehe dazu auch Kapitel 2.1) kann bzw. soll u. a. auch durch die Ansätze des Peer Learning geleistet werden. Überdies kann angenommen werden, dass positives Feedback die wahrgenommene Kompetenz stärkt. Jedoch muss das Feedback dafür auf autonomiefördernde Art vermittelt werden, denn durch positive Rückmeldung kann die intrinsische Motivation nur dann gesteigert bzw. gefördert werden, wenn sich die Rückmeldung auf Aspekte bezieht, welche Resultat einer selbstbestimmten Handlung sind, und das Feedback nicht kontrollierend wirkt bzw. derart empfunden wird. Insgesamt kann die soziale Umgebung eine wichtige Unterstützung für Kompetenz und Autonomieerfahrungen leisten und dadurch intrinsische Motivation herstellen und aufrechterhalten (Deci & Ryan, 1993, S. 230 ff.).

Des Weiteren kann hochqualifiziertes Lernen, wie es die Selbstbestimmungstheorie postuliert, nur durch vom individuellen Selbst ausgehenden Engagement erreicht werden, das bedeutet: „Effektives Lernen ist auf intrinsische Motivation und/oder integrierte Selbstregulation angewiesen. Die gleichen sozialen Faktoren, die zur Steigerung von intrinsischer Motivation und integrierter extrinsischer Motivation beitragen, sollten deshalb auch hochqualifiziertes Lernen unterstützen" (Deci & Ryan, 1993, S. 233). Ferner kann Lernmotivation „sowohl durch (äußere) Kontrollmechanismen als auch durch selbstbestimmte Formen der Verhaltensregulation erzeugt werden. Mit qualitativ hochwertigen Lernergebnissen ist v. a. dann zu rechnen, wenn die Motivation durch selbstbestimmte Formen der Handlungsregulation bestimmt wird" (Deci & Ryan, 1993, S. 234). Die Qualität des Lernens wird durch die Autonomieunterstützung beeinflusst, Lehrkräfte können bspw. ihren Lernenden (frühzeitig) zeigen, dass sie persönlich an ihrer Entwicklung im Lernprozess interessiert sind. Ein solches Verhalten, seitens der Lehrkräfte, wirkt autonomieunterstützend. Das gegenteilige (kontrollierende) Verhalten einer Lehrkraft wäre, den Lernenden gegenüber zu Beginn zu kommunizieren, dass die Lernergebnisse geprüft und benotet werden. Durch autonomieunterstützende Lernbedingungen erreichen Lernende bessere Lernergebnisse, kurz- wie langfristig. Generell ist die Motivation für qualitativ hochwertige Leistungen (oder auch Lernen) dann am stärksten ausgeprägt, wenn die Unterstützung der Autonomie optimiert wird und zugleich die Kontrollbedingungen (z. B. kontrollierender Druck) minimiert sind. Weiterführend wird angenommen, dass ein optimales Lernen direkt mit der Entwicklung des individuellen Selbst verbunden ist sowie abhängig von dem Engagement und der Partizipation des Selbst. So beeinträchtigt eine Lernmotivation, welche nicht den Prinzipien des individuellen Selbst entspricht, z. B. durch verpflichtende äußere Vorgaben die Effektivität des Lernens und behindert zudem die Entwicklung des individuellen Selbst (Deci & Ryan, 1993, S. 234 ff.). Deshalb sollen den theoretischen Annahmen folgend, die hier untersuchten pädagogischen Ansätze zum Peer Learning, durch ihre autonomiefördernden Bedingungen, das Lernen in Betrieb und Berufsschule optimieren und (im Idealfall dadurch) die Entwicklung des individuellen Selbst fördern.

Resümierend ist festzuhalten, „Umwelten, in denen wichtige Bezugspersonen Anteil nehmen, die Befriedigung psychologischer Bedürfnisse ermöglichen, Autonomiebestrebungen des Lerners unterstützen und die Erfahrung individueller Kompetenz ermöglichen, fördern die Entwicklung einer auf Selbstbestimmung beruhenden Motivation" (Deci & Ryan, 1993, S. 236). Dabei ist die Erfahrung, eigene Handlungen frei wählen zu können, zentral für diese Entwicklung. Denn die Aktivität des Selbst bewirkt eine höhere Qualität im Lernen und fördert bzw. verstärkt zeitgleich die Entwicklung des individuellen Selbst. „Verantwortlich für alle diese Prozesse sind letztendlich die sozialen Bedingungen, die das Bestreben nach Autonomie, Kompetenz und sozialer Eingebundenheit unterstützen oder verhindern" (Deci & Ryan, 1993, S. 236).

Die erwarteten Zusammenhänge der Selbstbestimmungstheorie der Lernmotivation wurden daher auch in zahlreichen nationalen wie internationalen Studien der beruflichen Bildung als theoretische Grundlage herangezogen und analysiert (siehe dazu auch Kapitel 3.1), wie u. a. die Arbeiten von Prenzel und Drechsel (1996), Kramer (2002), Harteis et al. (2004), Guay, Ratelle und Chanal (2008), Gagné und Forest (2008), Rosendahl et al. (2008), Gebhardt et al. (2009), Rausch (2011) sowie Gebhardt, Martínez Zaugg und Metzger (2014) bestätigen.

In weiteren Arbeiten entwickeln Prenzel, Krapp und Schiefele (1986) sowie Krapp und Prenzel (1992), aufbauend auf Deci und Ryan, eine Ausdifferenzierung der Theorie, die pädagogische Interessentheorie. Sie differenzieren sechs Varianten motivierten Lernens bzw. der Lernmotivation: amotiviert, extrinsisch, introjiziert, identifiziert, intrinsisch und interessiert (Prenzel & Drechsel, 1996, S. 218 f.). Die theoretische Erweiterung bezieht sich insbesondere auf die intrinsische Motivation, welche um die Definition des „interessierten Lernens" als motivationaler Typus erweitert wird. Selbstbestimmtes Lernen kann demnach entlang drei verschiedener Motivationsvarianten gekennzeichnet werden: identifiziertes, intrinsisches und interessiertes Lernen.

Daneben erarbeiten Krapp und Prenzel (1992) in der pädagogischen Interessentheorie sechs (zusätzliche) motivationsfördernde Bedingungsfaktoren des Lernens: die „wahrgenommene inhaltliche Relevanz" des Lernstoffes (wie z. B. Anwendungsbezug, Realitätsnähe, Lernsituationen und Lernorte), die „wahrgenommene Instruktionsqualität" (wie z. B. Handlungsorientierung, klare Struktur und Verständlichkeit), das „wahrgenommene inhaltliche Interesse beim Lehrenden" (wie z. B. Ausdrücken von Empfindungen, Engagement und Enthusiasmus), die „wahrgenommene soziale Einbindung" (wie z. B. kollegialer Umgang, kooperatives Arbeiten oder auch eine entspannte, freundliche Lernatmosphäre), die „wahrgenommene Kompetenzunterstützung" (wie z. B. informierendes Feedback) und die „wahrgenommene Autonomieunterstützung" (wie z. B. Wahlmöglichkeiten, Unterstützung von selbstständigem Erkunden, Planen, Handeln und Lernen). Starke Ausprägungen in diesen motivationsrelevanten Bedingungen sollen, der theoretischen Erwartung folgend, identifiziertes, intrinsisches und interessiertes Lernen unterstützen (Prenzel & Drechsel, 1996, S. 220).

Dem Ansatz von Krapp und Prenzel (1992) zur pädagogischen Interessentheorie nach erweist es sich als zielführend, das Erleben von Kompetenz, Autonomie und sozialer Eingebundenheit durch organisatorische und instruktionale Maßnahmen zu verstärken. Dafür sollten im betrieblichen Lernort Auszubildende motivational anregende Aufgaben auf mittlerem Schwierigkeitsniveau gestellt bekommen und diese durch eine*n Ausbilder*in modellhaft vorgeführt, (strukturiert) angeleitet und durch schrittweise Reduzierung der Unterstützung vollzogen werden (Rosendahl et al., 2008, S. 211). Das Interessenkonzept von Krapp und Prenzel (1992) findet, wie Rosendahl et al. (2008) anmerken, ebenso in der berufspädagogischen Forschung eine weite Verbreitung, wie u. a. die Arbeiten von Prenzel, Kristen, Dengler, Ettle und Beer (1996), Prenzel, Drechsel und Kramer (1998), Prenzel, Kramer und Drechsel (2001) sowie Nickolaus und Ziegler (2007) belegen (Rosendahl et al., 2008, S. 203).

Für die vorliegende Arbeit werden vor allem die drei Dimensionen, Kompetenzerleben, Autonomieerleben und soziale Eingebundenheit, der Selbstbestimmungstheorie der Lernmotivation sowohl quantitativ entlang einer Gesamtskala und der drei einzelnen Dimensionen bzw. Unterkategorien (siehe Kapitel 5.3.1) als auch qualitativ in den (Auswertungs-)Kategorien der Leitfadeninterviews mit den Auszubildenden und den Lehr- und Ausbildungskräften (siehe Kapitel 5.5.2 und 5.6.2) erhoben. Inhaltlich kann als Erwartung formuliert werden, dass die Ansätze zum Peer Learning zum einen die drei Grundbedürfnisse der Selbstbestimmungstheorie der Lernmotivation als ihre (Grund-)Voraussetzung benötigen, zum anderen aber auch, dass diese durch das Peer Learning verstärkt werden. Denn die Implementierung des Peer Learning setzt (in gewisser Weise) eine (bereits bestehende) soziale Eingebundenheit (im Sinne eines Wohlfühlens) sowie Autonomieerleben und Kompetenzerleben als vergangene bzw. bereits erlebte Erfahrungen voraus und soll zugleich dieses Erleben im Rahmen des Peer Learning ermöglichen, um auf diese Weise (potenziell) zu der Entwicklung bzw. Befriedigung der drei Grundbedürfnisse (positiv) beitragen zu können.

Insgesamt hat die Selbstbestimmungstheorie auch im Kontext der beruflichen Ausbildung für das selbstständige Lernen eine hohe Bedeutung. So fühlen sich Auszubildende dann sozial eingebunden, wenn sie ernst genommen und (als Person) akzeptiert werden. Können Auszubildende ihre eigenen Fähigkeiten und Fertigkeiten weiterentwickeln und (persönliche) Fortschritte bemerken sowie sich wirksam erleben, wird ihr Bedürfnis nach Kompetenzerleben befriedigt. Autonomie wird erfahren, wenn Auszubildende über ihr Lernen und ihre Lernziele selbst entscheiden können und sie dies als selbst initiiert erleben (Rosendahl et al., 2008, S. 203; Gebhardt et al., 2014, S. 4 f.). Ergänzend dazu verweisen auch Rohlfs (2010) und Otto (2015) darauf, dass ein Agieren innerhalb von Peer Groups zum Erwerb sozialer Kompetenzen und durch Zugehörigkeit zu einem sozialen Netzwerk (z. B. in Freundschaftsbeziehungen) zur

Befriedigung der menschlichen Bedürfnisse nach sozialer Eingebundenheit und Zugehörigkeit beitragen kann (Rohlfs, 2010, S. 64; Otto, 2015, S. 24).

Gelingt es, durch die Ansätze des Peer Learning, die Bedürfnisse der Selbstbestimmungstheorie zu erhöhen, und dadurch die Lernmotivation zu verstärken und intrinsisch motiviertes sowie selbst gesteuertes Lernen zu erzeugen, kann diese Entwicklung ebenso positiv zu den Dimensionen der kritisch-emanzipatorischen Berufsbildungstheorie wie Mündigkeit, Solidarität oder auch Emanzipation beitragen. Durch Berücksichtigung der theoretischen Annahmen der Selbstbestimmungstheorie können auf diese Weise, durch die Implementierung von Peer Learning in der beruflichen Bildung, Teile der Forderungen und Ziele der kritisch-emanzipatorischen Berufsbildungstheorie bedient bzw. (potenziell) erreicht werden. Inwieweit dies (tatsächlich) realisierbar ist (bzw. inwieweit Peer Learning eine Lernumgebung schaffen kann, welche den Auszubildenden Gelegenheiten bietet, die Grundbedürfnisse befriedigen zu können), soll in der vorliegenden Forschungsarbeit empirisch analysiert und diskutiert werden, u. a. in den Kapiteln 6 und 7.

2.5 Die Themenzentrierte Interaktion als Gestaltungsinstrument sozialer Lernformen

Um die Forderungen aus der kritisch-emanzipatorischen Berufsbildungstheorie und die theoretischen Überlegungen zu der Selbstbestimmungstheorie der Lernmotivation in der beruflichen Bildung, im Rahmen der Ansätze des Peer Learning, praktisch umsetzen zu können, erscheint die Themenzentrierte Interaktion (TZI) als geeignete methodische und didaktische Klammer. Ein Zusammenhang besteht in inhaltlich vergleichbaren Konzepten mit der kritisch-emanzipatorischen Berufsbildungstheorie sowie mit der Selbstbestimmungstheorie. Dazu sind vor allem Begriffe wie Emanzipation, Mündigkeit, Solidarität, Demokratie, Autonomie- und Kompetenzerleben sowie die soziale Eingebundenheit zu fokussieren. Diese sind inhaltlich und theoretisch anschlussfähig an die zentralen Konzepte und Ideen der TZI wie dem „Ich", dem „Wir" und dem „Es" sowie der Umwelt, dem „Globe".

2.5.1 Das grundlegende Konzept und seine Entstehung
Die Themenzentrierte Interaktion ist als Konzept zur Arbeit (oder Lernen) in Gruppen zu verstehen, welches die Förderung des sozialen Lernens und der persönlichen Entwicklung[15] jedes einzelnen Gruppenmitglieds als Ziel verfolgt (Spielmann, 2009, S. 15). Zentral im TZI-Ansatz ist das Vier-Faktoren-Modell, welches die drei Faktoren „Ich", „Wir" und „Es" als gleich bedeutsam in dem „TZI-Dreieck" erachtet und welche durch den „Globe" gerahmt werden. Der Globe ist im Verständnis der TZI, eine Kugel,

---

15   Die Förderung des sozialen Lernens und der persönlichen Entwicklung sind ebenso in den Ansätzen des Peer Learning von zentraler Bedeutung (siehe auch Kapitel 2.1).

welche das TZI-Dreieck umschließt. Jedoch wird in den (meisten) Visualisierungen das TZI-Dreieck vereinfacht im Kreis dargestellt (Kügler, 2009, S. 107 ff.).

Des Weiteren sind Axiome, Postulate und Hilfsregeln von Bedeutung, so umfasst die TZI drei Axiome (das existenziell-anthropologische Axiom, das ethisch-soziale Axiom und das politisch-pragmatische Axiom), das Chairperson-Postulat („Sei deine eigene Chairperson!"), das Störungspostulat („Störungen haben Vorrang!"), das Vier-Faktoren-Modell sowie zehn Hilfsregeln (Spielmann, 2009, S. 15 ff.; Kanitz, 2009, S. 78 f.). Die Axiome und Postulate sind als Grundsätze zu betrachten, an denen sich nachfolgende Initiativen orientieren sollen, während die Postulate als konkrete Praxishilfen zu verstehen sind. Insgesamt soll die Arbeit mit der TZI die Menschen ermächtigen, sich nach ihren Möglichkeiten, aktiv an der Humanisierung des Zusammenlebens zu beteiligen und daran mitzuwirken (Kanitz, 2009, S. 78 f.).

Entwickelt wurde die Themenzentrierte Interaktion in den 1950er- und 1960er-Jahren von Ruth Cohn, mit dem Ziel lebendiges Lernen zu fördern. Die TZI ist als umfassendes und ganzheitliches Handlungskonzept zu verstehen, mit dem Situationen, in denen Menschen miteinander arbeiten, lernen und leben, human und humanisierend gestaltet werden (sollen). So kann das Konzept zur Leitung von Gruppen und Teams genutzt werden, aber auch zur Leitung und Begleitung von Lernprozessen, zur Steuerung von Kommunikations- und Kooperationsprozessen, zur individuellen Persönlichkeitsentwicklung, als Führungskonzept oder auch zur Gestaltung von sozialen Situationen (im Sinne eines professionell, pädagogischen Konzepts) sowie zur Gestaltung von Beratungssituationen. Einsatz findet das TZI-Konzept u. a. in der Erwachsenenbildung, in Schulen, der Wirtschaft, in Kirchen oder in Universitäten (Spielmann, 2009, S. 15).

Das zugrunde liegende Menschenbild der TZI geht von der Veränderungsfähigkeit und der Lernfähigkeit des Menschen aus und von der Überzeugung, dass sich Arbeits- und Lernprozesse als auch Entwicklungen human (aus-)gestalten lassen. Daneben bildet das Vier-Faktoren-Modell mit den entscheidenden vier Einflussgrößen, welche die Prozesse und Interaktionen in sozialen Situationen bestimmen und lebendiges Lernen (erst) ermöglichen, die theoretische Grundlage der TZI. Die vier Faktoren sind das „Ich" (jede einzelne Person, jedes Individuum aus der Gruppe), das „Wir" (die Interaktion der beteiligten Gruppenmitglieder untereinander, das Miteinander), das „Es" (Anliegen, Inhalt, Aufgabe oder Ziel, weshalb sich Individuen in einer Gruppe zusammenfinden) und der „Globe" (die Gegebenheiten und Rahmenbedingungen, in denen die Gruppe arbeitet; Umfeld, Umgebung). Die vier Faktoren werden als gleich wichtig erachtet, sodass erst ein dynamisches Balancieren zwischen den vier Faktoren, lebendiges Lernen und kooperatives Arbeiten, transparente Interaktion oder wachstumsfördernde Kommunikation, ermöglichen. Die Steuerung des Prozesses erfolgt durch die Setzung von Themen und die Auswahl von geeigneten Strukturen, Arbeits- und Sozialformen, nach dem Prinzip des partizipierenden Leitens (Spielmann, 2009, S. 16 f.; Kügler, 2009, S. 107).

Zur Verwirklichung optimaler Ergebnisse in der Gestaltung von Lern- und Arbeitsprozessen soll(t)en dementsprechend stets die gemeinsame Aufgabe, die Interaktion der Gruppenmitglieder sowie die individuellen Interessen und die (äußeren) Rahmenbedingungen von der TZI-Leitung als gleich wichtig berücksichtigt werden (dynamische Balance). Eine TZI-Leitung bedarf deshalb einer angemessenen Flexibilität, bezogen auf Planung und Umsetzung einer TZI-Einheit, wenn sich bspw. die (dynamische) Balance verschiebt. Die Gleichgewichtigkeitshypothese (als eine zentrale Annahme in der TZI) besagt dementsprechend, die interaktionelle Gruppe kann nur dann themenzentriert arbeiten, wenn in gleicher Weise personen-, gruppen-, themen- und globezentriert gedacht und agiert wird. Somit ermöglicht die TZI eine differenzierte Wahrnehmung und Deutung von Situationen sowie (zugleich) eine zielgerichtete Steuerung sozialer Prozesse, realisiert durch die Entwicklung konkreter Handlungsstrategien für Arbeits- und Aufgabenstellungen, in Form von Planung und Leitung oder Analyse und Diagnose (Spielmann, 2009, S. 16 f.; Kügler, 2009, S. 107).

Das „Ich" in der TZI bildet die einzelne Person bzw. das einzelne Individuum ab, mit ihrer persönlichen Biografie, der Vielfalt der eigenen Persönlichkeit und ihrer individuellen Tagesform. Das Individuum wird als (eine) Lebenseinheit betrachtet, die aus sich selbst heraus handelt. Zudem werden in dem „Ich" das Selbstbewusstsein, als auch persönliche Zustände und Gefühle des Individuums abgebildet bzw. erfasst. Der Mensch als soziales Wesen, gewinnt seine Selbstbestimmung (erst) im sozialen Bezug, dies erfolgt zwischen zwei Menschen und umfasst die Anerkennung der/des anderen. Durch die an sich selbst gestellte Frage, nach dem „Wer bin ich?", wird die individuelle Selbstbezüglichkeit eröffnet. Bezogen auf die Grundlagen des humanistischen Handlungskonzepts kann formuliert werden, dass eine Person das Subjekt ihrer Entscheidung(en) (Ich) ist, sie ihr Handeln in der Zuwendung zu anderen Gruppenmitgliedern (Wir) begründet und zugleich die Umgebung sowie die Verhältnisse (Es/Globe), für die sie mitverantwortlich ist, berücksichtigt (Lotz, 2009, S. 115 ff.).

Die Gruppenmitglieder, ihre Interaktionen und ihr Beziehungsgefüge werden in der TZI als „Wir" beschrieben. Das „Wir" ist eine Gestalt, die durch die jeweiligen Ichs und ihre Interaktionen entsteht. Eine Gruppe bzw. Gemeinschaft von Menschen, welche sich zur selben Zeit, im selben Raum, auf ein gemeinsames Thema und aufeinander bezieht. Durch die gemeinsame Beschäftigung einzelner Individuen mit einem (gemeinsamen) Gegenstand, einem Lernstoff, einer Aufgabe oder einem Problem (dem „Es") und durch die entstehenden persönlichen Begegnungen zwischen den Individuen sowie ihren bewussten und unbewussten (Ein-)Wirkungen aufeinander, entsteht die Gestalt des „Wir". Für die TZI-Leitung bedeutet dies, die Gruppe als Ganzes zu sehen und zu erkennen. Neben der Interaktion, sind die Kommunikation, die Verbundenheit und die interpersonellen Beziehungen in einer Gruppe, sowie auch die Beziehungen zwischen den Teilnehmenden und der Leitung als „Wir" zu betrachten. Ebenfalls umfasst das „Wir" das Erleben und die Wahrnehmung der beteiligten Personen in der Gesamtgruppe, die Wahrnehmung der Atmosphäre und des Gruppenklimas, als bspw. distanziert oder vertraut. Das „Wir" unterliegt daher potenziellen Veränderungen und Entwicklungen, durch Zu- oder Abnahme von Interaktionen (quantitativ) als auch durch die Art der Beziehungen (qualitativ) (Schneider-Landolf, 2009, S. 120 f.).

Die (gemeinsame) Aufgaben- oder Problemstellung bzw. der (Lern-)Inhalt, das Thema, der Gegenstand, der Lern- oder Lehrstoff, welcher von der Gruppe (dem „Wir") zu bewältigen ist, werden in der TZI als „Es" bezeichnet. Das „Es" soll gegenüber dem „Ich" und dem „Wir", denselben Stellenwert haben bzw. diese sind mit- und aneinander auszubalancieren. Mit dem „Es" kann potenziell jeder Sachverhalt der Natur, Umwelt, Gesellschaft, Kultur oder Religion gemeint sein. Wichtig ist dabei, dass es sich um eine Aufgabe oder Thema handelt, um das sich eine Gruppe zentriert bzw. einen Anlass oder eine Beschäftigung, die Menschen als Gruppe zusammenbringt und -hält. Das kann das gemeinsame Interesse sein, an einem Thema zu arbeiten, welches dadurch eine Verbindung oder Gemeinsamkeit erzeugt. So besteht eine optimale Arbeitssituation, wenn die Aufgabe von allen Ichs als eigenes (persönliches) Anliegen und in der Bezogenheit aufeinander (also von allen in der Gruppe) gewollt und getragen wird. Das „Es" beschreibt die umfassende Thematik, mit welcher sich eine Gruppe beschäftigt und nicht das formulierte Thema einer (einzelnen) Kurs- oder Unterrichtseinheit, so kann ein Thema vorgegeben oder von der Gruppe selbst (frei) gewählt worden sein (Emme & Spielmann, 2009, S. 128 ff.).

Die familiäre, berufliche, hierarchische, soziale, ökologische, strukturelle und kulturelle Außenwelt, das Umfeld oder auch die institutionellen Rahmenbedingungen (z. B. Unternehmenskultur, Organisationskultur) werden in der TZI als „Globe" bezeichnet. Wichtig ist, dass der „Globe" mit dem „Ich", dem „Es" und dem „Wir" in einer wechselseitigen Beziehung steht, d. h. es besteht eine gegenseitige Beeinflussung (Wechselwirkung). Der „Globe" wirkt, z. B. als strukturgebender Rahmen, in die Gruppe hinein, zugleich kann aber auch die Gruppe den Rahmen verändern und beeinflussen (Nelhiebel, 2009, S. 134 ff.).

2.5.2 Anwendungen im Kontext betrieblicher Bildungsprozesse

Im Diskurs der beruflichen Bildung ist die Berücksichtigung der TZI bislang überschaubar geblieben, sie wird zumeist dann herangezogen, wenn der Fokus auf der methodisch-didaktischen Gestaltung der Ausbildung liegt oder der Theoriediskurs einen stark subjektorientierten Bezug aufweist (Schapfel-Kaiser, 2009, S. 333 f.). Ein berufspädagogisches Forschungsprojekt, in welchem die TZI, neben anderen theoretischen und forschungsmethodischen Zugängen, für die wissenschaftliche Begleitung verwendet wurde, ist der Modellversuch „Gruppenarbeit in fertigungsverbundenen Lern- und Arbeitsinseln unter dem besonderen Aspekt der Qualitätssicherung" (FLAI) von Rützel und Schapfel (1997). Ein Ziel des Modellversuchs bestand in der Entwicklung einer fertigungsnahen Lern- und Arbeitsinsel (Prozessgestaltung), wobei insbesondere für die Gestaltung der betrieblichen Ausbildungsprozesse für die (gewerblich-technischen) Auszubildenden im zweiten und dritten Lehrjahr die TZI-Grundannahmen (mit) berücksichtigt wurden. Konkret sieht dieser Ansatz die Gleichwertigkeit des Themas bzw. des Arbeitsauftrags, der Persönlichkeits- und Gruppenentwicklung sowie der äußeren Bedingungen vor (Schapfel, 1997, S. 356; Schapfel-Kaiser, 1997, S. 507).

Dies zeigt: Die theoretischen Überlegungen zur Entwicklung der Themenzentrierten Interaktion konnten (bereits) erfolgreich in der Gestaltung und Analyse von

Lern- und Arbeitsprozessen in der beruflichen Bildung adaptiert und angewendet werden. Daneben können sie ebenfalls für das universitäre Studium von angehenden Berufsschullehrkräften verankert werden, wie bspw. ein Modul zur Didaktik und Methodik der beruflichen Bildung an der Universität Rostock verdeutlicht. In den einzelnen Lehrveranstaltungen wird den Studierenden zunächst die Themenzentrierte Interaktion in ihrer historischen Entstehung, theoretischen Bedeutung und als Methodik zur Unterrichtsgestaltung präsentiert sowie anschließend von allen Seminarteilnehmenden[16] praktisch erprobt. Ein Ziel der Seminarkonzeption liegt in der Befähigung der angehenden Lehrkräfte, ihre zukünftigen Berufsschüler*innen zu ermutigen und zu befähigen, ihre Umgebung(en) zu reflektieren, um diese darauf aufbauend selbst aktiv zu gestalten und bestehende Grenzen des Handelns zu erweitern (Kaiser, 2020, S. 69 ff.).

Des Weiteren ist anzumerken, dass die TZI in erster Betrachtung als methodisches, pädagogisch-therapeutisches Konzept (z. B. zur Gestaltung von Lern- und Arbeitssituationen) und weniger als Theorie zu verstehen ist. Zwar verfügt die TZI selbst über theoretische Grundlagen (aus der humanistischen Psychologie), sie sollte jedoch bzgl. einer systematischen Analyse gesellschaftlicher oder wirtschaftlicher Arbeitsprozesse nicht überbewertet oder überschätzt werden (Schapfel-Kaiser, 1997, S. 501 ff.; Schapfel-Kaiser, 2009, S. 336).

Darüber hinaus kann insbesondere die Erweiterung um das Schattendreieck (siehe dazu die Abbildungen 2 und 3) zur Analyse von beruflichen Lern-, Arbeits- und Bildungsprozessen geeignet sein und entsprechend berücksichtigt werden. Das Schattendreieck ist die „dunkle" oder „schattige" (im Sinne von gegenteilige) Darstellung des Lichtdreiecks. Im TZI-Dreiecks-Verständnis bilden die Elemente „Struktur" (bewusster Einsatz von Arbeits- und Sozialformen), „Prozess" (z. B. sozialer Prozess, Gruppenprozess) und „Vertrauen" (Sozialressource, z. B. in das Verhalten einer Person oder in eine Beziehung; das sichere oder erwartete Eintreten eines vorausgesetzten Verhaltens) das positive bzw. prozessfördernde Lichtdreieck. Dem stehen „Chaos", „Stagnation" und „Misstrauen" im Schattendreieck gegenüber. Struktur, Prozess und Vertrauen befinden sich in einer wechselseitigen Beziehung zueinander, in der sie sich gegenseitig brauchen und aufeinander einwirken (können). Vertrauen ist eine wichtige Komponente und kann auf den Prozess sowie auf die Strukturen einwirken bzw. diese (erst) ermöglichen. Ist jedoch innerhalb einer Gruppe das Vertrauen gering, entstehen, wie im Schattendreieck illustriert, Angst und Unsicherheiten (Sperber, 2009, S. 176 ff.).

Die TZI eignet sich als Orientierungsraster, da sie zur Reduzierung der Komplexität beitragen kann. Zur Analyse von beruflichen Lern- und Arbeitsprozessen nutzt deshalb u. a. Schapfel-Kaiser (1997) die Konzeption des Schattendreiecks (siehe Abbildung 3). Die negativen Elemente des „Schattens" (Chaos, Misstrauen und Stagnation),

---

16 Alle Studierenden, die an dem in Kapitel 5.1 vorgestellten Berufsbildungsforschungsseminarsteilgenommen haben, besuchten zuvor die universitäre Lehrveranstaltung zur Themenzentrierten Interaktion und ihren Beitrag für die Didaktik und Methodik der beruflichen Bildung (Dozent: Franz Kaiser). Entsprechend waren sie für die Konzeption der Schulung für die Peer Educator*innen und die Peer Mentor*innen (siehe auch Kapitel 5.2.2) mit den Annahmen der TZI vertraut. In Kapitel 3.1 werden zudem Lernerfahrungen und -erfolge von Studierenden, veröffentlicht von Kaiser (2020), präsentiert.

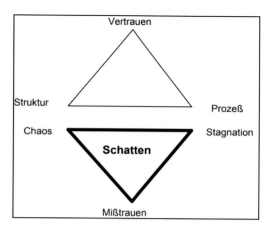

Abbildung 2: Andere Orientierungshilfen in der TZI (aus Schapfel, 1997, S. 353)

sind, neben den prozessförderlichen Elementen (Struktur, Vertrauen und Prozess), in allen Gruppen vorhanden. Demnach benötigt die realistische Abbildung und das vollständige Verständnis für eine Gruppensituation die Betrachtung aller Elemente. Das „Chaos" äußert sich u. a. in widersprüchlichen Anforderungen oder unklaren Aufgaben- und Rollenzuteilungen, Konkurrenzsituationen offenbaren „Misstrauen" und „Stillstand" zeigt sich in geringer Erfahrung mit selbstständigen und handlungsorientierten Lernformen oder einer Tradition der Erziehung zu Befehlsempfänger*innen (Schapfel-Kaiser, 1997, S. 512 f.).

Abbildung 3: Das Schattendreieck der TZI als Analyseelement einer Lern- und Arbeitsinsel (aus Schapfel-Kaiser, 1997, S. 513)

2.5.3 Exkurs zur Reflexion der TZI als Analyseinstrument und der Implementierung von Peer Learning in der beruflichen Bildung

Hinsichtlich der Planung und Durchführung von Peer Learning in der beruflichen Bildung kann und sollte möglichst im Vorfeld über ein Scheitern präventiv nachgedacht werden. Die in 4.3 präsentierte Forschungsfrage zum Gelingen von Peer Learning wählt bewusst eine positive Formulierung („An welche Voraussetzungen ist die Durchführung von Peer Learning in der beruflichen Ausbildung gebunden?"). Entlang des Schattendreiecks aus der TZI sollen bereits hier potenzielle Aspekte eines Nichtgelingens (an-)diskutiert werden.

Der Aspekt des „Misstrauens" (siehe dazu auch Abb. 3) ist ein zentraler Faktor, welcher in einer Klasse oder Lerngruppe auch unter den Auszubildenden bzw. unter den Peers bestehen kann. So könnten innerhalb der Klasse bereits einzelne Peer Groups bestehen bzw. bestimmte Hierarchien zwischen potenziell beliebteren (oder „cooleren") Auszubildenden und weniger beliebteren Auszubildenden bestehen. Es könnte bestimmte Meinungsführer*innen in den Klassen geben, welche von außen zunächst nicht erkenntlich sind. Des Weiteren ist nicht auszuschließen, dass auch in der Ausbildung unter den Peers eine gewisse Konkurrenzsituation besteht. Diese kann sowohl auf Leistungsbewertungen wie Notenvergabe oder Lob (im Sinne von Anerkennung durch Bildungspersonal) bezogen sein oder auf Arbeitsplätze bzw. Beschäftigungsmöglichkeiten im Anschluss an die Ausbildung (Schapfel-Kaiser, 2000). Aspekte wie (negative/kritische) Hierarchieebenen oder Meinungsführerschaften in den Klassen, wie auch mögliche Konkurrenzsituationen, können (wie bereits in Kapitel 2.1.1 thematisiert) zu Mobbing führen. Ferner kann ein Misstrauen auch zwischen der Kursleitung und dem Kurs bestehen, sodass die Durchführung neuer pädagogischer Ansätze wie Peer Learning erschwert oder verhindert werden kann.

Ebenso ist die Dimension „Stillstand" vorzudenken. So ist eine (zu) geringe Bereitschaft, Motivation oder Offenheit gegenüber neuen Lernformen aufseiten der Auszubildenden oder des Bildungspersonals ein potenzieller Risikofaktor für die Durchführung von Ansätzen des Peer Learning in der beruflichen Bildung. Ebenso könnten fehlende Erfahrungen mit „neuen" Lernformen die Umsetzung erschweren. Auch diese benötigten Voraussetzungen (im Sinne der TZI-Dimension „Prozess") bzw. potenziellen Hindernisse („Stillstand") sind zu betrachten. Diesbezüglich kommt erschwerend hinzu, dass diese Thematiken teilweise nur eingeschränkt von außen eingeschätzt werden können. Zudem sind Auszubildende häufig durch hierarchisch geprägte Strukturen in den Ausbildungsbetrieben (beruflich) sozialisiert, sodass hier möglicherweise Herausforderungen zu erwarten sind, welche es den Auszubildenden (selbst) erschweren, sich in einer potenziell freieren und selbstorganisierteren Lernsituation, wie dem Peer Learning, zurechtzufinden bzw. diese für sich selbst sinnvoll gestalten und nutzen zu können.

Abschließend ist gleichfalls die Dimension „Chaos" zu betrachten, denn hier sind die Voraussetzungen bzw. die Strukturen am Lernort Schule/Betrieb zu adressieren. Um Peer Learning durchführen zu können, benötigt es eine verbindliche Struktur hinsichtlich Orten und Zeiten sowie weiterer organisatorischer Voraussetzungen (z. B.

Freistellungen). Zudem sind „widersprüchliche Anforderungen" innerhalb des Peer Learning zu bedenken, wie bspw. Widersprüche bzw. Unklarheiten bei den Auszubildenden sowie dem Bildungspersonal hinsichtlich der Anforderungen oder der Erwartungen.

Ebenso ist eine potenziell „unklare Aufgaben- und Rollenteilung" ein wichtiger Aspekt, da im Rahmen des Peer Learning manche Auszubildenden in die Rolle der Peer Educator*innen oder Peer Mentor*innen (freiwillig) gewählt werden. Die Übernahme einer neuen und zuvor unbekannten Rolle stellt zunächst eine Herausforderung dar. Besonders kompliziert kann die Übernahme einer neuen Rolle werden, wenn sich die Person in einer Doppelrolle befindet bzw. ein potenzieller Rollenkonflikt nicht aufgelöst werden kann. Dies ist besonders in der Peer Education zu berücksichtigen, wenn die Peer Educator*innen einerseits Mitglied ihrer Klasse sind und zugleich zeitlich begrenzt als Peer Educator*innen eine Lernsituation mitgestalten und moderieren können. Hierbei besteht die Gefahr von Konflikten zwischen den verschiedenen Hierarchieebenen, einerseits gleichrangig in der Klasse bzw. in der Ausbildung zu sein, dennoch aber für die Durchführung der Peer Education eine etwas höherrangige Rolle oder Position einzunehmen. Ein Risiko könnte in der potenziell fehlenden Anerkennung von einzelnen Klassenmitgliedern oder dem Gesamtkurs liegen.

Zudem können auch „kurzfristige Termine" und dadurch eine fehlende Vorbereitung auf das Peer Learning den Nutzen bzw. Effekt senken. Zudem könnten kurzfristig angesetzte Termine zu einer Absage von bereits geplanten Terminen des Peer Learning führen, wenn bspw. andere Arbeitsaufgaben oder -vorhaben eine höhere Priorisierung erfahren (z. B. Arbeit in der Produktion oder auf der Baustelle; bezogen auf den Lernort Betrieb).

Die hier dargelegten Risikofaktoren zum Scheitern, in Anlehnung an das Schattendreieck der TZI, wurden in der Konzeption mitgedacht und berücksichtigt. In Kapitel 5.1 und 5.2 wird das konkrete Vorgehen beschrieben.

2.5.4 Das Modell der TZI als Orientierungsmodell für Peer Learning in der beruflichen Bildung

Die Anregungen und Hinweise aus der TZI finden in neueren Arbeiten der Berufs- und Wirtschaftspädagogik eine zunehmende Beachtung. So entwickelt Kaiser (2019, 2020) die Bezüge der Themenzentrierten Interaktion und der beruflichen Bildung, unter Berücksichtigung einer kritischen Gestaltungsfähigkeit (siehe dazu auch Kapitel 2.3) weiter und leitet aus den Elementen „Ich", „Wir", „Es" und „Globe" die Bildungsziele der beruflichen Bildung (siehe dazu auch Kapitel 2.2) ab (Kaiser, 2020, S. 80), wie in Abbildung 4 illustriert.

Abbildung 4: Kritische Gestaltungsfähigkeit in der beruflichen Bildung (aus Kaiser, 2019, S. 39)

Bezug nehmend auf das Forschungs- und Erkenntnisinteresse der vorliegenden Arbeit werden diese Vorüberlegungen aufgegriffen. Peer Learning verfolgt u. a. das Ziel, soziales und solidarisches Lernen und Handeln in der Gruppe („Wir") zu fördern. Zugleich werden durch Peer Learning eine selbstreflexive Entwicklung der Peer Educator*innen sowie der Peer Mentor*innen bzw. aller beteiligten Individuen aus der Zielgruppe („Ich") und das „Thema/Es", fachlich qualifiziert zu handeln sowie Arbeit und Lernen (selbst) zu gestalten, gefördert. Ebenso könn(t)en durch Peer Learning potenziell die Grenzen („Globe") erweitert werden. Diesem Verständnis folgend, kann (potenziell ebenso) Peer Learning die (Bildungs-)Ziele einer kritischen Gestaltungsfähigkeit in der beruflichen Bildung fördern und zu ihrer Entwicklung einen (positiven) Beitrag leisten.

Ferner können Auszubildende als „Peers" gefasst bzw. definiert werden, wenn sie dieselbe Aufgabe oder dasselbe Ziel haben. In der TZI wird eine Gruppe von Lernenden zum „Wir", wenn alle Einzelmitglieder der Gruppe ein gemeinsames (Lern-)Ziel oder gemeinsam die Lösung einer Aufgabenstellung anstreben. Diese Betrachtungen weisen entsprechend große argumentative Zusammenhänge zwischen den Ansätzen des Peer Learning und der Themenzentrierten Interaktion auf. Beide Ansätze wollen lebendiges, soziales Lernen fördern, beide Ansätze betrachten sowohl das Individuum bzw. Subjekt als auch die (Gesamt-)Gruppe, beide fokussieren ein Thema bzw. einen Gegenstand und beide Ansätze werden durch die Rahmenbedingungen bzw. das Setting, im Sinne des Globe, (potenziell) begrenzt.

Die Annahmen zu den hier untersuchten Ansätzen des Peer Learning können in ein TZI-Dreieck übertragen werden, dieses ist in Abbildung 5 dargestellt. Durch Peer Learning kann sich die Gruppe („Wir") und jede*r Einzelne („Ich") im Lernprozess der beruflichen Ausbildung (neu) erfahren und der erfolgreiche Ausbildungsabschluss sowie das (Er-)Lernen beruflicher Fähigkeiten und Kenntnisse („Thema") können als gemeinsame Aufgabe (hier: erfolgreiches Bestehen der Zwischenprüfung), um die sich eine Gruppe zentriert oder ein gemeinsames Interesse, welches eine Gemeinsamkeit stiftende Verbindung erzeugt (Emme & Spielmann, 2009, S. 129), verstanden werden.

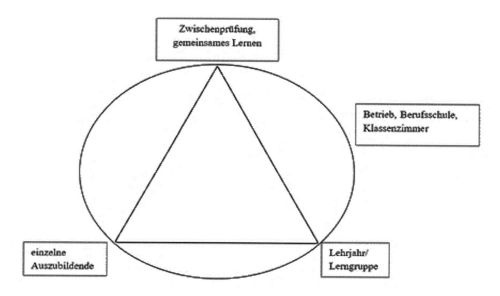

Abbildung 5: Peer Learning in der beruflichen (Aus-)Bildung (eigene Darstellung)

Für die praktische Umsetzung von Peer Learning ist argumentativ eine weitere Überlegung bzw. Lesart aus der TZI von Bedeutung. So sieht Schapfel-Kaiser (1999) im „Wir" die „Verheißung des herrschaftsfreien Raums" (Schapfel-Kaiser, 1999, S. 110, zitiert nach Kaiser, 2020, S. 82) und erkennt dabei in der Differenz der Teilnehmenden eine Stärke der Gruppe, welche durch die TZI-Leitung ermutigt werden soll, sich in der Unterschiedlichkeit der Perspektiven und Fähigkeiten (der einzelnen Gruppenmitglieder) einzubringen und sich gegenseitig zu respektieren (Kaiser, 2020, S. 82). Diese Argumentation fortgeführt, bedeutet dies: Erkennt oder begreift die Gruppe ihre (eigentliche) Stärke, ist sie in der Lage, die vorherrschende bzw. von außen vorgegebene Herrschaft zu überwinden. Dies ermöglicht den freien und gleichberechtigten Blick nach innen, in die Gruppe hinein. Sie kann sich gegenseitig helfen und unterstützen. Ein Grundgedanke, welcher durch Peer Learning grundsätzlich gefördert und inszeniert werden soll. Somit kann durch Peer Learning zugleich eine neue Form der Gruppenbildung und des Zusammenwachsens ermöglicht werden.

Insgesamt, und das zeigen u. a. die Arbeiten von Rützel und Schapfel (1997) sowie Kaiser (2019, 2020), offeriert die TZI, Perspektiven und Forderungen der kritisch-emanzipatorischen Berufsbildungstheorie in der beruflichen Bildung (pädagogisch) zu integrieren bzw. zu implementieren, um auf diese Weise Mündigkeit, Emanzipation und Solidarität zu fördern. Daneben weist die Themenzentrierte Interaktion auch inhaltliche Gemeinsamkeiten zu der Selbstbestimmungstheorie der Lernmotivation (siehe Kapitel 2.4) auf. Das „Ich" bildet (in gewisser Weise) das Grundbedürfnis nach Autonomie ab, das „Wir" das Bedürfnis nach sozialer Eingebundenheit und das (jeweilige) „Thema" das Kompetenzerleben, im Sinne eines gemeinsamen Ziels oder Interesses. Diese Überlegungen liegen dem weiteren inhaltlichen und analytischen Vorgehen dieser Forschungsarbeit zugrunde. Entsprechend werden die Ansätze der Themenzentrierten Interaktion sowohl für die methodisch-didaktische Ausgestaltung der Schulung der Peer Educator*innen und Peer Mentor*innen (siehe Kapitel 5.2.2) verwendet sowie zur Herleitung einzelner Themen und Fragen in den Leitfäden der qualitativen Erhebungsmethoden sowie als Auswertungsschablone zur weiteren Analyse und Interpretation der generierten Forschungsdaten (siehe Kapitel 6.2, 6.3 und 7.1).

2.6 Zwischenfazit: Eine Einordnung der theoretischen Rahmung und Begründung für den Ansatz des Peer Learning in der beruflichen (Aus-)Bildung

In diesem Kapitel wurden verschiedene theoretische Zugänge vorgestellt und ihr inhaltlicher Bezug zum vorliegenden Forschungsprojekt, welches verschiedene Ansätze von Peer Learning in der beruflichen Ausbildung untersucht, wurde (an-)diskutiert. Dieser Diskurs soll hier verknüpfend fortgesetzt und vertieft werden.

Argumentativ sind die Darlegungen der kritisch-emanzipatorischen Berufsbildungstheorie zu beachten, welche einen unzureichenden Blick auf das (einzelne) Subjekt (und seine Bedürfnisse) in der beruflichen Bildung resümieren. Auch, um diesen Forderungen nachzukommen bzw. ihnen zu begegnen, können die Ansätze des Peer Learning (in Teilen) einen Beitrag leisten, zumindest hinsichtlich der Aspekte Mündigkeit, Solidarität oder auch Partizipation, weil sie einen Ermöglichungsraum für die Auszubildenden untereinander eröffnen. Und dennoch wird die Methode des Peer Learnings zunächst keine bestehenden Hierarchien beseitigen, diese allenfalls abmildern. Peer Learning sollte nicht in einem funktionalistischen (oder rein wirtschaftlichen) Sinn „missbraucht" (bzw. verwendet) werden und bspw. keine Ausbildungs- oder Lehrkraft ersetzen und keine (vertraulichen) Informationen aus Peer Konversationen an das Leitungs- oder Bildungspersonal weitertragen. Besonders die Gefahr der wirtschaftlich-funktionalistischen Betrachtung von Peer Learning ist unter Verweis auf Kutscha (2019) zu berücksichtigen, denn Betriebe „sind keine Bildungseinrichtungen, sondern funktional an einzelwirtschaftlichen Erfolgs- und Überlebenskriterien (Kapitalrentabilität, Zahlungsfähigkeit) orientierte Sozialsysteme" (Kutscha, 2019, S. 4). Vielmehr sollte die Idee umgesetzt werden, den Auszubildenden durch Peer Learning innerhalb der bestehenden (teils festgefahrenen) Strukturen des Lehrens und Lernens in Betrieb und Schule neue Möglichkeiten und (Frei-)Räume zu eröffnen. Dies soll, so die Annahme, die Auszubildenden selbst sowie untereinander als Gruppe stärken und potenziell Aspekte wie Solidarität und ggfs. auch Widerstandsfähigkeit und Selbstwirksamkeitsüberzeugungen fördern. Unter einem argumentativen Rückgriff auf die kritisch-emanzipatorische Berufsbildungstheorie sollten (dann im Peer Learning) das Individuum und seine Entwicklungsmöglichkeiten zentral berücksichtigt werden.

Bevor an dieser Stelle nochmals die Selbstbestimmungstheorie der Lernmotivation von Deci und Ryan (1993, 2008) andiskutiert wird, soll nicht übersehen werden,

Zwischenfazit: Eine Einordnung der theoretischen Rahmung und Begründung für den Ansatz des Peer Learning in der beruflichen (Aus-)Bildung

67

dass die Ursprünge und zentralen Gegenstände der kritisch-emanzipatorischen Berufsbildungstheorie und der Selbstbestimmungstheorie der Lernmotivation Unterschiede aufweisen. So macht die kritisch-emanzipatorische Berufsbildungstheorie die gegenwärtigen gesellschaftlichen Herrschaftsverhältnisse zum Ausgangspunkt ihrer Forderungen nach Veränderung und bewirkt (oder verstärkt) dabei eine kritische Auseinandersetzung mit den (Bildungs-)Zielen der beruflichen Bildung, der Entwicklung von beruflicher Handlungskompetenz oder auch dem Bildungs- und Erziehungsauftrag. Demgegenüber ist die Selbstbestimmungstheorie der Lernmotivation, wie in Kapitel 2.4 bereits beschrieben, eine Theorie der menschlichen Motivation, die individuelle Bedürfnisse zum Ausgangspunkt macht und die Entwicklung sowie das Wohlbefinden fokussiert und damit Aspekte wie Wachstum und Anstieg von Entwicklungsmöglichkeiten thematisiert. Das zugrunde liegende Menschenbild in den beiden theoretischen Zugängen ist verschieden und dennoch sollen (wie bereits in Kapitel 2.3 und 2.4 beschrieben und begründet) für die vorliegende Arbeit, an zentralen Stellen, ausgewählte Argumente aus beiden Theorien bewusst herangezogen werden. Dies gelingt auch deshalb, da (vielleicht auf den zweiten Blick) Gemeinsamkeiten bzw. Ähnlichkeiten in einem erstrebenswerten Ziel bestehen, wenn auch die Ausgangsbetrachtung und der Weg zur Zielerreichung nicht identisch sind. Gemeinsamkeiten könnten bspw. in der Absicht, die Selbstbestimmung des Individuums zu erweitern und die Fremdbestimmung zu reduzieren, erkannt werden.

Nichtsdestotrotz erscheint die Selbstbestimmungstheorie der Lernmotivation als geeignete Option, die Ansätze des Peer Learning in der beruflichen Bildung (theoretisch) verorten und implementieren zu können. Insbesondere die Dimensionen Autonomieerleben, soziale Eingebundenheit und Kompetenzerleben bedürfen, zumindest bei den agierenden Peers, eines gewissen Mindestmaßes (im Sinne einer Grundvoraussetzung für das Gelingen des Peer Learning). Gleichzeitig sollten diese Werte durch das Peer Learning bei allen beteiligten Auszubildenden eine positive Veränderung zeigen, um dadurch wiederum zur Effektivität der Ansätze beizutragen. Für die Schulung und Vorbereitung der agierenden Peers, sowie auch zur Analyse des Forschungsprojekts, wird in der vorliegenden Arbeit daneben die TZI berücksichtigt.

Die (zentralen) Aspekte weitergedacht, sind auch hier verschiedene Gemeinsamkeiten festzustellen. Die Forderung nach Mündigkeit aus der kritisch-emanzipatorischen Berufsbildungstheorie ist inhaltlich nahe dem Aspekt der Autonomie (aus der Selbstbestimmungstheorie) und dem Ich aus der TZI. Eine vergleichbare Argumentation kann für die Solidarität, die soziale Eingebundenheit und das Wir sowie für die Emanzipation bzw. Partizipation, das Kompetenzerleben und das Thema bzw. das Es aufgestellt werden[17]. Die Aspekte fokussieren Selbstbestimmung bzw. Selbstbestimmtheit, Persönlichkeitsentwicklung, aber auch die Gemeinschaft und das (gemeinsame) Miteinander. Diese Überlegungen, Absichten und Ziele sind im Peer Learning ebenso mitgedacht. Denn Peer Learning will u. a. soziale und sozial-

---

17 An dieser Stelle möchte ich Anna Hanf danken, die in ihrer Masterarbeit (2021) interessante Überlegungen zusammengetragen hat, welche auch mir als Anregung dienten.

kommunikative Aspekte beim Lernen fördern, und (insbesondere durch den Ansatz Peer Tutoring) die soziale Isolierung (Einzelner) reduzieren.

Eine (weitere) zentrale Dimension ist Solidarität, damit ist im Verständnis einer kritisch-emanzipatorischen Berufsbildungstheorie mehr gemeint als nur die gegenseitige Hilfe und Unterstützung (z. B. in der Prüfungsvorbereitung), sondern vielmehr der uneigennützige Verzicht auf den eigenen Vorteil, zum Wohle anderer. Peer Learning will oder soll den Auszubildenden die Erkenntnis bzw. das Bewusstsein ermöglichen, dass sie als Gruppe bzw. gemeinsam stärker sind und zusammen mehr erreichen können (als alleine). Daneben soll das Gemeinschaftsgefühl (durch das gemeinsame Lernen) anwachsen und die soziale Integration gefördert werden. Im positiven Fall könnten das gemeinsame Lernen und wechselseitige Feedback dazu beitragen, den Leistungsdruck sowie die Angst oder Aufregung vor einer wichtigen (Zwischen-)Prüfung zu reduzieren, sodass unter den Auszubildenden die Solidarität anwächst und potenziell vorhandenes Konkurrenzdenken minimiert werden kann. Für solche Erfahrungen und Erlebnisse sollen die Ansätze des Peer Learning den Auszubildenden entsprechende (neue) Möglichkeitsräume eröffnen. Einer (dieser) Möglichkeitsräume, innerhalb des Peer Learning, bei dem die Auszubildenden (selbst) mitgestalten können, ist deshalb die Wahl der Peer Educator*innen und Peer Mentor*innen. Hierbei wurde bewusst kein Urteil einer Lehr- bzw. Ausbildungskraft oder Schulnotenvergleich zur Auswahl verwendet, sondern den Auszubildenden selbst die Verantwortung übertragen, eine (Aus-)Wahl durchzuführen (siehe dazu auch Kapitel 5.2 sowie die Vorüberlegungen zum Schattendreieck der TZI in Kapitel 2.5). Durch dieses Vorgehen wurde den Auszubildenden bereits zu Beginn des Peer Learning eine erste Form von Emanzipation und Partizipation ermöglicht.

Die Peer Learning Ansätze können als Bildungs- und Erziehungsprozess von (gleichaltrigen) Jugendlichen für (gleichaltrige) Jugendliche verstanden werden, welche zumeist in der Schule oder Jugendarbeit eingesetzt wurden, da diese beiden Sozialisationsinstitutionen ebenso einen Bildungs- und Erziehungsauftrag haben. Ein wichtiger Unterschied zwischen den beiden Institutionen besteht darin, dass die Teilnahme in der Schule zumeist verpflichtend ist, während die Angebote der Jugendarbeit überwiegend freiwillig in Anspruch genommen werden. Auch deshalb ist in der Jugendarbeit eine längerfristige kontinuierliche Teilnahme unklar. Dies kann die Vermittlung von Wissen oder Kompetenzen im Rahmen der Jugendarbeit einschränken, gleichzeitig kann jedoch die Selbstbestimmungs- und Mitbestimmungsfähigkeit der/des Einzelnen stärker ausgeprägt sein bzw. gefördert werden als in der Schule. Insgesamt sind Peer Learning Ansätze, bezogen auf den Bildungs- und Erziehungsaspekt, als komplementär (bzw. sinnvoll ergänzend) für die Institution Schule zu erachten, insbesondere wenn die Möglichkeiten der Selbst- und Mitbestimmung von Jugendlichen, auch zur Verantwortungsübernahme, erhöht werden (Nörber, 2003b, S. 79 ff.). Diese Einschätzungen zeigen, dass ein Einsatz von Peer Learning in den Bildungsinstitutionen Betrieb und Berufsschule erfolgreich durchgeführt und umgesetzt werden kann, wenn den Auszubildenden u. a. Möglichkeiten der Selbst- und Mitbestimmung eröffnet (und diese dadurch auch gefördert) werden.

Zwischenfazit: Eine Einordnung der theoretischen Rahmung und Begründung für den Ansatz des Peer Learning in der beruflichen (Aus-)Bildung

69

Daran schließt ebenso ein weiteres (wichtiges) Ziel von Peer Learning an. Dies ist, wie u. a. Kästner (2003), Fileccia (2016) und Schülke (2012) anmerken sowie Topping (1996) bezogen auf Peer Tutoring, Empowerment. Die Begrifflichkeit Empowerment meint eine Form der Ermächtigung und Übertragung von (Eigen-)Verantwortung, d. h. eine Förderung zur Steigerung der Aktivität und Selbstbestimmung bzw. Selbstermächtigung, bspw. bei Auszubildenden durch die Ansätze des Peer Learning. So kann Empowerment inhaltlich mit Dimensionen wie Mündigkeit und Emanzipation (aus der kritisch-emanzipatorischen Berufsbildungstheorie) sowie Autonomie und Partizipation assoziiert bzw. in Verbindung gesetzt werden. Daneben kann Empowerment als eines von mehreren wesentlichen TZI-Elementen erachtet werden (Nelhiebel, 2009, S. 140). Ferner erlangt Empowerment, wie Studien (u. a. von Barghorn (2010)) zeigen, ebenso im betrieblichen Kontext eine immer größere Rolle und wird teilweise bewusst zur Förderung der Partizipation implementiert. Aus diesen Gründen wird in der vorliegenden Arbeit eine Skala zum Empowerment (aus Barghorn (2010)) erhoben, um die Veränderung bzw. Effekte durch das Peer Learning zu evaluieren (siehe Kapitel 5.3.1).

3 Forschungsstand

Zur weiterführenden thematischen Annäherung werden im folgenden Kapitel empirische Zusammenhänge und Befunde vorgestellt und diskutiert. Insbesondere soll die Peer Forschung (Kapitel 3.2), aber auch die berufliche Bildung mit entsprechenden Forschungsbefunden (Kapitel 3.1) thematisiert werden. Dies dient einerseits einer tiefergehenden Vorstellung und Rahmung des Gesamtthemas der Arbeit, aber auch zur Annäherung (inkl. erster Erkenntnisse) bezogen auf die in der Einleitung formulierten Forschungsfragen. Dabei sollen bestehende empirische Befunde aufgegriffen und für die weiterführende Untersuchung sowie Einordnung der Ergebnisse der vorliegenden Arbeit Verwendung finden (können). Das generierte (Vor-)Wissen soll abschließend zu einer angemessenen Einschätzung der Bedeutung und des (potenziellen) Nutzens von Peer Learning in der beruflichen (Aus-)Bildung beitragen.

3.1 Berufliche (Aus-)Bildung im Fokus der Forschung

In diesem Unterkapitel wird die berufliche (Aus-)Bildung in den Blick genommen, betrachtet werden u. a. die Perspektive der Auszubildenden und empirische Zusammenhänge aufbauend auf den Erkenntnissen der Selbstbestimmungstheorie der Lernmotivation und der Themenzentrierten Interaktion. Diese Ergebnisse und empirischen Zusammenhänge zu den anteilig hier verwendeten theoretischen Grundlagen werden abschließend in der Ergebnisdiskussion erneut berücksichtigt (siehe Kapitel 7.1), um diese in den aktuellen Forschungsstand einordnen zu können.

Berufliche (Aus-)Bildung aus Sicht der Auszubildenden

Zunächst soll die Situation in der beruflichen Ausbildung in Deutschland (kurz) betrachtet werden. Die Qualität in der Ausbildung, u. a. aus der Sicht der Auszubildenden, wird in Deutschland, in teils kontinuierlich erfolgenden Befragungen des BIBB, regelmäßig erhoben und intensiv diskutiert. Die Untersuchungen zeigen, dass Auszubildende Anerkennung für ihre gezeigten Leistungen und ihre Leistungsbereitschaft erfahren (wollen). Zudem wird die Feedbackkultur innerhalb der betrieblichen Ausbildung als entwicklungs- oder verbesserungswürdig erkannt (Ebbinghaus et al., 2010, S. 5 f.), denn „während Betriebe den Eindruck haben, relativ häufig Arbeitsergebnisse der Auszubildenden mit diesen zu besprechen und sie fast immer für gute Leistungen zu loben, beobachten Auszubildende beides deutlich seltener" (Ebbinghaus et al., 2010, S. 6). Die Aspekte wie Anerkennung und Lob oder Wertschätzung und Feedback erlangen, aus Sicht der Auszubildenden, für die Bewertung der (Qualität der) Ausbildung somit eine hohe Relevanz. Des Weiteren wird im Ausbildungsreport des DGB von 2016 berichtet, dass 12,8 % bis 24,6 % der Auszubildenden sich mehr kollegiale Unterstützung wünschen (bzw. diese nur in (sehr) geringem Maße gegeben ist), gemeint sind hiermit andere Auszubildende, mit denen sie über die Probleme in der Ausbildung sprechen könn(t)en (DGB, 2016, S. 14). Daneben zeigen andere Studien, dass Auszubildende (häufig) Angst haben, Fehler zu machen. So berichten u. a. Gebhardt et al. (2009), dass ein Teil der (befragten) Auszubildenden zu Beginn der Ausbildung Angst hatte, Fehler zu begehen. Die Auszubildenden sorgten sich darum, dass ihre (potenziellen) Fehler (negative) Auswirkungen auf die Qualität des Arbeitsergebnisses haben könnten (Gebhardt et al., 2009, S. 21). In einer weiteren Studie (hier: Kutscha et al., 2012) wird berichtet, dass Probleme aus Sicht der Auszubildenden u. a. aus einer unzureichenden Betreuung und Vorbereitung auf die zu erledigenden Arbeiten, einer mangelnden Wertschätzung oder auch aus Angst, Fehler zu machen bzw. für Fehler sanktioniert zu werden, resultieren (Kutscha, 2019, S. 6).

Dieser (kurze) Überblick zeigt, in welchen Punkten sich Auszubildende eine Verbesserung innerhalb der beruflichen Ausbildung (und hierbei insbesondere im Betrieb) wünschen würden. Den theoretischen Annahmen des Peer Learning (siehe Kapitel 2.1.2) zur Folge könnten diese Ansätze hierbei zu einer Optimierung (potenziell) beitragen. Inwieweit dies gelingt bzw. gelingen kann, soll im weiteren Verlauf der Arbeit empirisch überprüft werden.

Die Selbstbestimmungstheorie der Lernmotivation in der beruflichen (Aus-)Bildung

Dieses Kapitel soll die Bedeutung des theoretischen Zugangs (durch die Selbstbestimmungstheorie der Lernmotivation) in die berufliche Bildung nachzeichnen. Wie bereits in Kapitel 2.4 erwähnt, wurden die theoretischen Zusammenhänge der Selbstbestimmungstheorie der Motivation in verschiedenen Studien der beruflichen Bildung als theoretische Grundlage herangezogen sowie zur interpretativen Ergebniseinordnung verwendet. Einzelne ausgewählte Studien aus dem deutschsprachigen Forschungsraum zur beruflichen Bildung werden deshalb im Folgenden exemplarisch nachgezeichnet.

Prenzel und Drechsel (1996) untersuchen in einer quantitativ und qualitativ angelegten Längsschnittstudie mit 18 Bürokaufleuten, inwieweit Lernanforderungen in den ersten 12 Monaten einer Berufsausbildung selbstbestimmt übernommen werden bzw. inwieweit intrinsisch motiviert gelernt wird. Die Analyse berücksichtigt sechs theoretische Bedingungskomplexe, welche die Entwicklung selbstbestimmter Motivationsvarianten unterstützen, dies stellt auch eine Erweiterung der Arbeit von Deci und Ryan (1993) dar (siehe Kapitel 2.4). Die Gesamtergebnisse verdeutlichen, dass in der Ausbildung nur teilweise selbstbestimmt motiviert gelernt wird und dies im Betrieb stärker (ausgeprägt) als in der Berufsschule. So werden u. a. die soziale Einbindung, die Kompetenzunterstützung und die Autonomieunterstützung im Betrieb häufiger festgestellt bzw. wahrgenommen als in der Berufsschule. Zudem wird in der Berufsschule seltener identifiziert oder intrinsisch motiviert gelernt bzw. häufiger amotiviert und extrinsisch motiviert gelernt. In etwa zwei Drittel der Befragten lernt im Betrieb sehr viel häufiger intrinsisch motiviert als in der Berufsschule. Ursächlich kann das seltener beobachtete, identifizierte und intrinsisch motivierte Lernen in der Berufsschule durch die geringere Autonomie- und Kompetenzunterstützung erklärt werden, u. a. da Auszubildende im Unterricht nicht in demselben Maße eine individualisierte Rückmeldung erhalten (können) wie im Betrieb. Des Weiteren werden in der Arbeit von Prenzel und Drechsel (1996) die theoretischen Annahmen bzgl. der Lernmotivation von Deci und Ryan (1993) bestätigt, u. a. durch positive Korrelationen zwischen der wahrgenommenen sozialen Einbindung, der Kompetenz- und Autonomieunterstützung mit identifiziertem und intrinsisch motiviertem Lernen (Prenzel & Drechsel, 1996, S. 217 ff.).

Die theoretischen Zusammenhänge der Selbstbestimmungstheorie der Motivation untersuchen ebenfalls Harteis et al. (2004) in einer Studie zum betrieblichen Arbeitsalltag. Entlang 160 befragter Personen wird untersucht, ob und inwieweit sich Beschäftigte verschiedener Hierarchiestufen (mit und ohne Führungsfunktion) in der Wahrnehmung der Lernkultur in ihrer Arbeitsumgebung unterscheiden und ob die Lernkultur die Entwicklung individueller Kompetenz der Beschäftigten unterstützt und ob die Selbstbestimmungstheorie der Motivation von Deci und Ryan (1993) ein geeignetes Konzept zur Überprüfung einer betrieblichen Lernkultur ist. In der Studie bestätigen sich die theoretisch erwarteten Zusammenhänge, dies verdeutlicht ferner die Einsatzfähigkeit bzw. den Nutzen der Selbstbestimmungstheorie für den betrieblichen Arbeitskontext (Harteis et al., 2004, S. 128 ff.).

In einer Studie zur Lernkompetenz von 456 Bankkaufleuten in der beruflichen Erstausbildung untersuchen Rosendahl et al. (2008), welche Bedingungen in den Lernorten Betrieb und Berufsschule die Entwicklung von Lernkompetenz unterstützen können, sowie den Zusammenhang der motivationalen (u. a. Interesse an der Ausbildung) und der kognitiven Dimension der Lernkompetenz. Ermittelt werden korrelative Zusammenhänge der Ausbildungsbedingungen (wie das Erleben von Kompetenz, sozialer Einbindung und Autonomie) mit dem Ausbildungsinteresse, welche jedoch für den Betrieb höher ausfallen als für die Berufsschule. Zudem weisen Partialkorrelationen das Erleben von sozialer Einbindung, Autonomie und Kompetenz als entscheidende Mediatorvariablen der Zusammenhänge aus, d. h., die Ausbildungsbedingungen ermöglichen (oder verhindern) das Erleben von sozialer Einbindung, Autonomie und Kompetenz; und fördern (oder verhindern) dadurch den Aufbau von Lernkompetenz (Rosendahl et al., 2008, S. 201 ff.). Folglich wird angenommen: „Die Entwicklung von lernförderlichem Interesse an der Ausbildung kann demnach unterstützt werden, indem Ausbildungsbedingungen so gestaltet werden, dass sie zum Erleben von Kompetenz, Autonomie und sozialer Einbindung beitragen" (Rosendahl et al., 2008, S. 204). Auszubildende können unterstützt werden, indem Fachleute ihnen Denk- und Handlungsstrategien vorführen, erklären und begründen, um die Auszubildenden bei der Bearbeitung angemessener (bzw. auf mittlerer Schwierigkeitsstufe) Aufgabenstellungen zu unterstützen, sodass sie diese (perspektivisch) selbstständig bewältigen können. Insgesamt sollten Aufgabenstellungen weder zu leicht noch zu schwierig gestaltet sein, zudem sollten sich Auszubildende in ihrem Kompetenz- und Autonomieerleben unterstützt fühlen und zugleich sozial eingebunden. Eine derartig realisierte Kombination kann als Voraussetzung zur Entstehung von Ausbildungsinteresse verstanden werden (Rosendahl et al., 2008, S. 204 ff.). Überdies deuten die Ergebnisse an, dass „die Qualität des Erlebens in der Schule unterstützt wird, wenn sich die Lehrkräfte um klare Instruktionen bemühen, und zwar durch Verständlichkeit im Ausdruck, die Verwendung anschaulicher Praxisbeispiele und den Einsatz von Hilfsmitteln wie Arbeitsblättern" (Rosendahl et al., 2008, S. 207). Ferner sollte die inhaltliche Relevanz des Lehrstoffs für die betriebliche Praxis verdeutlicht werden. Resümierend kann, entsprechend der Mediatorfunktion der Erlebnisqualitäten für die Beziehung zwischen den Ausbildungsbedingungen und dem Ausbildungsinteresse, formuliert werden, dass „je günstiger die untersuchten Bedingungen in Schule und Betrieb umso höher das Ausbildungsinteresse" (Rosendahl et al., 2008, S. 209). Deshalb sprechen sich Rosendahl et al. (2008) dafür aus, zukünftig „statt einer differenzierten Erhebung der Ausbildungsbedingungen lediglich die wahrgenommene Kompetenz- und Autonomieunterstützung sowie die soziale Einbindung zu erfassen" (Rosendahl et al., 2008, S. 210 f.).

Des Weiteren berücksichtigen auch Gebhardt et al. (2009) die theoretischen Vorannahmen der Selbstbestimmungstheorie in ihrer Untersuchung zur Förderung von Lernkompetenzen im betrieblichen Lernen. In der Studie aus der Schweiz werden u. a. das lernstrategische Verhalten der Auszubildenden (wie z. B. Motivation, Emotionen) und die entsprechende Lernbegleitung durch die Praxisausbilder*innen (z. B. Erfahrung, Ausbildungskonzeptionen, Arbeitsbedingungen) untersucht und kaufmännische Auszubildende sowie Ausbilder*innen Schweizer Groß- und Kleinunternehmen der Bankbranche und der Maschinen-, Elektro- und Metallindustrie interviewt. Die Ergebnisse zeigen, dass sich bzgl. der sozialen Eingebundenheit alle Auszubildenden im Unternehmen sehr gut aufgehoben, gebraucht und integriert fühlen, unabhängig vom Lehrjahr. Überdies bestätigt sich ein enger Zusammenhang zwischen dem Kompetenz- und Autonomieerleben der Auszubildenden: Da die Auszubildenden zu Beginn der Ausbildung u. a. sehr viele Tätigkeiten unter Anleitung bzw. nach Anweisung ausführen müssen, wirkt sich dieses geringe(re) Autonomieerleben zugleich auch mindernd auf ihr Kompetenzerleben aus. Allerdings berichten alle Auszubildenden auch von einem schnellen Anstieg beider Dimensionen im Verlauf der Ausbildung, so haben u. a. Lob und Zuspruch durch die Ausbilder*innen zu einer Steigerung des Empfindens bzw. des Gefühls der eigenen Kompetenz beigetragen. Des Weiteren basiert das gesteigerte Kompetenzerleben auf einem Anwachsen des Autonomieerlebens, da fast alle Befragten im Verlauf der Ausbildungszeit zunehmend Aufgaben selbstständig und in eigener Verantwortung durchführen (können). Bezogen auf Rückmeldungen durch die Ausbilder*innen geben zwar viele Auszubildende an, in regelmäßigen Abständen ein Feedback zu erhalten, jedoch wird bemängelt, dass ausschließlich auf Fehler hingewiesen wird. Das Feedback thematisiert insgesamt (zu) häufig das Arbeitsergebnis und nur unzureichend den Lern- bzw. Arbeitsprozess, sodass keine Reflexion durch die Rückmeldungen seitens der Ausbilder*innen erfolgt. Somit erhalten die Auszubildenden keine Hinweise bzgl. ihres lernstrategischen Verhaltens und können es folglich nicht optimieren. Daneben berichten einige Ausbilder*innen, dass sie bewusst „ältere" Auszubildende in die Betreuung von „jüngeren" Auszubildenden mit einbeziehen. Ebenso kann resümiert werden, dass die Vielfalt von Aufgaben positive Emotionen bei Auszubildenden auslöst und motivierend für den persönlichen Lernprozess erlebt wird (Gebhardt et al., 2009, S. 1 ff.).

In einer weiterführenden Studie untersuchen Gebhardt et al. (2014) den betrieblichen Teil der beruflichen Grundbildung in der Schweiz und analysieren zudem die personalen Faktoren der Auszubildenden (wie Motivation, Emotionen, Selbstwirksamkeit) und ihre Wahrnehmung der kontextuellen Faktoren (wie die Lernumgebung und Lernbegleitung) am Arbeitsplatz (sowie in überbetrieblichen Kursen). Unter Zuhilfenahme eines standardisierten Fragebogens konnten 1104 kaufmännische und gewerblich-industrielle Auszubildende (wie Friseur*innen und Elektroinstallateur*innen) des ersten und dritten Lehrjahres befragt werden. Dabei zeigt sich, dass die Auszubildenden die soziale Einbindung sowie das Erleben von Kompetenz und Autonomie branchenübergreifend und in beiden Lehrjahren am Arbeitsplatz als ausgeprägt wahrnehmen. Zudem haben Gebhardt et al. (2014) Handlungsempfehlungen (wie u. a. konstruktive Peer Feedbacks zur Förderung und Unterstützung des Kompetenzerlebens; die Übertragung von Verantwortung zur Autonomiegewährung; Schaffung von informellem Austausch unter den Auszubildenden zur Förderung der sozialen Einbindung; zeitlich begrenzte Übertragung der Funktion von Praxisausbilder*innen an (ältere) Auszubildende; Schaffung einer „Fehlerkultur" bzw. einer gewissen Fehlertoleranz; gezielte Leitfragen bzw. Nachfragen zum Lernprozess der Auszubildenden) für die Optimierung der betrieblichen Berufsausbildung erarbeitet (Gebhardt et al., 2014, S. 1 ff.).

Auch Rausch (2011) berücksichtigt in der Studie „Erleben und Lernen am Arbeitsplatz in der betrieblichen Ausbildung" die Selbstbestimmungstheorie und untersucht, mit drei forschungsmethodischen Zugängen (Tagebuch-Methodik, standarisierter Selbsteinschätzungsfragebogen und qualitative Interviews), die Erlebensqualität und die Lernpotenziale am Arbeitsplatz in der beruflichen Erstausbildung bei Einzelhandelskaufleuten in der Telekommunikationsbranche sowie bei Industriekaufleuten, Industriemechanikerinnen bzw. Industriemechanikern und Mechatronikerinnen bzw. Mechatronikern in der Automobilzuliefererbranche in einer Pilot- und einer Hauptstudie (Rausch, 2011, S. 1 ff.). Konkret werden u. a. die Forschungsfragen „Wie erleben Auszubildende die von ihnen durchgeführten Arbeitstätigkeiten?" und „Welche Einflussgrößen begünstigen bzw. hemmen das Lernen im Arbeitsprozess?" (Rausch, 2011, S. 6) untersucht. Bezogen auf die Dimensionen der Selbstbestimmungstheorie (erhoben über eine retrospektive Einschätzung der Bedürfnisbefriedigung) konnten verschiedene korrelative Zusammenhänge ermittelt werden, wie z. B. zwischen dem Handlungsspielraum und dem Autonomieerleben. Daneben verweisen Korrelationen zwischen der Leistungsanerkennung und den Basic Needs darauf, dass „Auszubildende, die ein höheres Maß an expliziter Leistungsanerkennung im Arbeitsprozess erfahren, [...] retrospektiv über eine höhere Bedürfnisbefriedigung" (Rausch, 2011, S. 251) berichten bzw. verfügen. Zudem verdeutlichen diese Zusammenhänge die besondere Bedeutung des Ausbildungspersonals. Des Weiteren bestätigen sich korrelative Beziehungen zwischen häufiger Zusammenarbeit mit Kolleg*innen und der

Wahrnehmung von Kompetenzerleben, aber auch zwischen erlebter Nervosität und den Basic Needs (negative Korrelation) sowie Korrelationen der Lernmöglichkeiten mit der sozialen Eingebundenheit und mit dem Kompetenzerleben. Daneben werden „auch erlebte Schwierigkeiten [...] nicht als positive Herausforderung – bspw. im Sinne von Kompetenz- und Autonomieerleben – wahrgenommen, sondern stehen der Befriedigung der Basisbedürfnisse entgegen" (Rausch, 2011, S. 288). Zudem weisen Auszubildende, denen häufiger unbekannte Tätigkeiten (Neuartigkeit) übertragen werden bzw. wurden, einen Anstieg des Autonomieerlebens auf. Resümiert, bezogen auf die Einflussgrößen, welche das Lernen im Arbeitsprozess hemmen oder begünstigen, kann etwa formuliert werden: „Herausforderungen ermöglichen Kompetenzerleben, die Interaktionsqualität fördert die soziale Eingebundenheit und Selbstständigkeit kann als Unterstützung des Autonomieerlebens interpretiert werden" (Rausch, 2011, S. 319). Des Weiteren erarbeitet Rausch (2011) Implikationen für die Praxis, u. a. den Nutzen des ebenso untersuchten Patenprogramms, welches die Zuteilung fester Ansprechpartner*innen (ausbildende Fachkraft; 1:1-Betreuung) am Arbeitsplatz vorsieht. Der Nutzen zeigt sich in motivationalen Vorteilen aufseiten der Auszubildenden, da sich zumeist ein enges persönliches Vertrauensverhältnis zwischen den Auszubildenden und ihren Pat*innen entwickelt. Neben der (fast täglichen) Betreuung sind die Pat*innen vielfach auch Wissensvermittler*in, Modell und Begleiter*in. Deshalb wäre es Aufgabe der Betriebe, ein Bewusstsein für die Bedeutung ausbildender Fachkräfte zu erzeugen sowie diese Mitarbeiter*innen zu identifizieren und durch ein offizielles Label (wie „Coach*in") im Betrieb sichtbar zu machen (Rausch, 2011, S. 251 ff.).

Des Weiteren ermittelt Rausch (2011) drei Faktoren lernförderlicher Merkmale: Herausforderung (Neuartigkeit, Schwierigkeit und Nervosität), Interaktionsqualität (Zusammenarbeit, Hilfe und Rückmeldung) und Erlebensqualität (Interessantheit und Zeitempfinden) (Rausch, 2011, S. 319). Alle drei Faktoren beeinflussen bzw. bestimmen die Lernförderlichkeit von betrieblichen Aufgabenstellungen; je besser diese drei Faktoren wahrgenommen werden und zusammen „wirken" können, desto lernförderlicher sind die Prozesse am Arbeitsplatz bzw. werden diese erlebt. Als inhaltliche Dimensionen sind u. a. Lernen durch Beobachtung, Nachahmung und Lernen durch kooperative und unterstützende Hilfe zu nennen. All diese Faktoren sollen durch Ansätze des Peer Learning stimuliert werden (können). Außerdem zeigten sich hauptberufliche Ausbilder*innen, ausbildende Fachkräfte und Auszubildende in den Interviews darüber einig, dass die Betreuungsqualität der ausbildenden Fachkräfte der wichtigste Einflussfaktor des Lernens am Arbeitsplatz ist (Rausch, 2011, S. 319). Darüber hinaus werden von allen drei befragten Gruppen die Verfügbarkeit von Ansprechpartner*innen, die Schaffung eines guten Arbeitsklimas und das Engagement/Interesse der betreuenden Person als Merkmale hoher Betreuungsqualität am Arbeitsplatz benannt. Manche Auszubildende nennen zusätzlich noch eine zeitnahe, sachliche Leistungsrückmeldung als Merkmal der Betreuungsqualität (Rausch, 2011, S. 319 f.). Hierbei scheint interessant, dass der Aspekt der Leistungsrückmeldung nur von den Auszubildenden zusätzlich angeführt wird und von den Ausbilder*innen (möglicherweise) gar nicht erkannt bzw. als Problem oder Herausforderung wahrgenommen wird. Dieser Aspekt kann ebenfalls als Argument für die Ansätze des Peer Learning interpretiert werden, ebenso wie das Ergebnis von Rausch (2011), wonach besonders selbstsicher auftretende und extrovertierte Auszubildende mehr lernförderliche Ausbildungsbedingungen erhalten als emotional labilere Auszubildende (Rausch, 2011, S. 321). Denn in den Ansätzen des Peer Learning (insbesondere im Peer Tutoring) soll (soziale) Ausgrenzung (Topping, 1996, S. 325) oder Bevorzugung Einzelner vermieden werden, um potenziell leistungsschwächere oder introvertiertere Auszubildende bewusst miteinzubeziehen und dadurch zu fördern (siehe auch Kapitel 2.1).

Diese Ergebnisse bestätigen die besondere Bedeutung eines (realisierten) Erlebens von sozialer Einbindung, Autonomieerleben und Kompetenzerleben in der Berufsausbildung in den beiden Lernorten Betrieb und Berufsschule. Ein Ziel der vorliegenden Studie ist es deshalb, durch Ansätze des Peer Learning das Interesse an der Ausbildung bzw. dem Beruf in beiden Lernorten zu erhöhen und für die Bedeutung der Ausbildungsbedingungen als entscheidenden Faktor zu sensibilisieren. Denn anregende bzw. geeignete Lernumgebungen in Betrieb und Berufsschule fördern das Erleben der drei Grundbedürfnisse und festigen zugleich das Ausbildungsinteresse bei den Auszubildenden. Gleichzeitig verdeutlicht die Forschungsübersicht die Relevanz und die Adaptabilität der Selbstbestimmungstheorie der Lernmotivation als theoretische Grundlage in empirischen Studien der beruflichen Bildung, weshalb sie auch hier verwendet wird.

Die Themenzentrierte Interaktion in der beruflichen (Aus-)Bildung

Im Rahmen des Modellversuchs „Gruppenarbeit in fertigungsverbundenen Lern- und Arbeitsinseln unter dem besonderen Aspekt der Qualitätssicherung" (FLAI) von Rützel und Schapfel (1997) (siehe auch Kapitel 2.5) wird gezeigt, dass es den Auszubildenden zunehmend gelingt, sich gegenseitig aussprechen zu lassen, aufeinander zu achten und die Anforderungen der betrieblichen Umwelt (Globe) sowohl zu erkennen als auch Themen anzusprechen und zu bearbeiten. Daneben konnte die Aufgabe der Qualitätssicherung durch die Abgabe von Verantwortung seitens der Ausbilder*innen an die Auszubildenden und deren Übernahme verbessert werden. Für die Thematik der Qualitätssicherung ist das Wechselverhältnis von Vertrauen und Verantwortung zwischen Vorgesetzten (Ausbilder*innen) und Ausführenden (Auszubildenden) besonders relevant, weshalb die TZI zur Gestaltung der Lehr-Lernsituation herangezogen wurde. Im weiteren Projektverlauf haben die Auszubildenden in der Lern- und Arbeitsinsel die selbstständige Verantwortung für die Qualität der von ihnen erstellten Produkte übertragen bekommen und die Produkte teilweise ohne weitere Kontrollen direkt ins Ausland verschickt (Schapfel-Kaiser, 1997, S. 509 f.). Die Verantwortungsübertragung hat die Auszubildenden motiviert, gewissenhaft und selbstständig zu arbeiten. In weiteren Einheiten des Modellversuchs konnten zudem Widersprüche zwischen Teamarbeit und Konkurrenz in der Produktion aufgedeckt werden, so antwortete ein Auszubildender auf die Frage, ob er bei der Optimierung eines vorbereitenden Lehrgangs für die nachfolgenden Auszubildenden in einer Lern- und Arbeitsinsel mitwirken würde: „Nein! Dann werden die ja besser ausgebildet als ich und kriegen danach den Job!" (Schapfel-Kaiser, 2000, zitiert nach Kaiser & Ketschau, 2019, S. 20).

Darüber hinaus ist hinsichtlich der Nutzung der Themenzentrierten Interaktion als Planungsinstrument einer Lernprozessgestaltung in Gruppen innerhalb der betrieblichen Bildung auf die Arbeit von Schapfel (1997) zu verweisen. Inhaltlich bezogen auf den Modellversuch „Gruppenarbeit in fertigungsverbundenen Lern- und Arbeitsinseln unter dem besonderen Aspekt der Qualitätssicherung", beschreibt er die Entwicklung eines Einstiegsbausteins, in dem die Gruppe von Auszubildenden auf eine neue Arbeitssituation vorbereitet wird. Zunächst wurde den Auszubildenden deshalb ein Abgleich zwischen den an sie gestellten Anforderungen in einer Lern- und Arbeitsinsel und den eigenen Erwartungen bzw. Zielvorstellungen ermöglicht. Neben der Entwicklung der Gruppe sollten gleichfalls gemeinsame Lern- und Arbeitsprozesse gestaltet werden. Ferner sollten die Auszubildenden u. a. Moderations- und Gesprächsmethoden anwenden, die sie für ihr zukünftiges Lernen am Arbeitsplatz nutzen können. Zudem sollte für die Zukunft ein offener Austausch untereinander geschaffen werden. Dementsprechend war es eine wichtige Erkenntnis für die Auszubildenden, dass die Anforderungen des Globe dann bearbeitbar werden, wenn sie zuvor als Themen in der Gruppe artikuliert werden (Schapfel, 1997, S. 351 ff.).

Diese Ausführungen von Schapfel (1997) zeigen, wie die Anregungen der TZI zu einer (didaktischen) Gestaltung von Lernprozessen in der beruflichen Bildung sinnvoll genutzt werden können. Dabei ist eine zentrale Berücksichtigung von Ich, Wir, Thema und Globe relevant, u. a., um Störungen zu thematisieren, Reflexion zu ermöglichen, Gruppendiskussionen zu initiieren oder auch Konzepte gemeinsam für die Zukunft zu entwickeln.

In einer jüngeren Arbeit berichtet Kaiser (2020) überdies von positiven Feedbacks und Rückmeldungen zu einem universitären Seminar, in dem Lehramtsstudierende eine praxisorientierte Einführung in die Themenzentrierte Interaktion erhalten, die Didaktik der TZI kennenlernen und ihre Umsetzung erleben. Im Seminarkontext planen die Studierenden deshalb selbst Seminareinheiten und führen diese durch. Zum Semesterende berichten Studierende bspw., dass ihnen das eigene Lernen deutlicher wurde oder ihr Vertrauen in die Stärke der Gruppe gestiegen ist. Andere Studierende konnten positive Erfahrungen sammeln, indem sie Teilnehmende ermutigten, Störungen zu benennen. Durch den Seminarkontext sollen die Lehramtsstudierenden zu einem authentischen Auftreten und einer (An-)Teilnahme auf Augenhöhe ermutigt werden (Kaiser, 2020, S. 82 ff.).

Insgesamt verdeutlichen die vorgestellten Arbeiten die Einsatzmöglichkeit der TZI in der beruflichen Bildung. Daher wird die TZI in der vorliegenden Arbeit für die didaktische Gestaltung der Schulung der Peer Educator*innen und Peer Mentor*innen (siehe Kapitel 5.2.2) eingesetzt, aber auch für die Analyse und Interpretation der gewonnenen Ergebnisse (siehe Kapitel 6.2, 6.3 und 7.1).

3.2 Peer Forschung und (erste) Erkenntnisse zum Peer Learning in der beruflichen (Aus-)Bildung

Die Ursprünge zur Umsetzung bzw. Verwendung von Peer Ansätzen im pädagogischen Kontext erfolgten insbesondere in der Gesundheitsprävention und -aufklärung, dazu gehören u. a. Suchtverhalten, Sexualität, Gewalt, Umwelt oder Medienumgang (Nörber, 2003a, S. 13; Apel, 2003, S. 17; Kästner, 2003, S. 51 ff.). Insgesamt kann jedoch, wie Nörber (2003a) anmerkt, die Peer Education als eine vernachlässigte Methode verstanden werden, (insbesondere) weil die Arbeiten von Naudascher (1977, 1978) in pädagogischen Diskussionen wenig Berücksichtigung fanden (Nörber, 2003a, S. 12).

In der Literatur um die verschiedenen Ansätze des Peer Learning und der entsprechenden Studien wird zudem häufig (deutliche) Kritik formuliert, u. a. an der theoretischen Verortung (u. a. von Kleiber, Appel & Pforr (1998), Turner & Shepherd (1999), Schmidt (2002), Appel (2002), Rohloff (2003), Kästner (2003), Köhler, Krüger & Pfaff (2016), Fileccia (2016), Krüger (2016)), an der wissenschaftlichen Forschungsmethodik (u. a. von Backes & Schönbach (2001), Schmidt (2002), Appel (2002), Köhler et al. (2016), Krüger (2016)), an den empirischen Befunden zur Wirksamkeit (dem Forschungsstand bzw. Forschungsdesiderat) sowie der Generalisierbarkeit der Erkenntnisse (u. a. von Kleiber et al. (1998), Turner & Shepherd (1999), Schmidt (2002), Appel (2002), Kahr (2003), Otto (2015), Krüger (2016), Krüger & Hoffmann (2016), Köhler (2016), Köhler et al. (2016), Grunert & Krüger (2020)) und an der pädagogischen Ausgestaltung der Konzepte zum Peer Learning (u. a. von Backes & Schönbach (2001), Schmidt (2002), Appel (2002), Kahr (2003)).

Bei Betrachtung der kritischen Hinweise in der wissenschaftlichen Literatur fällt auf, dass diese zum einen bereits seit vielen Jahren bestehen, wie u. a. die eindeutigen Hinweise von Turner und Shepherd (1999) belegen – „Peer education would seem to be a method in search of a theory rather than the application of theory to practice" (Turner & Shepherd, 1999, S. 235) –, zum anderen aber auch in ihrer Aktualität nicht an Bedeutung verloren haben, denn „differenzierte Analysen dazu wie sich Peerbeziehungen als Möglichkeitsräume für Lern- und Bildungsprozesse in formalen, non-formalen und informellen Bildungsorten konkret gestalten, gibt es hingegen nur wenige" (Grunert & Krüger, 2020, S. 704). So haben sich, wie Kahr (2003) anmerkt, Peer Learning Ansätze ohne große Beweise für ihre Wirksamkeit durchgesetzt und verbreitet, überdies fehlt eine wissenschaftliche Begleitung, die wichtige Rückmeldungen für die Praxis generiert (Kahr, 2003, S. 379). Diese Anmerkungen verdeutlichen das Forschungsdesiderat und verlangen Beachtung für die vorliegende Studie. Neben der zitierten Kritik liegen aber auch Studien vor, welche (erste) Erkenntnisse zur Einordnung des hier entwickelten Forschungsdesigns erlauben.

Eine Studie, welche die Wirksamkeit von Peer Learning in der beruflichen Bildung untersucht, liegt von Leijten und Chan (2012) vor. Sie fokussieren in ihrer Analyse die (wechselseitige) Unterstützung der Auszubildenden beim Erlernen von Fertigkeiten und Kenntnissen. Durch Beobachtung und Gruppendiskussionen werden die Lernaktivitäten im Klassenzimmer sowie in der Werkstatt bei insgesamt 46 Auszubildenden aus vier verschiedenen Berufsbereichen (Tischlerei, Malerei und Dekoration, Elektrotechnik und Schweißen) ausgewertet. Zuvor wurden in dem Projekt Workshops durchgeführt, um die Auszubildenden bei der Verbesserung der Peer Learning Strategien zu unterstützen. Die Datenauswertung, mit einem Vorher-Nachher-Vergleich, betrachtet, ob die Peer Learning Workshops die praktische Umsetzung des Peer Learning bei den Auszubildenden verbessert haben. Dabei stellen sie fest, dass u. a. die Feedbackqualität erhöht wurde und die Vielfalt sowie der Umfang der Interaktionen während der Lernaktivitäten zugenommen bzw. sich verbessert haben. Ebenfalls wenden die meisten Gruppen von Auszubildenden (nach der Intervention) wirksame Peer Feedbackstrategien an, die wiederum den Kompetenzerwerb beschleunigen. Die Peer Feedbackstrategien zeigen sich u. a. in der Bereitstellung qualitativ hochwertiger Informationen des eigenen Lernens für andere Auszubildende, in der Förderung des Peer Dialogs über das Lernen und in der Förderung motivationaler Überzeugungen. Zudem wird ermittelt, dass eine Peer Lernumgebung, nicht für jede*n Auszubildende*n die passende oder geeignete Lernumgebung darstellt. Dies liegt insbesondere daran, dass das Lernen unter Gleichaltrigen sowie der Einsatz von Peer Feedback grundlegende kommunikative Fähigkeiten, ein angemessenes Maß im Konfliktmanagement und einstellungsbezogene Fähigkeiten erfordern (Leijten & Chan, 2012, S. 3 ff.). Des Weiteren erarbeiten Leijten und Chan (2012) einen Leitfaden für die Umsetzung von Peer Learning, welcher zugleich in der vorliegenden Arbeit berücksichtigt wurde (siehe Kapitel 5.2.2).

Schmidt (2003) greift in einem Peer Education Ansatz in der betrieblichen Ausbildung die Thematik Sucht auf. In dem Projekt werden Auszubildende in einem Ganztagsseminar geschult und anschließend als Multiplikator*innen während der Ausbildungszeit eingesetzt. Bei der Auswahl der Multiplikator*innen ist berücksichtigt, ob die Auszubildenden die zusätzliche Aufgabe übernehmen können, ohne ihre Leistungen in der Ausbildung zu gefährden. Wichtig ist zudem, dass die Multiplikator*innen in ihrer Ausbildungsgruppe akzeptiert sind und als Ansprechpartner*innen für Suchtprävention und den Umgang mit Drogen über eine relativ stabile und gefestigte Persönlichkeit verfügen. Daneben sollten sie sich kritisch und engagiert mit den Inhalten auseinandersetzen (können). Zur Durchführung bzw. zum Ausfüllen der Multiplikator*innenrolle werden die Auszubildenden während der Arbeitszeit freigestellt, zudem haben sie sich zur Verschwiegenheit über den Inhalt der einzelnen (Beratungs-) Gespräche verpflichtet. Die Multiplikator*innen sollen jedoch keine Diagnosen stellen oder Therapien durchführen. Die Praxis bestätigt vielmehr, wie wichtig für Auszubildende ein persönliches, unbürokratisches und spontanes Gespräch (z. B. in den Pausen) mit den (gleichaltrigen) Multiplikator*innen ist bzw. sein kann. Wichtig ist, dass den Multiplikator*innen ein gewisser Freiraum zugestanden wird, damit sie eine vertrauensvolle Beziehung zu ihrem Gegenüber aufbauen können. Denn Zeit- und Ergebnisdruck, in Kombination mit einer Instrumentalisierung, gefährden oder beenden ein Peer Education Projekt (Schmidt, 2003, S. 216 ff.). Diese Kriterien, insbesondere zur Auswahl und Schulung der Peer Educator*innen und Peer Mentor*innen sowie zur Durchführung, werden in der vorliegenden Arbeit berücksichtigt (siehe dazu Kapitel 5.2.2).

Den Erfolg von tutoriellem Lernen außerhalb des Unterrichts untersuchen Haag und Streber (2011) in einer Studie mit 98 Tutand*innen und ihren statistischen Zwillingen (im Sinne eines Kontrollgruppendesigns) entlang der Schulnoten und verschiedener Persönlichkeitsskalen. Die pädagogische Umsetzung erfolgte nachmittags, über den Zeitraum von einem Jahr. 50 Schüler*innen aus den Klassen 9 und 10 meldeten sich freiwillig als Tutor*innen, um (jüngeren) Schüler*innen aus den Klassenstufen 5 bis 8 einer Realschule in den Fächern Mathematik und Englisch (als Tutand*innen) bei Fragen und Problemen zu unterstützen. Die Ergebnisse zeigen, dass sich die Noten in den Fächern Mathematik und Englisch bei den Tutand*innen im Laufe des Schuljahres verbessert haben. Für die Persönlichkeitsvariablen konnten die erwarteten Effekte über die Zeit hingegen nicht nachgewiesen werden, dazu gehört u. a. auch die in der vorliegenden Arbeit berücksichtigte Skala zum Schulischen Selbstkonzept von Kunter et al. (2002) (siehe dazu auch Kapitel 5.3.1). In der Kontrollgruppe verbesserte sich das Schulische Selbstkonzept, in der Interventionsgruppe hingegen nicht. Insgesamt haben sich die Tutand*innen im Vergleich zur Kontrollgruppe bei keiner Variable verbessert (Haag & Streber, 2011, S. 363 ff.).

Zahlreiche weitere Studien untersuchen bzw. thematisieren Ansätze des Peer Learning in diversen anderen Zusammenhängen, so berichten u. a. Appel (2002) sowie Appel und Kleiber (2003) von einem Projekt zu Auswirkungen eines Peer Education Programms zu Liebe, Sexualität und Schwangerschaftsverhütung und stellen fest, dass die Multiplikator*innen bzw. die Educator*innen rückblickend u. a. in ihren Kommunikationskompetenzen sowie in ihrem Selbstwertgefühl durch die Schulung und das Peer Projekt profitieren konnten. Es scheint, als würde die Ausbildung als Peer Educator*in die Jugendlichen langfristig und nachhaltig (positiv) beeinflussen. Dies zeigt sich u. a. in einem gesteigerten Selbstbewusstsein und einer geringeren Hemmung, vor (anderen) Personen zu sprechen, sowie in der Erfahrung, in einer neuen Rolle anerkannt und respektiert worden zu sein (Appel & Kleiber, 2003, S. 340 ff.).

Ferner weisen Studien bzw. Autor*innen auf die Förderung sozialer Kompetenzen durch Peer Learning hin, wie u. a. Kleiber et al. (1998), Appel (2002), Schülke (2012), Knörzer (2012) oder auch Fileccia (2016). Allgemein erlernen Jugendliche durch Peer Learning Projekte sozialkompetentes Verhalten (Kooperation, gegenseitige Unterstützung), wobei bspw. in einem schulischen Kontext Peer Learning auch immer soziales Lernen umfasst, insbesondere, da es in realen (sozialen) Interaktionen innerhalb einer Gruppe erfolgt (Schülke, 2012, S. 282 f.).

Daneben werden Ansätze des Peer Learning auch in universitären Studiengängen anwendet, wie u. a. die Arbeiten von Gerholz (2014, 2015) oder auch Fuge und Kremer (2020) zeigen. So berichtet Gerholz (2014), dass Erstsemesterstudierende (u. a. der Wirtschaftswissenschaften) zur erleichterten Orientierung in der Studieneingangsphase und Förderung der Lernfähigkeiten die Angebote Peer Tutoring und Peer Coaching aufsuchen konnten, um durch Studierende höherer Semester unterstützt zu werden. Die Ergebnisse in einem Prä-Post-Gruppen-Design mit 147 Befragten zeigen eine vergleichsweise häufige Nutzung des Peer Tutoring zu Beginn (94 %) und über den Untersuchungszeitraum, aber auch eine vergleichsweise geringe Nutzung des Peer Coachings zu Beginn (6 %) sowie eine gestiegene Nutzung zur zweiten Erhebung (29 %). Für die Evaluation wurde u. a. das Inventar zur Erfassung von Lernstrategien (LIST) von Wild und Schiefele (1994) verwendet, welches u. a. die ebenso in der vorliegenden Arbeit eingesetzte Skala der Elaborationsstrategien (siehe Kapitel 5.3.1) umfasst, um Veränderungen in den kognitiven Lernstrategien bei den Studierenden zu messen. Die deskriptiven Ergebnisse zeigen, dass diejenigen Studierenden, die das Peer Coaching nach anfänglich geringer Nutzung im Verlauf häufiger aufsuchten, auch öfter kognitive Lernstrategien anwenden als diejenigen Studierenden, die das Peer Coaching über den Untersuchungszeitrum gleichbleibend gering in Anspruch nahmen. Insgesamt ist (deskriptiv) bei fast allen Untersuchungs- bzw. Vergleichsgruppen ein Anstieg in der Nutzung der Lernstrategien festzustellen. Daneben geben die empirischen Analysen Hinweise, dass diejenigen Studierenden, welche Lernstrategien bereits vermehrt anwenden, auch das Peer Coaching häufig(er) in Anspruch nehmen. Dies erlaubt die Interpretation eines „Matthäus-Effektes", in dem Sinne, dass Studierende, die bereits Lernstrategien regulativ für ihr Lernhandeln anwenden, (deshalb) das Peer Coaching häufiger nutzen (würden). Eine Konsequenz wäre, die Studierenden mit geringer Nutzung ihrer Lernstrategien, in einer verbesserten Kommunikation, problemorientiert auf die Potenziale von Peer Coaching aufmerksam zu machen (Gerholz, 2014, S. 165 ff.).

3.3 Zwischenfazit: Eine Einordnung der empirischen Befunde und ihre Konsequenzen für die vorliegende Forschungsarbeit

Zum Abschluss von Kapitel 3 und vor Beginn von Kapitel 4 (mit der Vorstellung der Forschungsfragen und Hypothesen) sollen an dieser Stelle noch einmal ein paar Argumente und Erkenntnisse aus der Forschung zusammengetragen werden. Die Auszubildenden wünschen sich, wie Studien zeigen, im Rahmen ihrer Ausbildung mehr Feedback und mehr (kollegiale) Unterstützung sowie mehr Anerkennung bzw. Lob und Wertschätzung. Des Weiteren haben sie Angst, Fehler zu machen. Diesen (Kritik-)Punkten soll bzw. kann Peer Learning sinnvoll begegnen. Zum einen sollen die Ansätze des Peer Learning ein wechselseitiges Feedback, inkl. Lob und Anerkennung, fördern und verstärken. Zum anderen sollen sich Auszubildenden im Rahmen des Peer Learning leichter und häufiger gegenseitig um Rat fragen, auch um ihre Unsicherheit oder mögliche Unwissenheit (unter ihren Peers) ansprechen und (direkt) abklären zu können.

Ferner zeigten verschiedene Studien, dass in der Berufsschule weniger intrinsisch gelernt wird als im Betrieb bzw. im Betrieb mehr selbstbestimmt motiviert gelernt wird. Ebenso werden Dimensionen wie soziale Einbindung, Kompetenzerleben und Autonomieerleben im Betrieb häufiger festgestellt und wahrgenommen als in der

Berufsschule. Daneben zeigt die Forschung zur Selbstbestimmungstheorie der Lernmotivation, dass die drei Grundbedürfnisse u. a. durch die Lernumgebung und das Lernsetting gestaltet und gefördert werden können, um dadurch (zusätzlich) das Lernen zu intensivieren bzw. als stärker selbstbestimmt motiviert erleben zu können. Genau diese Förderung der Selbstbestimmung im Lernen soll durch Peer Learning unterstützt werden, in der Form, dass durch die pädagogischen Ansätze des Peer Learning, in Betrieb und Berufsschule, die soziale Einbindung, das Kompetenzerleben und das Autonomieerleben gefördert werden. Aktuellen Forschungsbefunden zufolge, besteht hierbei für den Lernort Berufsschule der größere Handlungsbedarf als im Betrieb.

Innerhalb der Peer Forschung bzw. vonseiten verschiedener Autor*innen wurde Kritik geäußert, u. a. an der (mangelnden) Forschungsmethodik und an der (unzureichenden) Generalisierbarkeit der empirischen Erkenntnisse. Diesen beiden Punkten soll mit der vorliegenden Arbeit näherungsweise begegnet werden. So werden einerseits vier verschiedene forschungsmethodische Zugänge genutzt, um die Erkenntnisse über die Wirkungen und Effekte des Peer Learning empirisch abzusichern (zudem unter Berücksichtigung einer Kontrollgruppe) sowie ferner neue Erkenntnisse generieren zu können. Daneben sollen die Aussagekraft und (potenzielle) Generalisierbarkeit der hier gewonnenen empirischen Ergebnisse durch die bewusst heterogen zusammengestellte Stichprobe (bzgl. Ausbildungsberuf, Lernort, Branche) sowie die Heterogenität im (Lern-)Setting (drei verschiedene Ansätze des Peer Learning) erhöht werden.

Gleichzeitig verdeutlichten die Studien zum Peer Learning aber auch, dass die Peer Ansätze die Feedbackqualität erhöhen und wirksame Peer Feedbackstrategien befördern. Ebenso werden soziale Kompetenzen bzw. sozialkompetentes Verhalten gefördert und kognitive Lernstrategien häufiger angewendet. Überdies haben die Vielfalt sowie der Umfang der Interaktionen während der Peer Lernaktivitäten zugenommen. Die Studien verdeutlichten, dass eine Peer Lernumgebung nicht für jede*n Auszubildende*n die geeignete Lernumgebung ist. Des Weiteren konnte die Bedeutung der Auswahl geeigneter Peer Educator*innen und Peer Mentor*innen verdeutlicht werden, in dem Sinne, dass diese von der Zielgruppe akzeptiert sein müssen und eine relativ stabile sowie gefestigte Persönlichkeit benötigen. Als weitere Erkenntnis ist festzuhalten, dass Zeit- und Ergebnisdruck oder auch eine Instrumentalisierung (des Peer Ansatzes oder der Peer Educator*innen und Peer Mentor*innen) den jeweiligen Ansatz des Peer Learning gefährden oder sogar beenden können.

Trotz dieser Erkenntnisse besteht (gegenwärtig) insgesamt ein vergleichsweise großes Forschungsdesiderat. So liegen bislang nur wenige empirische Studien zum informellen Lernen in Peer Beziehungen (in Schule sowie im außerschulischen Lernen) vor (Krüger & Hoffmann, 2016, S. 392 f.), ergänzend sollten die verschiedenen Kontexte und Settings vielmehr als peerbezogene Möglichkeitsräume, für Lern- und Bildungsprozesse im Jugendalter, erachtet werden (Grunert & Krüger, 2020, S. 706). Ferner besteht ein Forschungsdesiderat zu den Peer Beziehungen am Arbeitsplatz (Köhler, 2016, S. 108). In zukünftigen Forschungsprojekten, so Krüger und Hoffmann (2016), sollten Ansätze implementiert und empirisch bzgl. ihrer Wirksamkeit evaluiert werden, bei denen leistungsstarke leistungsschwächere Jugendliche beim Lernen unterstützen (Krüger & Hoffmann, 2016, S. 392 f.; Krüger, 2016, S. 49).

Des Weiteren sollten Studien zukünftig die sozialen Interaktionen in Peer Groups, deren individuelle Voraussetzungen und die Entwicklung von Handlungsfähigkeit bei Jugendlichen erfassen und hierfür mehrere verschiedene forschungsmethodische Zugänge in der Peer Forschung heranziehen, wie bspw. die Kombination qualitativer Methoden (z. B. Interviews) und quantitativer Netzwerkforschung, um neben der (alleinigen) Anzahl von sozialen Kontakten zugleich fundierte Erkenntnisse zur Qualität der Peer Beziehungen ermitteln zu können (Köhler et al., 2016, S. 24). Ein entsprechendes forschungsmethodisches Vorgehen liegt dieser Arbeit zugrunde, die Anregungen und Hinweise wurden in der Konzeption berücksichtigt.

Darüber hinaus bietet der in Kapitel 3.1 und 3.2 präsentierte Forschungsstand, (erste) einordnende Erkenntnisse für die vorliegende Arbeit, sodass Konsequenzen und Erwartungen daraus abgeleitet werden können. Parallel wird die Forschungslücke sichtbar, da zu den in dieser Arbeit angenommenen Veränderungen und Entwicklungen bzw. zu den formulierten Forschungsfragen, hinsichtlich des Peer Learning in der beruflichen Ausbildung, bislang (nahezu) keine bzw. kaum empirische Befunde vorliegen.

Entsprechend soll sich mit der vorliegenden Arbeit dem mehrfach artikulierten Desiderat genähert werden, um die Wirksamkeit von Peer Learning in der beruflichen (Aus-)Bildung empirisch zu analysieren. Darin wird ebenso die Möglichkeit gesehen, der theoretischen Basis der kritisch-emanzipatorischen Berufsbildungstheorie einen, wenn auch kleinen, empirischen Beitrag im Hinblick auf die Förderung partizipatorischer Lernformen in der beruflichen Ausbildung zuzuführen.

Des Weiteren wird bei der Betrachtung des Forschungsstands deutlich, dass überwiegend Querschnittserhebungen vorliegen, die zum überwiegenden Teil auf Selbsteinschätzungen beruhen. Die vorliegende Arbeit nutzt (auch deshalb) ein Design mit Messwiederholung sowie einer Kontrollgruppe und ergänzt die Selbsteinschätzungen der Auszubildenden um Fremdeinschätzungen durch das Bildungspersonal. Durch den multimethodischen Ansatz soll die Qualität (bzw. die Belastbarkeit) der Ergebnisse erhöht und die Aussagen sollen abgesichert werden.

4 Vorstellung der Forschungsfragen und Hypothesenbildung

Aufbauend auf den theoretischen Annahmen und inhaltlichen Vorüberlegungen aus Kapitel 2 und den empirischen Erkenntnissen aus Kapitel 3 werden hier die Forschungsfragen formuliert und die empirisch überprüfbaren Hypothesen hergeleitet. Diese orientieren sich inhaltlich am Erkenntnisinteresse der vorliegenden Forschungsarbeit und thematisieren verschiedene Aspekte des Peer Learning in der beruflichen Ausbildung. Insgesamt wurden drei Forschungsfragen formuliert und drei zugehörige Erkenntnisziele (bezogen auf die beiden qualitativen Erhebungen) artikuliert sowie 17 Hypothesen (bezogen auf die beiden quantitativen Erhebungen) aufgestellt. Der Aufbau der drei Forschungsfragen strukturiert im weiteren Verlauf der Arbeit zudem die Auswertung in Kapitel 6. Neue Erkenntnisse sollen dazu beitragen, die (potenziellen) Effekte und Wirkungen des Peer Learning, den Einfluss auf das gemeinsame Lernen sowie die (sozialen) Beziehungen und Interaktionen innerhalb von Klassen und Jahrgängen als auch die Voraussetzungen einer Implementierung der Ansätze in der beruflichen Ausbildung aufzuzeigen. Die erwarteten Veränderungen, Zusammenhänge und Beziehungen werden allgemein für Auszubildende in der beruflichen Ausbildung angenommen, weshalb keine getrennte Auswertung in Untergruppen nach Alter, Klasse bzw. Jahrgang, Lernort oder Ausbildungsberuf erfolgt.

4.1 Überlegungen zur ersten Forschungsfrage: Förderung von Einstellungen und Dimensionen

Im Folgenden soll die erste Forschungsfrage erläutert und hergeleitet werden. Thematisch fokussiert sie auf die Förderung unterschiedlicher Einstellungen und Dimensionen durch die Teilnahme am Peer Learning aufseiten der Auszubildenden.

Zu den Vorannahmen, die inhaltlich in ihrer Bedeutung (mit) übernommen werden, zählen u. a. die Ausführungen von Topping (1996), wonach Peer Tutoring ein (inter-)aktives und partizipatives Lernen fördert sowie ein wechselseitiges Feedback erleichtert. Zugleich soll durch Peer Tutoring die soziale Isolierung einzelner Peers reduziert und Dimensionen wie Selbstwertgefühl, Selbstvertrauen und Einfühlungsvermögen gefördert werden (Topping, 1996, S. 325). Zum Nutzen von Peer Tutoring kann nach Haag und Streber (2011) ergänzt werden, dass es die Lernstrategien fördert, das Vorwissen aktiviert und (insbesondere für leistungsschwächere Auszubildende) motivational fördernd wirkt. Daneben ermöglicht Peer Tutoring eine Förderung des eigenverantwortlichen Lernens. Da der persönliche Lernbedarf selbstständig ermittelt wird, kann fortan der Lernprozess selbst gesteuert, überwacht und bewertet werden

(Haag & Streber, 2011, S. 362 f.). Diese Annahmen werden in der vorliegenden Arbeit u. a. auf Dimensionen wie Lernen mit anderen, Selbstbestimmung, Selbstwirksamkeit, Basic Needs, Soziale Eingebundenheit, Kompetenzerleben, Autonomieerleben und Elaborationsstrategien übertragen. In diesen Dimensionen werden folglich Anstiege durch die Teilnahme am Peer Tutoring sowie durch das Peer Learning allgemein angenommen.

Hinsichtlich der theoretischen Vorüberlegungen (siehe auch Kapitel 2.1.2) kann erwartet werden, dass die Internalisierung von Wissen durch soziale Interaktion und wechselseitigen Austausch gelingen kann, wenn Peers einen leichten Vorsprung haben, so wie es u. a. im Ansatz des Peer Mentoring praktiziert wird. Kommunikativer Austausch und partizipative Interaktion unter Peers ermöglichen den Auszubildenden (hier aus der Zielgruppe) demnach (leichte) kognitive Entwicklungsfortschritte, die Internalisierung von (kulturellen) Verhaltensweisen sowie den Erwerb neuer Gedankenmuster. Somit können durch Peer Interaktionen intellektuelle Fähigkeiten modifiziert und Strategien vermittelt werden (Appel, 2002, S. 47 f.).

Zur Übertragung dieser Überlegungen und Erwartungen auf das Peer Learning im Allgemeinen sowie das Peer Mentoring im Speziellen wird in der vorliegenden Forschungsarbeit angenommen, dass Dimensionen wie Lernen mit anderen, berufliche Handlungskompetenz, Empowerment, Selbstbestimmung, Selbstwirksamkeit, Bedeutsamkeit, Globaler Einfluss, Kompetenzerleben, Autonomieerleben, Schulisches Selbstkonzept oder auch Elaborationsstrategien durch den kommunikativen Austausch und die partizipative Interaktion zwischen Peers erhöht bzw. gefördert werden könnten.

Eine Peer Diskussion soll das wechselseitige Lernen fördern können und durch eine Perspektivübernahme für das Gegenüber sollen die Zusammenarbeit und die Interaktion unter Peers ermöglichten werden können.

Durch kritisch kognitive Konflikte, ausgelöst durch Peer Interaktionen, werden Widersprüche zwischen eigenen Überzeugungen und Umwelterfahrungen deutlich, wodurch bestehende individuelle Überzeugungen oder Ansichten gedanklich hinterfragt und neue Sichtweisen konstruiert werden können. Zentral ist die Kommunikation, da Peers ihr Feedback gegenseitig ernst nehmen und versuchen, sozial kompetent, (untereinander bestehende) Widersprüche aufzulösen und verschiedene Perspektiven zu vereinen. Somit ermöglichen Peer Interaktionen die (Weiter-)Entwicklung der sozialen Kompetenzen und des Moralverständnisses (Appel, 2002, S. 48 ff.). Die Übertragung dieser theoretischen Vorüberlegungen auf die vorliegende Arbeit erlaubt die Annahme eines signifikanten Anstiegs in den Dimensionen Lernen mit anderen, Soziale Eingebundenheit, Arbeitszufriedenheit und Elaborationsstrategien durch die Teilnahme am Peer Learning.

Des Weiteren liegen empirische Erkenntnisse zu den (verschiedenen) Wirkungen und Einflüssen vor. So nutzen u. a. Haag und Streber (2011) in einer Studie zum tutoriellen Lernen bzw. Peer Tutoring die Dimension Schulisches Selbstkonzept. Auch wenn in ihrer Studie der erwartete Anstieg in der Interventionsgruppe nicht nachgewiesen werden konnte (Haag & Streber, 2011, S. 363 ff.), soll für die vorliegende Forschungsarbeit (dennoch) dieselbe Erwartung an eine Verbesserung des Schulischen Selbstkonzepts (durch Peer Learning allgemein) geprüft werden.

Gerholz (2014) zeigt in einer Studie zum Peer Coaching, dass Studierende, die eine ansteigende Nutzung des Peer Coaching aufweisen, u. a. auch öfter kognitive Lernstrategien (wie Elaborationsstrategien) anwenden (Gerholz, 2014, S. 165 ff.). Für die vorliegende Arbeit wird ein Anstieg in den Elaborationsstrategien durch die Teilnahme am Peer Learning erwartet.

Eine Studie zur Wirksamkeit von Peer Learning in der beruflichen Bildung liegt von Leijten und Chan (2012) vor. Sie ermitteln u. a., dass Vielfalt und Umfang der Peer Interaktionen während der Lernaktivitäten zugenommen bzw. sich verbessert haben. Zudem wenden Auszubildende nach der Intervention wirksame Peer Feedbackstrategien an, die den Kompetenzerwerb beschleunigen. Zu den Peer Feedbackstrategien gehören u. a. die Bereitstellung von Informationen über das eigene Lernen (Leijten & Chan, 2012, S. 3 ff.). Für die vorliegende Arbeit wird deshalb angenommen, dass durch den Einsatz des Peer Learning in den Dimensionen Lernen mit anderen und in den Elaborationsstrategien Verbesserungen nachgewiesen werden können.

Die erste Forschungsfrage lautet:

Welche Einstellungen und Dimensionen können durch Peer Learning bei Auszubildenden gefördert werden?

Entlang des eingesetzten Fragebogens und der berücksichtigten Skalen (siehe dazu Kapitel 5.3.1) sollen die folgenden vierzehn Hypothesen empirisch überprüft werden:

Hypothese 1.1: Das „Lernen mit anderen" erhöht sich in der Interventionsgruppe (im Vergleich zu der Kontrollgruppe) signifikant von t0 zu t1 durch Peer Learning.

Hypothese 1.2: Die „Berufliche Handlungskompetenz" erhöht sich in der Interventionsgruppe (im Vergleich zu der Kontrollgruppe) signifikant von t0 zu t1 durch Peer Learning.

Hypothese 1.3: Das „Empowerment" erhöht sich in der Interventionsgruppe (im Vergleich zu der Kontrollgruppe) signifikant von t0 zu t1 durch Peer Learning.

Hypothese 1.4: Die „Selbstbestimmung" erhöht sich in der Interventionsgruppe (im Vergleich zu der Kontrollgruppe) signifikant von t0 zu t1 durch Peer Learning.

Hypothese 1.5: Die „Selbstwirksamkeit" erhöht sich in der Interventionsgruppe (im Vergleich zu der Kontrollgruppe) signifikant von t0 zu t1 durch Peer Learning.

Hypothese 1.6: Die „Bedeutsamkeit" erhöht sich in der Interventionsgruppe (im Vergleich zu der Kontrollgruppe) signifikant von t0 zu t1 durch Peer Learning.

Hypothese 1.7: Der „Globale Einfluss" erhöht sich in der Interventionsgruppe (im Vergleich zu der Kontrollgruppe) signifikant von t0 zu t1 durch Peer Learning.

Hypothese 1.8: Die „Basic Needs" erhöhen sich in der Interventionsgruppe (im Vergleich zu der Kontrollgruppe) signifikant von t0 zu t1 durch Peer Learning.

Hypothese 1.9: Die „Soziale Eingebundenheit" erhöht sich in der Interventionsgruppe (im Vergleich zu der Kontrollgruppe) signifikant von t0 zu t1 durch Peer Learning.

Hypothese 1.10: Das „Kompetenzerleben" erhöht sich in der Interventionsgruppe (im Vergleich zu der Kontrollgruppe) signifikant von t0 zu t1 durch Peer Learning.

Hypothese 1.11: Das „Autonomieerleben" erhöht sich in der Interventionsgruppe (im Vergleich zu der Kontrollgruppe) signifikant von t0 zu t1 durch Peer Learning.

Hypothese 1.12: Die „Arbeitszufriedenheit" erhöht sich in der Interventionsgruppe (im Vergleich zu der Kontrollgruppe) signifikant von t0 zu t1 durch Peer Learning.

Hypothese 1.13: Das „Schulische Selbstkonzept" erhöht sich in der Interventionsgruppe (im Vergleich zu der Kontrollgruppe) signifikant von t0 zu t1 durch Peer Learning.

Hypothese 1.14: Die „Elaborationsstrategien" erhöhen sich in der Interventionsgruppe (im Vergleich zu der Kontrollgruppe) signifikant von t0 zu t1 durch Peer Learning.

Die Auswahl der Dimensionen in den Hypothesen erfolgte sowohl nach inhaltlich-theoretischen Kriterien als auch nach (forschungs-)methodischen Aspekten, so wurde eine inhaltliche Nähe zu der beruflichen (Aus-)Bildung, den theoretischen Vorüberlegungen (insbesondere der Selbstbestimmungstheorie der Lernmotivation) und/oder zu den Aspekten des Peer Learning als Voraussetzung erachtet. Des Weiteren wurden Kriterien wie Reliabilität (in früheren Studien), eine (angemessene) Operationalisierbarkeit und eine (potenzielle) Entwicklungssensibilität der Konstrukte berücksichtigt sowie die Verwendung einzelner Skalen in früheren Studien mit inhaltlich-thematischem Bezug zur vorliegenden Arbeit (siehe auch Kapitel 5.3.1).

Die Hypothesen bilden die Erwartung ab, dass durch den Einsatz der drei Ansätze des Peer Learning in der Interventionsgruppe gegenüber der Kontrollgruppe (signifikant) positive Entwicklungen in den vierzehn Dimensionen festzustellen sind. Diese werden über einen Mittelwertvergleich zwischen den Gruppen und den beiden Untersuchungszeitpunkten analysiert.

Mit der ersten Forschungsfrage ist das Erkenntnisziel verbunden, *die Einstellungen und Dimensionen zu betrachten, bei denen die Auszubildenden bei sich selbst und ihren Peers, als auch durch die Lehr- und Ausbildungskräfte, eine Weiterentwicklung durch das Peer Learning feststellen konnten.* Dieses soll entlang der (leitfadengestützten) Befragungen der Auszubildenden sowie ihrer Lehr- und Ausbildungskräfte untersucht werden. Hierbei wird fokussiert, ob und, wenn ja, welche Einstellungen und Wirkungen Peer Learning an den Lernorten Betrieb und Berufsschule fördern kann. Neben der Selbst- soll dementsprechend auch die Fremdwahrnehmung durch Mitschüler*innen und Lehr- bzw. Ausbildungskräfte berücksichtigt werden. Die Auswertung und Analyse der ersten Forschungsfrage ist Gegenstand in Kapitel 6.1.

4.2 Überlegungen zur zweiten Forschungsfrage: Gemeinsames Lernen und soziale Beziehungen

Die zweite Forschungsfrage adressiert den Einfluss des Peer Learning auf das gemeinsame Lernen und die sozialen Beziehungen innerhalb der Lerngruppen. Entlang der berücksichtigten theoretischen Vorannahmen sind entsprechende Erwartungen bzw. Wirkungen durch das Peer Learning zu antizipieren. So verweist u. a. Topping (1996) auf den Effekt der Förderung des interaktiven und partizipativen Lernens durch Peer Tutoring, zudem soll die soziale Isolierung bzw. soziale Ausgrenzung einzelner Peers reduziert werden (Topping, 1996, S. 325).

Der direkte Austausch mit Peers ist zentral für das Lernen im Peer Learning, denn das Wissen wird (überwiegend) durch den sozialen Kontakt mit anderen Peers erworben. Der Lernprozess ist als interaktiver, selbstgesteuerter und sozialer Prozess in Lerngemeinschaften zu verstehen, in dem das Lernen durch individuelle Konstruktion und Ko-Konstruktion von Wissen im sozialen Austausch mit anderen Peers entsteht (Knörzer, 2012, S. 576 f.).

Darüber hinaus bestätigen empirische Studien (wie u. a. Appel (2002) oder Fileccia (2016)), dass Peer Learning die sozialen Kompetenzen fördert. Teilnehmende erlernen durch Ansätze des Peer Learning sozialkompetentes Verhalten wie Kooperation und gegenseitige Unterstützung (Schülke, 2012, S. 282 f.). Daneben zeigt die Studie von Leijten und Chan (2012), dass durch das Peer Learning u. a. die Feedbackqualität erhöht wird und die Vielfalt sowie der Umfang der Interaktionen während der Lernaktivitäten zunehmen (Leijten & Chan, 2012, S. 3 ff.).

Für die vorliegende Arbeit wird deshalb angenommen, dass Peer Learning einen Einfluss auf das gemeinsame Lernen sowie die sozialen Beziehungen und Interaktionen in den Klassen bzw. Jahrgängen hat. Es wird erwartet, dass sich die Auszubildenden durch das Peer Learning stärker gegenseitig helfen und unterstützen (Hilfenetzwerk/Unterstützungsnetzwerk), sie vermehrt miteinander arbeiten möchten (Arbeitsnetzwerk) und sie untereinander neue Freundinnen und Freunde finden bzw. neue Freundschaften entstehen (Freundschaftsnetzwerk). Inhaltlich kann somit erwartet werden, dass sie als Gruppe stärker zusammenwachsen und untereinander neue Verbindungen bzw. Kontakte aufbauen.

Die zweite Forschungsfrage lautet:

Inwieweit hat Peer Learning Einfluss auf das gemeinsame Lernen sowie die (sozialen) Beziehungen und Interaktionen innerhalb von Klassen und Jahrgängen in der beruflichen Ausbildung?

Entlang der Erhebung durch die Soziale Netzwerkanalyse (siehe dazu Kapitel 5.4) sollen die folgenden drei Hypothesen überprüft werden:

Hypothese 2.1: Das „Hilfenetzwerk/Unterstützungsnetzwerk" verdichtet sich von t0 zu t1 durch Peer Learning.

Hypothese 2.2: Das „Arbeitsnetzwerk" verdichtet sich von t0 zu t1 durch Peer Learning.

Hypothese 2.3: Das „Freundschaftsnetzwerk" verdichtet sich von t0 zu t1 durch Peer Learning.

Das zweite Erkenntnisziel besteht darin, *das gemeinsame Lernen sowie die sozialen Beziehungen und Interaktionen während des Peer Learning innerhalb der Klassen bzw. Jahrgänge in der beruflichen Ausbildung, aus Sicht der Auszubildenden und der Lehr- bzw. Ausbildungskräfte, zu betrachten.*

Die zweite Forschungsfrage ist bewusst (vergleichsweise) offen formuliert, um zu prüfen, inwieweit (überhaupt) ein Einfluss des Peer Learning auf das gemeinsame Lernen sowie die (sozialen) Beziehungen und Interaktionen besteht und ob dieser positiv oder negativ ist. Hierfür werden zum einen die drei Netzwerke (Hilfenetzwerk, Arbeitsnetzwerk und Freundschaftsnetzwerk) mit der Forschungsmethode der Sozialen Netzwerkanalyse betrachtet sowie durch die (leitfadengestützten) Befragungen der Auszubildenden sowie ihrer Lehr- und Ausbildungskräfte. Die Auswertung erfolgt in Kapitel 6.2.

4.3 Überlegungen zur dritten Forschungsfrage: Voraussetzungen für eine Durchführung

Die dritte Forschungsfrage thematisiert die benötigten Voraussetzungen und Gegebenheiten, die zur Durchführung von Peer Learning in der beruflichen Ausbildung benötigt werden. Die Perspektive orientiert sich somit stärker an der Praxis und der Umsetzung als daran, theoretische Vorannahmen oder empirische Befunde aus früheren Studien in empirisch überprüfbare Hypothesen zu übersetzen.

Zur Ausgestaltung der hier durchgeführten Interventionen zum Peer Learning wurden Anregungen aus der Literatur bzw. aus Praxisbeispielen, wie u. a. von Kästner (2003), Rohloff (2003), Kahr (2003) oder auch Otto (2015), berücksichtigt (siehe dazu Kapitel 5.2). Mit der dritten Forschungsfrage sollen weitere zusätzliche Indikatoren zur erfolgreichen Umsetzung entdeckt werden sowie Voraussetzungen, die speziell zur Durchführung von Peer Learning in der beruflichen Ausbildung benötigt werden, da hierzu ein Forschungsdesiderat besteht.

Zuvor wurden in Kapitel 2.5 entlang des Schattendreiecks der TZI potenzielle Risikofaktoren und Hindernisse, aus einer negativen Betrachtung, diskutiert. Die dritte Forschungsfrage ist demgegenüber aber bewusst positiv formuliert, gedanklich bzw. für die Interpretation und zur Einordnung der Ergebnisse werden die Überlegungen aus Kapitel 2.5 jedoch weiterführend berücksichtigt.

Die dritte Forschungsfrage lautet:

An welche Voraussetzungen ist die Durchführung von Peer Learning in der beruflichen Ausbildung gebunden?

Zu der dritten Forschungsfrage sind keine (empirisch überprüfbaren) Hypothesen aufgestellt worden. Als drittes Erkenntnisziel *sollen die Voraussetzungen ermittelt werden, die aus Sicht der Auszubildenden und der Lehr- bzw. Ausbildungskräfte für die Durchführung von Peer Learning in der beruflichen Ausbildung benötigt werden. Auf diese Weise können die Faktoren ermittelt werden, die eine Durchführung von Peer Learning in der beruflichen Ausbildung fördern oder hemmen können.*

Mit der dritten Forschungsfrage sollen in einem konstruktiv-perspektivischen Verständnis die Voraussetzungen einer zukünftigen, und damit potenziell optimierten, Durchführung des Peer Learning in der beruflichen Ausbildung offen und möglichst unvoreingenommen ermittelt werden. Diese Fragestellung fokussiert, neben den Indikatoren zur erfolgreichen Umsetzung, bewusst auf ein potenzielles Scheitern sowie die denkbaren negativen Perspektiven einer Durchführung von Peer Learning in der beruflichen Ausbildung. Dementsprechend werden die Faktoren beleuchtet, die vorliegen müss(t)en, damit Peer Learning erfolgreich implementiert und realisiert werden kann, aber auch, welche Risiken oder negativen Konsequenzen entstehen können bzw. wie diese (optimalerweise) verhindert können und wie ihnen (zukünftig) präventiv begegnet werden kann (siehe dazu auch die Auswertung in Kapitel 6.3 und die Handlungsempfehlungen in Kapitel 7.1.2).

Insbesondere durch die Analyse und Auswertung der dritten Forschungsfrage soll der eigene Ansatz (selbst-)kritisch reflektiert und nach wissenschaftlichen Kriterien hinterfragt werden. Genutzt werden dafür die leitfadengestützten Befragungen mit den Auszubildenden und den Lehr- bzw. Ausbildungskräften gleichermaßen.

5 Forschungsmethodisches Vorgehen und Projektumsetzung

In diesem Kapitel werden das pädagogische Vorgehen im Projekt sowie insbesondere die Forschungsmethodik dargestellt, dazu zählen die Vorstellung der Befragungsinstrumente, der Erhebungssituationen und der Stichprobe sowie der Lernorte. Die Forschungsmethodik in der vorliegenden Arbeit berücksichtigt sowohl quantitative als auch qualitative Methoden.

5.1 Das Forschungssetting

Das Forschungsprojekt, welches der vorliegenden Arbeit zugrunde liegt, soll hier kurz vorgestellt werden. Der Zugang „zum Feld" erfolgte zunächst über eine direkte Kontaktaufnahme mit den drei Betrieben und den drei Berufsschulen. Der Kontakt konnte teilweise vereinfacht hergestellt werden, da manche Unternehmen und Schulen in anderen Projekten mit der Universität kooperierten[18]. Dies galt jedoch nicht für alle sechs Institutionen, weshalb hier der Kontaktaufbau zeitlich aufwendiger war. In den jeweiligen Erstgesprächen wurden den Ausbildungsleitungen in den Betrieben bzw. den Schulleitungen in den Berufsschulen die drei Ansätze des Peer Learning vorgestellt und gemeinsam eruiert, welcher Ansatz für die Auszubildenden sowohl inhaltlich passend ist als auch im Arbeits- bzw. Schulalltag realisiert werden kann[19]. Ferner wurden die forschungsmethodischen Aspekte besprochen sowie potenzielle Rückfragen geklärt.

Zu den drei Betrieben gehört ein Unternehmen aus der Branche des Schiffbaus, in dem unter den Konstruktionsmechanikerinnen und Konstruktionsmechanikern im zweiten Ausbildungsjahr der Ansatz Peer Mentoring (mit Peer Mentor*innen aus dem dritten Lehrjahr) implementiert und evaluiert wurde („Betrieb 1", siehe dazu auch Tabelle 1). In einem anderen Unternehmen (Branche: Anlagenbau) wurden die Ansätze Peer Tutoring und Peer Mentoring (mit Peer Mentor*innen aus dem dritten Lehrjahr) für die Auszubildenden des zweiten Lehrjahres der Berufe zur Mechatronikerin bzw. zum Mechatroniker und zur Verfahrensmechanikerin bzw. zum Verfahrensmechaniker erprobt („Betrieb 2"). Das dritte Unternehmen ist ein Anbieter im öffentlichen Personennahverkehr und bildet u. a. Fachkräfte im Fahrbetrieb aus. Mit den Auszubilden-

---

18 Für die entsprechenden Hinweise und Informationen danke ich Franka Herfurth.
19 Kriterien, die für die Auswahl der Ansätze des Peer Learning berücksichtigt wurden, sind u. a. die Jahrgangsgrößen in den Betrieben sowie die Arbeitspläne/Einsatzpläne. Wenn bspw. das dritte Lehrjahr selten oder nie zeitgleich mit dem zweiten Lehrjahr in der Ausbildungswerkstatt oder in der Berufsschule ist, können Ansätze wie das Peer Mentoring nicht realisiert werden.

den des zweiten Lehrjahres wurden die Ansätze Peer Tutoring und Peer Education durchgeführt („Betrieb 3").

Zu den drei schulischen Lernorten gehört eine Berufsschule für gewerblich-technische Berufe: Hier wurde in den Ausbildungsklassen des zweiten Lehrjahres für die Zimmerin bzw. den Zimmerer (sowie Ausbaufacharbeiterin und Ausbaufacharbeiter mit Schwerpunkt Zimmererarbeiten), die Technikerin bzw. den Techniker für Konstruktion, Metallbau und Kraftfahrzeug sowie die Technikerin und den Techniker für Elektrik und Informatik der Ansatz der Peer Education implementiert („Schule 1"). In derselben Schule bilden drei Klassen des zweiten Lehrjahres der Berufe der Anlagenmechanikerin bzw. des Anlagenmechanikers, der Elektronikerin bzw. des Elektronikers (Fachrichtung Energie- und Gebäudetechnik und Elektronikerin bzw. Elektroniker für Geräte und Systeme) und der Informationstechnologie-Systemelektronikerin bzw. des Informationstechnologie-Systemelektronikers und die Fachinformatikerin bzw. des Fachinformatikers (Richtung Systemintegration) die Kontrollgruppe in dem vorliegenden Forschungsdesign. In einer anderen Berufsschule (für die Bereiche Gesundheit und Soziales) wurde das Peer Tutoring in den Klassen des zweiten Lehrjahres für die Berufe zur Medizinischen Fachangestellten bzw. zum Medizinischen Fachangestellten und zur Tiermedizinischen Fachangestellten bzw. zum Tiermedizinischen Fachangestellten eingesetzt („Schule 2"). Die dritte Berufsschule bildet die beiden Berufe der Operationstechnischen Assistenz und der Anästhesietechnischen Assistenz aus, dort wurde jeweils für die Auszubildenden im zweiten Lehrjahr die Peer Education umgesetzt („Schule 3").

Tabelle 1: Übersicht des Peer Learning, getrennt nach Institutionen

	Betrieb 1	Betrieb 2	Betrieb 3	Schule 1	Schule 2	Schule 3	Gesamt
Peer Tutoring		2	1		2		5
Peer Education			1	3		2	6
Peer Mentoring	1	2					3

Die Zahlen in den Feldern geben an, in wie vielen Klassen bzw. Jahrgängen der jeweilige Ansatz des Peer Learning in der Institution durchgeführt wurde.

Insgesamt konnten in sechs verschiedenen Institutionen und in elf verschiedenen Lerngruppen (und zugleich elf verschiedenen Berufen) die Ansätze des Peer Learning durchgeführt werden, sodass dadurch auch eine verhältnismäßig große Heterogenität in den Ausbildungsberufen, Branchen und Lernorten erzielt werden konnte. Der Ansatz des Peer Tutoring wurde insgesamt in fünf Klassen eingesetzt, die Peer Education in sechs Lerngruppen und das Peer Mentoring in drei Jahrgängen bzw. Berufen.

Die Umsetzung des Peer Learning ist in den einzelnen Institutionen vom zeitlichen Umfang, der Häufigkeit sowie der Organisation teils sehr unterschiedlich erfolgt. „Betrieb 1" hat für das Peer Mentoring bspw. eine (Arbeits-)Woche angesetzt und die Peer Mentor*innen für diesen Zeitraum freigestellt. Somit konnten die Peer Mentor*innen über eine ganze Woche in der Ausbildungswerkstatt die Auszubildenden aus dem zweiten Ausbildungsjahr unterstützen.

In „Betrieb 2" wurde in zwei Berufsgruppen zunächst Peer Tutoring durchgeführt und anschließend Peer Mentoring. In beiden Gruppen standen für das Peer Tutoring viermal 60 Minuten zur Verfügung. Diese Zeitvorgabe orientierte sich an der Größe der beiden Ausbildungsgruppen, sodass alle Kombinationsmöglichkeiten für die Tandems realisiert werden konnten. Die Umsetzung des Peer Mentoring war jedoch aufgrund betriebsbedingter Herausforderungen teilweise erschwert. Deshalb konnte eine der beiden Berufsgruppen das Peer Mentoring nur einmalig durchführen. Die Peer Mentor*innen haben (aber) zusätzlich für fachliche Rückfragen per WhatsApp sowie persönlich in den Mittagspausen (z. B. in der Cafeteria) zur Verfügung gestanden. In der zweiten Berufsgruppe konnten insgesamt drei Termine zu je 1–3 Stunden mit den Peer Mentor*innen realisiert werden.

„Betrieb 3" hat in einer Berufsgruppe zuerst Peer Tutoring und anschließend Peer Education durchgeführt. Das Peer Tutoring fand dreimal zu je 2–3 Stunden statt, sodass alle Kombinationsmöglichkeiten innerhalb der Lerngruppe für die Tandemzusammenstellung gebildet werden konnten. Innerhalb der Peer Education konnten die Peer Educator*innen fortlaufend im Alltag bei fachlichen Fragen kontaktiert werden. Extratermine zur Durchführung der Peer Education konnten jedoch aufgrund struktureller Gegebenheiten im Betrieb nicht realisiert werden.

In der „Schule 1" wurde in drei verschiedenen Klassen (und Berufen) Peer Education durchgeführt. In der ersten Klasse haben die Peer Educator*innen in den Pausen bzw. zwischen den Unterrichtsstunden Rückfragen beantwortet und Hinweise gegeben. In der zweiten Klasse haben die Auszubildenden um die Peer Educator*innen selbstständig Lerngruppen gebildet und sich gemeinsam auf Prüfungen vorbereitet. Zudem wurden Rückfragen in den Pausen beantwortet und es wurde sich gegenseitig unterstützt. In der dritten Klasse wurden ebenso selbstständig Lerngruppen gebildet sowie Unterstützung und Hilfe in den Pausen durch die Peer Educator*innen gegeben. Fest vereinbarte Zeiten (und Räume) konnten in „Schule 1" für die Peer Education in allen drei Klassen nicht umgesetzt werden.

In „Schule 2" wurde in zwei verschiedenen Klassen (bzw. Berufen) Peer Tutoring angewendet. In der ersten Klasse wurde Peer Tutoring viermal zu je 45 Minuten durchgeführt, in der zweiten Klasse sechsmal zu je 45 Minuten. Dabei wurden stets die Tandems gewechselt. Aufgrund der Größe der Klassen (bzw. Lerngruppen) konnten jedoch nicht alle Kombinationsmöglichkeiten für die Tandemzusammenstellung realisiert werden. Dafür wären weitere Termine des Peer Tutoring in beiden Klassen notwendig gewesen.

„Schule 3" nutzte in zwei Berufen (bzw. Klassen) den Ansatz der Peer Education. Beide Kurse haben jeweils vier Doppelstunden von je 90 Minuten für die Peer Education zur Verfügung gestellt bekommen und durchgeführt.

Das Forschungsprojekt wurde in das Modul „Berufsbildungsforschungsprojekt" am Institut für Berufspädagogik der Universität Rostock integriert, sodass die Schulungen der Peer Educator*innen und der Peer Mentor*innen sowie die Durchführung des Peer Tutoring sowie der qualitativen Interviews mit den Auszubildenden und den

Lehr- und Ausbildungskräften (dankenswerterweise) durch Masterstudierende unterstützt wurden. Die Studierenden bildeten zuvor Kleingruppen nach ihren Interessen und beteiligten sich entweder an der pädagogischen Umsetzung oder an der Datenerhebung (Interviews). Es wurde darauf geachtet, dass die Studierenden, welche die Auszubildenden im Rahmen der Projektdurchführung (z. B. in den Schulungen) begleiteten, anschließend nicht die Interviews mit den Auszubildenden führten. Diese Trennung ist bedeutsam, insbesondere, um die Ergebnisse und (Interview-)Aussagen nicht zu beeinflussen oder zu verfälschen. Vorab wurden die Studierenden (im Seminarkontext) hinsichtlich der Gesprächsführung und des Verhaltens in Interviewsituationen geschult[20]. Für die anschließende Transkription (auf mittlerer bis grober Genauigkeit) lag ihnen zudem ein einheitlicher Bogen mit Transkriptionsregeln und -beispielen vor. Die Befragungen mit den Auszubildenden und den Lehr- und Ausbildungskräften folgten den aktuellen Datenschutzbestimmungen und wurden anonym durchgeführt, sodass ein Rückschluss auf einzelne Personen, Betriebe, Schulen oder Standorte verhindert werden kann.

Die Erhebung der Daten mit dem Fragebogen sowie zur Sozialen Netzwerkanalyse wurde bei allen Auszubildenden in allen Klassen bzw. Jahrgängen durchgeführt, in der Absicht, die gesamte Stichprobe zu erfassen. Die Beteiligung in den Interviews erfolgte freiwillig durch die Auszubildenden, weshalb keine Vollerhebung erzielt werden konnte. Das Projekt startete mit der ersten Erhebung vor Beginn der Intervention. Die Post-Tests zum Fragebogen, zur Sozialen Netzwerkanalyse sowie die Interviews wurden nach der Intervention durchgeführt. Somit rahmten die Erhebungen die jeweilige Intervention bzw. die Ansätze zum Peer Learning. Sowohl das Forschungsdesign als auch die inhaltliche und pädagogische Umsetzung wurden für die vorliegende Forschungsarbeit selbst konzipiert und hergeleitet. Hierbei ist anzumerken, dass zum einen beides in seiner Gesamtheit erstmals durchgeführt und umgesetzt wurde, sowie zum anderen, dass das pädagogische Projekt im Prozess nicht durch die Erkenntnisse aus der Forschung angepasst (oder verändert) wurde bzw. werden konnte. Entsprechend werden die Wirkungen und Ergebnisse des Programms bzw. der Ansätze zum Peer Learning evaluiert, nicht jedoch die Effekte der Schulung der Peer Educator*innen und Peer Mentor*innen.

Für die Analyse und Evaluation dieses verhältnismäßig neuen bzw. adaptierten pädagogischen Settings (Integration verschiedener Ansätze des Peer Learning in der beruflichen Ausbildung in beiden Lernorten und in unterschiedlichen Branchen, inkl. einer Kontrollgruppe) wurden bewusst verschiedene methodische Zugänge gewählt und deshalb Überlegungen zur Triangulation bzw. zum Mixed Methods Research berücksichtigt. So werden, wie u. a. von Steckler et al. (1992) verdeutlicht, qualitative und quantitative Methoden gleichberechtigt und parallel verwendet, um die Ergebnisse jeder Methode separat analysieren zu können und in einem zweiten Schritt zu prüfen, ob die Ergebnisse aus allen Methoden die gleichen (oder ähnliche) Schlussfolgerungen erlauben. Wenn dies gelingt, verstärkt dieses Vorgehen das Vertrauen in die Belastbar-

20 Ich möchte Lea Puchert und Sandra Fahle für die Unterstützung bei der Schulung der Studierenden sowie für die Anregungen zum Leitfaden und den Transkriptionsregeln ganz herzlich danken.

keit der Ergebnisse und Schlussfolgerungen. Des Weiteren wurden (einzelne) ausgewählte Ergebnisse aus den quantitativen Erhebungen (Ergebnisse auf Gruppenebene pro Klasse/Jahrgang) in die mittels qualitativer Methoden zusammengestellten Interviews mit den Auszubildenden und den Lehr- bzw. Ausbildungskräften integriert und überprüft (validiert). Dadurch können qualitativ erhobene Daten zusätzlich zu einem Verständnis, einer Erklärung und einer Interpretation der quantitativen Befunde beitragen (Steckler et al., 1992, S. 4 f.; Kelle, 2014, S. 163).

Wichtig ist, die Stärken und Schwächen bzw. Potenziale der methodischen Zugänge, wie u. a. von Steckler et al. (1992), Johnson und Onwuegbuzie (2004) oder auch Kelle (2014) diskutiert, zu kennen und zu berücksichtigen, sodass, bei richtiger Verwendung, die Stärken der einen Methode die Schwächen einer anderen Methode ausgleichen. Die Methoden sollten entsprechend nicht konkurrieren, sondern sich vielmehr wechselseitig ergänzen und vervollständigen (Appel, 2002, S. 90). Die Stärken quantitativer Methoden liegen darin, faktische und zuverlässige Ergebnisdaten zu erzeugen, welche teilweise verallgemeinerbar sind. Die Stärken qualitativer Methoden bestehen in der Erzeugung reichhaltiger, detaillierter und valider Prozessdaten, welche zumeist die Perspektive der Teilnehmenden im Forschungsprojekt beinhalten bzw. abbilden (Steckler et al., 1992, S. 1). Insbesondere die Perspektive der Teilnehmenden soll im vorliegenden Forschungsprojekt sowohl aufseiten der Auszubildenden und ihrer (jugendlichen) Sichtweise als auch aufseiten der Lehr- und Ausbildungskräfte und ihrer professionelle(re)n Perspektive erhoben werden. Insgesamt soll die Mixed-Methods-Forschung durch ihren Methodenpluralismus (im Vergleich zu einer Monomethodenforschung) zu einer überlegeneren Forschung führen bzw. diese ermöglichen (Johnson & Onwuegbuzie, 2004, S. 14).

In der Literatur werden, wie Brake (2016) anmerkt, Triangulation und Mixed Methods Research oft synonym verwendet. Verfolgt wird das Ziel gesteigerter Validität der Forschungsbefunde, wobei Daten, Forscher*innen, Theorien und Methoden trianguliert werden können. Die Bezeichnung „Mixed Methods Research" meint aber zumeist die Integration von qualitativen und quantitativen Methoden in einen gemeinsamen Forschungszusammenhang. Durch die Triangulation sollen die Ergebnisse verifiziert und die Validität erhöht werden. Die Anwendung erfolgt, um Schwächen und Verzerrungen von Einzelmethoden kompensieren zu können. Durch den Einsatz mehrerer Methoden wird der Versuch unternommen, der Komplexität und Kontextualität sozialer Phänomene angemessen Rechnung zu tragen. Ein Untersuchungsgegenstand kann somit facettenreich(er) und mehrperspektivisch erfasst werden, indem z. B. nicht nur (einzelne) Auszubildende, sondern auch ihre Peers und ihre Lehr- und Ausbildungskräfte befragt werden (Brake, 2016, S. 188 ff.).

Ferner berichtet u. a. auch Rausch (2011), dass sich ein Design mit Mixed Methods als gut geeignet erwiesen hat, um Aspekte des Erlebens und Lernens am Arbeitsplatz in der Ausbildung aus unterschiedlichen Perspektiven fokussieren zu können (Rausch, 2011, S. 325 f.). In der vorliegenden Arbeit werden (insgesamt) zwei Formen von Triangulation verwendet: Durch die (vier) forschungsmethodischen Zugänge gelingt eine Methodentriangulation und eine Datentriangulation durch die Erfassung verschiedener Personengruppen im Sampling.

5.2   Das Projekt „Peer Learning in der beruflichen Ausbildung"

In diesem Unterkapitel werden die Konzeption und Durchführung der Ansätze zum Peer Learning vorgestellt, dies umfasst u. a. die Auswahl der Peer Educator*innen und Peer Mentor*innen sowie ihre anschließende Schulung als Vorbereitung auf das Projekt. Gemeinsam ist allen Klassen und Jahrgängen der vorliegenden Forschungsarbeit das zweite Ausbildungsjahr, sodass inhaltlicher bzw. thematischer Gegenstand im Peer Learning zumeist die Wiederholung und Festigung von bereits gelerntem Wissen gewesen ist, mit der (zeitlichen) Zielperspektive der Zwischenprüfung bzw. Abschlussprüfung Teil 1 (je nach Beruf und Branche). Die bevorstehende(n) Prüfung(en) verstärkte(n) die Idee bzw. Motivation zur Erprobung und Durchführung der Ansätze des Peer Learning aufseiten der Auszubildenden sowie bei den Lehr- und Ausbildungskräften.

Vorab ist anzumerken, dass die ideale Größe einer Peer Group, insbesondere für Ansätze des Peer Learning, aus soziologischer Perspektive eine Anzahl von sieben oder acht Personen (und höchstens 25 Personen) beträgt. In Kleingruppen mit mehr als acht Personen kann es zur „Subgruppenbildung", d. h. zu latenten oder manifesten Abgrenzungen innerhalb der Gruppe, kommen. Dies könnte zu Konflikten, Spaltungen, Exklusionen und Gruppenzerfall führen und kann zumeist nur durch Autorität oder Zwang sowie Inklusionstechniken vermieden werden (Griese, 2016, S. 58). Insbesondere die Ausbildungsjahrgänge in den Betrieben sind zahlenmäßig in dieser Größenordnung, die Schulklassen in den Berufsschulen sind hingegen größer. Dies bezieht sich insbesondere auf die Ansätze der Peer Education und des Peer Mentoring, das Peer Tutoring ist in seiner Konzeption anders aufgebaut und differenziert zu betrachten. Dennoch können (und sollen) alle drei Ansätze auch als eine (zusätzliche) methodische Option für die Gestaltung von Lernprozessen in Betrieb und Berufsschule erachtet bzw. diskutiert werden. Sie können den Auszubildenden helfen, eine gemeinsame Prüfungsvorbereitung zu initiieren.

5.2.1   Peer Tutoring

Der Ansatz des Peer Tutoring (siehe dazu auch Kapitel 2.1.1) soll an dieser Stelle noch einmal hinsichtlich seiner pädagogischen Umsetzung thematisiert werden. Für die vorliegende Konzeption wurden sowohl bestehende Hinweise aus der Literatur berücksichtigt, wie u. a. von Topping (1996, 2001), Haag und Streber (2011), als auch von Haag (2014) sowie zusätzlich Überlegungen aus der Themenzentrierten Interaktion (siehe Kapitel 2.5) und der positiven Peerkultur von Otto (2015) mit integriert.

In der Umsetzung des Peer Tutoring bilden zwei Auszubildende aus derselben Klasse oder demselben Jahrgang ein Tandem, um fachliche Inhalte gemeinsam zu wiederholen, zu vertiefen und zu überprüfen. Zwischen den beiden Personen werden für die Durchführung die Rolle der Lehrkraft (Tutor*in) und die Rolle der/des Lernenden (Tutand*in) aufgeteilt und nach einer vorgegebenen Zeit gewechselt, sodass den beiden Auszubildenden jeweils ermöglicht wird, den Lernprozess in beiden Rollen erleben zu können. Die Lehrkraft vermittelt das Wissen, prüft die Antworten der/des Lernenden und korrigiert diese bei Bedarf. Der bzw. die Lernende verhält sich wie ein*e Schüler*in und bearbeitet die gestellten Aufgaben, stellt ggfs. Rückfragen und erläutert das eigene Vorgehen beim Lösen der Aufgaben (Haag, 2014, S. 463).

Des Weiteren wird eine sorgfältige Vorbereitung, Einführung und Begleitung durch die Lehr- oder Ausbildungskraft benötigt. Bezogen auf die Planung und Durchführung sind u. a. die Bildung der Lerntandems, die Vorbereitung und klare Strukturierung des Lernmaterials (wie Lerntexte, Arbeitsblätter, Aufgaben- und Regelsammlungen), die Zielvorgaben, die Zeitplanung und das Einüben des Tutor*innenverhaltens relevant. Entsprechend soll der bzw. die Tutor*in eine richtige Antwort durch Lob bekräftigen und direkt ein positives Feedback geben. Bei einer falschen Antwort soll der bzw. die Tutand*in hingegen aufgefordert werden, erneut zu überlegen und erst dann soll(te) eine Hilfestellung oder Unterstützung angeboten werden. Ferner ist die Lehr- oder Ausbildungskraft gefordert, die (Lern-)Fortschritte bei den Auszubildenden zu überprüfen und das Lernmaterial, insbesondere bei leistungsheterogenen Tandems, im Schwierigkeitsgrad an das Leistungsniveau des schwächeren Mitglieds anzupassen. Besonders wichtig sind für den Ablauf und zur Einübung des Tutor*innenverhaltens klare und eindeutige Verhaltensregeln, dazu gehört u. a., klare Fragen zu stellen, eindeutige Rückmeldungen zu geben, Geduld zu üben und eine positive Antwort lobend zu verstärken. Darüber hinaus sind die drei (wichtigsten) Interaktionsregeln („Ausreden lassen!", „Loben, statt kritisieren!" und „Geduld üben!") jedem Tandem auf farbigen Kärtchen auszuhändigen, damit sich die Auszubildenden stets gegenseitig darin bestärken (können). Vor der ersten Durchführung des Peer Tutoring ist das konkrete und richtige Tutor*innenverhalten durch die Lehrkraft einmalig zu demonstrieren, anschließend macht ein Tandem das Verhalten vor der Gesamtgruppe (richtig) nach, sodass die Lehr- oder Ausbildungskraft (nur noch) durch gezielte Rückmeldung(en) unterstützen muss. Peer Tutoring ist (auch) deshalb besonders effektiv, weil es im Unterricht durchgeführt wird und die Lehr- bzw. Ausbildungskraft direkt anleiten sowie (falls nötig) korrigieren kann (Haag & Streber, 2011, S. 359 ff.; Haag, 2014, S. 464 ff.).

Das Peer Tutoring wurde für die vorliegende Forschungsarbeit insgesamt in fünf Klassen bzw. Jahrgängen eingesetzt und durchgeführt. In den Lerntandems wurden die Rollen der Lehrkraft und der bzw. des Lernenden nach 22 Minuten gewechselt, sodass in einer Unterrichtsstunde von 45 Minuten beide Rollen von den Auszubildenden einmalig übernommen werden konnten. Zu jeder Unterrichtsstunde wurde ein neues Tandem gebildet, dafür muss(te) die Lehr- bzw. Ausbildungskraft alle gebildeten Tandems überprüfen und dokumentieren, damit die Auszubildenden nicht ein zweites Mal dasselbe Tandem bildeten. Des Weiteren wurden den Auszubildenden zusätzlich vor Beginn des Peer Tutoring die folgenden Regeln vorgestellt, wobei sie selbst als Klasse (oder Jahrgang) diese nach ihrer (persönlichen) Relevanz und Bedeutung bewerten sollten (siehe Anhang 1):

1. *Schweigepflicht („Was im Raum besprochen wird, bleibt unter uns")*
2. *Ausreden lassen und aktiv zuhören („Wir hören uns gegenseitig zu und lassen den anderen ausreden")*
3. *Respektvoller Umgang, niemand wird ausgelacht („Wir gehen respektvoll miteinander um")*
4. *Störungen haben Vorrang!*
5. *Sage „ICH" statt „MAN" oder „WIR"!*
6. *Interpretiere nicht das Verhalten anderer!*
7. *Aus Fehlern lernt man!*

Die ersten drei Regeln sind der Arbeit von Otto (2015) zur positiven Peerkultur bzw. der Arbeit von Backes und Schönbach (2001) entnommen. Backes und Schönbach (2001) haben die Aspekte Schweigepflicht, andere ausreden zu lassen und Respekt (niemand wird ausgelacht) explizit in ihren Peer Projekten berücksichtigt und in ihre Grundregeln mitaufgenommen (Backes & Schönbach, 2001, S. 3). Gemeinsame verbindliche Gesprächsregeln sollen die Kommunikation strukturieren und zu einer respektvollen Kommunikationskultur beitragen (Otto, 2015, S. 47). Die (Hilfs-)Regeln (bzw. Postulate) der Nummern 4 bis 6 sind aus der Themenzentrierten Interaktion entnommen. Der Aspekt, aus Fehlern lernen zu können bzw. zu wollen, ist allgemeiner gefasst und eher ein grundsätzlicher Bestandteil des Peer Learning und Peer Tutoring.

Darüber hinaus kann Peer Tutoring, nach Topping (1996), aktives, interaktives und partizipatives Lernen fördern, das (wechselseitige) Feedback erleichtern und die Verantwortung für den eigenen Lernprozess erhöhen. Dadurch wird (potenziell) positiv auf das Selbstwertgefühl, das Selbstvertrauen und das Einfühlungsvermögen eingewirkt, soziale Isolation vermieden und die Auszubildenden werden zum Empowerment befähigt bzw. ermutigt (Topping, 1996, S. 325). Der Ansatz des Peer Tutoring will und kann eine Lehr- oder Ausbildungskraft nicht ersetzen, vielmehr wird sie für eine erfolgreiche Durchführung benötigt. Die Effektivität und das erfolgreiche Gelingen vom Peer Tutoring hängen (aber auch) davon ab, inwieweit den Auszubildenden (selbst) Lernerfolge sichtbar bzw. transparent (gemacht) werden und inwieweit sie an der Gestaltung und Umsetzung des Ansatzes beteiligt werden, wie z. B. an der (Aus-)Formulierung der Lernziele oder auch der Auswahl bzw. der Vergabe von Belohnung(en) für (ihr) aktives Verhalten. Ferner beruht die Wirksamkeit darauf, dass die Auszubildenden (zusätzliche) Zeit für ihr Lernen investieren, um Wissens- und Lernrückstände aufzuholen, damit sie den Lernstoff (aktiver) verarbeiten. Dies gelingt, da sie direkte Rückfragen stellen können und unmittelbar eine Antwort bzw. Rückmeldung erhalten und somit den Lerngegenstand (viel) intensiver verarbeiten. Ebenso erwerben die Auszubildenden Techniken, ihr Lernen selbst zu bewerten, zu überwachen und zu korrigieren. Dies gelingt vor allem dann besonders gut, wenn sie sich wechselseitig ermutigen, Schwierigkeiten beim Lernen zu überwinden, und (durch die Tutor*innenrolle) ihr schulisches Selbstvertrauen stärken können. Des Weiteren steuern, überwachen und bewerten die Auszubildenden den Lernprozess selbstständig und lernen, diszipliniert zu arbeiten (Haag & Streber, 2011, S. 361 f.; Haag, 2014, S. 469 f.). Folglich kann eine solche Erfahrung von Selbstständigkeit (im Lernen) das Autonomieerleben oder auch das Emanzipationsbewusstsein fördern. Zumindest kann dies (positiv betrachtet) durch Peer Tutoring in der beruflichen Ausbildung erwartet bzw. angenommen werden.

Außerdem wird erwartet, dass sich durch den Einsatz des Peer Tutoring die schulischen und beruflichen Leistungen der Auszubildenden verbessern, sich ihre Sozialkompetenz erhöht und der Unterricht bzw. das Lernen individueller und handlungsorientierter gestaltet werden kann. Die Auszubildenden können idealerweise (neue) Lernstrategien entwickeln, sich intensiv über Vorwissen und Lernerfahrungen auszutauschen, (stärker) intrinsisch motiviert lernen (siehe „Selbstbestimmungstheorie der Lernmotivation" in Kapitel 2.4) und ihre (sozialen) Beziehungen innerhalb der Klasse bzw. des Jahrgangs (Peer Group) verbessern (Förderung der sozialen Integration). Denn das Peer Tutoring bedeutet, dass sich Peers durch wechselseitiges Unterrichten gegenseitig helfen. In der praktischen Umsetzung wurde den Auszubildenden nahegelegt bzw. „erlaubt", in der Tutor*innenrolle (auch) authentisch zuzugeben, wenn sie etwas nicht wissen (Der Satz „Das weiß ich jetzt nicht so genau" sollte auf keinen Fall verboten sein), denn unter Gleichaltrigen kann und sollte dies nicht negativ aufgenommen werden und die wechselseitige Akzeptanz dadurch eher steigen. Peer Tutoring wurde hier (bewusst nur) zur Wiederholung und Festigung bereits im Unterricht gelehrter Inhalte eingesetzt und nicht zum erstmaligen Erlernen neuer Themen.

Insgesamt kann Peer Tutoring in dieser Form innerhalb der beruflichen Ausbildung für die Lernorte Betrieb und Berufsschule, als (geeignete) Lernmethode bzw. Anregung für die (didaktische und methodische) Gestaltung von Lernsituationen erachtet und verwendet werden.

5.2.2 Peer Education und Peer Mentoring

Die beiden Ansätze Peer Education und Peer Mentoring werden aufgrund zahlreicher Gemeinsamkeiten in der praktischen Umsetzung in diesem Unterkapitel zusammenhängend vorgestellt. Identisch ist beiden Ansätzen u. a., dass eine Gruppe von Auszubildenden (die sogenannte Zielgruppe) von einer (anderen) Gruppe von Peer Educator*innen (aus demselben Ausbildungsjahrgang/derselben Klasse) bzw. von Peer Mentor*innen (aus dem nächsthöheren Ausbildungsjahrgang/der nächsthöheren Klasse) bei der Wiederholung und Festigung von bereits erlerntem Wissens unterstützt wird und dass diese für inhaltlich-fachliche Rückfragen (mit geringer Hemmschwelle) zur Verfügung steht. In den Ansätzen des Peer Learning sollte kein neuer Inhalt (erstmalig) behandelt oder erlernt werden, das (gemeinsame) Ziel war vielmehr, wie im Peer Tutoring auch, eine (effektive und erfolgreiche) Prüfungsvorbereitung.

Vor der Schulung der Peer Educator*innen und Peer Mentor*innen erfolgte ihre Wahl durch die Auszubildenden aus der eigenen Klasse bzw. aus dem eigenen Jahrgang. Konkret bedeutet dies, die Peer Educator*innen wurden von ihren Mitschüler*innen bzw. Ausbildungskolleg*innen aus dem zweiten Lehrjahr und die Peer Mentor*innen von ihren Mitschüler*innen bzw. Ausbildungskolleg*innen aus dem

dritten Lehrjahr gewählt. Die Zielgruppe bestand in beiden Ansätzen aus Auszubildenden des zweiten Lehrjahres. Für die Wahl wurde in der ersten Erhebung (t0) zu den
Fragen der Sozialen Netzwerkanalyse (siehe Kapitel 5.4) eine zusätzliche Frage („Wen
hätten Sie gerne als Educator*in?" bzw. „Wen empfehlen Sie als Mentorin oder Mentor?") sowie ein Hinweis („Sie können mehrere Personen nennen. Hier können Sie
sich auch selbst nennen.") mit aufgenommen. Die letzte Frage („Wenn Sie zur/zum
Educator*in gewählt werden sollten, nehmen Sie die Wahl an?" bzw. „Wenn Sie als
Mentorin oder Mentor gewählt werden sollten, nehmen Sie die Wahl an?") konnte mit
„Ja" oder „Nein" beantwortet werden (siehe Anhang 4). Wichtig war, die Möglichkeit
zur Selbstwahl zu schaffen, aber auch, da dies innerhalb der Gruppe nicht vorbespro-
chen wurde (bzw. werden konnte), zu erfragen, ob der oder die Auszubildende im Falle
einer Wahl, diese annehmen würde. Ferner waren Mehrfachnennungen möglich, sodass jede*r Befragte mehrere Peer Educator*innen bzw. Peer Mentor*innen vorschla-
gen konnte, zudem wurde keine maximale Anzahl von Peer Educator*innen bzw. Peer
Mentor*innen festgelegt. Dementsprechend variierte das (Wahl-)Ergebnis zwischen
den Klassen und Jahrgängen, je nach Bereitschaft[21] (bzw. Freiwilligkeit) und Stimmen-
verteilung.

   In den Ansätzen des Peer Learning ist, wie in Kapitel 2.1 dargelegt, die Freiwilligkeit (z. B. für die Rollenübernahme als aktiver Peer) ein zentrales Kriterium. Durch die
anonyme Abfrage konnte die freiwillige Bereitschaft, als Peer Educator*in oder Peer
Mentor*in tätig zu sein, erhoben werden. Den gewählten (und später geschulten) Peer
Educator*innen und Peer Mentor*innen wurde vonseiten der Berufsschulen und Betriebe keine zusätzliche Entlohnung oder Zertifizierung in Aussicht gestellt. Auf einen
(zusätzlichen) externen (Motivations-)Anreiz wurde bewusst verzichtet, auch weil die
Auszubildenden durch die Wahl selbst eine Anerkennung und Bestätigung (in Form
einer positiven Rückmeldung) erfahren haben. Durch die Wahl der Peer Educator*innen oder Peer Mentor*innen aus der eigenen Peer Group (bzw. der eigenen Klasse
oder dem eigenen Jahrgang) wurde den Auszubildenden eine erste partizipative Möglichkeit zur Mit- und Ausgestaltung innerhalb des Peer Learning in der beruflichen
Ausbildung offeriert. Insgesamt konnte somit ein demokratisches Auswahlverfahren
implementiert werden, welches der Klasse selbstbestimmt und eigenverantwortlich ermöglichte, die Auswahl der (geeigneten) Peers zu vollziehen, wie es bspw. auch von
Appel (2002) oder der Österreichischen Arbeitsgemeinschaft Suchtvorbeugung (2003)
diskutiert (und empfohlen) wird. Ferner wurde bewusst darauf verzichtet, vorher (und
auch hinterher) bspw. bei den Lehr- oder Ausbildungskräften die noten-/leistungs-
stärksten Klassenmitglieder zu erfragen. So konnte mit der Wahl der Peer Educator*innen und Peer Mentor*innen durch die Peer Group eine Form der „Eliten-Förderung"

---

21 Es zeigte sich, dass in manchen Klassen der Berufsschule ein paar potenziell gewählte Peer Educator*innen oder Peer
    Mentor*innen diese Rolle nicht annehmen wollten. In den Jahrgängen und Lerngruppen aus dem Lernort Betrieb wurde
    dies nicht festgestellt. Möglicherweise haben manche Auszubildende nicht den Nutzen (Mehrwert) gesehen, sich in der
    Berufsschule für andere Auszubildende einzusetzen und (selbstlos) anderen beim Lernen zu helfen bzw. diese zu unter-
    stützen. Vielleicht hatten sie Sorge, selbst etwas im Unterricht dadurch (Peer Mentoring) zu verpassen und dass ihre
    Noten schlechter werden, oder sie haben sich vor ihren Mitschüler*innen (oder anderen Auszubildenden) eine solche
    (aktive) Rolle nicht zugetraut. Dies sind aber nur Vermutungen. Abschließende Begründungen konnten nicht erfragt
    werden bzw. wurden bei den Auszubildenden nicht erfragt.

verhindert werden, in dem Sinne, dass hier bspw. ausschließlich (schulisch) leistungsstarke Auszubildende oder (sogenannte) Lieblinge der Lehr- oder Ausbildungskräfte an der Schulung teilnehmen konnten und anschließend (potenziell) durch die Übertragung der Rolle als Peer Educator*in oder Peer Mentor*in zusätzlich in ihrer (persönlichen) Entwicklung profitieren würden.

Die Dauer der Ansätze der Peer Education und des Peer Mentoring variierte nach den unterschiedlichen Gegebenheiten an den Lernorten zwischen drei und neun Monaten. Die Rolle als Peer Educator*in oder Peer Mentor*in war entsprechend zeitlich, aber auch räumlich (auf den jeweiligen Lernort Betrieb oder Berufsschule), begrenzt. Vor Projektbeginn erfolgte die Schulung der Peer Educator*innen und Peer Mentor*innen (siehe Anhang 1). Diese umfasste die folgenden fünf inhaltlichen Schwerpunkte bzw. Einheiten:

1. *Wer waren meine Vorbilder?*
2. *Stärken von mir und Stärken einer guten Lehrperson*
3. *Welche Formen des Lernens gibt es und wie lerne ich am besten?*
4. *Was brauche ich, um mutig zu sein?*
5. *Hindernisse und Probleme*

Für die gesamte Schulung wurden sechs Unterrichtsstunden angesetzt, um die fünf inhaltlichen Einheiten (zu je 45 Minuten) mit einer Begrüßung und Einführung (inkl. der Bewertung der Regeln aus Kapitel 5.2.1 (Peer Tutoring); siehe Anhang 1) sowie einem Abschluss (inkl. einer Reflexion über die Schulung per Blitzlichtmethode) und Ausblick zu rahmen. Die (Aus-)Gestaltung der Einheiten wurde zusammen mit vier Studierenden[22] erarbeitet und anschließend in den Schulungen gemeinsam praktisch umgesetzt. Die Einheiten orientieren sich an den Anregungen und Vorgaben aus der Themenzentrierten Interaktion, welche die Studierenden zuvor in einem (anderen) universitären Seminar erlernten[23]. Insgesamt wurde die Schulung viermal für die angehenden Peer Educator*innen und Peer Mentor*innen durchgeführt, sodass die Studierenden sich untereinander abwechseln und je zwei Schulungen (zusammen mit der Projektleitung) durchführen konnten. Die Inhalte der Schulung adressieren Peer Educator*innen und Peer Mentor*innen gleichermaßen und sind allgemein bzw. übergreifend verfasst. Fachliche bzw. berufliche Themen wurden bewusst nicht in die Schulung integriert, da die Peer Educator*innen und Peer Mentor*innen kein neues Wissen vermitteln sollten. Alle Schulungen wurden (bewusst) in Abwesenheit der (zuständigen) Lehr- und Ausbildungskräfte durchgeführt, um den Auszubildenden ein Setting außerhalb des Einflussbereiches der Lehr- und Ausbildungskräfte zu ermöglichen, in dem sie frei agieren sowie direkt und authentisch miteinander (verschiedene Berufe in einem Unternehmen und/oder verschiedene Berufe aus verschiedenen Unternehmen) in Kontakt treten konnten.

---

22 Für die Gestaltung und Durchführungen der Einheiten in den Schulungen danke ich Laura Dukat, Cathleen Larisch, Ronny Korablin und Maik Mickel herzlich.
23 Diese Lehrveranstaltung wird, wie Kaiser (2020) berichtet, von den Studierenden positiv erlebt (siehe dazu auch Kapitel 3.1).

In der ersten Einheit werden die Teilnehmenden aufgefordert, im Sinne einer biografischen Selbstreflexion, zu überlegen, welche Leitungsvorbilder sie begleitet haben. Zuvor erfolgte im Stuhlkreis ein allgemeiner Austausch über Vorbilder, was diese auszeichnet und was sie (gegenwärtig) für die Teilnehmenden bedeuten. Die Bearbeitung erfolgte zunächst in Einzel- und anschließend in Partnerarbeit. Zum Abschluss konnten sich die Teilnehmenden (freiwillig) im Plenum über ihre Ergebnisse und Erfahrungen austauschen.

Die zweite Einheit zu dem Thema „Stärken von mir und Stärken einer guten Lehrperson" begann mit dem Element „Ich erinnere mich an ‚starke' Momente von mir". Dazu sollten die Teilnehmenden zunächst in Einzelarbeit überlegen, welche Stärken sie haben und wann sie diese zeigen konnten. Im Sinne eines ersten (gedanklichen) Transfers in die zukünftige Rolle als Peer Educator*in oder Peer Mentor*in sollte überlegt werden, welche Stärken sie sich bei einer bzw. einem gute*n Peer Educator*in oder Peer Mentor*in wünschen würden und wie sie selbst gerne in einer solchen Rolle sein möchten, welche Eigenschaften dazu benötigt und welche (persönlichen) Stärken ausgebaut werden sollten. Der zweite Teil dieser Einheit trägt die Überschriften „Wir überlegen gemeinsam, wie wir als Peer Educator*innen bzw. Peer Mentor*innen sein wollen und welche Stärken wir einbringen können" sowie „und wir tauschen uns über Eigenschaften und Stärken guter Anleiter*innen und Lehrpersonen aus". Hierbei sollten die Teilnehmenden in Gruppenarbeit die Fragen „Welche Ziele wollen wir als Peer Educator*innen und Peer Mentor*innen gemeinsam erreichen?" und „Wie können wir uns gegenseitig helfen, gute Peer Educator*innen bzw. Peer Mentor*innen zu sein?" bearbeiten. Der Austausch zu diesen Fragestellungen erfolgte wechselseitig im Stuhlkreis. Beendet wurde die Einheit durch einen zusammenfassenden Ausstieg durch die Seminarleitung, welcher die Teilnehmenden für ihre anstehende (gemeinsame) Rolle stärken und motivieren sollte.

Die dritte Einheit fokussiert die Verschiedenheit der Formen des Lernens, um den Peer Educator*innen und Peer Mentor*innen zu verdeutlichen, wie unterschiedlich Personen und damit auch die Zielgruppe lernen (können/kann). Die Peer Educator*innen und Peer Mentor*innen sollten in der Einheit erkennen, wie sie die Zielgruppe im Lernen unterstützen können (bzw. wie gelernt werden kann), welchen Einfluss Lernumgebungen und Lernmethoden haben (können), aber auch durch Selbsterkenntnis erfahren, wie sie selbst (am besten) lernen. Deshalb sollte über das eigene Lernen in einer Gruppenarbeit reflektiert werden, dies umfasste auch (potenzielle) Methoden, Orte, Umgebungen oder Rituale beim Lernen, um (auch) diese Erkenntnis(se) für die zukünftige Tätigkeit nutzen zu können. Denn generell können alle verschiedene Formen des Lernens eingeübt werden und in längeren Lernsettings ist es für die Zielgruppe von Vorteil, wenn zwischen den Lernformen variiert wird, dies sollte den Peer Educator*innen und Peer Mentor*innen vermittelt werden. Abschließend erfolgte ein Austausch im Plenum über die Vor- und Nachteile vom gemeinsamen Lernen.

Die vierte Einheit trägt den Titel „Was brauche ich, um mutig zu sein?" und umfasst thematisch die Punkte „Ich erinnere mich an Situationen, in den ich mutig war, und antizipiere Situationen, in denen ich voraussichtlich Mut brauchen werde". Die Teilnehmenden bearbeiteten dazu Fragestellungen wie z. B. „Was ist Mut?", „Wann kann ich mutig sein?" oder auch „In welchen Situationen könnte ich als Peer Educator*in oder Peer Mentor*in Mut benötigen?" und „Wann war ich in der Vergangenheit mutig?". Als Ziel wurde fokussiert, dass eine Bewusstwerdung von Emotionen, Gedanken und Einstellungen zu mutigem Handeln sowie eine (gesteigerte) Motivation und Offenheit, dazu beitragen können, in der künftigen Tätigkeit als Peer Educator*in oder Peer Mentor*in mutig zu agieren. Dies umfasst u. a., mutig auf die Zielgruppe zuzugehen und Initiative zu zeigen, Probleme zu erkennen und mit gutem Beispiel voranzugehen. Die Ergebnisse zu der Fragestellung, was (mir persönlich) helfen würde, als Peer Educator*in oder Peer Mentor*in mutig zu sein, wurden im Plenum zusammengetragen und diskutiert. Abschließend wurde den Teilnehmenden (nochmals) verdeutlicht, dass sie bereits mutig gewesen sind, als sie sich freiwillig als Peer Educator*in bzw. Peer Mentor*in gemeldet haben, und eine kleine Hilfstechnik vermittelt, um (zukünftig) mutiger zu agieren und ihnen die Angst, (potenziell) zu scheitern, zu nehmen („Scheitern ist nichts Schlimmes").

In der fünften Einheit sollten die Teilnehmenden zunächst für verschiedene Hindernisse und Probleme sensibilisiert werden und anschließend gemeinsam Lösungsansätze erarbeiten. Die Benennung und strukturierte Analyse potenzieller Hindernisse und Probleme ist ein erster Schritt zur Entwicklung von Lösungen. Der Erfahrungsaustausch in der Gruppe sowie der eigene Erkenntnisgewinn über Problemlösestrategien trägt zu einem Bewusstsein für die Probleme bzw. zu ihrer Lösung (und einer kreativen Ideenfindung) bei. Für die Peer Educator*innen und Peer Mentor*innen ist u. a. die Erkenntnis zentral, mit den bevorstehenden Herausforderungen und ihrer Lösung im Peer Learning nicht alleine zu sein, denn eine gute Zusammenarbeit und gegenseitige Unterstützung unter den Peer Educator*innen und Peer Mentor*innen erleichtert die erfolgreiche Umsetzung. Die Einheit wurde durch die Vorstellung von (zusätzlichen) Problemlösestrategien durch die Seminarleitung final abgerundet.

In den Einheiten wurden zahlreiche (individuelle) Reflexionsübungen berücksichtigt, welche den Teilnehmer*innen helfen sollten, sich über das eigene „Ich" klar(er) zu werden und sich mit der eigenen Person auseinanderzusetzen. Die Gruppenübungen und der zugehörige Austausch in der Kleingruppe mit anderen Peer Educator*innen und Peer Mentor*innen sollte zur Stärkung des „Wir" beitragen. Das (übergeordnete) Thema („Es") in allen fünf Einheiten sind die zukünftigen Rollen bzw. die damit verbundenen Aufgaben, Herausforderungen und Verhaltensweisen. Daneben wird auch das Schattendreieck berücksichtigt im Sinne der (potenziellen) Hindernisse und Probleme in der Umsetzung des Peer Learning sowie die Betrachtung der (individuellen) Lern- und Arbeitsumgebung im Sinne des Globe.

Neben den Anregungen aus der TZI und eigenen Erfahrungen wurden ebenso die Grundbedürfnisse der Selbstbestimmungstheorie der Lernmotivation (siehe Kapitel 2.4) für die Konzeption der Schulung bedacht. Durch die individuelle Reflexion, z. B. über eigene Vorbilder oder auch Erlebnisse und Momente, in denen mutig agiert wurde, können gedankliche Autonomieerlebnisse hervorgerufen werden. Die Gruppendiskussionen im Plenum und in Kleingruppenarbeiten erhöhen die (soziale) Eingebundenheit, sie verdeutlichen den Teilnehmenden an der Schulung zugleich, dass sie nicht allein agieren müssen und gemeinsam die Zielgruppe im Lernen besser unterstützen können. Das Reflektieren über vergangene Leistungen sowie die Entwicklung von Problemlösestrategien oder Überlegungen, wie man selbst als Peer Educator*in oder Peer Mentor*in tätig sein möchte, stärken die eigene Erwartung, die Rolle aktiv, mutig und selbstbestimmt annehmen und ausführen zu können, sodass anschließend, in der Ausübung selbst, ein Kompetenzerleben erfahren bzw. wahrgenommen werden kann.

Des Weiteren berücksichtigt die Schulung (und anschließende Durchführung der beiden Ansätze) weitere Kriterien aus der Literatur. So wurden u. a. die Hinweise von Kästner (2003) beachtet, wonach neben der sorgfältigen Schulung der agierenden Peers eine soziale und methodische Kompetenz, eine sprachliche Gewandtheit sowie die Anerkennung (bzw. Stellung) in der Zielgruppe für die erfolgreiche Umsetzung bedeutsam sind (Kästner, 2003, S. 58). Den Wert einer Schulung und Vorbereitung der agierenden Peers hebt ebenso Topping (1996) hervor. Ferner weisen die Inhalte der vorgestellten Schulung Gemeinsamkeiten zu anderen Peer Projekten auf, dies betrifft u. a. Inhalte wie Selbstwert und Selbstreflexion, Kommunikation oder auch den Umgang mit Konflikten (Österreichische Arbeitsgemeinschaft Suchtvorbeugung, 2003, S. 366). Für die Konzeption der Schulung wurden ebenso Kriterien und Vorüberlegungen von Backes und Schönbach (2001) übernommen, wie das Rollenverhalten oder Kommunikationstechniken. Demnach können Peer Educator*innen und Peer Mentor*innen auch mal „Das weiß ich jetzt nicht so genau sagen", da Gleichaltrige über eine vergleichsweise höhere Toleranz und Akzeptanz verfügen und eine solche Aussage nicht negativ aufgenommen wird (Backes & Schönbach, 2001, S. 3 ff.). Weitere Inhalte umfassen u. a. die pädagogisch-psychologischen Grundkenntnisse, wie Selbstkompetenz, Arbeit im Team, Führung einer Gruppe, soziale Kompetenzen und Schlüsselqualifikationen (Stöffler, 2003, S. 329). Bezogen auf die Planung der Schulung, merkt Fileccia (2016) an, dass der Inhalt nicht zu komplex sein sollte sowie die Einheiten zeitlich kurz und interessant gestaltet werden sollten (Fileccia, 2016, S. 96).

Eine (weitere) wichtige Eigenschaft bzw. Fähigkeit für die Peer Educator*innen und Peer Mentor*innen ist es, Feedback geben zu können. Einen entsprechenden Bedarf, auch bezogen auf ein Coaching von Feedbackstrategien und -techniken, artikulieren Leijten und Chan (2012). Meinungsvielfalt und Kommunikation in der Gruppe können (einge-)übt werden, um dadurch gegenseitiges Vertrauen aufzubauen. Das Geben von Feedback ist den Peer Educator*innen und Peer Mentor*innen vorab zu erläutern. Es stellt eine Voraussetzung zur Schaffung einer förderlichen Lernumgebung dar, in der sich alle ermutigt (und eingeladen) fühlen, am Lernprozess in der Gesamtgruppe persönlich und aktiv zu partizipieren (Leijten & Chan, 2012, S. 16 ff.).

Ferner weisen mehrere Autor*innen wie Rohloff (2003), Kahr (2003) oder auch Otto (2015) daraufhin, dass die agierenden Peers nicht instrumentalisiert werden dürfen. Auch deshalb muss den Peers die Absicht und der Auftrag im Peer Learning transparent gemacht und die Auszubildenden an der Projektgestaltung beteiligt werden

(Rohloff, 2003, S. 318). Denn in der praktischen Umsetzung wählen die Peer Educator*innen und Peer Mentor*innen (selbst) den konkreten Weg und die Zielgruppe entscheidet (dann), ob sie ihnen folgt (Kahr, 2003, S. 370). Entsprechend ist eine gewisse Gestaltungsfreiheit für die Peer Educator*innen und Peer Mentor*innen bedeutsam, welche ihnen in dem jeweiligen Lernort und durch die Lehr- und Ausbildungskräfte für das vorliegende Projekt gewährt werden konnte.

Für die konkrete Ausgestaltung der einzelnen Lernsettings in den Betrieben und Berufsschulen wurde den gewählten Peer Educator*innen und Peer Mentor*innen vonseiten der Lehr- und Ausbildungskräfte (sowie der Projektleitung) die Möglichkeit übertragen, dies selbst zu entscheiden und umzusetzen, insbesondere, um den besonderen, individuellen und standortspezifischen Gegebenheiten Rechnung tragen zu können. So konnten die Peer Educator*innen und Peer Mentor*innen die einzelnen Einheiten nach ihren Vorstellungen planen und realisieren. Dieser (Frei-)Raum bzw. diese Option zur (emanzipativen, autonomen) Gestaltung, sollte den Peer Educator*innen und Peer Mentor*innen ermöglichen, nach innen in die (Ziel-)Gruppe hineinwirken zu können aber auch auf einzelne Auszubildende separat zugehen zu können, ohne ihnen die Aufgabe oder Herausforderung direkt abzunehmen. Durch den Ansatz der Peer Education, sowie anteilig auch im Peer Mentoring, wird bzw. soll bei den Auszubildenden zudem ein Bewusstsein gefördert und entwickelt werden, dass sie in der gleichen Situation sind, denselben Herausforderungen gegenüberstehen und (vor allem), dass es ihnen gemeinsam (und solidarisch) leichter und besser gelingt, diese erfolgreich zu bewältigen. Durch den wechselseitigen Austausch und die gegenseitige Unterstützung und Hilfe im gemeinsamen Lernen, soll es gelingen, die Gruppe zu stärken (Förderung der Integration), Prüfungsangst zu reduzieren und Prüfungsleistungen zu verbessern.

Wie bereits in Kapitel 2.3 (an-)diskutiert, besteht die Erwartung, durch Peer Learning auch Aspekte der kritisch-emanzipatorischen Berufsbildungstheorie bedienen zu können, wie u. a. die Förderung individueller Mündigkeit, Emanzipation, Demokratie, Lernen und Umgang auf Augenhöhe oder auch Solidarität. Diese Thematiken wurden in den Schulungen bewusst und unbewusst vonseiten der Auszubildenden angesprochen. So thematisierten die Teilnehmenden bspw. in einer der Schulungen Konkurrenzdenken und soziale Differenzen innerhalb der Klassen, vergleichbar mit der von Schapfel-Kaiser (2000) berichteten Konfliktsituation (siehe auch Kapitel 3.1). Die Peer Educator*innen und Peer Mentor*innen haben angemerkt, bestimmten Auszubildenden aus ihrer Klasse nicht helfen zu wollen bzw. nicht aktiv auf sie zugehen zu wollen und dies damit begründet, dass diese Auszubildenden „eh nicht wollen", sie „im Unterricht nie mitarbeiten würden" und „ihr fachlicher Rückstand" viel zu groß wäre. Die Peer Educator*innen und Peer Mentor*innen wollten vielmehr denen helfen, die ihre Unterstützung brauchen und verdienen (würden), sie meinen damit die Auszubildenden, die auch mitarbeiten wollen und bei denen die Unterstützung „etwas bringt". Für die Schulung selbst war es positiv, dass die Peer Educator*innen und Peer Mentor*innen von diesen (internen) Spannungen berichteten, sodass diese Inhalte aufgenommen und diskutiert werden konnten. Durch die Schulung gelang es somit, die Peer

Educator*innen und Peer Mentor*innen dafür zu sensibilisieren, auch auf diese Auszubildenden zuzugehen und zu versuchen, sie zu erreichen und beim Lernen zu unterstützen. Zudem stellte sich im Diskussionsverlauf heraus, dass die Peer Educator*innen und Peer Mentor*innen genau diesen Auszubildenden sehr wohl Hilfe anbieten würden, wenn die Auszubildenden (denn) auf sie zukommen würden. Die Peer Educator*innen und Peer Mentor*innen wollten jedoch nicht (gerne) auf diese Auszubildenden (die sich ihrer Meinung nach am Unterricht generell nur unzureichend beteiligen würden) proaktiv zugehen.

Eine derartige kritische Reflexion über die Gegebenheiten und möglichen Widersprüche zwischen vermeintlicher Konkurrenz innerhalb eines Jahrgangs bzw. einer Klasse konnte zur Erklärung und Diskussion innerhalb der Schulung (sinnvoll) aufgegriffen werden. Denn Peer Learning soll insgesamt vielmehr dazu anregen, solidarisch zu agieren und auf diese Weise mehr zu erreichen bzw. im Team besser zu lernen. Die Schulung und die anschließende Durchführung soll(t)en diesen Gedankengang verfestigen.

5.3   Die quantitative Fragebogenerhebung

5.3.1   Vorstellung der verwendeten Skalen

Die Skalenauswahl erfolgte entlang unterschiedlicher Kriterien, wie den inhaltlichen Dimensionen, der Nutzung in vergleichbaren empirischen Studien sowie nach theoretischen Annahmen und Erwartungen. So wurden für die vorliegende Arbeit ausschließlich Skalen aus einschlägigen empirischen Studien übernommen. Dieses Vorgehen ermöglicht, bei der Auswahl, die Gütekriterien (wie z. B. die Reliabilität oder die Validität), sofern publiziert, zu berücksichtigen. Des Weiteren wurde auf eine (angemessene) Operationalisierbarkeit und eine (potenzielle) Entwicklungssensibilität der Dimensionen geachtet. Derartige Aspekte können die Auswahl von Messinstrumenten erleichtern. Ferner wurden die einzelnen Items hinsichtlich ihrer sprachlichen und inhaltlichen Ausformulierung dahingehend betrachtet, ob sie für die Beantwortung der eigenen Forschungsfragen geeignet sind.

Überdies weisen besonders die Dimensionen Lernen mit anderen, Empowerment und Elaborationsstrategien eine inhaltliche Nähe zu den pädagogischen Ansätzen des Peer Learning auf und wurden (deshalb) zuvor in vergleichbaren Studien bereits teilweise eingesetzt. Empowerment ist bspw. inhaltlich sowohl als ein Ziel von Peer Learning, als auch von der kritisch-emanzipativen Berufsbildungstheorie (siehe dazu auch Kapitel 2.3), im Sinne einer Stärkung der Autonomie und Selbstermächtigung, zu erachten und demnach (doppelt) geeignet für die Vorüberlegungen, Erwartungen und Zielsetzungen dieser Arbeit.

Die zentralen Annahmen der Selbstbestimmungstheorie der Lernmotivation (siehe Kapitel 2.4) sowie die drei Grundbedürfnisse nach Autonomieerleben, sozialer Einbindung und Kompetenzerleben bilden ebenfalls zentrale theoretische und inhaltliche Grundannahmen der hier untersuchten Ansätze zum Peer Learning ab, sodass ihre empirische Erfassung entlang der Skala als angemessen erachtet werden kann.

Außerdem spiegeln Dimensionen der beruflichen Handlungskompetenz, der Arbeitszufriedenheit und des Schulischen Selbstkonzepts die Lernorte Betrieb und Berufsschule sowie ihre Ziele wider, weshalb ihre Berücksichtigung inhaltlich nachvollziehbar zu begründen ist. Argumentativ sehen ebenso Böhn und Deutscher (2020) die berufliche Handlungskompetenz als ein „Output" der beruflichen Ausbildung.

Im Folgenden werden die einzelnen Skalen vorgestellt und weiterführende Hintergründe zur Entstehung der Skalen sowie zu ihrer inhaltlichen und thematischen Passung für die vorliegende Arbeit präsentiert.

Lernen mit anderen

Die Skala Lernen mit anderen ist dem Inventar zur Erfassung von Lernstrategien (LIST) von Wild und Schiefele (1994) entnommen und umfasst sieben Items, welche auf einer fünfstufigen Ratingskala nach der Häufigkeit des Auftretens der jeweiligen Tätigkeit zu beantworten sind (Wild & Schiefele, 1994, S. 188). Die Studie von Wild und Schiefele (1994) berücksichtigt eine Stichprobe von 310 Studierenden des zweiten Semesters verschiedener Studiengänge[24] und zeigt für die Skala (Bezeichnung: „Lernen mit Studienkollegen") eine Reliabilität von $\alpha_{(310)}=.82$ (Wild & Schiefele, 1994, S. 197). Eine zentrale Vorüberlegung in der Entwicklung des LIST fokussiert auf die Messung der Lernstrategien im Studium als Vorbereitung auf eine Prüfung, auch, um ggfs. Lernende zu unterstützen, ihre Lernprozesse selbst (optimaler) steuern zu können. Inhaltlich umfasst Lernen mit anderen die beiden Aspekte „Zusammenarbeit" und „Hilfe suchen (bei anderen Personen)" und damit alle Lernaktivitäten, die im Verbund mit anderen durchgeführt werden, wie z. B. die Nutzung der Möglichkeiten von Arbeitsgruppen. Aus diesem Grund werden sie von Wild und Schiefele (1994) (auch) zu den externen Ressourcen gezählt (Wild & Schiefele, 1994, S. 185 ff.).

Für die vorliegende Untersuchung zum Peer Learning in der beruflichen Ausbildung wurden die Formulierungen der sieben Items aus der Originalskala („Lernen mit anderen Studierenden/Schüler*innen"), dahingehend angepasst, dass die Bezeichnung „Studierende/Schüler*innen" durch „Auszubildende" ersetzt wurde (siehe Anhang 2), sodass eine inhaltliche Adaption des Konstrukts realisiert werden konnte.

Berufliche Handlungskompetenz

Die Skala der beruflichen Handlungskompetenz ist einer qualitativen Metasynthese von Böhn und Deutscher (2020) entnommen, in der bestehende Erhebungsinstrumente kategorisiert und in einen theoretischen Rahmen integriert wurden, um Merkmale des Arbeitsplatzes aus der Perspektive von Auszubildenden beschreiben zu können. Die Validierung der Skalen erfolgte auf der Datenbasis von Auszubildenden aus sieben kaufmännischen Berufen in Deutschland, um dadurch Kurzskalen für weiterführende Analysen zu betrieblichen Ausbildungsbedingungen bereitzustellen. Die Ur-

---

24 Die Studiengänge sind Bau- und Vermessungswesen, Elektrotechnik, Informatik, Luft- und Raumfahrttechnik und Wirtschafts- und Organisationswissenschaften (Wild & Schiefele, 1994, S. 188).

sprünge der fünf Items umfassenden Skala zur beruflichen Handlungskompetenz, welche entlang von sieben Antwortkategorien (von „trifft überhaupt nicht zu" bis „trifft voll und ganz zu") zu beantworten ist, liegen in Forschungsarbeiten von Keck, Weymar und Diepold (1997), NCVER (2000) sowie Lehmann, Ivanov, Hunger und Gänsfuß (2005). Inhaltlich werden allgemeine Aspekte der Handlungskompetenz fokussiert, weshalb die Skala (auch) berufsübergreifend eingesetzt werden kann. In der theoretischen Konzeption von Böhn und Deutscher (2020) wird die berufliche Handlungskompetenz als ein „Output" der beruflichen Ausbildung gefasst (Böhn & Deutscher, 2020, S. 23 ff.). In der empirischen Analyse erreicht die Skala eine Reliabilität von $\alpha_{(427)} = .777$ (Böhn & Deutscher, 2020, S. 39).

Empowerment

Empowerment ist eine zentrale Zielsetzung in verschiedenen Peer Projekten und Ansätzen, wie u. a. Kästner (2003), Schülke (2012) oder auch Fileccia (2016) anmerken. Die in dieser Studie verwendete Skala umfasst 12 Items, welche sich in vier Subskalen mit jeweils drei Items gliedern: Selbstbestimmung (bzw. Autonomie), Selbstwirksamkeit, Bedeutsamkeit (der eigenen Arbeit bzw. Tätigkeit) und globaler Einfluss. Die Originalitems wurden von Spreitzer (1995) entwickelt und von Staufenbiel (2000) ins Deutsche übersetzt. Diese (übersetzte) Version wurde später u. a. in der Dissertation „Einstellungen und Verhalten von Mitarbeitern in betrieblichen Veränderungsprozessen" von Barghorn (2010) verwendet. Inhaltlich bezeichnet Empowerment die Wahrnehmung des Ausmaßes der persönlichen Kontrolle einer Person auf die Beziehung zu der eigenen Arbeit. Selbstbestimmung kennzeichnet die erlebte Entscheidungsfreiheit in der Ausübung der eigenen Arbeit, dies beinhaltet die Ausprägung, wie selbstständig eine Person ihre Arbeit ausüben kann bzw. welche Freiheitsgrade bei der Ausübung der Tätigkeit bestehen (Barghorn, 2010, S. 58 ff.).

Selbstwirksamkeit beschreibt nach Bandura (1997) die Erwartung einer Person, durch eigene Kompetenzen und Anstrengungen eine erforderliche Handlung oder ein Verhalten mit Erfolg ausführen zu können. Dies umfasst die motivationale Überzeugung in die eigenen Fähigkeiten und Fertigkeiten, eine Aufgabe lösen sowie Ergebnisse beeinflussen oder verändern zu können. Entsprechend wird erwartet, dass Personen mit einer hohen Selbstwirksamkeit sich sicher sind, ihre Aufgaben und Tätigkeiten, erfolgreich durchführen zu können (Bandura, 1997, S. 3 ff.; Barghorn, 2010, S. 58; Struck, 2016, S. 29 f.).

Die Subskala Bedeutung der Arbeit (bzw. Bedeutsamkeit) beschreibt die Wichtigkeit der ausgeübten Tätigkeit für das Individuum selbst. Die Dimension globaler Einfluss ist als eine Kontrollwahrnehmung zu verstehen und bildet die subjektive innerpsychische Wahrnehmung eines Individuums ab, also inwiefern eine Person glaubt, mit der eigenen Arbeit Einfluss auf die Geschehnisse in dem Unternehmen, in dem es beschäftigt ist, ausüben zu können (Barghorn, 2010, S. 58 ff.).

Barghorn (2010) erhebt die Items entlang von sieben Antwortmöglichkeiten (von „stimmt überhaupt nicht" bis „stimmt voll und ganz"), für die vorliegende Arbeit werden die Formulierungen der Antwortmöglichkeiten übernommen, zugleich aber um zwei Optionen reduziert[25].

Die Arbeit von Barghorn (2010) umfasst drei (Teil-)Studien mit jeweils unterschiedlichen Stichproben, in der ersten Studie erreicht die Gesamtskala Empowerment mit 12 Items eine Reliabilität[26] von $\alpha_{(101)} = .84$, während die Subskalen Selbstbestimmung eine Konsistenz von $\alpha_{(101)} = .85$, Selbstwirksamkeit von $\alpha_{(101)} = .84$, Bedeutsamkeit von $\alpha_{(101)} = .80$ und globaler Einfluss von $\alpha_{(101)} = .92$ erreichen (Barghorn, 2010, S. 113). In der zweiten Studie sind die Reliabilitäten ebenfalls auf einem gutem Niveau: die Gesamtskala Empowerment mit $\alpha_{(73)} = .88$, Selbstbestimmung mit $\alpha_{(73)} = .86$, Selbstwirksamkeit mit $\alpha_{(73)} = .91$, Bedeutsamkeit mit $\alpha_{(73)} = .86$ und globaler Einfluss mit $\alpha_{(73)} = .93$ (Barghorn, 2010, S. 146).

Basic Needs

Die Grundbedürfnisse nach Autonomieerleben, sozialer Eingebundenheit und Kompetenzerleben werden in der vorliegenden Arbeit mit jeweils vier Items pro Skala erfasst, sodass die Gesamtskala der Basic Needs aus insgesamt 12 Items besteht. Die Skalen und Items entstammen (ursprünglich) der Arbeit von Harteis et al. (2004). Für Untersuchungen zur beruflichen Orientierung und dem Berufswahlverhalten im Jugendalter nutzen Ratschinski und Struck (2014) sowie Eckardt et al. (2015) eine auf 12 Items reduzierte und inhaltlich angepasste Version der Gesamtskala. Die inhaltlichen Begrifflichkeiten in den drei Subskalen Autonomieerleben[27], Kompetenzerleben und soziale Eingebundenheit wurden an den Kontext der vorliegenden Studie angepasst und entsprechend die Formulierungen „Ausbildung" bzw. „Berufliche Schule" (statt „Praktikum") und „Ausbilder*in" oder „Lehrer*in" in den Items verwendet.

Harteis et al. (2004) nutzen (zuvor) in ihrer Studie, siehe dazu auch Kapitel 3.1, eine Skala zum Autonomieerleben mit fünf Items, welche eine Reliabilität von $\alpha_{(160)} = .58$ erreicht, eine Skala zur wahrgenommenen Kompetenzunterstützung mit sechs Items ($\alpha_{(160)} = .74$) und eine Skala zur wahrgenommenen sozialen Einbindung ebenfalls mit sechs Items ($\alpha_{(160)} = .90$) (Harteis et al., 2004, S. 137). Vergleichbare Werte in der Reliabilität für die drei Dimensionen mit jeweils sechs Items berichtet zudem Kramer (2002), getrennt für Schüler*innen und Lehrkräfte. Die soziale Einbindung erreicht Werte von $\alpha_{(727)} = .82$ und $\alpha_{(31)} = .83$, die Kompetenzunterstützung von $\alpha_{(727)} = .78$ und $\alpha_{(31)} = .73$ und die Autonomieunterstützung von $\alpha_{(727)} = .79$ und $\alpha_{(31)} = .76$ (Kramer, 2002, S. 104). Weitere vergleichbar gute Werte für die Reliabilität berichtet Rausch (2011) für die soziale Einbindung mit $\alpha_{(63)} = .84$, $\alpha_{(48)} = .92$[28] und $\alpha_{(33)} = .91$, für die Kompetenzunterstützung mit $\alpha_{(63)} = .82$, $\alpha_{(48)} = .89$ und $\alpha_{(33)} = .83$

---

25 Nicht übernommen werden die Antwortmöglichkeiten „stimmt überwiegend nicht" und „stimmt überwiegend".

26 Barghorn (2010) gibt für die Reliabilitäten in der Studie 1 eine Stichprobengröße zwischen 101 und 113 (Barghorn, 2010, S. 113) und für Studie 2 eine Stichprobengröße zwischen 73 und 95 an (Barghorn, 2010, S. 146), weshalb in der Zitation stets der geringere Wert angegeben wird.

27 Die Formulierung bzw. der Inhalt eines Items aus dieser Skala („In der Ausbildung kann ich entscheiden, wie ich es mache.") weist eine hohe Nähe zu einem Item aus der Skala Selbstbestimmung von Barghorn (2010) auf („Ich kann selbstständig entscheiden, wie ich meine Arbeit mache.").

28 Rausch (2011) gibt bei den Reliabilitäten in der „Hauptstudie" eine Stichprobengröße zwischen 48 und 50 an (Rausch, 2011, S. 209). Hier wird deshalb der geringste Wert zitiert.

und auch für die Autonomieunterstützung mit $\alpha_{(63)} = .72$, $\alpha_{(48)} = .90$ und $\alpha_{(33)} = .78$ (Rausch, 2011, S. 188, 209, S. 211).

Arbeitszufriedenheit

Die Skala Arbeitszufriedenheit setzt sich aus vier Items zusammen und ist ebenso wie die Dimension Empowerment der Arbeit von Barghorn (2010) entnommen. Zwei der vier Items stammen aus dem Michigan Organizational Assessment Questionnaire von Cammann, Fichman, Jenkins und Klesh (1979), die zwei weiteren Items aus dem Job Diagnostic Survey von Hackman und Oldham (1975, 1980) (Barghorn, 2010, S. 173). Die Übersetzung der Items erfolgte in der Arbeit von Barghorn (2010) mit dem Ziel, die Zufriedenheit mit der aktuell ausgeführten Arbeitstätigkeit zu messen. In der dritten Teilstudie von Barghorn (2010) erreicht die Skala eine Konsistenz[29] von $\alpha_{(95)} = .91$ (Barghorn, 2010, S. 180). Für die vorliegende Arbeit wird die Anzahl der Antwortmöglichkeiten, ebenso wie für die Skala Empowerment, von sieben auf fünf reduziert.

Schulisches Selbstkonzept

Die drei Items der Skala zum Schulischen Selbstkonzept (bzw. zum „Akademischen Selbstkonzept") sind den Arbeiten von Kunter et al. (2002) entnommen und bilden eine Kurzfassung des Self Description Questionnaire (SDQ) von Marsh (1990). Erhoben wird das Selbstkonzept, welches sich allgemein auf die eigenen Schulleistungen bezieht, über vier Antwortmöglichkeiten (von „trifft nicht zu" bis „trifft zu"). Die Arbeiten von Kunter et al. (2002) berücksichtigen sowohl einen ersten Feldtest ($\alpha_{(742)} = .81$) als auch einen Haupttest ($\alpha_{(4613)} = .78$), beide Erhebungen konnten die innere Konsistenz des Konstrukts bestätigen (Kunter et al., 2002, S. 170). Ebenso konnte bei Haag und Streber (2011) die innere Konsistenz bestätigt werden ($\alpha_{(196)} = .85$), ferner erachten sie die Skala des Schulischen Selbstkonzepts als einen eigenständigen Prädiktor für die Schulleistungsentwicklung (Haag & Streber, 2011, S. 364).

Elaborationsstrategien

Die acht Items umfassende Skala Elaborationsstrategien entstammt, ebenso wie Lernen mit anderen, dem Inventar zur Erfassung von Lernstrategien (LIST) von Wild und Schiefele (1994) und weist eine Reliabilität (Skalenbezeichnung: „Zusammenhänge") von $\alpha_{(310)} = .72$ auf (Wild & Schiefele, 1994, S. 197).

Die Elaborationsstrategien sind den kognitiven Lernstrategien zuzuordnen und kennzeichnen nach Wild und Schiefele (1994) solche Lerntätigkeiten, welche besonders *geeignet sind,*

> *„neu aufgenommenes Wissen in die bestehende Wissensstruktur zu integrieren. Dies umfasst u. a. die verbale oder bildliche Anreicherung des neuen Materials, die Verknüpfung des neu gelernten Materials mit Alltagsbeispielen und persönlichen Erlebnissen, die Formulierung des Aufgenommenen in eigenen Worten und die Bildung von Analogien zu bereits bekannten Zusammenhängen. Elaborationsstrategien fördern ein am Verstehen orientiertes Lernen"* (Wild & Schiefele, 1994, S. 186).

---

29 Barghorn (2010) gibt bei den Reliabilitäten in der Studie 3 eine Stichprobengröße zwischen 95 und 99 an (Barghorn, 2010, S. 180). Hier wird deshalb der geringste Wert zitiert.

Die Items erfassen inhaltlich entsprechend Tätigkeiten, die geeignet sind, neue Lerninhalte in bereits vorhandenes Wissen (selbst) aktiv zu integrieren und zugleich Gelerntes sowie Inhalte kognitiv zu elaborieren. Erfasst werden die Items durch eine fünfstufige Ratingskala nach der Häufigkeit des Auftretens der jeweiligen Tätigkeit, identisch zu der Skala Lernen mit anderen (Wild & Schiefele, 1994, S. 188 ff.).

Wie in Kapitel 3.2 berichtet, wurde das Inventar zur Erfassung von Lernstrategien bereits in der Forschung der Berufs- und Wirtschaftspädagogik eingesetzt, so berichtet Gerholz (2014) eine interne Konsistenz der Skala ("Zusammenhänge") von $\alpha_{(135)} = .79$ (Gerholz, 2014, S. 173).

5.3.2 Datenerhebung und Skalenanalyse

Die Erhebung der Daten aus dem Fragebogen sowie zur Sozialen Netzwerkanalyse erfolgte in Papierform, anschließend wurden die Daten in die Auswertungsprogramme übertragen. Da der Fragebogen ausschließlich Skalen aus der Forschungsliteratur umfasst, konnte auf einen Pre-Test verzichtet werden. Die Zuordnung und Identifizierung der Befragten in den Wiederholungsbefragungen erfolgte durch eine extra für diese Forschungsarbeit entwickelte Codierung. Den Teilnehmenden wurde ein individueller Code zugeordnet, sodass ihre Anonymität gewährleistet werden und zugleich eine fehlerfreie Zuordnung sichergestellt werden konnte. Die individuellen Codierungen der Auszubildenden sind den Betrieben wie den Berufsschulen gegenüber nicht transparent gewesen. Aus Datenschutzgründen wurde auf die Erhebung von personenbezogenen Daten (wie z. B. dem Alter) der Auszubildenden verzichtet.

Insgesamt konnten 243 Auszubildende befragt werden. Manche der Auszubildenden konnten jedoch nur zur ersten oder nur zur zweiten Erhebung befragt werden, dementsprechend ist der Datensatz für die Pre-Post-Messung geringer. Von den Befragten sind 67,4 % in einer Ausbildung eines gewerblich-technischen Berufs tätig und 32,6 % in einem medizinischen Ausbildungsberuf. Der Lernort Schule überwiegt im Gesamtsetting mit 89,3 % gegenüber 10,7 % im Lernort Betrieb. Die Geschlechterverteilung zeigt, es wurden mehr männliche Auszubildende (71,9 %) als weibliche Auszubildende (28,1 %) befragt.

Fehlende Werte wurden im Datensatz nicht ersetzt. An zwei Standorten wurden jeweils zwei Ansätze des Peer Learning durchgeführt, entsprechend erfolgten dort drei statt zwei Erhebungen. In Tabelle 2 werden u. a. die Mittelwerte und Reliabilitäten der Skalen zu den drei Erhebungszeitpunkten aufgeführt. Der Wert der internen Konsistenz einer Skala gibt an, inwieweit eine Skalenbildung zulässig ist.

Tabelle 2: Vergleich der Mittelwerte (m), Standardabweichung (s) und internen Konsistenz (Alpha) zwischen den drei Messzeitpunkten (MZP)

	MZP 1				MZP 2				MZP 3			
	m	s	Alpha	n	m	s	Alpha	n	m	s	Alpha	n
Lernen mit anderen	3.29	0.62	.77	226	3.35	0.65	.83	214	3.44	0.69	.87	27
BHK	5.26	0.78	.68	223	5.22	0.78	.74	213	5.55	0.67	.78	27
Empowerment	3.49	0.52	.83	226	3.39	0.49	.80	213	3.48	0.56	.89	27
Selbstbestimmung – Emp.	3.45	0.80	.84	226	3.30	0.77	.84	213	3.48	0.71	.88	27
Selbstwirksamkeit – Emp.	4.04	0.64	.85	226	3.94	0.57	.81	213	4.10	0.46	.80	27
Bedeutsamkeit – Emp.	4.11	0.70	.79	226	3.99	0.70	.77	213	3.96	0.71	.77	27
Globaler Einfluss – Emp.	2.35	1.00	.93	226	2.35	1.00	.92	213	2.36	0.98	.91	27
Basic Needs	3.59	0.50	.81	224	3.54	0.53	.84	213	4.00	0.37	.74	27
Autonomieerleben – BN	2.97	0.71	.69	224	2.95	0.71	.70	213	3.56	0.59	.63	27
Kompetenzerleben – BN	3.72	0.54	.52	224	3.70	0.58	.62	213	4.10	0.41	.44	27
Soziale Eingebundenheit – BN	4.06	0.64	.79	224	3.97	0.68	.82	213	4.33	0.47	.71	27
Arbeitszufriedenheit	4.03	0.82	.92	222	3.95	0.73	.91	212	4.37	0.56	.86	27
Schulisches Selbstkonzept	3.06	0.63	.89	225	3.10	0.58	.88	213	3.21	0.67	.92	27
Elaborationsstrategien	3.76	0.60	.85	223	3.77	0.58	.87	214	3.81	0.69	.91	27

BHK – Berufliche Handlungskompetenz, Emp. – Empowerment, BN – Basic Needs; Wertebereich der Mittelwerte: 1–4 (Schulisches Selbstkonzept), Wertebereich der Mittelwerte: 1–5 (Lernen mit anderen, Empowerment, Basic Needs, Arbeitszufriedenheit, Elaborationsstrategien), Wertebereich der Mittelwerte: 1–7 (Berufliche Handlungskompetenz)

Aufgrund des geringeren Stichprobenumfangs zum dritten Messzeitpunkt sollen im Folgenden ausschließlich die Werte der ersten beiden Erhebungen fokussiert werden.

Die Betrachtung der Reliabilitäten zu der ersten Erhebung zeigen insbesondere für die Subskala des Kompetenzerlebens eine ungenügende Konsistenz. Dies gilt ebenso für die zweite und dritte Messung der Skala. Die Konsistenzwerte der beruflichen Handlungskompetenz und des Autonomieerlebens (Subskala aus den Basic Needs) sind zur der ersten Messung knapp unter dem akzeptablen Wert (von „.7"). Besonders gute Konsistenzwerte zeigen hingegen die Subskala Globaler Einfluss und die Skala Arbeitszufriedenheit. Des Weiteren weisen die Skalen Selbstwirksamkeit, Bedeutsamkeit, Soziale Eingebundenheit und Arbeitszufriedenheit, insbesondere zu der ersten Messung, verhältnismäßig hohe Mittelwerte auf. Ferner steigen nur die Mittelwerte der Skalen Lernen mit anderen, Schulisches Selbstkonzept und Elaborationsstrategien von der ersten zur zweiten Messung. Alle anderen Skalen weisen zur zweiten Erhebung einen geringeren Wert auf als zuvor in der ersten Messung. Die Standardabweichungen bleiben konstant bzw. verändern sich nur gering zwischen der ersten und zweiten Messung.

Zur statistischen Absicherung werden die Skalen der ersten Erhebung („t0") auf Normalverteilung geprüft, um ihre Eignung für die weiterführenden Rechenverfahren zu kontrollieren. Zunächst werden Mittelwert, Modus und Median hinsichtlich ihrer Übereinstimmung betrachtet. Dabei weist die Skala berufliche Handlungskompetenz einen abweichenden Modalwert auf. Zudem verdeutlicht eine Betrachtung der Histogramme[30] bei den Skalen Bedeutsamkeit, Globaler Einfluss, Arbeitszufriedenheit und Schulischem Selbstkonzept Abweichungen von der Normalverteilung. Diese Erkenntnis entspricht den verhältnismäßig hohen Mittelwerten, wie in Tabelle 2 dargestellt.

Des Weiteren ermittelt der Kolmogorov-Smirnov-Test, dass nur die Skalen Empowerment, Basic Needs und Autonomieerleben (Basic Needs) als normalverteilt zu erachten sind. Allerdings liegt hier mit mehr als 200 Befragten eine vergleichsweise größere Stichprobe vor. So besagt der zentrale Grenzwertsatz der Statistik, dass Mittelwerte, bei hinreichend großen Stichproben, als normalverteilt erachtet werden (können) bzw. dass zumindest näherungsweise eine Normalverteilung anzunehmen ist (Backhaus, Erichson, Plinke & Weiber, 2018, S. 91).

Deshalb werden in Kapitel 6.1.1 zur Überprüfung der Hypothesen 1.1–1.14 sowohl parametrische Tests als auch nichtparametrische Tests verwendet, um die Verletzung der Normalverteilung in der Auswertung entsprechend zu berücksichtigen. Für die weitere Auswertung wird das Programm SPSS genutzt.

---

30 Die Histogramme der Skalen (und Subskalen) zu der ersten Messung (t0) sind im Anhang 3 einsehbar.

5.4   Die Soziale Netzwerkanalyse

5.4.1   Begründung für die Methode

Die Forschungsmethode der Sozialen Netzwerkanalyse (SNA) eignet sich (insbesondere) für die Schul- und Bildungsforschung, um Personenbeziehungen in Gruppen oder Schulklassen abzubilden. Allgemein untersucht die Netzwerkforschung das Geflecht sozialer Relationen und ermöglicht die Einsicht in soziale Zusammenhänge. Beziehungen werden nicht als Bedingungsfaktor von Persönlichkeitsmerkmalen betrachtet, vielmehr werden die Position einzelner Auszubildender innerhalb von Netzwerken bzw. Gruppen sowie die wechselseitige Beeinflussung von Person und Netzwerk (bzw. Gruppe oder Klasse) durch indirekte Beziehungen (oder Kontakte) zwischen zwei Personen über „Dritte" fokussiert. Durch die Netzwerkforschung bzw. -analyse können sowohl einseitige als auch wechselseitige soziale Beziehungen modelliert werden. Insbesondere in der Peer Forschung können mit dieser Methode die für die Identitätsentwicklung wichtigen Peer Beziehungen und Netzwerke sichtbar gemacht und ihre Veränderung untersucht werden (Nicht, 2016, S. 167 ff.).

Ferner können Hilfe- und Freundschaftsbeziehungen zwischen Personen in Lern- und Unterrichtssituationen, nach Zander (2013), als „natürliche" soziale Netzwerke bezeichnet werden. Durch die Forschungsmethode der Sozialen Netzwerkanalyse können kontextuelle Effekte in Lernsettings beschrieben und untersucht werden. Ein soziales Netzwerk ist ein Set sozial relevanter Knoten, welches die Muster der Beziehungen innerhalb einer Lerngruppe z. B. entlang von Freundschaften oder Hilfestellungen beschreibt. Dadurch werden u. a. auch Substrukturen oder Cliquen (Untergruppen) innerhalb des Gesamtnetzwerks (einer Lerngruppe oder Klasse) und Merkmale der Personen sichtbar. In der Sozialen Netzwerkanalyse können inhaltsspezifische Netzwerke, wie z. B. Freundschaften, gegenüber domänenspezifischen Netzwerken zum fachlichem Austausch (wie z. B. in bestimmten Unterrichtsfächern oder Lernfeldern) unterschieden werden. Die SNA ermöglicht folglich die Darstellung bzw. Abbildung verschiedener Typen von Peer Netzwerken und zeigt, auf welche Ressourcen (z. B. andere Auszubildende) im sozialen Umfeld zugegriffen wird bzw. welche Ressourcen den Auszubildenden zur Verfügung stehen. Ferner wird durch die SNA ersichtlich, welche Auszubildenden in unterschiedlichen Netzwerken besonders gut oder weniger gut eingebunden sind. Dadurch können diverse Indikatoren der Einbindung eines Individuums in (mehrere verschiedene) soziale Netzwerke innerhalb einer Klassengemeinschaft beschrieben werden. In einem Netzwerk ist eine Person umso zentraler, je mehr (andere) Personen sie genannt haben. Durch Erhebung eines Freundschaftsnetzwerks kann bspw. die Popularität sichtbar werden, z. B. wie viele Auszubildende mit dieser Person befreundet sind. Eine Person mit entsprechend hoher Beliebtheit könnte Einfluss auf die Klassenmeinung nehmen und potenziell beeinflussen, ob bzw. wie (gut) eine Unterrichtsmethode umgesetzt werden kann (Zander, 2013, S. 103 ff.).

Durch das soziale Umfeld können Peers des Weiteren auf zwei der vier Quellen der Selbstwirksamkeit nach Bandura (z. B. 1997) einwirken, denn sowohl durch Beobachtung stellvertretender Erfahrungen als auch durch soziale Ermutigung können Peers zu einer (positiven) Entwicklung der Selbstwirksamkeit beitragen. Als Möglichkeit der Erhebung einer Kompetenzzuschreibung von außen (und nicht durch Selbstberichte) ist das Erlebnis bzw. die Erfahrung von Personen aus dem sozialen Umfeld, um Hilfe bei schwierigen (Fach-)Fragen gebeten zu werden, eine glaubwürdige Form sozialer Ermutigung. Somit könnte erwartet werden, dass die Selbstwirksamkeit von Auszubildenden umso höher sein sollte, je mehr bzw. je häufiger sie von ihren Peers um Hilfe gebeten werden. In diesem Verständnis sind SNA (gut bzw. besser) geeignet als Selbstberichte, da sich Jugendliche typischerweise mit Personen vergleichen (und in Kleingruppen zusammenschließen), die ihnen ähnlich oder etwas besser sind, bspw. bezogen auf ein relevantes Leistungsmerkmal. Die Suche nach vergleichbaren Auszubildenden ist Teil der Selbstregulation und verdeutlicht die (jedoch teilweise etwas verzerrte) Wahrnehmung der Kompetenzen (und Nutzung der Potenziale und Ressourcen) anderer Auszubildender im sozialen Umfeld (Zander, 2013, S. 108 ff.).

Die Präferenz von Jugendlichen für Interaktionen mit ähnlichen Peers verstärkt die Bildung von Cliquen mit Personen mit vergleichbaren bzw. ähnlichen Merkmalen, Gleiches gilt auch für die Bildung von Lerngruppen im Kontext von Schule und Ausbildung. Im sozialen Austausch miteinander lernen Auszubildende, ihre Interessen und Standpunkte mit denen anderer Peers auszubalancieren, sodass Peer Interaktionen u. a. auch deshalb einen positiven Einfluss auf die kognitive und moralische Entwicklung ausüben. Lehr- und Ausbildungskräfte könnten bzw. sollten positive Peer Interaktionen als Ressource zur Gestaltung von individuellen Lernprozessen erachten und sie in der Organisation von Lernsettings nutzen. Denn die Qualität der Peer Interaktionen, in die Auszubildende eingebunden sind, ist u. a. dafür mitentscheidet, wie gern bzw. wie motiviert die Auszubildenden in die Berufsschule oder in den Ausbildungsbetrieb gehen, inwieweit eine Person erwünschtes und angepasstes Sozialverhalten zeigt und für das Bemühen, die gestellten schulischen und beruflichen Anforderungen zu bewältigen, sowie für den Erwerb fachlicher Kompetenzen. Vorstrukturierte peer-zentrierte Instruktions- und Lernformen, wie in der vorliegenden Forschungsarbeit, können einen lernförderlichen Einfluss auf affektive und instrumentelle Peer Netzwerke nehmen. Für eine effektive Anwendung benötigt eine Lehr- oder Ausbildungskraft Möglichkeiten zur Diagnose und Kenntnisse zur Nutzung bestehender Peer Strukturen einer Lerngruppe. Anschließend könnte es durch ein gezieltes Vorgehen u. a. gelingen, isolierte Lernende besser in die Lerngemeinschaft zu integrieren (Hannover & Zander, 2016, S. 91 ff.).

Für die Erhebung bzw. um die Peer Netzwerke sichtbar zu machen, erscheint die Soziale Netzwerkanalyse dementsprechend als eine geeignete Forschungsmethode. Zusätzlich ermöglicht sie, sowohl lernrelevante Selbstwahrnehmungen als auch die schulische Adaption von Lernenden besser verstehen zu können. Darüber hinaus kann mit der Methode der SNA die Untersuchung des dynamischen Zusammenhangs von (lernrelevanten) Selbstwahrnehmungen und Personenkontexten gelingen. Zudem erlaubt sie, domänenspezifisch variierende Bezugsgruppen wie z. B. Arbeitsnetzwerke abzubilden und zugleich wechselseitige Einflüsse der (eigenen) Selbstwahrnehmung und der (eigenständigen) Auswahl von sozialen Peer Kontakten zu modellieren. So werden die Selbstwahrnehmungen von lern- und kompetenzbezogenen Merkmalen in selbst gewählten Peer Netzwerken ersichtlich (Zander, 2014, S. 7 ff.).

In Anlehnung an die Forschungsarbeit von Zander (2014) werden in der vorliegenden Arbeit drei Fragen zur Sozialen Netzwerkanalyse berücksichtigt: „Wen bitten Sie bei fachlichen Fragen um Hilfe?", „Mit wem arbeiten Sie gerne zusammen?" und „Wer sind Ihre besten Freunde?". Ferner wurde hierbei die Wahl der Peer Educator*innen bzw. Peer Mentor*innen (wie z. B. „Wen empfehlen Sie als Mentorin oder Mentor?") mit integriert. Die Fragen zur SNA dienen zur Ermittlung der kognitiv-instrumentellen (Arbeits- und Hilfenetzwerk) sowie der affektiven (Freundschafts- und Sympathienetzwerk) Beziehungen. Diese Kombination erlaubt eine differenzierte, fragestellungsspezifische Betrachtung der Netzwerke und Beziehungen innerhalb von (Ausbildungs-)Klassen und Lerngruppen (Zander, 2014, S. 36 ff.).

Durch die pädagogischen Interventionen zu den drei Ansätzen des Peer Learning sollen die Auszubildenden angeregt werden, intensiver miteinander bzw. zusammen zu lernen und „sich gegenseitig um Rat zu fragen". Dies würde bedeuten, dass sie sich (gegenseitig) helfen, unterstützen und (untereinander) solidarischer werden. Wenn eine solche Tendenz durch die Soziale Netzwerkanalyse ermittelt werden kann, wäre dies ein positiver Effekt des Peer Learning. Gleiches gilt für die potenzielle Zunahme von Freundschafts- und Sympathiebeziehungen sowie für die Bereitschaft, mit anderen Auszubildenden zusammenzuarbeiten. Eine Überprüfung (bzw. Abbildung) derartiger (sozialer) Veränderungen in den Lerngruppen soll durch die SNA realisiert werden. Auch deshalb wurden die Ergebnisse aus der Sozialen Netzwerkanalyse (teilweise) in die Leitfäden zu den Befragungen mit den Auszubildenden und den Lehr- und Ausbildungskräften integriert, um die Veränderungen in der jeweiligen Lerngruppe verstehen und einordnen zu können.

5.4.2 Durchführung und Auswertung

Die Datenerhebung zu der Sozialen Netzwerkanalyse erfolgte in Papierform, direkt im Anschluss an die Fragebogenerhebung. Für die Zuordnung der Befragten wurde dieselbe Codierung verwendet. In dem Erhebungsbogen (siehe Anhang 4) zur Sozialen Netzwerkanalyse sollten die Auszubildenden aus Datenschutzgründen nicht die Originalnamen als Antworten eintragen. Deshalb wurde den Auszubildenden die Liste mit den Codierungen der Klasse bzw. des Jahrgangs für den Moment der Erhebung ausgehängt und anschließend direkt wieder eingesammelt. Den Betrieben und den Berufsschulen sowie den Klassen bzw. Jahrgängen wurden die einzelnen Angaben der Befragten zu den drei Fragestellungen der Sozialen Netzwerkanalyse („Wen bitten Sie bei fachlichen Fragen um Hilfe?", „Mit wem arbeiten Sie gerne zusammen?", „Wer sind Ihre besten Freundinnen/Freunde?") nach der Auswertung nicht präsentiert. Die Auszubildenden (sowie die Lehr- und Ausbildungskräfte) haben somit weder erfahren, wer sie bei den einzelnen Fragen genannt hat noch wie oft sie genannt wurden. In den Interviews mit den Auszubildenden sowie mit den Lehr- und Ausbildungskräften wurden nur Trends bzw. Veränderungen auf Gruppenebene angesprochen. Individuelle oder personenbezogene Ergebnisse wurden hingegen nicht erwähnt.

Erhoben wurden die drei Fragen zur Bildung sozialer Netzwerke in den Peer Groups bzw. Lerngruppen und Klassen jeweils vor und nach den pädagogischen Interventionen des Peer Learning; sowie ebenso zweifach in der Kontrollgruppe mit einer vergleichbaren zeitlichen Distanz zwischen den beiden Erhebungen.

Bedeutsam für die Auswertung ist der Umgang mit fehlenden Werten („Missings"): Auszubildende, die zum Zeitpunkt einer Befragung nicht anwesend waren, weil sie z. B. gesundheitsbedingt fehlten, wurden trotzdem von ihren Mitschüler*innen genannt, konnten aber selbst nicht nennen. Diese Auszubildenden wurden deshalb nicht aus dem Datensatz entfernt. Für die Auswertung bedeutet dies aber, dass zu dem jeweiligen (einen) Zeitpunkt ihre Angaben/Nennungen fehlten. Auszubildende, die die Ausbildung oder Klasse gewechselt (bzw. verlassen) haben, wurden hingegen, auch rückwirkend, aus dem Datensatz entfernt.

Die Stichprobengröße innerhalb der Gruppen variiert zwischen 3 und 27 Auszubildenden verhältnismäßig stark, insbesondere die Sozialen Netzwerke der kleineren Lerngruppen sind weniger aussagekräftig bzw. zurückhaltender zu interpretieren. Für den Ansatz des Peer Mentoring ist zudem zu berücksichtigen, dass die gewählten Mentor*innen in der Erhebung nach der pädagogischen Intervention durch das Peer Mentoring von den befragten Auszubildenden ebenfalls genannt werden konnten, selbst jedoch nicht befragt wurden und entsprechend nicht nennen konnten.

In einer Lerngruppe mit nur drei Auszubildenden konnte nach dem Peer Mentoring nur eine Person befragt werden. Entsprechend musste in diesem Einzelfall auf die Bildung des Netzwerks und die Auswertung der Sozialen Netzwerkanalyse verzichtet werden.

Nach der Erhebung, der Dateneingabe und der -bereinigung wurden die Datensätze in das Programm Gephi eingelesen, ausgewertet und die Netzwerkabbildungen erstellt[31]. Für die Auswertung und Bildung der Netzwerke wurde der Algorithmus ForceAtlas 2 (Jacomy, Heymann, Venturini & Bastian, 2014, S. 1 ff.) verwendet. Für die Auswertung in Kapitel 6.2.1 werden die Netzwerkdichte sowie der durchschnittliche Mittelwert der Nennungen pro Person betrachtet. Die Netzwerkdichte ist das Dichtemaß der Vernetzung der Gesamtgruppe und verdeutlicht, in einem Wertebereich von 0 bis 1, die potenziell möglichen (direkten) Beziehungen im Netzwerk, in Relation zu den empirisch ermittelten Beziehungen (Jansen, 1999, S. 105; Zander et al., 2017, S. 358).

In Anhang 5 werden in den Auswertungstabellen zu den einzelnen Netzwerken zudem weitere Werte, wie der mittlerer Grad, die Modularität, die mittlere Pfadlänge und der durchschnittliche Clusterkoeffizient, aufgeführt. Für die Auswertung zu der zweiten Forschungsfrage und den Hypothesen 2.1–2.3 (siehe dazu auch Kapitel 4.2) werden sie aber nicht weiter berücksichtigt. Denn betrachtet werden soll nicht die Zentralität einer einzelnen Person oder ihre Position (bzw. die Veränderung der Position einer einzelnen Person), sondern vielmehr die Gesamtzahl der Nennungen pro

---

31 Ich möchte an dieser Stelle Yannik Alcala für seine Unterstützung bei der Dateneingabe und Auswertung herzlich danken.

(Lern-)Gruppe über den Mittelwert sowie den (potenziellen) Anstieg der Dichte. Auf die Interpretation der Zentralität (einzelner Personen) wird deshalb bewusst in der Auswertung verzichtet, da die Hypothesen zur Sozialen Netzwerkanalyse inhaltlich die Gesamtgruppe („Anstieg der Netzwerkdichte") fokussieren, im Verständnis eines Merkmals der Klasse oder Lerngruppe als Ganzes. Darüber hinaus erfolgt die Auswertung der Netzwerke in der vorliegenden Arbeit einzeln bzw. nebeneinander und nicht in Form einer multiplexen Netzwerkbildung. Somit sind die (einzelnen) Abbildungen übersichtlicher und vergleichbarer, insbesondere zwischen den Erhebungszeitpunkten, Merkmalen und Lerngruppen (bzw. Klassen).

5.5   Die Interviews mit den Auszubildenden

5.5.1   Begründung für die Methode und Herleitung der Leitfragen

Die vorliegende Forschungsarbeit berücksichtigt neben den quantitativen Erhebungsinstrumenten auch qualitative Methoden, wie u. a. Einzelinterviews mit den Auszubildenden. Diese ermöglichen, wie Zschach (2016) anmerkt, die Erhebung der Beziehungskonstellationen innerhalb von Peer Groups (Zschach, 2016, S. 145). Interviews können zudem als Instrument für allgemeine subjektive Konstrukte, wie das Lernverständnis, fungieren. Dazu stellte beispielsweise Rausch (2011) fest, dass sich Interviews zur Erfassung von Sichtweisen auf das Lernen und die Betreuung am Arbeitsplatz eignen (Rausch, 2011, S. 324). In der vorliegenden Arbeit sollen sowohl die Beziehungskonstellation(en) als auch das gemeinsame und wechselseitige Lernen innerhalb der Peer Groups durch die Einzelinterviews mit den Auszubildenden abgebildet werden.

Das vorliegende Datenmaterial umfasst 39 Interviews mit Auszubildenden, von denen 26 Auszubildende der (sogenannten) Zielgruppe angehören, sechs Auszubildende agierten als Peer Educator*innen und sieben als Peer Mentor*innen. Das Geschlechterverhältnis ist annähernd gleich verteilt: 20 Befragte sind männlich und 19 weiblich. Die Auswahl der Fälle erfolgte durch Selbstaktivierung (der Auszubildenden) nach Reinders (2005). Der Vorteil eines Samplings durch Selbstaktivierung besteht in der freiwilligen Bereitschaft zur Teilnahme an der Studie, da kein zusätzlicher (z. B. monetärer) Anreiz offeriert wird, kann eine (potenziell) höhere Motivation aufseiten der Auszubildenden erwartet werden (Reinders, 2005, S. 119 f.).

Für die Datenerhebung mit den beteiligten Auszubildenden wurde ein Leitfaden entwickelt, welcher sich in der Konzeption an den Hinweisen und Empfehlungen von Witzel (2000) für ein problemzentriertes Interview (PZI) orientiert bzw. daran angelehnt ist. Dies umfasst nach Witzel (2000) eine Orientierung hinsichtlich einer gesellschaftlich relevanten Problemstellung, der Problemzentrierung. Dabei berücksichtigt die bzw. der Interviewer*in die Kenntnis vorliegender objektiver Rahmenbedingungen, um die Explikationen verstehen und (darauf aufbauend) problemorientiert (nach-)fragen zu können. Der Leitfaden selbst fungiert im problemzentrierten Interview als Unterstützung für die Interviewsituation und als Orientierungsrahmen zur Sicherung einer Vergleichbarkeit der durchgeführten Interviews (Witzel, 2000, S. 2 ff.).

Für die Interviews wurde der Leitfaden inhaltlich bzw. in den Formulierungen jeweils an die Zielgruppe bzw. die Peer Educator*innen oder Peer Mentor*innen, den jeweiligen Ansatz des Peer Learning (Peer Tutoring, Peer Education oder Peer Mentoring) sowie den entsprechenden Lernort (Betrieb oder Berufsschule) angepasst.

In dem Leitfaden wurden, den Empfehlungen von Witzel (2000) folgend, zunächst für den Gesprächseinstieg erzählungsgenerierende Kommunikationsstrategien genutzt. Der Leitfaden berücksichtigt aber auch allgemeine Sondierungen und Ad-hoc-Fragen sowie verständnisgenerierende Strategien der spezifischen Sondierungen mit Elementen von Rückspiegelungen, Konfrontationen und Verständnisfragen (Witzel, 2000, S. 5).

Der Aufbau des Leitfadens (siehe Anhang 6) umfasst dementsprechend im ersten Block allgemeine Sondierungen zu dem jeweiligen Ansatz des Peer Learning und wird durch Erfahrungen und Erlebnisse ergänzt. Der zweite Block umfasst Spezifizierungen und thematisiert „Lernen", „Veränderungen" (bei der Gruppe und dem Individuum), „Verhalten und Umgang miteinander" und „Rollen" (z. B. der Peer Educator*innen bzw. der Peer Mentor*innen). Im dritten Block werden die Auszubildenden mit den Ergebnissen aus der Fragebogenerhebung und/oder aus der Sozialen Netzwerkanalyse konfrontiert und um Einordnung und Stellungnahme gebeten. Der vierte und vorletzte Block berücksichtigt Ad-hoc-Fragen, dazu zählen allgemeinere Fragen zur beruflichen Ausbildung. Der „Gesprächsausstieg" erfolgt im fünften Block und endet mit einer dankenden Wertschätzung für die Teilnahme am Interview. Folglich umfasst der Leitfaden insgesamt fünf strukturierende Blöcke, von denen insbesondere die Fragen aus dem Block IV „Ad-hoc-Fragen" nicht vollständig in der vorliegenden Untersuchung berücksichtigt wurden, da sie inhaltlich und thematisch über das Peer Learning hinausgehen.

Für die Konstruktion und Formulierung der Fragen wurden u. a. die Hinweise von Helfferich (2011) berücksichtigt. Die verwendeten Erzählstimuli sind weniger als Fragen und vielmehr als (narrative Erzähl-)Aufforderung(en), z. B. zu Beginn des Interviews zu verstehen. An den von Helfferich (2011) beispielhaft angeführten Erzählaufforderungen orientierte sich die Konstruktion und Entwicklung des Leitfadens, wie u. a. die angewendeten Erzählaufforderungen „Kannst du mir erzählen, was du im Projekt alles erlebt hast?", „Ich würde gerne von dir wissen, wie ihr in dem Peer Projekt zusammen gelernt habt." oder „Und kannst du mir bitte sagen, welche Veränderung du bei dir selbst durch das Projekt festgestellt hast?" verdeutlichen. Derartige Erzählaufforderungen tragen zur Öffnung einer Interviewinteraktion bei, weshalb ihre Bedeutung und ihr Nutzen besonders hervorzuheben sind. Ebenso sind Aufrechterhaltungsfragen relevant, da sie eine Erzählung fortführen (können) bzw. helfen, in der erzählten Situation zu verbleiben oder den Erzählgang voranzutreiben (können). Sie sind zumeist inhaltsleer und sollen keine (zusätzlichen) inhaltlichen Impulse liefern (Helfferich, 2011, S. 102 ff.). Aufrechterhaltungsfragen wurden deshalb ebenso in dem Leitfaden (mit) berücksichtigt. Folglich umfasst der Leitfaden Gesprächsimpulse, um die befragten Auszubildenden zur Erzählung aufzufordern und zusätzliche Informationen sowie Einschätzungen erhalten zu können. Zugleich ist der Leitfaden aber auch dahingehend standardisiert, dass die Antworten verglichen und zusammenhängend analysiert werden können, um dadurch (zusätzlich) die Ergebnisse der (beiden) quantitativen Forschungsmethoden abzusichern. Die gezielten Nachfragen und Aufrechterhaltungsfragen sowie die Bilanzierungsfragen zum Ende des Gesprächs vervollständigen den Leitfaden.

Nach den Gesprächen wurde, den Empfehlungen von Witzel (2000) folgend, ein Postskript verfasst, um Anmerkungen zu situativen und nonverbalen Aspekten, thematischen Auffälligkeiten, inhaltlichen Schwerpunkten oder auch (erste) Interpretationsideen und Anregungen für die Auswertung schriftlich festzuhalten (Witzel, 2000, S. 4).

Wie bereits in Kapitel 5.1 beschrieben, erfolgte die Durchführung der Interviews durch Masterstudierende, welche zuvor in einem universitären Seminar hinsichtlich der Interviewführung geschult wurden. Zudem war ihnen der Leitfaden frühzeitig vertraut und auch die lernortspezifischen Besonderheiten wurden ihnen transparent dargestellt. Die Studierenden, die die Interviews durchführten, sind zuvor nicht in der praktischen Umsetzung des Peer Learning oder der Schulung der Peer Educator*innen und Peer Mentor*innen beteiligt gewesen. Dies ermöglichte ihnen unbefangenes und neutrales Verhalten in der Interviewsituation.

5.5.2 Auswertungsmethode und Kategoriensystem

Die Auswertung der generierten Interviewdaten aus den Gesprächen mit den Auszubildenden orientiert sich an der inhaltlich strukturierenden Inhaltsanalyse. Das Ablaufmodell für die inhaltlich strukturierende qualitative Inhaltsanalyse lässt sich, wie Kuckartz (2016) anmerkt, u. a. für problemzentrierte Interviews anwenden (Kuckartz, 2016, S. 98). Im weiteren Verlauf soll deshalb diese Methode zur Auswertung qualitativer Daten vorgestellt werden.

In der inhaltlich strukturierenden qualitativen Inhaltsanalyse erfolgt durch Bildung von Kategorien und Subkategorien eine inhaltliche Strukturierung der Daten. Zur Bildung der Auswertungskategorien werden häufig (Sub-)Themen der Interviewgespräche verwendet. Innerhalb einer Textstelle können potenziell mehrere Haupt- und Subthemen angesprochen werden, weshalb eine Textstelle auch mehreren Kategorien zugeordnet werden kann. Während sich die Hauptthemen bzw. Oberkategorien zumeist (direkt) aus der Forschungsfrage ableiten lassen, werden die Unterkategorien induktiv am Material bestimmt (Kuckartz, 2016, S. 101 ff.). Abbildung 6 zeigt das von Kuckartz (2016) erarbeitete Ablaufschema einer inhaltlich strukturierenden Inhaltsanalyse.

Abbildung 6: Ablaufschema einer inhaltlich strukturierenden Inhaltsanalyse (aus Kuckartz, 2016, S. 100)

Nach Mayring (2016) eignet sich die qualitative Inhaltsanalyse für eine systematische Bearbeitung von umfangreichem Textmaterial (Mayring, 2016, S. 121). Zudem erleichtert die Standardisierung durch den Interviewleitfaden die Vergleichbarkeit in der Auswertung der Interviewdaten und die Ergebnisse lassen sich durch die größere Fallzahl leichter verallgemeinern (Mayring, 2016, S. 70). Eine Stärke der Inhaltsanalyse ist es, streng methodisch kontrolliert, das Material schrittweise zu analysieren. Das Datenmaterial wird dabei in Einheiten geteilt und nacheinander bearbeitet. Wobei Mayring (2016) die Auswertung des Materials entlang eines theoriegeleitet entwickelten Kategoriensystems empfiehlt (Mayring, 2016, S. 114), während Kuckartz (2012, 2016) (auch) die induktive Entwicklung von Kategorien am Material miteinbezieht, wie u. a. von Schreier (2014) vergleichend dargelegt. Zentrales Ziel der inhaltlich strukturierenden Vorgehensweise ist die Identifizierung von ausgewählten Inhalten, sodass das Material systematisch beschrieben werden kann. Die Struktur des Kategoriensystems ist von besonderer Bedeutung, um die Themen und Perspektiven aus dem Material, entlang der deduktiv und induktiv entwickelten Kategorien, zu explizieren (Schreier, 2014, S. 5 f.).

Die weiterführende Auswertung erfolgte unter Beachtung der Gütekriterien Validität und Reliabilität, wie u. a. von Schreier (2014) und Kuckartz (2016) diskutiert. Die Codierung des vorliegenden Interviewmaterials erfolgte durch eine Person und wurde anschließend von einer zweiten Person überprüft, um somit, zumindest näherungsweise, ein intersubjektiv-konsensuales Textverständnis erreichen zu können. Bezogen auf die Validität soll das Kategoriensystem wesentliche Bedeutungsmerkmale des Materials erfassen (können), dies gelingt u. a. durch die induktive Entwicklung von Kategorien am Material (Schreier, 2014, S. 3).

Für die Datenauswertung werden alle 39 transkribierten Interviews mit den Auszubildenden entlang des Kategoriensystems ausgewertet und im Analyseprogramm MAXQDA codiert[32]. Besonders fokussiert werden Perspektiven und inhaltliche Angaben zum Peer Learning. Das Kategoriensystem wurde sowohl deduktiv als auch induktiv am Textmaterial entwickelt. Das bedeutet, dass wenn eine (neue) Textstelle nicht zu den bereits gebildeten Kategorien (inhaltlich bzw. thematisch) passt, wird aus dem Material heraus eine neue Kategorie induktiv gebildet (Kuckartz, 2016, S. 117). Durch diese Vorgehensweise wird in der Bearbeitung des Materials das Kategoriensystem schrittweise weiterentwickelt und ausdifferenziert, bis im Datenmaterial keine weiteren bzw. neuen Kategorien mehr gefunden werden (können). Für die weiterführende Analyse wurden die codierten Textstellen zudem teilweise paraphrasiert.

Das (endgültige) deduktiv-induktiv gebildete Kategoriensystem umfasst die vier Oberkategorien „Lernen", „Verhalten und Umgang der Gruppe/Klasse", „Erfahrungen und Erlebnisse" sowie „Durchführung und Umsetzung" mit insgesamt 35 Unterkategorien (siehe Anhang 7). Nach Kuckartz (2016) umfasst eine Kategoriendefinition eine „inhaltliche Beschreibung", die „Anwendung der Kategorie", „Beispiele für die Anwendung" und „Abgrenzungen" zu anderen Kategorien (Kuckartz, 2016, S. 66 f.). Diese Hinweise wurden entsprechend für die Kategoriendefinition formuliert, sodass die einzelnen (Unter-)Kategorien auch von verschiedenen Personen (potenziell eindeutig) zugeordnet sowie von anderen Kategorien abgegrenzt werden können. Dazu ist anzumerken, dass manche Textstellen inhaltlich auch mehreren (Unter-)Kategorien zugeordnet werden können. Hingegen wurden Aussagen, die für die Beantwortung der Forschungsfragen bzw. für das Erkenntnisinteresse nicht relevant gewesen sind, nicht codiert.

Die erste Oberkategorie „Lernen" umfasst vier Unterkategorien. Das „gemeinsame Lernen der Auszubildenden/Schüler*innen" (1.1), das „gegenseitige Helfen der Auszubildenden/Schüler*innen" (1.2), den „Austausch über (Lern-)Erfahrungen" (1.3) und die Kategorie „Zeit für das Projekt/zum Lernen gekommen" (1.4).

Die zweite Oberkategorie „Verhalten und Umgang der Gruppe/Klasse" setzt sich aus acht Unterkategorien zusammen. Die erste Unterkategorie bildet das „Gruppenklima" (2.1) ab, wobei hier das Miteinander in den Pausen, im Unterricht sowie außerhalb des Betriebs/der Berufsschule gemeint ist. Die „Arbeitsatmosphäre" (2.2), das bzw. die „Feedback(-kultur)" (2.3), die „Kommunikation" (2.4) und die „Beziehungsgestaltung" (2.5) sind weitere Unterkategorien. Die „Beziehungsgestaltung" meint inhaltlich, dass sich die Auszubildenden sympathisch(er) finden, besser kennengelernt und/oder neue Freundschaften/Bekanntschaften aufgebaut haben. Die Unterkategorie „Zusammenhalt" (2.6) bezieht sich auf den Zusammenhalt (aller) in der Gruppe. Die „Solidarität" (2.7) meint sowohl das eigene „solidarische" Verhalten in der Gruppe als auch das „solidarische" Verhalten der Gruppe, in dem Sinne, anderen zu helfen, z. B. beim Lernen oder Bestehen einer Prüfung. Zugleich bildet die Unterkategorie die

---

32   Ich möchte Patricia Franz ganz herzlich für die Unterstützung bei der Transkription und der Codierung danken.

Eingebundenheit einzelner Personen in der Gruppe ab, dies umfasst auch die soziale Eingebundenheit im Sinne von (sozialer) Anerkennung sowie dem Rückgang von (sozialer) Ausgrenzung. Die achte und letzte Unterkategorie ist die „Beziehung zwischen Ausbilder*innen & Zielgruppe" (2.8).

Die Unterkategorie 3 beinhaltet die „Erfahrungen und Erlebnisse" und gliedert sich in zwei Unterkategorien, die sich wiederum nochmals ausdifferenzieren. Die „Eigenen Erfahrungen" (3.1) umfassen zuerst die „Fachliche Kompetenz" (3.1.1), wobei diese als Selbsteinschätzung zu verstehen ist, da hier Aussagen codiert wurden, die die eigene fachliche Kompetenzentwicklung, durch ein Erleben der eigenen fachlichen Fähigkeit(en), abbilden (sollen). Vergleichbar dazu sind die „Personale Kompetenz" (3.1.2) und die „Soziale Kompetenz" (3.1.3) zu betrachten. Die weiteren Sub-Subkategorien sind die „Autonomie, Selbstständigkeit (im Handeln im Projekt)" (3.1.4) und die „Motivation" (3.1.5) bzw. die „Motivation der Educator*innen/Mentor*innen" (3.1.5.1) und die „Motivation der Mitschüler*innen" (3.1.5.2).

Die zweite Unterkategorie thematisiert die „Stellvertretenden Erfahrungen" (3.2), dazu gehören die „bei anderen wahrgenommene fachliche Kompetenz" (3.2.1), die „bei anderen wahrgenommene personale Kompetenz" (3.2.2), die „bei anderen wahrgenommene soziale Kompetenz" (3.2.3) und die „bei anderen wahrgenommene Autonomie, Selbstständigkeit (im Handeln im Projekt)" (3.2.4). Die weiteren Unterkategorien sind die „bei anderen wahrgenommene Heterogenität/Individualität" (3.2.5) und die „bei anderen wahrgenommene Motivation" (3.2.6) bzw. die „bei den Educator*innen/ Mentor*innen wahrgenommene Motivation" (3.2.6.1) und die bei „bei den Mitschüler*innen wahrgenommene Motivation" (3.2.6.2).

Die vierte Oberkategorie „Durchführung und Umsetzung" umfasst ebenfalls zwei Unterkategorien, welche weiter unterteilt werden. Die „Beschreibung des Ablaufs" (4.1) enthält die „Vorbereitung (durch die Institution Schule/Betrieb)" (4.1.1), die „eigene Vorbereitung auf die Rolle als Educator*in/Mentor*in" (4.1.2), die „Schulung (durch Universität)" (4.1.3), die „Zusammenarbeit mit der Zielgruppe und deren Unterstützung durch die Educator*innen/Mentor*innen" (4.1.4), die „Zusammenarbeit zwischen den Educator*innen/Mentor*innen" (4.1.5) und die „Zusammenarbeit und Unterstützung durch die Ausbilder*innen/Lehrkräfte" (4.1.6). Die zweite Unterkategorie „Einschätzungen des Ablaufs" (4.2) setzt sich aus den Sub-Subkategorien „Positive Rückmeldungen" (4.2.1), „Negative Rückmeldungen" (4.2.2), „Verbesserungsvorschläge" (4.2.3) und „Resümee und Note" (4.2.4) zusammen.

Ein Großteil der Kategorien wurde deduktiv auf Grundlage der theoretischen, inhaltlichen und pädagogischen Annahmen entwickelt, welche auch durch den Leitfaden in Teilen gesetzt bzw. vorgegeben waren. Gemeint sind, u.a. Bezug nehmend auf die Ziele der beruflichen Bildung, im Sinne der Förderung der beruflichen Handlungskompetenz, u.a. Merkmale und Inhalte zu den Kategorien „Fachliche Kompetenz" (3.1.1), „Personale Kompetenz" (3.1.2) und „Soziale Kompetenz" (3.1.3), aber auch ihre Beurteilung durch andere Auszubildende in den Kategorien „bei anderen wahrgenommene fachliche Kompetenz" (3.2.1), „bei anderen wahrgenommene personale Kompetenz" (3.2.2) und „bei anderen wahrgenommene soziale Kompetenz"

(3.2.3). In dieser Aufzählung können ebenso „Feedback(-kultur)" (2.3) und „Kommunikation" (2.4) erwähnt werden.

Zur Abbildung der Perspektiven und Dimensionen der kritisch-emanzipatorischen Berufsbildungstheorie dienen (näherungsweise) die Kategorien „Gegenseitiges Helfen der Auszubildenden/Schüler*innen" (1.2), „Zusammenhalt" (2.6) und „Solidarität" (2.7).

Die Grundbedürfnisse der Selbstbestimmungstheorie der Lernmotivation sind nicht als einzelne Unterkategorien deduktiv entwickelt, vielmehr sind die Aspekte von Autonomieerleben, sozialer Eingebundenheit und Kompetenzerleben (indirekt) in anderen Unterkategorien inhaltlich (mit)enthalten, wie z. B. im „gemeinsamen Lernen der Auszubildenden/Schüler*innen" (1.1), dem „gegenseitigen Helfen der Auszubildenden/Schüler*innen" (1.2), im „Gruppenklima" (2.1), in der „Arbeitsatmosphäre" (2.2), im „Zusammenhalt" (2.6), der „Solidarität" (2.7), der „Fachlichen Kompetenz" (3.1.1), der „Personalen Kompetenz" (3.1.2), der „Sozialen Kompetenz" (3.1.3) sowie in der „bei anderen wahrgenommenen Autonomie, Selbstständigkeit (im Handeln im Projekt)" (3.2.4).

Die Themenzentrierte Interaktion mit dem Fokus für das „Ich" und „Wir", dem „Thema" und dem „Globe" kann ebenfalls durch verschiedene Kategorien nachgezeichnet werden, so bilden „Eigene Erfahrungen" (3.1) Inhalte des „Ich" ab und „Stellvertretende Erfahrungen" (3.2) in Teilen das „Wir". Das „Thema" im Peer Learning kann anteilig durch die Oberkategorie „Lernen" (bzw. Lernfortschritt) und ihre Unterkategorien erfasst werden und der „Globe" kann (demgegenüber) entlang der Kategorien „Vorbereitung (durch die Institution Schule/Betrieb)" (4.1.1), „Schulung (durch Universität)" (4.1.3) und „Zusammenarbeit und Unterstützung durch die Ausbilder*innen/Lehrkräfte" (4.1.6) beschrieben werden.

Induktiv am Material entstanden sind hingegen die Kategorien „Zeit für das Projekt/zum Lernen gekommen" (1.4), „Motivation" (3.1.5), „bei anderen wahrgenommene Heterogenität/Individualität" (3.2.5) und „bei anderen wahrgenommene Motivation" (3.2.6). Andere Kategorien wurden wiederum am Material weiterentwickelt bzw. angepasst und umbenannt, so wie die Kategorien „Gruppenklima" (2.1), „Beziehungsgestaltung" (2.5), „Beziehung zwischen Ausbilder*innen & Zielgruppe" (2.8) oder auch „Zusammenarbeit mit der Zielgruppe und deren Unterstützung durch die Educator*innen/Mentor*innen" (4.1.4).

Das Ziel einer inhaltsanalytischen Auswertungstechnik ist eine Kontextanalyse, u. a. um eine Struktur aus dem Material filtern zu können. Im Anschluss an den Codierprozess des vorhandenen Textmaterials beginnen die Analyse und die Ergebnisinterpretation. Eine Option für die Auswertung liegt in der Betrachtung der Häufigkeiten der einzelnen (Unter-)Kategorien. Dabei orientiert sich die vorliegende Arbeit an der „Kategorienbasierten Auswertung der Hauptkategorien" nach Kuckartz (2016). In diesem Vorgehen wird betrachtet, welche Aussagen zu einem Thema gegeben werden. Dies umfasst sowohl die Häufigkeit der Themen und Subthemen als auch die inhaltlichen Ergebnisse, z. B. dahingehend, welche Themen, Sichtweisen und Begründungen genannt werden (Kuckartz, 2016, S. 117 ff.).

In manchen der Unterkategorien wurden einzelne Antworten bzw. Aussagen codiert, die inhaltlich „keine Veränderung" bzw. „keine Kompetenzentwicklung" übermitteln. Diese Thematiken und Fragen hinsichtlich möglicher Veränderungen bei der Gruppe sowie der eigenen Person wurden im Leitfaden direkt angesprochen bzw. es wurde um Antwort gebeten. Bei der Auswertung und Betrachtung der Häufigkeiten von Nennungen einzelner Codes ist dies entsprechend in der Interpretation zu bedenken. Dies betrifft die Kategorien „Fachliche Kompetenz" (3.1.1), „Personale Kompetenz" (3.1.2) und „Soziale Kompetenz" (3.1.3) sowie „bei anderen wahrgenommene fachliche Kompetenz" (3.2.1), „bei anderen wahrgenommene personale Kompetenz" (3.2.2) und „bei anderen wahrgenommene soziale Kompetenz" (3.2.3)[33]. Ein solches Antwortverhalten deutet an, dass es den Auszubildenden potenziell schwerfällt, bspw. Veränderungen in den Kompetenzdimensionen bei sich oder bei anderen Auszubildenden einzuschätzen bzw. diese zu bewerten.

In der weiterführenden Aufbereitung des Materials (im Anhang 7) und der Auswertung der Kategorien, in den Kapiteln 6.1.2, 6.2.2 und 6.3.1, soll durch Darlegung exemplarischer Zitate das Vorgehen in der Auswertung sowie die Entstehung interpretativer (Rück-)Schlüsse transparent dargelegt werden. Qualitative Forschungsmethoden ermöglichen, die Abbildung subjektiver Verständnisse und Deutung(en) auf Einzelfallebene in der Analyse zu berücksichtigen sowie durch eine strukturierte Auswertung fallübergreifende (und potenziell verallgemeinerbare) Erklärungs- und Deutungsmuster zu erkennen (Kuckartz, 2016, S. 111 ff.). Die inhaltliche Auswertung zu den drei Forschungsfragen der vorliegenden Arbeit erfolgt in Kapitel 6, mit dem Verweis auf die hier vorgestellten Kategorien, sodass die Ergebnisse hinsichtlich einer Beantwortung der jeweiligen Forschungsfrage interpretiert und diskutiert werden können.

5.6 Die Interviews mit den Lehr- und Ausbildungskräften

5.6.1 Begründung für die Methode und Herleitung der Leitfragen

Neben den Interviews mit den Auszubildenden wurden ebenso Interviews mit den Lehr- und Ausbildungskräften aus den beteiligten Institutionen geführt. Durch die Perspektiven der Lehr- und Ausbildungskräfte können sowohl zusätzliche Aspekte und Argumente für die Interpretation der Ergebnisse der anderen forschungsmethodischen Zugänge generiert werden als auch neue Erkenntnisse. So können die befragten Lehr- und Ausbildungskräfte Rückmeldungen und Beobachtungen zu der Umsetzung des Peer Learning in den jeweiligen Klassen und Lerngruppen schildern sowie potenzielle Veränderungen bei einzelnen Auszubildenden oder auch der Gesamtgruppe einschätzen bzw. einordnen. Durch die Sichtweisen und Antworten der Lehr- und Ausbildungskräfte gelingt es, eine gewisse „Außenansicht" (potenziell vergleichbar mit dem „Globe" aus der Themenzentrierten Interaktion, siehe dazu auch Kapitel 2.5) über das

---

33 Ähnliches gilt auch für Unterkategorien 2.1, 3.1.4, 3.2.4, 3.2.6.1, 4.1.6 und 4.2.3. Die Anwendungen der einzelnen Kategorien sind (mit Beispielen) im Anhang 7 ausführlich erklärt.

Peer Learning zu erhalten, im Gegensatz zu den Gesprächen mit den Auszubildenden, die aktiv in den pädagogischen Ansätzen und Projekten beteiligt waren. Die Antworten und Beschreibungen der Lehr- und Ausbildungskräfte sind entsprechend bedeutsam für die Analyse und Interpretation in Kapitel 6.

Insgesamt konnten 15 Lehr- und Ausbildungskräfte interviewt werden, sieben betriebliche Ausbilder*innen und acht berufsschulische Lehrkräfte. Von den befragten Personen sind elf männlichen und vier weiblichen Geschlechts. Die Forschungsmethode orientiert sich dabei an den Hinweisen und Empfehlungen zur Realisierung von Expert*inneninterviews.

Für die Durchführung von Expert*inneninterviews ist die spezielle Auswahl bzw. der zugeschriebene Status der Befragten als „Expertin/Experte" bedeutsam (Helfferich, 2011, S. 163; Helfferich, 2014, S. 559). Der Experten*innenstatus einer Person ist (immer) in Relation zum Forschungsinteresse zu bestimmen. Eine Person wird dann zum Experten bzw. zur Expertin erklärt, wenn er oder sie (begründet angenommen) über ein Wissen verfügt, welches (erst) durch ihn oder sie zugänglich wird. Mit anderen Worten: Das Experten*innenwissen ist ein Sonder- oder Spezialwissen, welches der befragten Expertin bzw. dem befragten Experten selbst bewusst ist und sich zudem von einem Alltagswissen unterscheiden lässt (Meuser & Nagel, 2002b, S. 259 ff.). Der Status eines oder einer Befragten als Experte bzw. Expert*in erfolgt entsprechend über die Zuschreibung bzw. die Erwartung, dass die Person über das (Expert*innen-)Wissen verfügt. Die entsprechende Expertise wird in den Interviews thematisiert, während hingegen persönliche Perspektiven und Sichtweisen der Interviewten nicht relevant sind (Helfferich, 2014, S. 570 f.). Meuser und Nagel (2009) fassen zusammen, dass als Expertin/Experte angesprochen wird, „wer in irgendeiner Weise Verantwortung trägt für den Entwurf, die Ausarbeitung, die Implementierung und/oder die Kontrolle einer Problemlösung, und damit über einen privilegierten Zugang zu Informationen über Personengruppen, Soziallagen, Entscheidungsprozesse, Politikfelder usw. verfügt" (Meuser & Nagel, 2009, S. 470).

Für die vorliegende Forschungsarbeit werden die betrieblichen Ausbilder*innen und die Lehrkräfte an Berufsschulen als „Expert*innen" angesprochen, weil sie zum einen über eine Expertise über berufliches Lernen (im Lernort Betrieb oder Berufsschule) verfügen sowie zum anderen über ein Sonder- und Spezialwissen über die (soziale) Gruppe der am Peer Learning beteiligten Auszubildenden. Denn in den Experten*inneninterviews bildet nicht die (Gesamt-)Person den Gegenstand der Analyse, sondern vielmehr der organisatorische bzw. institutionelle Zusammenhang. Folglich sind befragte Expert*innen selbst Teil des Handlungsfeldes, weshalb sie in der Rolle als Funktionsträger*innen innerhalb des organisatorischen oder institutionellen Kontextes adressiert werden und ihre Zuständigkeiten und Aufgaben oder ihre (exklusiven) Erfahrungen und Kenntnisse von besonderer Bedeutung für das jeweilige Forschungsinteresse sind. Dementsprechend können Lehr- oder Ausbildungskräfte Expert*innen sein (Meuser & Nagel, 2002a, S. 72 ff.).

Neben dem zentralen Merkmal des Expert*innenstatus, ist ein Expert*inneninterview ein leitfadengestütztes Interview. Die Datenerhebung erfolgt entlang einer offenen, leitfadenorientierten Gesprächsführung, sodass sowohl eine Offenheit als auch eine Strukturierung vorliegt (Meuser & Nagel, 2002a, S. 77). Ein Leitfaden kann (allgemein) nach Helfferich (2014) auch „Stimuli" oder aktivierende Aufforderungen berücksichtigen, wie z. B. die Aufforderung, etwas zu kommentieren oder Stellung zu etwas zu beziehen. Die Ausgestaltung eines Leitfadens kann sehr unterschiedlich sein und potenziell (nur) wenige Erzählaufforderungen umfassen bis hin zu einem stark strukturierten Leitfaden inkl. einer Liste von Fragen mit konkreten Inhalten. Als Vorteil einer (vergleichsweise starken) Strukturierung im Leitfaden kann erachtet werden, dass die für die Forschung relevanten Aspekte (auch) angesprochen werden. Die Befragten äußern sich auch dann zu diesen Themen, wenn sie diese (von sich aus) nicht selbst angesprochen hätten. Des Weiteren kann durch dieses Vorgehen eine Vergleichbarkeit der Interviews (untereinander) sichergestellt und die Auswertung dahingehend erleichtert werden, verallgemeinernde Ergebnisse zu generieren. Bezüglich des Aufbaus eines Leitfadens empfiehlt Helfferich (2014), in einem ersten Schritt den Befragten die Möglichkeit zu geben, sich so frei wie möglich zu äußern, damit durch die Befragten möglichst viele relevante inhaltliche Aspekte direkt und spontan angesprochen werden (können). In einem zweiten Schritt sollte zu den Aspekten nachgefragt werden, zu denen (bislang) nur unzureichend geantwortet wurde. Der dritte Schritt ist die Formulierung strukturierter Fragen. (Leitfaden-)Interviews bilden zumeist eine Kombination von offenen Erzählaufforderung und situativ bestimmter relevanter Nachfragen sowie Bilanzierungsfragen. Experten*inneninterviews sind üblicherweise Leitfadeninterviews und umfassen bei einer (vergleichsweise) stärkeren Strukturierung mit konkreten und prägnant zu beantwortenden Sachfragen ebenso teilnarrative Elemente (Helfferich, 2014, S. 565 ff.).

Der hier verwendete Leitfaden (siehe Anhang 6) ist in zwei Blöcke aufgeteilt bzw. strukturiert. Der erste Block „Berufliche Bildung" thematisiert eingangs die Berufsbiografie (Teil 1) der befragten Expertin bzw. des befragten Experten, auch, um einen leichten Einstieg in das Gespräch sicherstellen zu können. Teil 2 (von Block 1) fokussiert die „Haltung und Einstellung zur beruflichen Bildung" und insbesondere die „Berufliche Bildung", „Die Rolle der Berufsschullehrkraft/der Ausbilderin bzw. des Ausbilders" und einen „Themenausstieg". Der dritte und letzte Teil des ersten Blocks umfasst Fragestellungen zur „Ausbildung". Da diese Inhalte nicht (direkt) zu einer Klärung der Forschungsfragen beitragen, wurde dieser Block für die vorliegende Arbeit weder codiert noch ausgewertet.

Der zweite Block „Das Peer Projekt" besteht ebenfalls aus drei Teilen. Der erste Teil thematisiert die „Erfahrungen und Erlebnisse im Projekt" und nutzt einen narrativen Einstieg, welcher die Expert*innen auffordert, zu beschreiben, wie die Auszubildenden zusammen gelernt und gemeinsam gearbeitet haben und wie dies von der Lehrkraft bzw. dem oder der Ausbilder*in erlebt worden ist. An den narrativen Einstieg anschließend sind acht (gezielte) Nachfragen platziert, so wurde u. a. auch nach potenziellen Schwierigkeiten in der Umsetzung („Welche Schwierigkeiten und Probleme gab es in der Umsetzung/im Alltag?"), möglichen Veränderungen bei den Auszubildenden („Welche Veränderung haben Sie durch die Peer Education bei Ihren

Schülerinnen und Schülern wahrgenommen?") sowie nach einer (Gesamt-)Zufriedenheit mit dem jeweiligen Ansatz des Peer Learning (z. B. „Wie zufrieden sind Sie mit dem Peer Tutoring insgesamt?") gefragt. Der Teil 2 richtet den Fokus auf die „Ergebnisse aus der Fragebogenanalyse und Sozialen Netzwerkanalyse" und erbittet von den Befragten eine einordnende (und reflektierte oder interpretative) Stellungnahme zu ausgewählten (quantitativen) Analyseergebnissen der jeweiligen Klasse oder des jeweiligen Jahrgangs. Diese Einordnung hilft bei der (weiterführenden) Interpretation und spiegelt erste Ergebnisse an die Lehr- oder Ausbildungskraft zurück. Der letzte und abschließende dritte Teil („Abschluss und Ausblick") rundet das Gespräch ab, ermöglicht den Befragten eine letzte ergänzende Stellungnahme zum Peer Learning und wagt einen (kreativen) Ausblick, inwieweit Peer Learning zukünftig angepasst (bzw. ggfs. verbessert) werden sollte („Jetzt, nach den Erfahrungen aus dem Peer Projekt, was würden Sie sich wünschen, wie sollten solche Projekte zukünftig durchgeführt werden?") und welche Bedeutung die Ansätze zukünftig in der beruflichen Ausbildung einnehmen sollten bzw. könnten („Welche Rolle sollten Ihrer Meinung nach Peer Projekte in der beruflichen Ausbildung in der Zukunft in Deutschland spielen?").

Um erste situative Wahrnehmungen, Besonderheiten oder Anregungen zur Interpretation direkt nach den Gesprächen mit den Lehr- und Ausbildungskräften festhalten zu können, wurde, wie nach den Gesprächen mit den Auszubildenden, jeweils ein Postskript verfasst.

5.6.2 Auswertungsmethode und Kategoriensystem
Das Ziel der Analyse und Auswertung von Experten*inneninterviews ist der Vergleich der Aussagen und Inhalte, dahingehend, ob Gemeinsamkeiten in den Wissensbeständen, Wirklichkeitskonstruktionen, Interpretationen und Deutungsmustern vorliegen und inwieweit diese als repräsentativ erachtet werden (können). Die Auswertung orientiert sich an inhaltlich-thematischen Einheiten, welche durch die leitfadenorientierte Interviewführung eine (potenzielle) Vergleichbarkeit der vorliegenden Daten gewährleisten (Meuser & Nagel, 2002a, S. 80 f.).

Gläser und Laudel (2010) beschreiben eine Auswertung(-smethode) von Expert*inneninterviews nach der qualitativen Inhaltsanalyse und beziehen sich u. a. auf Arbeiten von Mayring, da sie Merkmale und Ansätze der Inhaltsanalyse für die Auswertung von Expert*inneninterviews übertragen. Die Methode sieht nach dem Codieren der Textstellen die (quantifizierte) Betrachtung der Häufigkeit der Kategorien vor, wobei ein Zusammenhang zwischen der Häufigkeit bestimmter Kategorien und ihrer Bedeutung für den (jeweiligen) Sachverhalt, den sie abbilden, angenommen wird bzw. werden kann. In der qualitativen Inhaltsanalyse erfolgt eine frühzeitige Lösung vom Ursprungstext und eine systematische Reduzierung sowie Strukturierung der Informationsfülle. Kern des methodischen Verfahrens ist die Extraktion von Informationen, also die Entnahme benötigter Informationen aus dem verfügbaren Textmaterial. Hierfür wird ein Suchraster (bzw. Kategoriensystem) verwendet, welches auf theoretischen Vorüberlegungen beruht. Innerhalb der Extraktion erfolgt die Zuordnung von Textausschnitten in die entsprechenden Kategorien (Gläser & Laudel, 2010, S. 197 ff.).

Eine andere Auswertungsmethode, von Meuser und Nagel (2009), sieht nach der Transkription der Interviews zunächst eine Paraphrasierung vor. Daran anschließend erfolgt die Codierung, bei der die paraphrasierten Passagen thematisch geordnet werden, wobei die Zuordnung einer Textpassage auch zu mehreren Codes möglich ist. Im nächsten Schritt der Auswertung nach Meuser und Nagel (2009) erfolgt der thematische Vergleich der Codierungen bzw. die Bündelung thematisch vergleichbarer Textpassagen aus verschiedenen Interviews. Dabei ist an einer textnahen Kategorienbildung festzuhalten und auf theoriesprachliche Abstraktion zu verzichten. In diesem Schritt werden die Codierungen überprüft und bereits vorgenommene Zuordnungen ggfs. revidiert. Danach erfolgen die Konzeptualisierung und die theoretische Generalisierung. In der Konzeptualisierung werden Gemeinsamkeiten und Differenzen, unter Rückgriff auf theoretische Wissensbestände, begrifflich ausgestaltet und es wird versucht, diese (empirisch) zu generalisieren bzw. auf Basis des vorliegenden empirischen Materials zu verallgemeinern. Der letzte (Auswertungs-)Schritt, die theoretische Generalisierung, umfasst, in einem rekonstruktiven Verfahren, die Ordnung bzw. Darstellung der Kategorien nach ihrem internen Zusammenhang unter gleichzeitiger Berücksichtigung einer theoretischen Perspektive auf die empirisch (generalisierten) Ergebnisse (Meuser & Nagel, 2009, S. 476 f.).

In der vorliegenden Arbeit wird ein methodisches Vorgehen verwendet, welches sich an dem Auswertungsansatz von Gläser und Laudel (2010) bzw. Mayring (2016) und der qualitativen Inhaltsanalyse orientiert sowie auch, insbesondere im Bemühen einer (theoretischen) Generalisierung, an Meuser und Nagel (2009) angelehnt ist. Das methodische Vorgehen nach der qualitativen Inhaltsanalyse bzw. nach Gläser und Laudel (2010) sowie Mayring (2016) entspricht einer angemessenen Vorgehensweise zur Auswertung von Leitfadeninterviews bei zuvor deduktiv entwickelten Kategorien.

Für die vorliegende Arbeit erscheint dies insbesondere dahingehend als angemessen, als dass die befragten Lehr- und Ausbildungskräfte zumeist eher passiver oder unterstützender Teil des Peer Learning gewesen sind und ihnen deshalb, leitfadengestützt, Fragen gestellt wurden, wie sie die Durchführung und potenzielle Effekte einschätzen. Entsprechend wurden vorab Erwartungen hinsichtlich der Antwortmöglichkeiten formuliert, sodass daran anschließend eine deduktive Kategorienbildung realisiert werden konnte.

Die Auswertung der Transkripte mit dem Analyseprogramm MAXQDA sowie die Beachtung der Gütekriterien Validität und Reliabilität, im Codierprozess durch eine Person und einen späteren Abgleich durch eine zweite Person sowie in der Kategoriendefinition, sind vergleichbar mit der Auswertung der Interviews mit den Auszubildenden in Kapitel 5.5.2. Die Ober- und Unterkategorien weisen zudem inhaltliche und begriffliche Überschneidungen zum Kategoriensystem der Befragung mit den Auszubildenden auf. Die erste Oberkategorie „Lernen" umfasst drei Unterkategorien, „Gemeinsames Lernen der Auszubildenden/Schüler*innen" (1.1), „Gegenseitiges Helfen der Auszubildenden/Schüler*innen" (1.2) und „Zeit für das Projekt/zum Lernen gekommen" (1.3).

In der zweiten Oberkategorie werden alle Aussagen zu „Verhalten und Umgang der Gruppe/Klasse" codiert. Diese gliedern sich in sieben Unterkategorien auf: „Gruppenklima" (2.1), „Arbeitsatmosphäre" (2.2), „Feedback(-kultur)" (2.3), „Kommunikation" (2.4), „Beziehungsgestaltung" (2.5), „Zusammenhalt" (2.6) und „Solidarität" (2.7). Das „Gruppenklima" meint das Miteinander in den Pausen und im Unterricht in der Berufsschule wie im Betrieb, während „Solidarität" sowohl das eigene „solidarische" Verhalten in der Gruppe als auch das „solidarische" Verhalten der Gesamtgruppe umfasst. Das bedeutet, anderen Auszubildenden zu helfen, z. B. beim Lernen oder im Bestehen einer Prüfung, aber auch die Eingebundenheit und Anerkennung einzelner Personen in der Gruppe bzw. in der Klasse.

Die dritte Oberkategorie „Stellvertretende Erfahrungen und Erlebnisse" berücksichtigt die „Fachliche Kompetenz" (3.1), die „Personale Kompetenz" (3.2), die „Soziale Kompetenz" (3.3), „Autonomie/Selbstständigkeit" (bezieht sich auf das Handeln im Projekt) (3.4), „Heterogenität/Individualität" (3.5) und die „Motivation" (3.6) bzw. die „Motivation der Mitschüler*innen" (3.6.1) und die „Motivation der Educator*innen/Mentor*innen" (3.6.2).

Die vierte Oberkategorie „Durchführung und Umsetzung" unterteilt weitere Sub- und Sub-Subkategorien. In der „Beschreibung des Ablaufes" (4.1) werden die „Vorbereitung (intern in der Institution Schule/Betrieb)" (4.1.1), die „Vorbereitung der Auszubildenden/Schüler*innen (Organisation)" (4.1.2), die „Vorbereitung auf die Rolle als Educator*in/Mentor*in" (4.1.3), die „Schulung (durch Universität)" (4.1.4), die „die „Zusammenarbeit mit der Zielgruppe und deren Unterstützung durch die Educator*innen/Mentor*innen" (4.1.5) und die „Zusammenarbeit mit der Zielgruppe und deren Unterstützung durch die Ausbilder*innen/Lehrkräfte" (4.1.6) zusammengefasst. Die „Einschätzungen des Ablaufes" (4.2) berücksichtigen „Positive Rückmeldungen" (4.2.1), „Negative Rückmeldungen" (4.2.2), „Verbesserungsvorschläge" (4.2.3), „Zukünftige Peer Learning Projekte" (4.2.4) und „Resümee und Note" (4.2.5). Die letzte Unterkategorie „Allgemeine Einschätzungen" (4.3) bündelt allgemeine, subjektive wie individuelle Einschätzung der befragten Lehr- und Ausbildungskräfte zum Peer Learning. Sie ist die einzige Unterkategorie, welche induktiv am Material entwickelt wurde.

Ebenso wie in Kapitel 5.5.2 thematisiert, wurden in manchen Unterkategorien einzelne Antworten bzw. Aussagen codiert, die inhaltlich „keine Veränderung" bzw. „keine Kompetenzentwicklung" aussagen[34]. Diese Themen bzw. Fragen zu möglichen Veränderungen wurden in den Interviews direkt angesprochen bzw. es wurde um Antwort und Einschätzung gebeten. Bei der Auswertung der Häufigkeiten von Nennungen einzelner Codes ist dies anteilig zu berücksichtigen.

In der weiterführenden Auswertung in den Kapitel 6.1, 6.2 und 6.3 werden die Aussagen zu den Kategorien unter Berücksichtigung einer interpretativen Einordnung zur Beantwortung der drei Forschungsfragen herangezogen.

---

34 Diese sind 2.1, 2.6, 3.1, 3.2, 3.3, 3.4, 3.6.2, 4.1.6, 4.2.2 und 4.2.3. Eine detaillierte Beschreibung der einzelnen Unterkategorien, ihre Anwendung und Beispiele der Anwendung sind dem Anhang 7 zu entnehmen.

6 Peer Learning in der beruflichen Ausbildung – Auswertung und Analyse

In diesem Kapitel werden sowohl die in Kapitel 4 aufgestellten Hypothesen empirisch geprüft als auch die drei Forschungsfragen in den jeweiligen Unterkapiteln beantwortet. Jedes Unterkapitel schließt mit einem einordnenden Zwischenfazit zu den zuvor dargelegten empirischen Ergebnissen.

6.1 Geförderte Einstellungen und Dimensionen durch Peer Learning

6.1.1 Die Auswertung der Fragebogenerhebung

Zur Beantwortung bzw. zur Annäherung an eine Antwort der ersten Forschungsfrage („Welche Einstellungen und Dimensionen können durch Peer Learning bei Auszubildenden gefördert werden?"), sollen zunächst die Hypothesen 1.1–1.14 überprüft werden. Diese sind als einseitige und gerichtete Hypothesen, mit einer positiven Erwartung an einen signifikant höheren Anstieg in der Interventions- als in der Kontrollgruppe, formuliert. In Tabelle 3 werden die Mittelwerte der ersten und zweiten Erhebung für die Interventions- und die Kontrollgruppe getrennt aufgeführt sowie der Differenzwert aus den beiden Erhebungen (Wert in MZP 2 – Wert in MZP 1)[35].

Tabelle 3: Vergleich der Mittelwerte der Skalen zwischen der Interventionsgruppe (IG) und der Kontrollgruppe (KG) über zwei Messzeitpunkte (MZP)

		MZP 1	MZP 2	Differenzwert
Lernen mit anderen	IG	3,32 n = 161	3,40 n = 149	0,05 n = 141
	KG	3,24 n = 58	3,18 n = 60	−0,03 n = 52
BHK	IG	5,36 n = 160	5,32 n = 149	−0,05 n = 140
	KG	5,09 n = 56	5,00 n = 59	−0,15 n = 50

---

35 In der Tabelle werden zu MZP 1 und MZP 2 jeweils die Mittelwerte aller vorliegenden Daten berichtet, weshalb der Stichprobenumfang stets variiert. Für den Differenzwert werden nur Befragte herangezogen, welche zu beiden Zeitpunkten befragt wurden bzw. von denen zu beiden Zeitpunkten Daten vorliegen. Folglich ist hier die Stichprobe etwas geringer als bei den einzelnen Messzeitpunkten.

(Fortsetzung Tabelle 3)

		MZP 1	MZP 2	Differenzwert
Empowerment	IG	3,52 n = 161	3,42 n = 148	−0,10 n = 140
	KG	3,44 n = 58	3,30 n = 60	−0,12 n = 52
Selbstbestimmung – Emp.	IG	3,34 n = 161	3,20 n = 148	−0,14 n = 140
	KG	3,70 n = 58	3,48 n = 60	−0,26 n = 52
Selbstwirksamkeit – Emp.	IG	4,11 n = 161	3,99 n = 148	−0,14 n = 140
	KG	4,05 n = 58	3,88 n = 60	−0,12 n = 52
Bedeutsamkeit – Emp.	IG	4,23 n = 161	4,09 n = 148	−0,15 n = 140
	KG	3,78 n = 58	3,67 n = 60	−0,09 n = 52
Globaler Einfluss – Emp.	IG	2,40 n = 161	2,42 n = 148	0,00[36] n = 140
	KG	2,22 n = 58	2,15 n = 60	−0,02 n = 52
Basic Needs	IG	3,63 n = 161	3,56 n = 149	−0,07 n = 141
	KG	3,46 n = 56	3,46 n = 59	−0,05 n = 50
Autonomieerleben – BN	IG	3,03 n = 161	3,00 n = 149	−0,02 n = 141
	KG	2,84 n = 56	2,84 n = 59	−0,07 n = 50
Kompetenzerleben – BN	IG	3,78 n = 161	3,73 n = 149	−0,04 n = 141
	KG	3,56 n = 56	3,58 n = 59	0,01 n = 50
Soziale Eingebundenheit – BN	IG	4,08 n = 161	3,94 n = 149	−0,13 n = 141
	KG	3,96 n = 56	3,96 n = 59	−0,08 n = 50

36   Der exakte Wert beträgt 0,00238.

(Fortsetzung Tabelle 3)

		MZP 1	**MZP 2**	**Differenzwert**
Arbeitszufriedenheit	IG	4,04 n = 159	3,90 n = 147	−0,11 n = 138
	KG	3,97 n = 56	4,00 n = 60	−0,06 n = 50
Schulisches Selbstkonzept	IG	3,12 n = 161	3,10 n = 148	−0,06 n = 140
	KG	3,06 n = 57	3,12 n = 60	0,10 n = 51
Elaborationsstrategien	IG	3,78 n = 160	3,81 n = 149	0,04 n = 140
	KG	3,73 n = 56	3,66 n = 60	−0,05 n = 50

BHK – Berufliche Handlungskompetenz, Emp. – Empowerment, BN – Basic Needs; Wertebereich der Mittelwerte: 1–4 (Schulisches Selbstkonzept), Wertebereich der Mittelwerte: 1–5 (Lernen mit anderen, Empowerment, Basic Needs, Arbeitszufriedenheit, Elaborationsstrategien), Wertebereich der Mittelwerte: 1–7 (Berufliche Handlungskompetenz)

Die Betrachtung der Mittelwerte in Tabelle 3 verdeutlicht, dass die Mittelwerte in der Interventionsgruppe in der ersten Erhebung höher ausfallen als zum selben Zeitpunkt in der Kontrollgruppe, ausgenommen ist davon die Skala Selbstbestimmung (Subskala aus Empowerment). Zudem steigen in der Interventionsgruppe die Mittelwerte zum zweiten Messzeitpunkt nur in den Skalen Lernen mit anderen, Globaler Einfluss und Elaborationsstrategien an. Ebenso steigen in der Kontrollgruppe nur wenige Mittelwerte an, dies betrifft die Skalen Kompetenzerleben (Subskala in den Basic Needs), Arbeitszufriedenheit und Schulisches Selbstkonzept.

Diese Daten entsprechen insgesamt nicht den (erwarteten) Annahmen, wonach die Werte (insbesondere in der Interventionsgruppe) zur zweiten Erhebung steigen soll(t)en. Ferner zeigt sich hier erneut, was bereits in Kapitel 5.3.2 berichtet wurde, dass die Mittelwerte zum Zeitpunkt der ersten Messung verhältnismäßig hoch (bzw. zu hoch) ausfallen. Ebenso ist der Rückgang in einzelnen Dimensionen, sowohl in der Interventions- als auch in der Kontrollgruppe, nicht (eindeutig) zu erklären. Möglicherweise nehmen mehrere externe Faktoren (wie z. B. die Zwischenprüfung bzw. die Abschlussprüfung Teil 1 oder steigender Leistungsdruck) im zweiten Ausbildungsjahr darauf Einfluss. Andererseits könn(t)en auch (zu) positive Selbsteinschätzungen die Werte zur ersten Erhebung erklären sowie die erlebte Bedeutsamkeit durch die Teilnahme an dem Forschungsprojekt selbst.

Denn die formulierten Erwartungen in den 14 Hypothesen gehen (hingegen) von einem Anstieg der Dimensionen zur zweiten Erhebung aus. Da in der Interventionsgruppe die Mittelwerte nur in drei Dimensionen angestiegen sind, können für die Hypothesenprüfung entsprechend (auch) nur diese weitergehend betrachtet werden. Um die in Kapitel 5.3.2 berichteten Verletzungen der Normalverteilung zu berücksichtigen, werden die Mittelwertvergleiche zwischen der ersten und zweiten Erhebung sowohl entlang eines parametrischen Testverfahrens (t-Test bei verbundenen/abhängigen Stichproben mit paarigen Werten) und eines nichtparametrischen Testverfahrens (Wilcoxon-Test) analysiert. Die Ergebnisse zeigen, dass die Mittelwertunterschiede zu den beiden Messzeitpunkten innerhalb der Interventionsgruppe in den drei Skalen Lernen mit anderen (p = .30/p = .29)[37], Globaler Einfluss (p = .98/p = .84) und Elaborationsstrategien (p = .26/p = .19) nicht signifikant sind.

In einem zweiten Analyseschritt werden die Anstiege bzw. die Unterschiede in den Differenzwerten zwischen den beiden Untersuchungsgruppen auf Signifikanz geprüft. Dabei zeigen sowohl das parametrische Testverfahren (t-Test bei unabhängigen Stichproben) als auch das nichtparametrische Testverfahren (Mann-Whitney-U-Test) keine signifikanten Unterschiede in den Anstiegen bzw. es liegen keine signifikant höheren Differenzwerte in der Interventionsgruppe als in der Kontrollgruppe, in den Skalen Lernen mit anderen (p = .38/p = .40), Globaler Einfluss (p = .89/p = .84) und Elaborationsstrategien (p = .26/p = .16), vor.

Inhaltlich kann (dennoch) festgehalten werden, dass in der Kontrollgruppe die Werte in den Dimensionen Lernen mit anderen, Globaler Einfluss und Elaborationsstrategien im Zeitraum zwischen den zwei Erhebungen absinken, während dieselben Werte in der Interventionsgruppe zeitgleich (leicht) ansteigen. Die jeweiligen Anstiege sind allerdings, genau wie der Unterschied in den Differenzen zwischen den Vergleichsgruppen, statistisch nicht bedeutsam. Deshalb sind die Hypothesen 1.1–1.14 abzulehnen, sie konnten nicht bestätigt werden.

Diese Ergebnisse zeigen demnach, dass die drei Ansätze des Peer Learning nicht für alle Auszubildenden gleichermaßen (positiv) wirken bzw. identische Effekte bewirken (können). Diese Erkenntnis passt zu den Anmerkungen von Leijten und Chan (2012), wonach eine Peer Lernumgebung nicht für jede*n Auszubildende*n die passende und geeignete Lernumgebung ist. Daneben ist anzumerken, dass sich ebenso bei Haag und Streber (2011) das Schulische Selbstkonzept in der Kontrollgruppe verbesserte, nicht jedoch in der Interventionsgruppe.

Weiterführende Analysen in dem vorliegenden Datensatz zeigen auch in ausgewählten Untergruppen (z. B. Branche, Lernort oder Peer Learning Ansatz) keine signifikanten Anstiege bzw. Unterschiede in den Dimensionen. Ferner wird ersichtlich, dass Peer Learning zwar einen kleinen (aber nicht signifikanten) Beitrag zum gemeinsamen Lernen leisten kann, nicht jedoch zu einer allgemeineren Dimension wie der Arbeitszufriedenheit. Zudem ist abschließend nochmals auf die vergleichsweise hohen Mittelwerte beim ersten Messzeitpunkt zu verweisen, ebenso sinken die Werte zum Zeitpunkt der zweiten Erhebung in den meisten Skalen, sowohl in der Interventions- als auch in der Kontrollgruppe, ab.

---

37 Der erste p-Wert zeigt das Ergebnis des parametrischen Testverfahrens, der zweite p-Wert das Ergebnis des nichtparametrischen Testverfahrens. Im Fließtext wird stets der zweiseitige p-Wert berichtet. Da in der vorliegenden Arbeit aber einseitige und gerichtete Hypothesen getestet wurden, kann der p-Wert halbiert werden („durch 2 geteilt werden"). Dieses Vorgehen verändert die Ergebnisse allerdings nicht dahingehend, dass einer der Mittelwertvergleiche statistisch bedeutsam wird. Jedoch weisen die Werte für die Elaborationsstrategien dann (zumindest) eine Tendenz zur Signifikanz auf.

In der weiteren Auswertung und Analyse werden (auch deshalb) die Daten aus den qualitativen Erhebungen weiterführend betrachtet, um zusätzliche Erkenntnisse zu erhalten.

6.1.2 Die Auswertung der Interviews

Um die erste Forschungsfrage, welche Einstellungen und Dimensionen durch Peer Learning bei Auszubildenden gefördert werden (können), zu beantworten, wird im Folgenden die dritte Oberkategorie „Erfahrungen und Erlebnisse", entlang der zwei (großen) Unterkategorien „Eigene Erfahrungen" (3.1) und „Stellvertretende Erfahrungen" (3.2), aus den Interviews mit den Auszubildenden bzw. der Kategorie 3 „Stellvertretende Erfahrungen und Erlebnisse" aus den Interviews mit den Lehr- und Ausbildungskräften, ausgewertet.

„Eigenen Erfahrungen"

Die „Eigenen Erfahrungen" (3.1) konnten aufgrund des Aufbaus und der Konstruktion der Fragen in den Leitfäden ausschließlich in den Transkripten zu den Interviews mit den Auszubildenden codiert werden. Die meisten Codierungen konnten hinsichtlich der Kategorie „Soziale Kompetenz" (3.1.3) mit einer Anzahl von insgesamt 120 ermittelt werden. Die Dimensionen der „Fachlichen Kompetenz" (3.1.1) mit 100 Codierungen, die „Personale Kompetenz" (3.1.2) mit 81 Codierungen und der Aspekt der „Autonomie, Selbstständigkeit (im Handeln im Projekt)" (3.1.4) mit 39 Codierungen wurden ebenfalls häufig(er) ermittelt. Demgegenüber nannten die Auszubildenden bezogen auf die eigene (bzw. die in der jeweiligen eigenen Rolle im Peer Learning bezogene) „Motivation" (3.1.5) weniger Aspekte: fünf Codierungen hinsichtlich der „Motivation der Educator*innen/Mentor*innen" (3.1.5.1) und sieben Codierungen bezogen auf die „Motivation der Mitschüler*innen" (3.1.5.2). Dies zeigt, dass Auszubildende keine besondere oder zusätzliche Motivation bei sich selbst feststellten bzw. in den Interviews nicht davon berichteten, hingegen aber von Erfahrungen bezogen auf die eigene fachliche, personale und auch soziale Kompetenz sowie von autonomem und selbstständigem Handeln innerhalb des Peer Learning.

Inhaltlich (konkret) stellen die Auszubildenden, bspw. bezogen auf ihre „Soziale Kompetenz" (3.1.3) (hier in der Peer Education) heraus, dass sie es für sich selbst als positiv erlebt haben, anderen helfen zu können:

> „Man hat sich vielleicht auch mal gut gefühlt, wenn man jemand anderem helfen konnte und ihm behilflich sein konnte irgendwie und man sich da austauschen konnte (.) ja." (G-16, 00:08:56)

Und auch durch das Peer Tutoring erlebten sich die Auszubildenden in neuen (Lehrer*innen-)Rollen, welche sie zur Reflexion über ihr soziales Handeln anregten:

> „Man hat ja noch nie wirklich so direkt gearbeitet, dass man als Auszubildender sagt: ‚Ich versuch dir jetzt ma, wenn du nicht von allein draufkommst, was zu erklären.' So von dieser Lehrerposition aus. Manchmal ist es halt lustig und manchmal ist es halt schwierig, weil man nicht

wirklich weiß, wie man's erklären soll, ohne es direkt zu verraten. Und so diese Lernwege so oder zu zeigen, wie man es selber macht hat halt Vor- und auch Nachteile." (C-04, 00:02:47)

Insbesondere die Situationen, in denen die Auszubildenden anderen Auszubildenden helfen konnten, haben sie für sich als intensiv erlebt und entsprechend hervorgehoben. Hinsichtlich der „Sozialen Kompetenz" konnte zudem festgestellt werden, dass das Peer Learning die Hemmschwelle senkt, andere (ohne Angst) um Rat zu fragen, wie berichtet wird:

„Ich hatte jetzt nicht mehr solche (.) große Angst auf andere Leute zuzugehen also ich hab (.) manchmal sehr Angst auf andere Leute zuzugehen (Lachen) und dadurch das wir alle eigentlich dasselbe Ziel hatten in diesen Peer Educating ähm (.) ging das viel einfacher und da hatte man auch nicht Angst irgendwie was zu fragen, das hat man beim Lehrer doch eher, denk ich wenn man die einfachsten Sachen halt auch nicht weiß." (G-10, 00:15:06)

Somit haben die Auszubildenden sich entsprechend häufiger oder leichter getraut, ihre Peers um Rat zu fragen:

„Ich habe mich schon noch mehr getraut zu fragen, weil man durch die zur Verfügung gestellte Zeit (lacht) ... Das ist immer so, so mein Hauptmerkmal sozusagen. Dass ich einfach viel mehr getraut habe zu fragen." (G-08, 00:19:20)

„Also ich muss auch sagen, dass ich wirklich mehr nachfrage, seitdem. Und halt auch frage, könntest du mir das noch mal erklären oder hast du das vielleicht mitgeschrieben." (F-13, 00:21:57)

In den Rückmeldungen der Auszubildenden werden zudem verschiedene Erfahrungen und Erlebnisse aus dem Peer Learning geschildert, welche die unterschiedlichen Kompetenzdimensionen adressieren, so berichtet z. B. ein Auszubildender aus der Zielgruppe nach dem Peer Mentoring:

„Dass ich halt jetzt ein bisschen mehr weiß als davor. Wie man das macht oder wie man das schneller macht. Man lernt halt schon ein bisschen auf jeden Fall mehr dazu. Und man hat auch gemerkt, dass man immer schneller und schneller wird. Dass man am Ende der Zeit halt immer mehr hat. Ja, dass man halt bei den einzelnen Fragen nicht mehr nachfragen muss, sondern halt das schon alleine von selber macht." (A-02, 00:13:22)

Dieses Zitat wurde zu der Kategorie 3.1.1 („Fachliche Kompetenz") codiert sowie ebenfalls die folgende Aussage (aus der Peer Education):

„Weil ich finde dadurch, dass ich anderen etwas erkläre, dadurch setzt bei mir ein Lerneffekt ein. Ähm. Und ich lerne es besser, weil ich es erkläre, sinnvoll erkläre. Und diesen Weg, das ist wie so ein Schrittweg, wie auch immer, den muss ich ja abgehen, um das dem anderen zu erklären. Und dadurch (.) lerne ich, dann (.) das hier." (G-15, 00:05:46)

Den Aussagen kann entnommen werden, dass die Auszubildenden durch das Peer Learning fachliche Inhalte und Kompetenzen dazugelernt haben, in der Bearbeitung fachlicher Aufgabenstellungen schneller geworden sind und sich das eigene (fachliche) Wissen festigt, wenn man bspw. anderen Auszubildenden etwas erklärt. Ferner konnten die Auszubildenden auch aus ihren eigenen (fachlichen) Fehlern lernen:

> *„Ich habe auch ein paar Fehler da gemacht, aber habe ich in der Prüfung ziemlich angewendet. Kamen nicht nochmal vor die Fehler, die ich in der Vorbereitung gemacht hab."* (A-06, 00:06:59)

Ebenso bemerken die Auszubildenden die eigene Entwicklung hinsichtlich ihrer „Personalen Kompetenz" (3.1.2), wie z. B. ein Peer Mentor nach dem Projekt berichtet:

> *„Ja, ich würd sagen, dass man noch nen bisschen selbstständiger geworden ist, dass man ähm... Wir waren vorher auch schon selbstständig, aber das man denn selber denn nochmal, ähm jetzt auch in Bezug, wenn man danach in der, in der Produktion wieder war, dann halt auch nen bisschen... (.) Ja, noch nen bisschen selbstständiger, also das man halt noch nen bisschen mehr selber wieder gemacht hat und das man halt auch mehr Sicherheit wieder gekriegt hat, weil man halt... Da war halt so anderen Auszubildenden wieder was vermittelt hat. Und das hat eigentlich schon son bisschen Kraft gegeben, dass man denn schon sagen kann: ‚Oah, da ist schon nen bisschen Stolz auf sich so war, dass man denn halt da für anderen die Prüfungsvorbereitung gemacht haben, was sonst immer Ausbilder gemacht haben.‘ Aber das war, war man sehr schon stolz und wurd dann halt auch selbstständiger, dadurch nochmal."* (B-05, 00:25:50)

Neben dem Aspekt der Selbstständigkeit beschreiben die Auszubildenden, wie sie in die neue Rolle (als Peer Educator*in oder Peer Mentor*in) hineingewachsen sind und die Selbsterkenntnis (bzw. neue Selbstwahrnehmung) erlangten, belastbar zu sein:

> *„Mhm, es war eigentlich, ja, am Anfang dachte ich, okay, is vielleicht son bisschen komisch, wenn man jetzt so die Ansprechpartnerin is und dass die andern davon ausgehen, okay, die kann mir das jetzt erklären. Das war erst so n bisschen komisch, weil ich halt jetzt selbst nich davon ausgeh, dass ich die Beste bin (lachen), die das erklären kann. Aber ich fands halt eigentlich ganz schön, dass man halt so wertgeschätzt wird und dass halt die Meinung von einem auch gezählt hat. Und dass man auch weiß, okay, ähm die fragen einen jetzt, dann äh antworte ich so wie ich das halt am besten kann und das wurd dann auch gut angenommen und das war eigentlich ganz schön. Das hat halt auch so das Selbstbewusstsein bisschen gestärkt. Dass man halt weiß, okay, ähm das, was man denkt oder sagt, wird auch angehört und... . War eigentlich ganz schön. Ja."* (F-03, 00:17:31)

Überdies wurde ihnen deutlich, dass sie nicht nur für sich selbst, sondern auch für andere Auszubildende eine (Mit-)Verantwortung tragen:

> *„Mich bringt es kompetenzmäßig weiter, weil ich auch mal eine gewisse Verantwortung habe nicht nur für mich, sondern auch für die Auszubildenden."* (A-04, 00:08:44)

„Stellvertretende Erfahrungen"

Gegenüber dem ausgeglichenen Ergebnis bezogen auf die Anzahl der Codes in den eigenen (bzw. selbst erfahrenen) Kompetenzen ist hinsichtlich der „Stellvertretenden Erfahrungen" (3.2) eine andere Verteilung zwischen den (Unter-)Kategorien festzustellen. Mit insgesamt 171 Codierungen entfallen die meisten Nennungen bzw. Codierungen auf die Kategorie 3.2.3 „bei anderen wahrgenommene soziale Kompetenz". Alle weiteren Unterkategorien generierten (hingegen deutlich) weniger Nennungen, wie „bei anderen wahrgenommene fachliche Kompetenz" (3.2.1) mit 51 Codierungen, „bei anderen wahrgenommene personale Kompetenz" (3.2.2) mit 35 Codierungen, „bei anderen wahrgenommene Autonomie, Selbstständigkeit (im Handeln im Projekt)" (3.2.4) mit 17 Codierungen, „bei anderen wahrgenommene Heterogenität/Individualität" (3.2.5) mit 18 Codierungen, die „bei den Educator*innen/Mentor*innen wahrgenommene Motivation" (3.2.6.1) mit drei Codierungen sowie die bei „bei den Mitschüler*innen wahrgenommene Motivation" (3.2.6.2) mit 63 Codierungen.

Dies verdeutlicht, dass, neben der sozialen Kompetenz (als meist genannter Aspekt in beiden Unterkategorien) bei anderen Auszubildenden, vor allem die fachliche Kompetenz der anderen Peers und die Motivation (bei den Mitschüler*innen bzw. bei der Zielgruppe im Peer Learning) wahrgenommen wurden, wenn auch deutlich geringer. Des Weiteren zeigt sich, dass die Auszubildenden, im Vergleich zu den eigenen Erfahrungen, ihre eigene Motivation nicht oder geringer wahrnehmen bzw. sie dies nicht (extra oder zusätzlich) artikulieren, sie jedoch die Motivation bei ihren Mitschüler*innen und Kolleg*innen in der Ausbildung (sehr wohl) wahrnehmen. Insgesamt werden die eigenen sowie auch die von anderen wahrgenommenen sozialen Kompetenzen (bzw. Erlebnisse von sozialer Kompetenz) am häufigsten artikuliert. Im Ansatz ähnlich sind die Wahrnehmung von Erlebnissen und Erfahrungen, bei sich selbst sowie bei anderen Auszubildenden, hinsichtlich der fachlichen und auch der personalen Kompetenz, wenn dies auch (deutlich) häufiger von den Auszubildenden (bei sich) selbst als bei anderen wahrgenommen bzw. angesprochen wurde.

Die Verteilung der Häufigkeiten der einzelnen Unterkategorien und ihrer Codierungen aus den Interviews mit den Lehr- und Ausbildungskräften bestätigt diese Tendenz hinsichtlich der wahrgenommenen Kompetenzen, jedoch in einer ausgeglichenen Verteilung. Denn die (Aus-)Bildungskräfte haben im Peer Learning die „Personale Kompetenz" (3.2) mit 36 Codierungen, die „Fachliche Kompetenz" (3.1) mit 31 Codierungen und die „Soziale Kompetenz" (3.3) mit 29 Codierungen, bei den Auszubildenden wahrgenommen. Ferner berichten sie von „Autonomie/Selbstständigkeit" im Handeln in dem Projekt (3.4) (mit 17 Codierungen), von „Heterogenität/Individualität" (3.5) (mit acht Codierungen) sowie von der „Motivation der Mitschüler*innen" (3.6.1) (mit neun Codierungen) und der „Motivation der Educator*innen/Mentor*innen" (3.6.2) (mit zwei Codierungen).

Betreffend der „bei anderen wahrgenommenen sozialen Kompetenz" (3.2.3) äußern die Auszubildenden u. a. Aspekte der bewussten (und gerne ausgeübten) gegenseitigen Hilfe (bzw. Bereitschaft zur Hilfe), der Kooperation im Lernen und Arbeiten als auch zur gegenseitigen Wertschätzung und wechselseitigem Respekt, wie z. B. die folgenden Aussagen zum Peer Mentoring und zur Peer Education verdeutlichen (sollen):

> *„Ähm, bei dem Projekt hat mir gefallen, dass halt wirklich, wirklich selber aus der Ausbildung welche uns halt unterstützt haben. Dass die halt (.) auch da waren. Und dass man merkt, dass man, wenn man Probleme hat, dass man zu jemanden hingehen kann."* (A-02, 00:08:14)

„Aber dann irgendwann hat man begriffen, (..) dass der eine das vielleicht besser kann, auch wenn es nicht so sein soll. Aber man hilft wo man sich kann. Und der eine kann das vielleicht besser. Und dann hat man da sich mal gegenseitig unterstützt." (A-04, 00:10:11)

„Im Projekt, also, selber ist es eigentlich, ähem, so gewesen, dass man sich wirklich respektvoll, ähem verhalten hat. Und, ähem, jeder der eine Frage hatte, auch wenn sie, ähem (.) nicht niveauvoll war, hat man beantwortet ohne Gelache oder, ähem, irgendein Gerede." (G-09, 00:19:56)

„Das man halt weiß ok, mit dem kann man reden, der erklärt einem das auch nochmal, ohne son jetzt... (..) Ja, ohne doof angeguckt zu werden oder genervt angemacht zu werden. Und ja... Und das is dann auch wirklich schon ne tolle Sache." (H-08, 00:05:18)

Dieses soziale (und teilweise emphatische) Verhalten, welches bei anderen wahrgenommen wurde, bewerten die Auszubildenden entsprechend positiv. Es ermöglichte ihnen die (erfolgreiche) Umsetzung des Peer Learning in der jeweiligen Lerngruppe.

Ebenso berichten auch die Lehr- und Ausbildungskräfte von „Sozialer Kompetenz" (3.3) bezogen auf die Übernahme von Verantwortung wie z. B. Experte 4:

„Mhm, dass sie mehr Verantwortung übernehmen, ne? Also das ist wirklich n Aspekt, den man jetzt wirklich wahrnehmen kann, gerade jetzt auch so im dritten Lehrjahr raus, die haben jetzt mehr Verantwortung. Wo man halt früher öfter mal sagen musste, ne, nimm die doch mal mit und erklärt mal und macht mal und das ist heut nicht mehr. Das läuft heut wirklich selbstständig. Also das ist (.) echt praktisch geworden." (E 4, 00:15:17)

Die Aussage verdeutlicht die Entwicklung der Auszubildenden sowie eine spätere Perspektive, welche eine gesteigerte Verantwortungsübernahme und eine erhöhte Selbstständigkeit zur positiven Folge hat oder haben könnten.

Zudem haben die Expert*innen auch die „Personale Kompetenz" (3.2) bei den Auszubildenden wahrgenommen, denn die Auszubildenden *„haben da (.) in puncto Selbstständigkeit, Charakterstärke, ja, haben die echt zugelegt."* (E 4, 00:16:31).

Insgesamt kann diskutiert werden, ob oder inwieweit eine durch andere Auszubildende oder durch die Lehr- bzw. Ausbildungskräfte wahrgenommene Kompetenz, wie z. B. die soziale Kompetenz, höher zu bewerten ist als die Selbsteinschätzung oder Selbstbeobachtung hinsichtlich von Kompetenzen. Dieser Argumentation folgend, kann (so oder so) resümiert werden, dass Peer Learning zu einer Entwicklung der sozialen Kompetenz beitragen kann. Dementsprechend haben die Auszubildenden untereinander bzw. bei anderen Auszubildenden die soziale Kompetenz deutlich häufiger beobachtet und wahrgenommen als andere Kompetenzdimensionen. Die Verteilung zwischen der sozialen, der fachlichen und der personalen Kompetenzdimension ist hingegen in der Selbstbeobachtung der Auszubildenden, wie in der Wahrnehmung durch die Lehr- und Ausbildungskräfte, ausgeglichen(er).

6.1.3 Einordnung der Ergebnisse

Die Auswertung der quantitativen Erhebung zeigt, dass das Peer Learning nicht für alle Auszubildenden gleichmäßig positiv wirkt oder einheitlich positive Effekte bewirkt. Daneben erscheinen aber Dimensionen wie das Lernen mit anderen, der Globale Einfluss und die Elaborationsstrategien, zumindest im Ansatz, die gewünschten

Effekte zu erzielen. Insgesamt gibt es folglich wenig eindeutige bzw. übergreifende Veränderungen oder Anstiege für alle Auszubildende durch die Interventionen. Interpretativ kann dies aber auch mit den Standortfaktoren, den Gegebenheiten im jeweiligen Lernsetting in Betrieb oder Berufsschule, zusammenhängen. Die institutionellen Kontexte könnten für das Erleben bzw. die Erfahrungen im Peer Learning, und damit für die Veränderungen oder Förderungen von Einstellungen, mit entscheidend sein, sodass hier (auch deshalb) keine einheitlichen Effekte ermittelt werden konnten. In Kapitel 5.1 ist beschrieben, wie unterschiedlich häufig und intensiv insbesondere die Ansätze Peer Education und Peer Mentoring durchgeführt worden sind, entsprechend sind die nicht vorhandenen einheitlichen bzw. gleichmäßigen Veränderungen oder Entwicklungen bei den Auszubildenden einzuordnen.

Des Weiteren ist festzuhalten, dass durch die qualitativen Erhebungen, die Ergebnisse der quantitativen Erhebungen (inhaltlich) transparenter und zugleich allgemein verständlicher analysiert und interpretiert werden können. Genauer formuliert, erklären die Zitate bzw. Ergebnisse aus den qualitativen Erhebungen die nicht vorhandenen (eindeutigen) Effekte in der quantitativen Messung. Aus den Interviews wird deutlich, wie unterschiedlich die Auszubildenden die Ansätze des Peer Learning erlebt und wahrgenommen haben, sowie auch, wie unterschiedlich stark sie selbst sich persönlich beteiligt haben. Dies verdeutlicht nochmals, warum keine einheitlichen Veränderungen oder Effekte für die Gesamtgruppe festgestellt werden konnten.

Dennoch können (einzelne) Erkenntnisse aus den vorliegenden Daten, bzw. insbesondere aus den Interviews, gewonnen werden. So berichten die (befragten) Auszubildenden u. a. davon, wie sie bei sich und bei anderen soziale Kompetenzen wahrnehmen. Dieser Aspekt wurde besonders häufig genannt und codiert. Daneben wird eine weitere Kompetenzdimension der beruflichen Handlungskompetenz nach der KMK (2018) durch das Peer Learning gefördert bzw. wahrgenommen, dies ist die fachliche Kompetenz (bei anderen Peers). Somit ist festzuhalten, dass Peer Learning unter gelungenen Gegebenheiten sowohl zu der Entwicklung der Sozialkompetenz als auch der Fachkompetenz der Auszubildenden einen förderlichen Beitrag leisten kann.

Insgesamt scheint es, als dass das Peer Learning, im Sinne von Deci und Ryan (1993, 2008), den Auszubildenden ein (vielfältiges) Kompetenzerleben ermöglicht. Wobei dies jedoch nicht für alle Auszubildenden gleichermaßen gilt. Es bleibt abschließend festzuhalten, dass manche Auszubildende hinsichtlich ihrer Entwicklung in verschiedenen Einstellungen und Dimensionen durch das Peer Learning profitieren, andere hingegen nicht. Wie stark hierbei der jeweilige Standortfaktor wirkt bzw. die Intensität und Häufigkeit in der Durchführung des Peer Learning, kann abschließend jedoch nicht beantwortet bzw. eingeschätzt werden.

Des Weiteren ist zu resümieren, dass die theoretische wie forschungsmethodische Grundlage aus der Selbstbestimmungstheorie der Lernmotivation von Deci und Ryan (1993, 2008) für den Kontext der beruflichen Bildung geeignet ist. Ähnlich zu früheren Arbeiten, wie u. a. von Prenzel und Drechsel (1996), Harteis et al. (2004), Gebhardt et al. (2009), Rausch (2011) oder Gebhardt et al. (2014) zeigten sich auch in der vorliegenden Arbeit der Nutzen der theoretischen Annahmen sowie die Aussagekraft des Messinstruments.

6.2 Die sozialen Beziehungen und Peer Learning

6.2.1 Die Auswertung der Sozialen Netzwerkanalyse

Im Folgenden werden zur Beantwortung der zweiten Forschungsfrage („Inwieweit hat Peer Learning Einfluss auf das gemeinsame Lernen sowie die (sozialen) Beziehungen und Interaktionen innerhalb von Klassen und Jahrgängen in der beruflichen Ausbildung?") und zur Prüfung der Hypothesen 2.1, 2.2 und 2.3 die erhobenen Daten zu der Sozialen Netzwerkanalyse ausgewertet. Hierfür werden, wie in Kapitel 5.4.2 dargelegt, die Werte für die Netzwerkdichte und die Mittelwerte der jeweiligen Lerngruppe interpretiert (ausführliche Tabellen im Anhang 5). Zunächst werden die Werte getrennt für die drei Ansätze des Peer Learning diskutiert sowie abschließend zusammenhängend analysiert.

Für den Ansatz der Peer Education können insgesamt sechs Lerngruppen (bzw. Klassen oder Jahrgänge) miteinander verglichen werden. Bezogen auf das Hilfe- bzw. Unterstützungsnetzwerk („Wen bitten Sie bei fachlichen Fragen um Hilfe?") steigen die Werte in drei der sechs Lerngruppen an bzw. nehmen zu. In dem Arbeitsnetzwerk („Mit wem arbeiten Sie gerne zusammen?") verdichtet sich das Netzwerk in zwei Gruppen bzw. Klassen und in dem Freundschafts- und Sympathienetzwerk („Wer sind Ihre besten Freunde?") in fünf Gruppen. In einer der sechs Lerngruppen bleiben die Werte, insbesondere durch die verhältnismäßig geringe Stichprobengröße in dieser (einen) Gruppe, in allen drei Netzwerken gleich (hoch). Insgesamt scheint der Ansatz der Peer Education einen positiven Einfluss auf die Sympathie- und Freundschaftsbeziehungen auszuüben. Die Auszubildenden kommen durch die Peer Education verstärkt miteinander in einen wechselseitigen Kontakt und entwickeln (neue) Sympathien bzw. (neue) Freundschaften untereinander. Eine positive Beziehung zu den anderen Auszubildenden (im Betrieb) bzw. den Mitschüler*innen (in der Berufsschule) verstärkt die Arbeits- und Lernmotivation. Die Auszubildenden gehen motivierter in den Betrieb bzw. in die Berufsschule, wenn sie dort Freunde und Freundinnen treffen können, wie ebenfalls Hannover und Zander (2016) berichten.

Für den Ansatz des Peer Mentoring verdichten sich in einer von zwei Lerngruppen alle drei Netzwerke (Hilfe- bzw. Unterstützungsnetzwerk, Arbeitsnetzwerk und Freundschafts- bzw. Sympathienetzwerk). In der zweiten Lerngruppe weist der Mittelwert für das Hilfe- bzw. Unterstützungsnetzwerk ebenfalls einen Anstieg auf, die Netzwerkdichte hingegen einen leichten Rückgang. Dies ist (ansatzweise) durch die zusätzliche Möglichkeit der Nennung der drei Mentor*innen, die selbst nicht nennen konnten bzw. befragt wurden, zu erklären. Diese Klasse setzt sich zudem aus einer verhältnismäßig geringen Personenanzahl bzw. Stichprobe zusammen.

Für den Ansatz des Peer Tutoring kann in vier von fünf Gruppen eine Zunahme der Netzwerkdichte und ein Anstieg des Mittelwerts für das Hilfe- bzw. Unterstützungsnetzwerk festgestellt werden. Beide Werte steigen zudem in drei Lerngruppen bezogen auf das Arbeitsnetzwerk und in zwei Klassen für das Freundschafts- und Sympathienetzwerk. Ähnlich wie für die (eine) Gruppe in der Peer Education mit geringem Stichprobenumfang bleiben in einer kleinen (bzw. der fünften) Lerngruppe im

Peer Tutoring die Werte in allen drei Netzwerken gleich hoch bzw. gleichbleibend nahe der Maximalnennung/des Maximalwerts. Abschließend kann festgehalten werden, dass der Ansatz des Peer Tutoring zu einer (positiven) Entwicklung des Hilfe- bzw. Unterstützungsnetzwerks in den Klassen bzw. Ausbildungsjahrgängen sowie zur Entwicklung des Arbeitsnetzwerks beiträgt. Durch das wechselseitige Lernen in den Rollen als Lehrkraft und als Lernende*r verstärken sich Bereitschaft und Inanspruchnahme einer gegenseitigen Unterstützung bei fachlichen Fragen sowie die Intention, mit anderen Auszubildenden zusammenzuarbeiten. Die Auszubildenden erkennen, dass sie ihre Peers (verstärkt) um Hilfe bitten können, und wollen auch (deshalb) zunehmend mit ihnen kooperativ arbeiten.

Die Betrachtung der drei Kontrollgruppen aus dem Lernort Berufsschule verdeutlicht jeweils leichte Anstiege (in der Netzwerkdichte und im Mittelwert) in den drei Klassen für das Hilfe- bzw. Unterstützungsnetzwerk. Das Arbeitsnetzwerk verdichtet sich zudem (leicht) in zwei und das Freundschafts- und Sympathienetzwerk in drei Klassen. Verglichen mit der Interventionsgruppe zeigt dies, dass sich mit zunehmender gemeinsamer Lern- und Arbeitszeit ebenso die Netzwerke in der Kontrollgruppe verdichten. Durch Ansätze des Peer Learning können diese Entwicklungen zusätzlich positiv verstärkt bzw. gefördert werden. Insgesamt konnte in neun von dreizehn Interventionsgruppen das Hilfe- bzw. Unterstützungsnetzwerk erweitert werden. Das Arbeitsnetzwerk verdichtete sich in sechs Klassen und das Freundschafts- und Sympathienetzwerk in acht Lerngruppen. Auch wenn insbesondere Peer Education für das affektive Freundschafts- und Sympathienetzwerk förderlich ist und Peer Tutoring für die beiden kognitiv-instrumentellen Hilfe- und Arbeitsnetzwerke, sind die Hypothesen 2.1, 2.2 und 2.3 insgesamt dennoch abzulehnen, da sie nur in ihrer Tendenz bestätigt werden konnten.

Die Betrachtung der Netzwerkabbildungen (im Anhang 5[38]) verdeutlicht die jeweiligen auf Klassenebene bezogenen Veränderungen in der Lerngruppe. Insbesondere in den größeren Lerngruppen (Schulklassen in der Berufsschule) ist teilweise (bzw. in manchen Klassen) eine Cliquenbildung zu beobachten, unabhängig vom Erhebungszeitpunkt. Auszubildende, die sich gegenseitig um Rat fragen, wollen auch gerne zusammenarbeiten. Ferner zeigen die Abbildungen sowohl einzelne Veränderungen von Personen, welche in der Gruppe an Bedeutung gewinnen, zentraler positioniert sind und häufiger genannt werden, als auch, dass andere Personen bei der zweiten Erhebung seltener genannt werden als zuvor. In anderen Lerngruppen zeigen sich hingegen weniger bis keine Veränderungen, die sozialen Beziehungen bleiben konstant. Zusammenfassend wird durch die Soziale Netzwerkanalyse die soziale Positionierung von Individuen sowie deren potenzielle Veränderung im zeitlichen Verlauf in einer Gruppe ersichtlich. Durch die Soziale Netzwerkanalyse gelingt es, soziale Faktoren und soziale Veränderungen in einer Lerngruppe abzubilden und zu evaluieren. Als weiterführende Analyse und Auswertung der zweiten Forschungsfrage erscheinen zudem die Interviews mit den Auszubildenden und den Lehr- bzw. Ausbildungskräften geeignet und werden deshalb im Folgenden fokussiert.

---

38   Im Anhang 5 werden ausschließlich Abbildungen der sozialen Netzwerke der Lerngruppen ab fünf Personen abgebildet.

6.2.2 Die Auswertung der Interviews

Ergänzend zu der Auswertung der Daten aus der Sozialen Netzwerkanalyse werden im folgenden Unterkapitel verschiedene Aussagen und Kategorien aus den Interviews analysiert, um zu prüfen, inwieweit Peer Learning einen Einfluss auf das gemeinsame Lernen sowie die (sozialen) Beziehungen und Interaktionen innerhalb von Klassen und Ausbildungsjahrgängen hat.

„Lernen"

In der Oberkategorie „Lernen" wurden Aussagen der Auszubildenden am häufigsten (bzw. mit 201 Codierungen) für die Unterkategorie 1.1 „gemeinsames Lernen der Auszubildenden/Schüler*innen" herausgearbeitet. Ebenfalls in den Interviews mit den Lehr- und Ausbildungskräften entfielen in diese Unterkategorie die meisten Codierungen (23). Die Auszubildenden benennen inhaltlich verschiedene Vorteile des gemeinsamen Lernens (z. B. durch das Peer Mentoring), denn *„das hat ja nur was Positives, wenn man zusammen lernt. Dann ist jeder auf dem gleichen Stand"* (A-02, 00:10:56). Andere Auszubildende werden konkret und berichten, wie sie (im Peer Mentoring) gemeinsam gelernt haben:

> *„Also wir haben zum einen erstmal selber was versucht, was in der Prüfung drankommen könnte. Aber dann wurden uns von den Mentoren auch aus dem dritten Lehrjahr auch Ratschläge gegeben, wie es besser sein könnte. Weil in der Prüfungssituation ist man ja doch mal unter Stress, macht einen Fehler oder vergisst irgendwas. (.) Und wenn das immer noch nicht funktioniert hat, haben sie halt einmal gezeigt, wie es wirklich wäre oder wie es wirklich aussehen könnte. Und dann haben se halt auch mal wirklich gesagt: ‚So, wir nehmen jetzt mal die Zeit, damit ihr mal wirklich seht, wie lange (.) ihr braucht', dass man das mal vor Augen führt. Weil ich sage mal am ersten Tag lässt man sich Zeit. Dann denkt man gar nicht, wie kurz so sechs Stunden sind für 'ne Prüfung. Und dann ham se gesagt: ‚So. An dem und dem Tag habt ihr so und so viel Zeit für das eine Ding. Und dann gucken wir weiter.' Und das hat halt sehr viel geholfen auch. Und mit der Zeit auch das zu nehmen, ne. Man verliert ja doch die Zeit aus den Augen."* (A-04; 00:06:55)

Gleichfalls wurde geschildert, wie sie das Peer Tutoring erlebt haben:

> *„Na ich denke dadurch, dass man sich halt ergänzt, lernt man dadurch leichter. Anstatt jetzt stupide irgendwie auswendig zu lernen oder so, was der Lehrer vorgibt. Ist natürlich besser, wenn man immer im Wechsel ist und sich ergänzen kann."* (C-01, 00:11:45)

Die Vorteile des Lernens in der Gemeinschaft, und eben nicht einzeln für sich allein, werden von den Auszubildenden hervorgehoben, wie ein einheitlicher, gleicher Wissensstand, die Möglichkeit, untereinander die Dinge (frei) ausprobieren zu können, oder auch der Aspekt, sich dadurch wechselseitig ergänzen zu können.

Die befragten Expert*innen berichten von weiteren Vorteilen im gemeinsamen Lernen der Auszubildenden:

> *„Sie sind gleichalt, sie lernen voneinander äh gerne und äh was noch dazukommt ist, (.) ja, dass sie äh untereinander vielleicht auf gleicher Wellenlänge sind. Ich kann von außen immer nur hineinschauen und immer von oben herab äh sagen, jetzt müsst ihr daran denken, jetzt müsst ihr das machen, jetzt kann man das so berechnen, kann man so berechnen. Aber, wenn die selbst*

> *untereinander äh, wie gesagt, auf einer Länge fahren äh, dann macht das Lernen ja auch Spaß.*
> *Und das ist, das ist auch wichtig."* (E1, 00:35:34)

Durch die altersbezogene Nähe und die höhere wechselseitige Authentizität kann mit Rücksicht und Verständnis sowie größerer Freude und Spaß gemeinsam gelernt werden.

Die Aussagen verdeutlichen, dass die (potenziellen) Vorteile der verschiedenen Ansätze des Peer Learning von den Auszubildenden erfahren und erlebt werden konnten. Die Auszubildenden haben Spaß am gemeinsamen und wechselseitigen Lernen, sie sind motiviert und profitieren hinsichtlich ihrer persönlichen Lernfortschritte.

Die zweitmeisten Aussagen zum „Lernen" entfielen auf die Kategorie 1.2 „Gegenseitiges Helfen der Auszubildenden/Schüler*innen", 113 Aussagen der Auszubildenden sowie elf von den befragten Lehr- und Ausbildungskräften wurden diesem Merkmal zugeordnet. Hierbei wurde den Auszubildenden (selbst) bewusst, dass es ihnen ein gutes Gefühl gibt, wenn sie anderen helfen können, denn wenn *„der andere sich freut, man freut sich auch selber, ok der hats jetzt verstanden, ich hab ihm geholfen (.) is super (fröhlich, mit erhöhter Stimme)"* (H-08, 00:06:15). Zudem wurde innerhalb des Peer Tutoring deutlich, dass *„jeder Partner mit dem man zusammengearbeitet hat, dass jeder nochmal ne andere Idee hatte und nochmal andere Tipps hatte. Das man sich auch nochmal austauschen konnte"* (D-04, 00:18:54). Außerdem hätten die Peer Mentor*innen gut erkannt und reagiert, wer besonders dringend Hilfe benötigt, wie ein Auszubildender aus der Zielgruppe bestätigt:

> *„Manche waren ziemlich im Stress, weil sie halt zeitlich etwas langsamer waren. Aber denen, die wurden auch ein bisschen unterm Arm gegriffen, dass man denen geholfen hat."* (A-02, 00:15:51)

Das gegenseitige Helfen haben ebenfalls die Lehr- und Ausbildungskräfte mitbekommen, so war zu beobachten, *„dass sie sich dann immer gegenseitig auch son bissn pushen"* (E7, 00:17:30).

Ferner wurde von beiden befragten Gruppen die Kategorie „Zeit für das Projekt/ zum Lernen gekommen" (1.4) in den Interviews positiv hervorgehoben (Codierungen: 50/5). Dazu merkten die Auszubildenden explizit an:

> *„Also, das Projekt war auf einer Art, wie gesagt, sehr positiv, dass man zusammensetzen konnten. Das wir die Zeit auch hatten, in der Schule natürlich"* (F-14, 00:37:12)

oder auch

> *„Hilfreich und toll war einfach, dass uns die Zeit zur Verfügung gestellt wurde. Also, ähm, in der Unterrichtszeit. Also das ist auf jeden Fall ein riesen positiver Aspekt, dass wir da jetzt nicht noch, äh, sage ich mal, Extrastunden drauflegen mussten. Also das war wirklich sehr, sehr positiv."* (G-08, 00:10:49)

Dies zeigt, dass sich durch die Planung und Organisation des Peer Learning (neue) Möglichkeiten in der Struktur bieten bzw. allein das Gewähren von freier oder zusätzlicher Zeit positiv wahrgenommen bzw. erlebt wird.

Des Weiteren wurden 17 Aussagen der Auszubildenden zu der Kategorie 1.3 „Austausch über (Lern-)Erfahrungen" codiert, wie z. B. diese Aussage aus der Peer Education:

> *„Hm also, dass zum Beispiel von Mitschülern einfach nochmal 'n anderer Weg zum Erklären oder zum Beispiel ähm Lernhilfen gezeigt werden. Das war schon schön."* (G-01, 00:07:06)

Die Vielfalt der Codes verdeutlicht, dass die Auszubildenden unterschiedliche Vorteile (für sich) festgestellt haben.

Insgesamt erlaubt die Analyse der ersten Oberkategorie „Lernen" die Interpretation, dass die Auszubildenden im Peer Learning ein pädagogisches Setting erlebt haben, in dem sie gemeinsam lernten, sich gegenseitig geholfen und unterstützt haben und dies für sich (selbst) bzw. für die eigene Lerngruppe als positiv wahrgenommen haben. Zudem heben sie (als positiv) hervor, dass ihnen durch das Projekt ein zeitlicher Rahmen für das gemeinsame Lernen im Kontext der beiden Lernorte Betrieb und Berufsschule geschaffen wurde, den sie entsprechend nutzen konnten. Diese Hinweise und Aussagen lassen den interpretativen Schluss zu, dass sich das Lernen im Peer Learning für diese Auszubildenden gelohnt hat bzw. sie es für sich persönlich als gewinnbringend erlebt haben.

„Verhalten und Umgang der Gruppe/Klasse"

In der zweiten Oberkategorie „Verhalten und Umgang der Gruppe/Klasse" wurden besonders viele Aussagen der Auszubildenden zu den drei (Unter-)Kategorien 2.2 „Arbeitsatmosphäre" (141 Codierungen), 2.3 „Feedback(-kultur)" (135 Codierungen) und 2.4 „Kommunikation" (131 Codierungen) codiert. Aber auch Faktoren wie „Gruppenklima" (2.1, 70 Codierungen), „Zusammenhalt" (2.6, 58 Codierungen) und „Beziehungsgestaltung" (2.5, 53 Codierungen) finden häufig Beachtung bzw. Erwähnung in den Interviews sowie auch die „Solidarität" (2.7) mit 29 Codierungen und die „Beziehung zwischen Ausbilder*innen & Zielgruppe" (2.8) mit 20 Codierungen.

In der Kategorie 2.2 „Arbeitsatmosphäre" wurden annähernd zwei Drittel der gesetzten Codes bzw. Äußerungen von Auszubildenden aus zwei Klassen zum Peer Education Ansatz genannt. In diesen Gruppen gab es atmosphärische Störungen innerhalb der Klasse (bzw. in Teilen der Klasse), welche in Kapitel 6.3 weitergehend thematisiert werden. Beispielhaft sei an dieser Stelle erwähnt:

> *„Manche haben sich halt gedacht: Ja, warum soll ich das jetzt machen? Oder: Ich habe ja jetzt eine Freistunde, kann ich ja auch was anderes machen, sozusagen."* (G-04, 00:04:31)

In den anderen Lerngruppen wurde die Arbeitsatmosphäre hingegen als offen bzw. angenehm beschrieben:

> *„Also wir waren da alle relativ offen mit. Haben uns da auch offen die Fragen gestellt, wenn wir irgendwas nicht wussten oder... Also das war eigentlich ne ganz offene Runde."* (C-07, 00:17:56)

> *„Und es war sehr angenehmes Arbeiten auch. Man stand nicht so unter Beobachtung vom Meister."* (A-04, 00:26:56)

Die Interpretation der Kategorie „Arbeitsatmosphäre" ist entsprechend stark kontext- und personengruppenabhängig. Dennoch berichtet die überwiegende Mehrheit der Lerngruppen von einer positiven Arbeitsatmosphäre während des Peer Learning.

Als einen positiven Effekt bzw. eine positive (langfristige) Wirkung wurde von vielen Auszubildenden zudem angegeben, dass sich durch das Peer Learning in den jeweiligen Klassen und Lerngruppen (zusätzlich) eine positive Feedbackkultur (2.3) entwickelt bzw. etabliert hat. So berichtet eine Auszubildende aus der Zielgruppe nach der Peer Education:

> *„Also ich muss auch sagen, dass ich wirklich mehr nachfrage, seitdem. Und halt auch frage, könntest du mir das noch mal erklären oder hast du das vielleicht mitgeschrieben und ähh war ich grad kurz nicht da oder da hab ich gefehlt einfach. (.) Solche Dinge."* (F-13, 00:21:57)

Ebenso stellte eine Peer Educatorin (aus einer anderen Klasse) nach dem Projekt fest:

> *„Das kann man vielleicht noch hinzufügen zu den Sachen, die ich wirklich positiv finde, (.) das halt irgendwie auch so Barrieren abgebaut werden. Halt die Hemmschwelle sinkt, (.) mal Fragen zu stellen, weils einem vielleicht auch nicht unangenehm is (.) oder peinlich (.) oder so ne. Oder man sich nicht da irgendwie schämen muss oder so."* (G-06, 00:14:14)

Ähnliches berichtet ein weiterer Auszubildender (nach der Peer Education, Zielgruppe):

> *„Und es is auch allein fürs Gewissen auch schon gut ok da kann man hingehen, den kann man fragen da kommt nichts blödes zurück und ja das echt angenehm."* (H-08, 00:06:15)

Die Ansätze zum Peer Learning führen, zumindest nach Aussagen der Auszubildenden, dazu, dass sich die Auszubildenden auch nach Projektende (leichter und häufiger) bei Fragen und Problemen ansprechen, da dies nicht länger als *„peinlich"* oder *„unangenehm"* empfunden wird. Dies kann als positiver, nachhaltiger Effekt resümiert werden.

Ein weiterer wichtiger und häufig angesprochener Aspekt ist die Kommunikation (2.4). Die Auszubildenden erwähnen von sich aus, dass sie es als positiv erlebt haben, von bzw. mit „Gleichaltrigen" (im Peer Mentoring) kommuniziert (und gelernt) zu haben:

> *„Mich hat es persönlich mehr beruhigt es von Gleichaltrigen zu hören, der es ein Jahr vorher gemacht hat, als einer, der es schon zehn oder fünfzehn Jahre hinter sich hat."* (A-04, 00:04:03)

Folglich war die Kommunikation untereinander in der Klasse (hier: Peer Education) einfacher und auch der

> *„Austausch miteinander. (.) Des war das Gute. (.) Weil ich glaub wirklich, dass das man (.) da mehr lernt, als wie wenn jetzt, ähm, der Lehrer vorn steht und erklärt. Die einen kapieren das sofort und die anderen sitzen da: ‚Joa, ne. (.) joa, Klausur, dann lern ich mal, dann guck ich mir des mal an.' Und da gibt's wirklich auch n paar, die die schnallen's einfach nicht, ne. Die (.) versuchen's zwar, lernen und so, aber die schnallen's einfach net. Die tun sich richtig schwer und äh, die ham... ich glaub die ham da noch n größeren Vorteil daraus gezogen, weil (.) äh, wenn*

Schüler untereinander (.) lernen oder kommunizieren einfach oder die des erklären, dann (.) löst sich der Knoten doch schneller. Das war schon (.) paar mal.“ (G-02, 00:15:01)

Zudem konnte die Peer Education dazu beitragen, mit anderen bzw. weiteren Mitschüler*innen in Kommunikation zu treten, mit denen die Auszubildenden ohne das Projekt möglicherweise nicht in den Austausch gekommen wären, denn es sind

> *„glaube ich, mh vielleicht noch mehr Gespräche untereinander entstanden, dass man sich nicht nur mit seinen direkten Sitznachbarn unterhält, sondern dass man vielleicht äh mal anders saß in der Sitzordnung oder so und sich dadurch vielleicht auch noch mal mit den..., mit jemand anders über irgendwelche privaten Themen unterhalten hat“* (F-10, 00:18:34).

Zwar berichten die Auszubildenden, dass durch das Peer Learning (in mehreren Klassen und Lerngruppen) eine (gute) Feedbackkultur entstanden ist und sie insgesamt die Kommunikation als positiv erlebt haben, gleichzeitig zeigen die vorliegenden Interviewdaten, dass das gesamte „Gruppenklima“ (2.1) zumeist (aber) nicht verändert wurde, weder positiv noch negativ: *„Nö nicht wirklich. Das ist schon so... Das ist so geblieben wie vorher auch.“* (C-05, 00:26:27). So trägt, nach Meinung der Auszubildenden, das Peer Learning (auch) nicht zu einer Verstärkung der Spannungen bzw. zu einer Verschlechterung des Gruppenklimas bei, wie hier nach der Peer Education berichtet:

> *„Mhm, son bisschen schwierig, weil, wie gesagt, so vor dem Projekt war halt noch nich so diese Gruppenbildung. Und jetz is halt die Gruppenbildung schon ziemlich krass da. Deswegen hat sich das halt ja son bisschen verschlechtert, aber ich glaub, dass liegt nich am Projekt an sich, sondern halt an den Spannungen in der Klasse, weil halt verschiedene Personen Probleme miteinander hatten.“* (F-03, 00:10:49)

Demgegenüber konnte (aber) durch die gemeinsame Vorbereitung auf die Prüfung eine gewisse Ruhe (bzw. Entspannung) innerhalb der Gruppe erzeugt werden, wie ein Auszubildender nach dem Peer Tutoring und dem Peer Mentoring berichtet:

> *„Das Klima bei uns in der Gruppe war eigentlich ... ist generell eigentlich sehr gut. Aber man wusste halt ... es war jetzt natürlich ruhiger, weil wir wussten ok wir sind für die Prüfung gut vorbereitet und äh man wusste, man kann sich auf den anderen verlassen, wenn ich ne Frage hab, kann ich zu den hingehen und der weiß es. Und man kann sich gegenseitig helfen. Das hat das Klima besonders vor der Prüfung echt entspannter gemacht und ja.“* (C-02, 00:31:59)

Das (gesamte) Gruppenklima scheint, für die Ansätze des Peer Learning, weniger (veränderungs-)sensitiv zu sein bzw. keine Effekte zu haben. Ferner differenzieren die Auszubildenden in ihren Rückmeldungen zwischen dem Entstehen einer (positiven) Feedbackkultur und einem Gruppenklima insgesamt, welches für sie (offensichtlich) weitere, zusätzliche Faktoren umfasst.

Diese Erkenntnis für die jeweilige gesamte Lerngruppe oder Klasse steht interpretativ nicht im Gegensatz zu den Äußerungen, dass, nach subjektiver Beschreibung der befragten Auszubildenden, der „Zusammenhalt“ (2.6) und auch die „Solidarität“ (2.7) gefördert bzw. erlebt werden konnten. Ähnliches gilt auch für die „Beziehungsgestaltung" (2.5), denn *„man lernt sich besser kennen über die Schulblöcke ähm (.) und ähm ja dadurch entstehen ja auch Freundschaften."* (G-01, 00:13:24). So konnte auch der Zusammenhalt durch das Projekt gefördert werden:

> *„Ja also, ich glaub was auf jeden Fall auch sehr gut war wars auch dass quasi unser Team n bisschen gestärkt wurde, weil wir haben halt alle zusammen gearbeitet, jeder ma mit jedem und das gibt halt auch so n Teamfeeling sag ich ma. Also is halt auch so ne Art gruppenstärkende Maßnahme, dass is n ganz cooler Nebeneffekt denk ich."* (D-01, 00:04:54)

> *„Ich glaube einfach dadurch, dass wir die Möglichkeit hatten uns ähm (.) alle zusammenzuschließen, ham wir die Möglichkeit auch genutzt und das einfach dann (.) ähm... (.) Das hat uns glaub ich alle sehr zusammengeschlossen dieses Projekt."* (G-10, 00:14:37)

Dazu passen ebenso die (inhaltlichen) Beschreibungen und Berichte mancher Auszubildender, die in ihren Lerngruppen „Solidarität" (2.7) u. a. dahingehend erfahren haben, dass auf Leistungsschwächere besondere Rücksicht im gemeinsamen Lernen und Arbeiten genommen wurde, sowie Auszubildender, die zuvor in der Klasse oder Gruppe wenig integriert gewesen sind, aber (durch das Peer Learning) verstärkt und bewusst in die soziale Gemeinschaft miteingeschlossen wurden:

> *„Aber wir haben immer so versucht, dass wir in dieser einen Gruppe, dass wir schon auf einem gewissen Level sind. Wenn jetzt einer irgendwie hängengeblieben ist und sich das nicht erklären konnte, dann haben wir, ähm, halt alle versucht ihm das zu erklären, bis er halt genauso weit ist wie man selber war, also wie wir alle waren. Ja."* (G-09, 00:12:03)

> *„Und die leistungsstärkeren Schüler haben sich in diesem Projekt die Zeit genommen, um das leistungsschwächeren Schülern, die das lernen wollten, zu erklären."* (G-15, 00:13:45)

Dies gelang auch deshalb, weil sich die Auszubildenden vor Projektbeginn teilweise absprachen, sich gegenseitig motivierten und auf ein gemeinsames Vorgehen verständigten:

> *„Also wirklich, wir haben gesagt: ‚Wir schaffen das alle! Und wenn was ist, helfen wir uns auch mal gegenseitig.‘ Also es wurde halt keiner mehr zurückgelassen. Früher hat... Am Anfang hat man so die Woche gedacht: ‚Ich mach dein Teil, also ich mach meins, du machst deins.‘ Aber dann irgendwann hat man begriffen, (..) dass der eine das vielleicht besser kann, auch wenn es nicht so sein soll. Aber man hilft wo man sich kann. Und der eine kann das vielleicht besser. Und dann hat man da sich mal gegenseitig unterstützt."* (A-04, 00:10:11)

Insofern konnten die Ansätze des Peer Learning die Auszubildenden zu einer Reflexion anregen, stärker nach innen in die eigene Gruppe oder Klasse zu schauen, auf andere zu achten und auch mal auf einen möglichen eigenen Vorteil zu verzichten:

> *„Also, ich weiß jetzt halt zum Beispiel, dass ich zu [Name einer Peer Educatorin] gehen kann und sie mir das dann auch erklären würde, wenn ich´s halt bräuchte (.) beziehungsweise, dass sie mir auch ihre Aufzeichnungen dann geben würde, dass ich es halt abschreiben könnte, wenn ich mal gefehlt hab."* (F-13, 00:13:27)

„Wir ham uns zusamm'gesetzt und unsere Unterlagen verglichen, weil einige auch mal krank war'n und d'n ham wir die Lücken aufgefüllt von denjenigen." (G-18, 00:06:31)

„Und ähm [Name einer Peer Educatorin] hat uns auch ganz viel (..) ähm Material gegeben ausgedruckt beispielsweise, oder ihre Bücher hat sie mitgebracht." (G-10, 00:12:43)

In den Interviews mit den Expert*innen wurden insgesamt deutlich weniger Codierungen zu der zweiten Oberkategorie „Verhalten und Umgang der Gruppe/Klasse" herausgearbeitet. Das „Gruppenklima" (2.1) wurde vierfach codiert, die „Arbeitsatmosphäre" (2.2) sechsmal thematisiert bzw. codiert und die „Feedback(-kultur)" (2.3) fünffach angesprochen. Die meisten (12) Codierungen entfielen auf die Unterkategorie der „Kommunikation" (2.4). Die Themen der „Beziehungsgestaltung" (2.5, 5 Codierungen), des „Zusammenhalts" (2.6, 9 Codierungen) und der „Solidarität" (2.7, 4 Codierungen) wurden ebenfalls seltener in den Interviews behandelt. Dies kann bedeuten, dass es für die (außenstehenden) Lehr- und Ausbildungskräfte schwieriger ist, die Entwicklungen und Veränderungen innerhalb der Peer Group zu beobachten und festzustellen. So erkennen sie überwiegend die positiven Faktoren und benennen sie, z. B. bezogen auf das „Gruppenklima" (2.1):

„Was ich so mitbekomme als Klassenlehrer und was mir auch die anderen Kollegen rückmelden, dass das dass das für die Gruppe das dieser Gruppe innerhalb sehr gut getan hat. Also, dass das hm das Gruppenklima sich dadurch verbessert." (E13, 00:09:37)

Ähnliches scheint für die „Kommunikation" (2.4) der Auszubildenden untereinander aus Sicht der Lehr- und Ausbildungskräfte zu gelten:

„Wie ich das jetzt wahrgenommen habe äh, (.) warum äh die Jungs äh an die herangetreten sind, (...) ja ich kann es auch wieder nur sagen äh, es ist einfacher mit einem Gleichaltrigen, mit einem auf gleicher Wellenlänge äh zu stehen und äh mit ihnen ins Gespräch zu kommen. Das ist immer so, ja, mehr kann ich dazu auch ehrlich gesagt gerade nicht sagen. Also so habe ich es äh wahrgenommen." (E1, 00:39:44)

Die Dimension der „Beziehungsgestaltung" (2.5) wird ebenso positiv erwähnt, denn

„ich glaub dafür ist das Projekt wirklich gut gewesen, die mal auf den Trichter zu bringen, dass es ja durchaus Vorteile hat, wenn man mal Kontakt hat, ne. Also (.) ich glaub das liegt schon am Projekt, ja." (E5, 00:26:58)

Daneben kann Peer Learning aus der Perspektive der Lehr- und Ausbildungskräfte zudem den „Zusammenhalt" (2.6) fördern,

„grade weil natürlich auch Teamfähigkeit gefördert wird. Das ist natürlich eine wichtige Kompetenz ist, die sie dann später brauchen" (E13, 00:13:53).

Überdies ist positiv anzumerken, dass (auch) den Lehr- und Ausbildungskräften die „Solidarität" (2.7) im gemeinsamen Lernen innerhalb des Peer Learning unter den

Auszubildenden positiv aufgefallen ist und die Leistungsschwächeren bewusst und aktiv unterstützt wurden:

> *„Wo da auch eins, zwei Stärkere mit bei waren, die sich denn um drei, vier Schwächere gekümmert haben."* (E10, 00:56:55)

Aspekte, wie die (beobachtbare) Solidarität, die (positive) Kommunikation oder auch der (gestärkte) Zusammenhalt innerhalb des Peer Learning konnten folglich sowohl von den Auszubildenden als auch von den Lehr- und Ausbildungskräften festgestellt werden. Eine solidarische Grundeinstellung, eine offene Kommunikation und ein (gewisser) Zusammenhalt erscheinen zudem als Voraussetzung für ein effektives gemeinsames Lernen unter Gleichrangigen, wie es das Peer Learning beabsichtigt.

6.2.3 Einordnung der Ergebnisse

Während die Ergebnisse der Sozialen Netzwerkanalyse, allgemein gesprochen, die Verstärkung oder Zunahme in den Freundschafts- und Sympathienetzwerken sowie den Hilfe- und Arbeitsnetzwerken durch das Peer Learning illustrieren, konnten die Ergebnisse aus den Befragungen mit den Auszubildenden und den Lehr- bzw. Ausbildungskräften diese Erkenntnisse nochmals verdeutlichen bzw. beispielhaft unterstreichen. So zeigt sich bspw., dass durch das Peer Learning in den Klassen und Lerngruppen eine positive Feedbackkultur entsteht bzw. entstehen kann, die sich insbesondere dadurch zeigt, dass es den Auszubildenden leichter fällt, sich gegenseitig um Rat zu fragen. Die Auszubildenden erkennen zudem, dass es für sie sinnvoll und wertvoll sein kann, sich auch nach dem Projektende zu helfen und sich mit (wertschätzenden) Rückmeldungen zu unterstützen. Durch das gemeinsame „Lernen" bemerken sie, dass sie einander vertrauen können. Dies erklärt auch, weshalb sie (zukünftig) an einer verstärkten Zusammenarbeit interessiert sind.

Auch die „Kommunikation", der „Zusammenhalt" sowie die „Solidarität" werden positiv erlebt bzw. beschrieben. Demnach regt das Peer Learning (zumindest bei manchen Auszubildenden) zu einer Reflexion an, im Sinne von Solidarität, eigene Vorteile und Möglichkeiten zu erkennen und ggfs. zu hinterfragen, auch, um diese anschließend mit anderen Auszubildenden zu teilen. In den Interviews beschreiben die Auszubildenden Situationen und Ereignisse, aus denen deutlich wird, dass sie auf leistungsschwächere Auszubildende Rücksicht nehmen, sie bei der gemeinsamen Arbeit sowie im gemeinsamen Lernen bewusst unterstützen und dadurch in die soziale Gemeinschaft mit einbinden. Entsprechend kann Peer Learning zu einer sozialen Integration beitragen, wie zuvor von Haag und Streber (2011), bezogen auf das Peer Tutoring, beschrieben. Die Möglichkeit von partizipatorischer Mit- und Selbstbestimmung im Schul- oder Arbeitsalltag sowie ein (möglicher) Beitrag zur demokratischen Entwicklung durch Peer Learning wurden zuvor in der Literatur, u. a. von Apel (2003), Rohloff (2003), Kahr (2003) und Otto (2015), bereits benannt.

Vorsichtig formuliert trägt Peer Learning damit zu der Förderung einzelner Teildimensionen der beruflichen Handlungskompetenz bei. Die KMK (2018) fasst argumentativ u. a. die Entwicklung sozialer Verantwortung und Solidarität in die Sozialkompetenz mit ein (KMK, 2018, S. 15). Diesen Gedanken weiterführend, kann die berufliche Bildung durch Nutzung von Elementen des Peer Learning somit die Solidarität unter den Auszubildenden fördern und zugleich dem Konkurrenzdenken ein Stück weit entgegenwirken.

Die Einbindung von (allen) Mitschüler*innen und Ausbildungskolleg*innen in die soziale (Klassen-)Gemeinschaft, d. h. die Förderung sozialer Integration und das Teilen bzw. der Verzicht auf einen (eigenen) Vorteil zum Wohle anderer sind für das gesellschaftliche Zusammenleben zentrale Eigenschaften, welche entsprechend auch den beruflichen Arbeitsalltag in Teams verbessern (können). Berufliche Bildung sollte den Auszubildenden auch diese „Werte" bzw. Sichtweisen und Fähigkeiten vermitteln, da sie für ihr späteres berufliches Handeln relevant sind. Wenn es, z. B. durch Peer Learning, gelingt oder gelingen kann, solche Dimensionen in der beruflichen Ausbildung zu fördern, sollten diese pädagogischen Ansätze entsprechend in den Lernorten Betrieb und Berufsschule implementiert werden.

6.3 Voraussetzungen für die Durchführung von Peer Learning

6.3.1 Die Auswertung der Interviews

Die dritte Forschungsfrage der vorliegenden Arbeit thematisiert die Voraussetzungen für die Durchführung der pädagogischen Ansätze des Peer Learning („An welche Voraussetzungen ist die Durchführung von Peer Learning in der beruflichen Ausbildung gebunden?"). Zur Prüfung und Analyse der Frage wird in den Interviews mit den Auszubildenden sowie mit den Lehr- und Ausbildungskräften die Kategorie „Durchführung und Umsetzung" ausgewertet.

Innerhalb der Kategorie 4.1 „Beschreibung des Ablaufs" konnten die meisten Aussagen der Auszubildenden in die Kategorie 4.1.4 „Zusammenarbeit mit der Zielgruppe und deren Unterstützung durch die Educator*innen/Mentor*innen" codiert werden (151 Codierungen). Alle anderen Unterkategorien generierten aus den Interviews deutlich weniger Codes: Auf die „Vorbereitung (durch die Institution Schule/Betrieb)" (4.1.1) entfielen 45 Codierungen, die „eigene Vorbereitung auf die Rolle als Educator*in/Mentor*in" (4.1.2) wurde 37-mal inhaltlich erwähnt bzw. codiert, der Aspekt der „Schulung (durch Universität)" (4.1.3) wurde 51-mal codiert, Aussagen zu der „Zusammenarbeit zwischen den Educator*innen/Mentor*innen" (4.1.5) wurden 23-fach codiert und zu der „Zusammenarbeit und Unterstützung durch die Ausbilder*innen/Lehrkräfte" (4.1.6) konnten 50 Codierungen ermittelt werden.

In den Interviews mit den Lehr- und Ausbildungskräften sind vor allem zwei Unterkategorien häufig(er) erwähnt bzw. codiert worden, diese sind die „Zusammenarbeit mit der Zielgruppe und deren Unterstützung durch die Educator*innen/Mentor*innen" (4.1.5) mit 14 Codierungen und die „Zusammenarbeit mit der Zielgruppe und deren Unterstützung durch die Ausbilder*innen/Lehrkräfte" (4.1.6) mit 28 Codierungen. Die anderen vier Unterkategorien „Vorbereitung (intern in der Institution

Schule/Betrieb)" (4.1.1), „Vorbereitung der Auszubildenden/Schüler*innen (Organisation)" (4.1.2), „Vorbereitung auf die Rolle als Educator*in/Mentor*in" (4.1.3) und „Schulung (durch Universität)" (4.1.4)) wurden von den Befragten seltener thematisiert und (nur) drei- bis fünfmal codiert.

„Positive Rückmeldungen"

Bezogen auf die Analyse der dritten Forschungsfrage ist besonders die Unterkategorie 4.2 „Einschätzungen des Ablaufs" genauer zu betrachten. Hierbei geben die Auszubildenden zahlreiche und inhaltlich verschiedene „Verbesserungsvorschläge" (4.2.3, 115 Codierungen), ziehen „Resümee und Note" (4.2.4, 100 Codierungen) und äußern sowohl „Positive Rückmeldungen" (4.2.1, 62 Codierungen) als auch „Negative Rückmeldungen" (4.2.2, 76 Codierungen). Ebenso benennen die Expert*innen Perspektiven und geben „Positive Rückmeldungen" (4.2.1, 7 Codierungen) und „Negative Rückmeldungen" (4.2.2, 22 Codierungen), darüber hinaus beschreiben sie potenzielle „Verbesserungsvorschläge" (4.2.3, 20 Codierungen). Daneben entfielen 36 Codierungen auf die Unterkategorie „Zukünftige Peer Learning Projekte" (4.2.4), 17 Codierungen auf „Resümee und Note" (4.2.5) und 41 Codierungen hinsichtlich „Allgemeiner Einschätzungen" (4.3).

Um zu analysieren, welche Voraussetzungen für die Durchführung des Peer Learning in der beruflichen Ausbildung benötigt werden, sollen im Folgenden die Inhalte der Aussagen in den Kategorien „Positive Rückmeldungen" (4.2.1), „Negative Rückmeldungen" (4.2.2) und „Verbesserungsvorschläge" (4.2.3) aus den Interviews mit beiden Untersuchungsgruppen vertiefend in den Blick genommen werden. Für die Umsetzung der Peer Education und des Peer Mentoring ist die Schulung der gewählten Peer Educator*innen und Peer Mentor*innen eine zentrale Voraussetzung. Die Schulung wurde in den Interviews sowohl von den Auszubildenden als auch von den Lehr- und Ausbildungskräften positiv akzentuiert, Gleiches gilt für die Planung, die Absprache und die Organisation im Vorfeld zwischen den beteiligten Institutionen:

> *„Da beim Seminar war sehr, sehr sehr freundlich hier euer... Das ist doch euer Dozent oder wer? Euer Dozent war sehr sympathisch, mit dem konnte man auch locker reden. Der hat denn auch alles gut vermittelt, ja war (.) gut, gut durchstrukturiert, gut geplant das Projekt."* (B-05, 00:42:09)

> *„Also der Tach war gut durchstrukturiert, ähm (.) war gut geplant. Ähm. (.) Es wurde ja auch gut alles organisiert hier (.) zwischen Firma und Universität."* (C-12, 00:18:15)

> *„Und, und so wie ihr die Sachen gestartet habt äh, muss ich sagen, ist es sehr, ja sehr qualitativ hochwertig. Okay?"* (E1, 00:40:51)

Neben der strukturierten Organisation und Vorbereitung vor der Durchführung des Peer Learning wurden auch die Rahmenbedingungen wie Raum und Zeit vonseiten der Betriebe und Berufsschulen benannt:

> *„Also so an den rein organisatorischen Sachen würde ich nichts verändern. Das war eigentlich sehr, sehr gut organisiert. Und, ähem, ja sehr sehr positiv ist auch diese, diese Stundenverfügung*

während der Schulzeit. Also auch so zwischendurch und jetzt nicht die letzte Stunde, die jetzt bis 15.30 Uhr geht oder später." (G-08, 00:43:37)

„Und das wir eben auch immer ein Raum und ne Schulstunde zur Verfügung gestellt bekommen haben. Das finde ich gut. Dass das alles so geregt wurde. (.) Ehmm. Genau. (.) Und dann lag das eigentlich nur noch in unsrer Hand. (.) Ja." (F-05, 00:05:05)

„Ähm, ja dieses, das man Sachen als Projekt verpackt und sich dann eher mal damit, ja wie sagt, wie soll man das sagen? Also dass dieses, dieser Projektcharakter hilft, da n bisschen mehr Zeit reinzuschaufeln oder da wirklich mal geordneter ranzugehen. Das hab ich so für mich mitgenommen, weil so nebenbei (.) funktioniert das ja auch alles und ist ganz schön, aber als Projekt ist es irgendwie geordneter und es kommt auch irgendwie mehr bei raus." (C-15, 00:16:45)

Die Educator*innen und Mentor*innen selbst haben es ferner lobend erwähnt, dass sie sich in einer neuen Rolle ausprobieren konnten, wie ein Mentor repräsentativ erwähnt:

„Ja, das also ich fand halt besonders positiv war halt, die Aus- al- die Ausbilderrolle mal geschlüpft ist, das man mal aus ner anderen Perspektive das Ganze gesehen hat, dass man selber mal in der Position war denn andern Leuten noch mal oder anderen Auszubildenden noch mal Sachen zu vermitteln. Das fand ich schon sehr interessant, dass man das denn nochmal versteht wie das denn aus der anderen Perspektive so ist und dass man denn sich auch nen bisschen mit reinversetzen kann. Das fand ich eigentlich am (.), am besten, dass man das doch noch mal gesehen hat. (..) Das hat mir, gut gefallen." (B-05, 00:20:46)

Zudem merken die Auszubildenden an, dass sie selbst zum Nachdenken und Reflektieren angeregt wurden durch die Konfrontation mit wissenschaftlichen Erhebungsmethoden, wie bspw. dem Fragebogen (siehe Kapitel 5.3):

„Also dass man zwischendurch auch diese Fragebögen hat. Ich finde, da stellt man sich selbst auch nochmal vor so manchen Fragen, ähem, die man sich sonst auch nicht gestellt hätte. Also zum Beispiel schon allein diese Zufriedenheitsfrage nur. Also ob man wirklich zufrieden ist. Also ich finde, das stellt man sich sonst nicht. Also es wurden einem auch nochmal für einen selbst nochmal ein paar Einblicke (.) geöffnet. Oder man musste sich einfach selbst auch nochmal mit der Situation beschäftigen, wie man sich eigentlich in dem Betrieb fühlt und auch allgemein in der Klasse. Also ich finde, dadurch wurden einem noch ein paar neue Sichtweisen eröffnet." (G-08, 00:40:35)

„Man, denkt ja noch mal richtig über die Ausbildung nach, find ich, gerade durch diesen Fragebogen. (.) Ehm. Weil der doch viele so, Fragen sind, diese, so sehr persönlich sind, sag ich mal einfach, weil, ehm, (.) so wie fühlt, also, ob man sich mit seinem Unternehmen hier, irgendwie, ob man das mit Heimat verbindet, da muss man ja wirklich mal nachdenken. (.) Und das fand ich ganz gut, weil man dann ja, wirklich eben mal nachdenkt, wie find ich das hier eigentlich. Fühlt man sich hier gut aufgehoben und so weiter. (..) Ehm. Ja, das fand ich eigentlich ganz gut, dass man, mal selbst so reflektiert, (.) wie man (.) hier überhaupt so steht. (..) Das war sonst eigentlich, also so, haben wir sonst nie irgendwie in irgendner Form getan. Also, war ganz schön, dass man das überhaupt mal gemacht hat." (F-05, 00:18:01)

Resümierend wurden die Schulung der gewählten Peer Educator*innen und Peer Mentor*innen, die Rahmenbedingungen und die Organisation sowie die Möglichkeit, sich in einer neuen Rolle erproben zu können, besonders lobend hervorgehoben.

Diese Punkte scheinen über mehrere Institutionen (hinweg) relevant zu sein und sind keine individuellen (oder persönlichen) Faktoren, die als positiv empfunden werden. Entsprechend kann dies in den hier durchgeführten Projekten des Peer Learning (zumindest nach Meinung der Interviewten) als gelungen erachtet werden.

„Negative Rückmeldungen"

In den Interviews wurden (aber auch) negative Faktoren angesprochen bzw. bewusst erfragt. Die Lehr- und Ausbildungskräfte äußerten „Negative Rückmeldungen" (4.2.2) überwiegend zu dem für sie zusätzlich entstandenen organisatorischen Aufwand sowie hinsichtlich ihrer fehlenden Zeit (in ihrem beruflichen Alltag) zur Unterstützung und Begleitung des Peer Learning:

> *„Der organisatorische Aufwand. Ansonsten, nee, ansonsten nichts, nichts Schlimmes und nichts Dramatisches, nee."* (E 5, 00:20:50)

> *„Weil mir die Zeit fehlte zu dem Zeitpunkt."* (E 8, 00:16:52)

> *„Also wie gesagt, dass hätt ich halt auch gern mal miterlebt, wie die sich da gegenseitig so (.) äh, äh, versuchen Sachen beizubringen, aber, ähm (.), ja erstmal aus Zeitgründen war das halt dann auch nich möglich und."* (E7, 00:29:03)

Der organisatorische Aufwand umfasst für die Lehr- und Ausbildungskräfte u. a. die Suche bzw. Planung von Räumen und Zeiten, die sie den Auszubildenden für das Peer Learning zur Verfügung stellen konnten:

> *„Also dieses, ist de- der organisatorische Aufwand, also, ähm, einmal die Zeit zu finden, alle zusammen zu bringen und ähm, dann auch noch Räume zu finden. Ähm (.), wir haben... im [Name der Institution] haben wir kaum noch Besprechungsräume, wo man sowas vernünftig machen kann, in Ruhe. Hier, hier muss man die Räume auch Monate im Voraus buchen, ansonsten, keine Chance. Von daher ist es nur der zeitliche und organisatorische Aufwand."* (E5, 00:30:40)

Dennoch werden in den Aussagen häufig die Einschränkungen *„nur"* oder *„ansonsten nichts"* getätigt, was verdeutlicht, weitere Kritikpunkte wurden nicht gesehen, denn darüber hinaus *„ist mir eigentlich nicht bekannt, dass es Schwierigkeiten gab"* (E6, 00:23:48). Die Mehrheit der Expert*innen nannte entsprechend keine kritischen oder negativen Aspekte. Eine Lehrkraft beklagte sich hingegen, durch die Schulleitung und die Projektorganisation zu wenig in das Projekt involviert gewesen zu sein:

> *„Es wäre schön gewesen, wenn wir in dieses Projekt mit involviert gewesen wären im Vorfeld. Dass wir auch wissen, was da passiert. Ne? Und dann hätte man das sicher auch noch anders begleiten können, aber dadurch, dass wir ja keine Infos darüber hatten als Lehrkräfte und nichts an uns herangetragen wird, ist es eigentlich für mich verlorene Zeit gewesen, muss ich ganz ehrlich sagen."* (E14, 00:13:26)

Die Aussage kann differenziert betrachtet werden, da die Projekte zum Peer Learning (hier Peer Education) (weitestgehend) eigenständig und autonom von den Peer Educator*innen durchgeführt werden sollten.

Aber auch die befragten Auszubildenden formulierten im Nachhinein „Negative Rückmeldungen" (4.2.2), die (jedoch) bei näherer Betrachtung stets durch die jeweiligen Gegebenheiten zu erklären sind. Dazu gehört, dass in zwei Projekten zur Peer Education atmosphärische Spannungen vorherrschten, die ein gemeinsames Vorgehen der Gesamtgruppe verhinderten, da Teile der Klasse die Mitarbeit verweigerten. In einer Gruppe wurde auch deshalb das Fehlen einer Aufsichts- oder Autoritätsperson bemängelt:

„Grundsätzlich war es bei uns sehr sehr schwierig, dadurch, dass wir auch nicht beaufsichtigt wurden." (G-08, 00:02:47)

„Weil wahrscheinlich eine Autoritätsperson gefehlt hat." (G-04, 00:18:33)

„oder einer von euch ähm mit bei uns rein gekommen wäre und das Ganze am Anfang noch begleitet hätte, einfach um auch ein ähm irgendwie da einen Ansprechpartner zu haben." (G-03, 00:10:43)

Denn die fehlende Präsenz einer Autorität führte, nach Aussage der Auszubildenden, dazu, dass Teile der Klasse nicht aktiv mitgearbeitet haben und andere, motivierte Auszubildende gestört wurden. Auffällig war in den Interviews zudem, dass die Auszubildenden als Erklärung für die unzureichende Umsetzung des Peer Learning ihre eigene Klasse verantwortlich machten und angaben, dass sie dies schon vor Projektbeginn in dieser Art erwartet (oder geahnt) hätten:

„Und, ja (lacht), lag dann NICH an dem Projekt, sondern einfach, glaube ich, an der Klassenmentalität, dass das wohl eher nich sehr effektiv genutzt wurde. Es ist 'n/Ich glaube, es ist 'ne schöne Idee, aber vielleicht für unsere Klasse oder für unser Alter nich mehr machbar." (G-18, 00:01:05)

„Also // wie gesagt, ich bin jetzt, also ähm das klingt jetzt alles sehr negativ, was ich sage und das äh Projekt an sich finde ich wirklich gut, aber ich wusste halt, dass es nicht umsetzbar in unserer Klasse ist, weil ich es halt schon vorher gesehen habe. Ähm das merkt man ja auch im Unterricht, wie die Leute so drauf sind und, dass es einfach nicht klappen wird." (G-03, 00:24:40)

In einer zweiten Klasse konnte die Peer Education ebenfalls nicht für die Gesamtgruppe erfolgreich und gewinnbringend umgesetzt werden, als Erklärung gibt einer der gewählten Educator*innen an: *„Die Klasse, das Lehrjahr. Ganz eindeutig."* (F-01, 00:26:21). Eine weitere Educatorin aus dieser Klasse wird deutlicher und kritisiert, dass Auszubildende die Peer Education als Freistunde gesehen haben:

„Die Umsetzung fand ich n bisschen schwierig tatsächlich, ähm weil das natürlich doch dann immer son Freistunden-Charakter hatte und dann den Leuten wirklich zu sagen: ,Ey, lass uns jetzt mal ne halbe Stunde konzentriert was machen und dann machen wir eben auch mal zehn Minuten Pause, dann machen wir nochmal ne halbe Stunde.', is natürlich n bisschen schwierig, weil der Grundgedanke ja eigentlich ist, dass man irgendwie auf einer Ebene steht und dann will ja keiner sich hinstellen und sagen: ,Ich bin jetzt der Chef und ich sag dir jetzt konzentrier dich mal ne halbe Stunde.' Deswegen fand ich die Umsetzung n bisschen schwierig, aber die Idee fand ich eigentlich cool." (F-10, 00:01:47)

Teile der Zielgruppe aus dieser Klasse äußerten ähnliche Kritik an ihren Peers wie die Educatorin:

> *„Mhm, also, ich, das Projekt an sich finde echt n sehr gute Idee. Ich glaub, die Umsetzung is halt son bisschen schwierig, auch so klassenabhängig einfach. Was für Leute da so drin sind und ob die Lust haben, wirklich was zu machen oder ob die sagen: ‚Ich hab einfach keinen Bock. Ich geh jetzt einfach hierhin, sitz meine Stunden ab und fertig.‘, aber so äh an sich, glaub ich, isses halt wirklich n gutes Projekt ähm, wenn halt alle mitmachen.“* (F-03, 00:23:19)

> *„Ja und nich so gut ja war eben, ja was heißt nicht so gut, es lag ja an uns, aber dass man, sich nicht so richtig, äh, (.) aufraffen, mmh, (..) verantwortlich f- fühlt, vielleicht dass man jetzt wirklich 90 Minuten da durchpowert, sag ich mal.“* (F-05, 00:48:16)

In einem anderen Betrieb gab es z. B. Schwierigkeiten bzw. Kritik *„wegen der Zeit“* (C-17, 00:10:30). Neben der zeitlichen Komponente hat es zudem Schwierigkeiten in der Organisation der Räume, Zeiten und der Planung insgesamt gegeben, wie die Auszubildenden berichten:

> *„Also jetzt in unserm Fall. Ähm, allerdings ist es bei uns ziemlich schwierig gewesen. Das haben wir uns aber von Anfang an schon gedacht, weil in unserm Betrieb oder in unserm Berufszweig in unserm Betrieb ist es so, dass wir immer gestaffelt sind in […] Und deswegen haben wir (...) (überlegt) vielleicht vier, fünf Wochen im Jahr, wo wir wirklich alle mal im Werk sind. Also ja, das hat sich halt schwierig gestaltet, ne. Wir haben leider jetzt nur eine Woche tatsächlich gefunden, wo wir das mal so ausprobieren oder uns halt die Zeit dafür nehmen konnten, was kein Problem ist.“* (C-15, 00:00:30)

> *„Dann bräuchte man irgendwie ja so ein Bestandsgebäude. Was wir regelmäßig besuchen könnten und dafür bleibt die Zeit gar nicht.“* (C-05, 00:01:45)

> *„Ist halt nur schade (.), dass es bei uns zeitlich so schwierig ist.“* (C-15, 00:12:17)

An anderen Lernorten wurde dagegen keine Kritik geäußert:

> *„Nee nega-, kann ich jetzt nicht... War eigentlich komplett gar nicht. Also gar nicht. (.) Da gabs gar keine Probleme eigentlich. Nichts was mir jetzt so ein- spontan einfällt was denn, wo ich jetzt sag so: ‚Oh Gott das war ganz schlimm.‘ Eigentlich war alles, °alles gut gewesen.“* (B-05, 00:35:27)

> *„Mhm. (.) Ja negativ, gar nicht. Allgemein so in diesem ganzen (schnäuzen) Projekt fällt mir eigentlich nichts Negatives ein, was ich irgendwie so dazu sagen könnte.“* (B-01, 00:43:03)

Als Kritik, die zukünftig berücksichtigt werden sollte, sind insbesondere die Aspekte der zeitlichen und strukturellen Organisation und Planung sowie das Fehlen einer Aufsichts- oder Autoritätsperson während der Projektdurchführung und die fehlende bzw. mangelhafte Ernsthaftigkeit der (Gesamt-)Gruppe zu fokussieren. Zwar sind dies zumeist situativ bedingte Faktoren, zugleich könnte oder sollte eine verstärkte Fokussierung ihrer Bedeutung hinsichtlich einer Vergleichbarkeit (oder Einheitlichkeit) bei allen beteiligten Institutionen und Organisationen angeregt, gefördert und abschließend sichergestellt werden. Es sind Faktoren, die fortlaufend im Prozess des Projekts (immer wieder) beachtet bzw. hinterfragt werden sollten. Eine Realisierung bzw. Umsetzung ist möglich, wenn allen Beteiligten die Relevanz vermittelt wurde, dazu gehören die Lehr- und Ausbildungskräfte, die Zielgruppe, die aktiven Peers sowie die Seite der Projektorganisation.

Genannte „Verbesserungsvorschläge" von den Auszubildenden

In den Interviews wurden die Auszubildenden und die Lehr- und Ausbildungskräfte abschließend nach „Verbesserungsvorschlägen" (4.2.3) für ein (mögliches) zukünftiges Peer Learning gefragt, dabei wurden sehr unterschiedliche, teilweise sehr individuelle (und persönliche) Rückmeldungen gegeben, welche aber häufig die Gegebenheiten in den Lernorten adressieren.

Ein Aspekt, der über mehrere Institutionen genannt wurde, ist die Zeit bzw. feste zeitliche (und kontinuierliche) Absprachen und Planungen für das Peer Learning:

> *„Was hätte besser laufen können? Mehr Zeit wäre vielleicht ganz gut gewesen. (.) Ja und das man das regelmäßiger, regelmäßiger, kontinuierliche macht. Sonst wenn man das nur einmal macht im Monat und [...], Man müsste das eigentlich jeden... Also wenn man es richtig macht. So wenn man auch vernünftig lernen will, sollte sollte man jeden Tag sich immer sagen, hier zwei Stunden oder drei. Je nachdem was man noch vorhat und das regelmäßig machen. Ich denke da liegt auch der Schlüssel zum Erfolg."* (C-05, 00:08:33)

> *„Ich finde, dass man das irgendwie so´n bisschen, (.) äh, großflächiger einsetzen sollte, weil, ehmm, ich immer glaube, dass man sich untereinander besser helfen kann, als wenn Lehrer vorne steht und das versucht zu erklären."* (F-05, 00:45:01)

> *„Äh, ich sag mal so, wenn's wirklich n langfristigen Erfolg (.) haben sollte, sowas ne, dann müssten we das natürlich öfter machen. Also da reicht es jetzt nicht nur zwei dreimal (.) ähm, sondern wirklich regelmäßiger, wo man dann sagt, man hat vielleicht (.) alle zwei Wochen mal n bissn Zeit, aber des (.) ist eben (.) wahrscheinlich nicht umsetzbar, sag ich jetzt mal, weil man hat ja natürlich auch hier, äh, n Ausbildung- Ausbildungsziel."* (G-02, 00:02:40)

Zu dem zeitlichen Aspekt gehört für die Auszubildenden auch der Stundenblock bzw. die Tageszeit, der Wochentag sowie die (konkrete) Terminierung vor Klausuren:

> *„Eine Sache die schön gewesen wäre, wäre wenn die Stunden die wir hätt- gehabt hätten nicht immer am Anfang oder am Ende gewesen wärn, weil am Ende sind sie ja alle gegangen und am Anfang sind sie später gekomm."* (F-01, 00:10:00)

> *„Ich weiß so n Stundenplan zu basteln is' sehr schwer und (.) gerade noch wenn man sich nach so vielen ve- Dozenten aus verschiedenen Einrichtungen und Häusern richten muss, aber (.) ich hätte es besser gefunden in die Woche integriert nicht auf nem Freitag. Weil Freitag is' irgendwie so mal so'n (..) malliger Tag irgendwie, wo man eh nicht so (.) motiviert ist und wenn man noch das Gefühl hat man muss durch dieses Projekt länger bleiben (..) mhm dann ist das nicht so ideal. Schön wär's gewesen natürlich vor Klausuren, wenn das machbar gewesen wär, den Tach davor irgendwie. (..) Das man da so ne Stunde mittendrin mal Zeit hat."* (G-17, 00:10:59)

Die Kontinuität des Peer Learning bzw. eine Verstetigung des Ansatzes als dauerhafte Methode in die Planung und Struktur der beruflichen Ausbildung wird sehr häufig genannt und (teilweise) eindeutig begründet:

„Was würde ich mir wünschen? Also, wie schon bereits angesprochen, würde ich es für die kommenden Lehrjahre, wenn es weitergeführt wird, gut finden, dass das gemacht wird, denn es macht schon Sinn ein oder zwei Leute festzulegen, wo gesagt wird: ‚Hey, hier du! Du kannst das sehr gut erklären.‘ Da is es auch gut, dass die Mitstreiter einen auswählen und dass die sagen: ‚Ja, du bist gut da drinne. Du kannst das gut erklären und könntest den Nachkommen – sach ich mal – helfen, besser zu lernen oder vielleicht bessere Schulnoten oder gut in die Prüfung zu gehen.‘ Und das wäre halt gut, wenn man das nach dem Projekt irgendwie vielleicht wirklich monatlich schafft, sich mit seiner Gruppe – die man zu unterrichten hat – hinzusetzen und dass man das – sei es wenn es eine Stunde oder zwei Stunden einmal im Monat wäre. Das wär ja in Ordnung gewesen so.“ (C-12, 00:37:16)

„Dass man vielleicht auch, ehm, regelmäßiger so Stunden bekommt, also ich mein jetzt nich jede Woche, aber vielleicht einmal im Monat. (..) Das glaub ich, find ich ganz gut, dass man wirklich immer dabei bleibt.“ (F-05, 00:49:18)

„Wie soll es zukünftig.... Ja habe ich ja auch schon gesagt, dass man das [Peer Tutoring] kontinuierlicher macht. Das man häufiger Termine schafft dafür. Den Platz, den Raum. Das man sowas eben realisieren kann. Nicht einmal im Monat, sondern regelmäßig. Jeden Tag eigentlich.“ (C-05, 00:15:13).

In der Überlegung bzw. Forderung nach Kontinuität gehen manche Auszubildende noch weiter und schlagen die Nutzung des Peer Learning ab dem ersten Lehrjahr vor, auch, damit die Auszubildenden frühzeitiger voneinander und miteinander lernen können und sich ein besseres Gruppenklima entwickeln kann:

„Also ich ähm finde man könnte auch das Peer Projekt überall anwenden auch im ersten Lehrjahr. [...] Auch nicht irgendwie zwischen Tür und Angel ne Frage stellen kann, sondern auch sich hinsetzen und sagen: ‚Okay pass auf, so kann ich dir's ausführlicher klären.‘ Und ja das ist halt echt gut für die Prüfungsvorbereitung ist, gerade besonders im zweiten Lehrjahr. Und ja. Und halt, dass es sehr gut ... meiner Meinung nach oder ich denke mal, ich geh stark davon aus, dass man das sehr gut im ersten Lehrjahr anwenden kann, damit halt die frischen Azubis sich wohler in der Firma fühlen. Dass man weiß: ‚Der geht von alleine auf mich zu und mit dem kann ich schnacken. Wenn irgendein Problem ist, kann ich zum ihm kommen, wenn ich nicht bin ich zum Ausbilder gehen will.‘ Oder zu irgendeinen Facharbeiter, kann er zum Azubi kommen und sagen: ‚Pass auf, so und so ist das Problem.‘ Muss ja auch nicht praktisches ... kein Lernstoff so gehen sein, sondern einfach nur was Zwischenmenschliches. Und ähm. Na aber auch, dass man dem ersten im ersten Lehrjahr erklärt, wo die Schwierigkeiten liegen. Wo man wirklich im ersten Lehrjahr auch aufpassen sollte, weil's halt der komplette Grundstoff ist. Und ähm ja das man halt auch dem ersten Lehrjahr so gesehen erklärt, wo man hin muss oder generell den ... so gesehen bereit steht, wenn die Hilfe brauchen. Und das wäre glaube ich sehr gut für's erste Lehrjahr.“ (C-02, 00:40:32)

„Also is müsste auf jeden Fall Anfang erstes Lehrjahr anfan. Einfach weil man diese Stoffmenge dieser Ausbildung mit vielen andern Ausbildungen nich vergleichen kann. (unverständlich) gefühlt wird hier teilweise mehr Stoff vermittelt als in drei Studienfächern gleichzeitig. Ähm, der Druck is is einfach höher ähm und grade für die die nich aus dem Bereich komm die vielleicht auch direkt von der Schule komm und vielleicht nich ma n Abitur gemacht habn, für die die gehn ganz schön unter und die gingn von Anfang an unter und die müssen viel früher aufgefangen werdn wenn man möchte dass die die Ausbildung schaffen und das würde sich da viel mehr lohnen und vielleicht würde da auch positiv einer Gruppenbildung irgendwie ja sich positiv auswirken [...]“ (F-01, 00:27:38)

„Also man könnte es schon (.), ähm... ich find man könnt es sogar direkt in Stundenplan mit ein integrieren, dass man, (.) äh, wirklich den (.) Schülern Zeit gibt (..) über die drei Jahre hinweg, ähm, sich zusammenzufinden und äh, den Stoff mal durchzugehen, damit's nicht wirklich, ähm (.), Probleme gibt dann auch bei manchen, ne. Ähm, ich sag mal so, wir sind ne relativ gute Klasse, glaub ich jetzt mal. Also (.) wir ham (.) n relativ guten Notenschnitt. Gibt halt n paar, die sind, ne, wie ges-, ne. Aber jetzt keinen, der jetzt komplett durchrasselt, (.) ne. Ähm (.) ich würd, wie gesagt, des trotzdem über die drei Jahre hinweg so machen (.), weil des Ganze einf-... ich glaub schon n n riesen Vorteil bringt." (G-02, 00:36:04)

„Ja, also erstmal viel früher. Also, ähem, am besten gleich erstes Lehrjahres. Also ich glaube damit hat man halt die besten Chancen, dass man das halt wirklich dauerhaft gut durchsetzen kann. Ähm. Dann ist man auch noch nicht so gestresst untereinander." (G-09, 00:41:02)

Ferner wurden, je nach Lernort, Gegebenheit und dem persönlichen Erleben des Peer Learning, weitere Hinweise für eine Verbesserung zukünftiger Durchführungen im Peer Learning gegeben, wie eine verbesserte (betriebs-)interne Absprache und Planung, z. B. zwischen der Zielgruppe und den Peer Mentor*innen:

„Dass man vielleicht wirklich mal die (.) Mentoren noch mal ein Stück eher kennenlernt. Dass, sage ich mal, nich wirklich der Montag dafür verschwendet wird. Sondern dass man vielleicht Freitag sich schon mal zusammensetzt mit den Auszubildenden: ‚Was erwartet ihr eigentlich von uns als Mentoren?' Dass das mal hinterfragt wird: ‚Wie wollt...' Dass man mal ungefähr weiß: Was will die Klasse eigentlich?" (A-04, 00:30:54)

„Man hätt es ja sich vielleicht mit dem zweiten Lehrjahr zusammensetzen können äh 'ne Woche oder zwei Wochen nach dem Trainingstag sach ich ma. Dass man dort sich erstmal austauscht, den zweiten Lehrjahr erklärt, worum's geht. Was gemacht wird." (C-12, 00:26:06)

Aber auch die Zusammenarbeit zwischen der Klasse bzw. Lerngruppe und der Berufsschule bzw. dem Betrieb (bzw. der jeweiligen Lehr- oder Ausbildungskraft) sowie mit der Universität als Projektinitiator kann optimiert werden, wie z. B. dadurch,

„dass die Lehrer erkennen was Phase is, sag ich ma. Wenn man mit den Lehrern jetzt schon zwei Jahre zusammen unterrichtet (..) und die wissen immer noch nich, wie die Klasse tickt, (..) traurig ehrlich, naja" (H-12, 00:20:35),

denn

„wenn man son Projekt schon durchführt, dass man das dann auch richtig durchführt, das man dann mal sagt: (..) ‚Wir lassen den Block mal ausfallen und machen halt ne Gruppenarbeit zusammen.' So, oder sowas, halt um den Gruppenzusammenhalt zu stärken, (.) sowas alles. Das sollte ja das darstellen ne? Im Projekt Gruppenzusammenhalt stärken und (.) den Educator, der das alles so ein bisschen leitet und (unverständlich). So hätte man das dann irgendwie sich einfallen lassen können, sag ich mal." (H-12, 00:10:08)

Noch deutlicher wurde ein anderer Auszubildender, der sich explizit wünscht, dass die Universität auch in die Umsetzung in den Betrieb eingreift und Vorgaben macht:

„Genau sowas könnte auch von seitens der Uni gerne geschehen. Wär vielleicht auch einfacher, dass die Uni das halt mehr so als Projekt in die Hand nimmt. Weil letztendlich war es ja – so hab ich's empfunden – eher uns Mentoren überlassen. Ok. Ob wir's machen oder nicht. So hatte ich

zumindest das Empfinden und es macht vielleicht Sinn, wenn die Uni – wenn die Möglichkeit besteht – vielleicht sogar Räume bereitstellt. Aber die Möglichkeit 'n Raum zu suchen, wo man sich mit der Gruppe hinsetzen kann, wär ja eigentlich bei uns in der Firma auch gegeben. Aber das die Uni halt vorgibt, dass man sich wirklich innerhalb eines bestimmten Zeitraums zusammensetzen muss [...]" (C-12, 00:39:09)

Hinweise bzgl. eines anderen Verhaltens der Lehr- und Ausbildungskräfte wurden ebenso getätigt, jedoch zu verschiedenen Aspekten. Manche Auszubildende wünschen sich z. B. eine Überprüfung der Aufgaben auf inhaltliche Richtigkeit in den Lern- und Übungsphasen:

„Nja na zum Beispiel bei uns jetzt, wir hatten ja Prüfungsaufgaben die auch viel aufeinander aufbauen und das der Lehrer denn zum Beispiel ich sach ma den Schüler erstma ne bisschen machen lässt. Dann sach ich ma wenn, wenn er die ersten beiden Aufgaben gelöst hat oder die ersten drei Aufgabenbereiche gelöst hat, dass er denn ma rauf guckt und schon ma kontolliert, weil wenn mna denn doch alles erstma runterrechnet bis Aufgabe zehn und elf weil das ja aufeinander aufbaut und denn alles falsch hat, ja wär sach ich ma besser wenn der Lehrer denn da sach ich ma schonmal eher draufguckt ne, damit man nich vielleicht so viele Fehler macht." (D-04, 00:34:16)

Andere Auszubildende wünschen sich wiederum die (bloße) Anwesenheit einer Lehr- oder Ausbildungskraft im Sinne einer Autoritätsperson bzw. einer Kontrollfunktion. Dies wurde überwiegend in den beiden Klassen genannt, in denen die Peer Education aufgrund atmosphärischer Störungen innerhalb der Klasse nicht ideal umgesetzt werden konnte, die Auszubildenden gehen davon aus, dass durch (bloße) Anwesenheit einer Lehr- oder Ausbildungskraft bzw. einer Autoritätsperson eine andere Arbeitsatmosphäre und höhere Konzentration (und Ernsthaftigkeit) gezeigt worden wären:

„Also ich glaube, dass, wenn ähh irgendwie ne, (.) ja wenn irgendwie 'n Lehrer oder so dabei gewesen wär, (.) einfach nur das irgendwie so 'ne Respektperson ange-, angewesend gewesen wäre, dann wär das glaub ich, alles n bisschen anders verlaufen, weil man dann ja wirklich so, (.) dann muss man das ja machen. Also, das hört sich jetzt so gezwungen an, aber, ehm (Pause, 3sek) dann hat man ja doch eher so, (.) ähh, ne Freistunde im Kopf, sag ich ma, wenn keiner mit anwesend is, wenn man so unter Freunden is. (..)" (F-05, 00:09:46)

„Ja ich weiß nich, vielleicht würde das ja einfach schon reichen, wenn mal irgend ne Lehrkraft mal zwei-, dreimal reinkommt und fragt, ob mal alles gut, dass sie, dass man auch daran erinnert wird, wofür man eigentlich da is. (.) Die haben vielleicht noch Fragen beantworten kann, (.) wie so was." (F-05, 00:48:16)

„Vielleicht wäre es auch nicht schlecht, wenn die Lehrer da besser, ehm, drauf vorbereitet werden, (.) dass denen gesagt wird, (.) vielleicht müsste jemand anwesend sein, der auch noch mal ne Frage beantworten kann oder (.) so was, (.) ne oder dass sie uns wirklich noch mal Materialien stellen, selbst wenn sie uns nur ein paar Bücher reingereicht hätten, ne, die wir jetzt nicht zu Hause haben, das hätt ja vielleicht schon gereicht." (F-14, 00:40:09)

„Also ich glaube, wär noch ne Lehrkraft dabei gewesen und hätte die nur hinten gesessen oder so und hätte das ganze quasi nur überwacht oder ähm ne Lehrkraft wär für beide Gruppen zuständig gewesen und wär immer mal zwischen den Räumen hin und her gegangen ähm hätte das, glaube ich, n ganz anderen Rahmen nochmal gekriegt oder nen ganz andern..., äh na, ich will

jetz nich sagen Überwachungs-Charakter, aber es..., wär hält jemand da gewesen, der äh quasi ne höhere Instanz gewesen wär, der gesagt hätte: ‚Jetz Konzentration. Jetz mal alle Handys weg und dann ähm konzentrieren wir uns wirklich mal auf den Inhalt.'" (F-10, 00:07:04)

„Es ist 'ne gute Sache. Also, man muss ja auch immer so Alternativen sich suchen, weil viele Leute ja auch anders lernen. Aber ich find, wenn zum Beispiel 'n Lehrer als Aufpasser in Anführungsstrichen dagewesen wäre, wär es glaube ich besser gelaufen." (G-01, 00:02:40)

„Besser laufen hätte können, dass – auch wenn das ein bisschen nach Kindergarten klingt – dass man eine Beaufsichtigungsperson gehabt hätte, die da ein bisschen für ... Also was heißt ein bisschen für Ruhe sorgt? Ich meine, wenn jemand drinnen sitzt, dann sollte man normalerweise ruhiger sein. Aber dass vielleicht jemand mit drinnen sitzt, der dann auch mal gesagt hätte: ‚Was macht ihr hier eigentlich?' Oder ... Weil das war denen irgendwie egal. Oder ziemlich vielen." (G-08, 00:09:31)

In den Aussagen zeigt sich, dass es den gewählten Peer Educator*innen nicht alleine gelingt (bzw. gelungen ist), die Gesamtgruppe gleichermaßen einzubinden bzw. mit (potenziell) autoritäreren Äußerungen zu einem angemessenen Sozialverhalten zu bewegen, bzw. dass dies von den Peer Educator*innen nicht gewollt gewesen ist. Gleichzeitig wird deutlich, dass die Auszubildenden, die hier den Ablauf (vermeintlich bewusst) störten, das Gesamtinteresse ihrer Lerngruppe und Mitschüler*innen („die Ausbildung gut abzuschließen") nicht (in gleichem Ausmaß) teilten und kein empathisches oder sozial ausgleichendes Verhalten zur Umsetzung zeigen konnten (oder wollten). In beiden Interpretationsweisen wird deutlich, dass die Gruppe bezogen auf die Dimensionen Kommunikation und soziales Verhalten Defizite aufweist. Nach Angaben der Auszubildenden können diese Defizite durch die Anwesenheit einer Autoritätsperson kaschiert werden. So wäre durch Anwesenheit einer Lehr- oder Ausbildungskraft die Peer Education ruhiger bzw. harmonischer (und potenziell effektiver) verlaufen, zugleich wären die (vorhandenen) Probleme (aber wahrscheinlich) nicht transparent geworden. Als Schlussfolgerung ist entsprechend zu überdenken, eine Lehr- oder Ausbildungskraft (dauerhaft oder) in zeitlich unregelmäßigen Abständen hinzuzuziehen, aber auch die Gruppenatmosphäre in Lerngruppen (detaillierter) zu betrachten und ggfs. vorhandene Störungen (bereits im Vorfeld) zu thematisieren. Der Blick nach innen (in die Gruppe hinein) ermöglicht potenziell die Erkenntnis der Ursache für einen Konflikt[39]. Erst nach dessen Überwindung kann der Ansatz der Peer Education, dann vermeintlich auch ohne Autoritätsperson, erfolgreich realisiert werden. Diese Erkenntnis ist folglich für zukünftige Projekte zu beachten.

Neben der fehlenden Aufsicht wurde in diesen beiden (Peer Education) Klassen auch der Wunsch nach einer Begleitung, insbesondere der Peer Educator*innen (durch die Universität), im Prozess des Projekts als Wunsch geäußert:

„Weil ähm (.) ja, man halt nur als Klasse da is und keine Führungsperson, die jetzt kein Lehrer is, sondern die von diesem Projekt aus damit zu tun hat, also ihr oder euer Dozent ähm da son bisschen Anleitung von außen nochmal gibt oder so dass man irgendwie son bisschen, das hört sich jetzt blöd an, aber gezwungen wird halt wirklich was zu machen, weil sonst ähm artet es

---

[39] Für die methodische Umsetzung eines solchen Vorgehen kann z. B. die Themenzentrierte Interaktion (siehe Kapitel 2.5) herangezogen werden.

schnell aus, indem Sache vielmehr über Privates und ähm eher weniger über die fachlichen Sachen, dass das son bisschen entgleitet. So würde ich das sehen. Also wie gesagt, son bisschen mehr Führung von außen von den Projektleitern, würde ich sagen, is da sinnvoll. Oder dass man ähm zwischendurch so Auswertungen, also so Zwischengespräche führt oder so ähm, dass wir quasi son Interview zwischendurch machen. Dass man sone Zwischenanalyse macht und das nich so laufen lässt. Sowas würd ich vielleicht auch noch als sinnvoll empfinden ähm ja, dass ihr da son bisschen vielleicht Anleitung und Tipps gebt und auch mehr mit den Educatorn zusammenar-.... . Ich weiß nicht wie, ob das, ob ihr das gemacht hattet, da hab ich jetzt keine Ahnung von, aber dass ihr mehr ähm (.) ja, mit den Educatorn redet. Dass ihr sie mehr anleitet. Dass ihr den mehr Tipps gebt, was man machen kann und ähm ja, bestimmte, um bestimmte Ergebnisse zu erzielen, ja." (F-04, 00:28:49)

„Dass vielleicht auch von äh Seite der Organisierenden da noch mehr Input irgendwie kommt. Dass man sagt: ‚Okay, wir machen nach der Hälfte der Zeit nochmal son Tag mit den Educatorn, werten aus, was klappt, was klappt nicht. Liefern irgendwie Möglichkeiten wie die das nochmal verbessern können.‘, und dass man dann am Ende nochmal ne Gesamtauswertung macht und dann äh, glaube ich, da ne ganz gute Bilanz ziehen kann." (F-10, 00:29:38)

„Ähm eben mehr Kontrolle zum und mehr Unterstützung durch Lehrer und durch die Initiatoren des Projektes, mehr Vorbereitung durch die Organisatoren des Projektes, also dass die Educator mehr ähm vorab Schulungen kriegen. Vielleicht auch dann nicht immer n ganzer Tag oder vielleicht noch mehr Material, dass die sich die Leute zu Hause nochmal angucken können. Wo irgendwie noch mal n paar Beispiele, wenn die Schule sagt: ‚Wir stellen die Leute nich so oft frei.‘, ähm dass die Leute sich zu Hause das mal nochmal angucken können. Vielleicht auch n äh direkter Ansprechpartner. Dass einer sagt ähm: ‚Hier is meine Mail-Adresse, wenn irgendne Frage, irgendwas auftritt ähm könnt ihr mir jederzeit ne Mail schreiben oder ich bin irgendwie dann und dann mal telefonisch zu erreichen, wenn ihr noch mal kurz was klären wollt oder so.‘ Ähm also dass es quasi n direkten Ansprechpartner gibt." (F-10, 00:32:25)

Darüber hinaus wurde angeregt, zukünftig die Schulung der Peer Educator*innen und Peer Mentor*innen um die Themen Lernmethoden und Kommunikationstraining zu erweitern und diese Kurse sowohl den aktiven Peers als auch der Zielgruppe anzubieten:

„Dass ihr mit uns zusammen vielleicht erarbeitet, was überhaupt, was für Lernmethoden gibt, qausi das, was ihr alleine mit diesen Educatorn gemacht habt, dass ihr das mit der ganzen Klasse macht und ähm, dass vielleicht ähm auf diese, also das is ja schon eher so, dass es quasi einmal die Gruppe gibt, die es erklärt kriegt und einmal die Educator, dass es einfach zwei Gruppen gibt, dass ihr vielleicht mit uns zusammen erarbeitet" (F-04, 00:32:49)

„Kommunikation und Umgang miteinander. Sowas wäre mal nicht verkehrt. Das man hier vielleicht ein bisschen... Ich weiß nicht ob ihr sowas anbietet oder so was man machen könnte. Das wäre vielleicht was. Und darauf aufbauend kann man ja dann Lernmethoden anbieten. Vielleicht." (C-05, 00:31:55)

„Das wär vielleicht nicht verkehrt. Also das man mal so ein Kommunikationsworkshop macht. Das man so etwas zusätzlich vielleicht anbietet oder den zuerst mal macht und dann diesen Tutoring, Mentoring Dings macht." (C-05, 00:40:44)

Ebenso wurde auch der Wunsch nach einer zeitlich länger andauernden Schulung durch die Universität genannt, mit dem Hinweis, dass diese gut gefallen habe:

„Ja, ich hätt vielleicht... Ähm, hätt vielleicht sogar zwei Ti- zwei oder drei Tage so in der Uni gemacht, glaub ich. Einfach ich hätt... Naja. Ich weiß nicht wie man das noch erweitern könnte, aber ich glaub es wär noch gegangen, sag ich mal. Und weils ja auch den andern ja auch gut gefallen hat und so, ist das glaub ich gar nicht mal so verkehrt, dass man da vielleicht noch nen Tag mehr machen würde. Ich selber wüsst zwar jetzt nicht so richtig was man noch rausholen kann, aber ich glaub da geht noch was." (B-01, 00:25:12)

Außerdem wurde, nach der nicht gelungenen Peer Education, ein „rotierendes System" bzgl. der Peer Educator*innen von einer Auszubildenden vorgeschlagen, wonach jede und jeder Auszubildende einmal etwas anleitet und erklärt:

„Ähm (..) vielleicht, dass... man weiß ja im Voraus, wer quasi die starken Leute sind. Das is, das is immer klar, sonst hätte man die ja auch nicht gewählt, aber dass man vielleicht son rotierendes System hat, dass quasi auch (.) die Schwächeren mal was vorstellen. Ich mein, okay, wenn man davon jetzt nich so wirklich eine Ahnung hat, is es klar, dass es dann sich eher nich so anbietet, dass man die Leute da hinstellt, aber einfach, dass jeder mal die Chance hat, son bisschen diesen Führungsstil, wenn man das so nennen kann, zu übernehmen, und dass es sich nicht immer auf diese drei Leute konzentriert, dass die so (.) ja, son bisschen abgesondert sind, sondern dass man alle mal son bisschen durchrotiert. Meinetwegen jeder bereitet mal ein Thema vor, was einem gefällt, was einem liegt, weil irgendwas findet sich da ja immer, auch bei den eher schwächeren Leuten. Und dass man ähm da irgendwie, ja son bisschen ja Gleichberechtigung schafft und nich immer sich alles nur auf die drei konzentriert. So würde ich das sehen." (F-04, 00:18:21)

Dieser Ansatz weist Parallelen zu dem Peer Tutoring auf, welches möglicherweise als chronologisch vorheriges Peer Learning Projekt in diesen Klassen gut geeignet gewesen wäre. Nach der Durchführung von Peer Tutoring in der Gesamtklasse und einer Bildung aller möglichen Tandems wäre die soziale Integration potenziell höher ausgeprägt und die Peer Education hätte eventuell effektiver durchgeführt werden können.

Neben den vielfältigen und sinnvollen Hinweisen wurde die Frage nach den Verbesserungsvorschlägen von zahlreichen Auszubildenden auch (vergleichsweise) lobend beantwortet, dahingehend, dass es keine Verbesserungsideen gibt:

„Also so an dem Projekt nich. Da war so, so wie es jetzt war, war wirklich alles gut." (H-08, 00:27:03)

„Also ich glaub von der, von der Vorbereitung her und die Art und Weise wie das, also wie uns das vermittelt wurde und alles, da kann man in meinen Augen glaube ich nichts besser machen." (B-05, 00:16:52)

„Dass es genauso gemacht wird, wie (.) bei uns beim letzten Mal. Also hat alles gut geklappt und es kann auch so weitergehen. Natürlich (.) geht es immer besser, aber ich wüsste jetzt gerade so nicht wo." (A-02, 00:25:23)

„Also ich würd's gar nicht groß verändern. Es war halt wie gesagt für mich halt blöd, dass ich schon vieles vieles wusste, vieles vieles davon kannte. Ansonsten ich würd's so lassen, weil das bringt's auf jeden Fall." (C-07, 00:08:33)

„Ich eigentlich so nicht also ich wüsst jetzt nicht was man noch verbessern könnte weil das meiner Meinung nach auch so ganz gut ablief ne. Wüsst ich jetzt so nich." (D-04, 00:11:03)

Genannte „Verbesserungsvorschläge" von den Lehr- und Ausbildungskräften

Neben den Auszubildenden geben ebenfalls die befragten Lehr- und Ausbildungskräfte „Verbesserungsvorschläge" (4.2.3) an und benennen teilweise dieselben Aspekte wie die Auszubildenden. Dazu gehören u. a. der Wunsch nach Fortsetzung (bzw. einem größeren zeitlichen Umfang) und Verstetigung der Projekte, aber auch nach einer stärkeren Einbindung der Lehr- und Ausbildungskräfte. Hinsichtlich einer Fortsetzung bzw. Verstetigung ergänzt ein Experte den Wunsch nach einer Anwesenheits- bzw. Teilnahmepflicht für das Peer Learning, im Sinne eines festen Bestandteils in der Ausbildung, insbesondere in der (schulischen) Vollzeitausbildung:

> *„Und, äh, wenn man sich besser kennen würde, wenn das über eine längere Zeit gehen würde, glaube ich, dann wäre das sehr gut, bei der Vollzeit. Bei der Vollzeit nur."* (E8, 00:15:50)

> *„Es müsste fester Bestandteil des Stundenplanes werden. Und es müsste Anwesenheitspflicht sein. Aber dann ist/sind wir nicht mehr in dem Projekt drinne."* (E8, 00:18:07)

Zudem wünschen sich die Lehr- und Ausbildungskräfte, stärker aktiv in der Umsetzung sowie in die Vorbereitung miteinbezogen zu werden:

> *„Also wenn die Ausbilder halt wahrscheinlich 'nen bisschen mehr (.) mit einbezogen werden in die ganze Thematik mit 'ner Auftaktveranstaltung oder, oder, ne, das würde wahrscheinlich auch schon viel bringen und würde uns als Ausbilder wahrscheinlich auch wieder 'nen guten Lerneffekt bringen."* (E4, 00:23:48)

> *„Also ich glaube, man muss es besser begleiten. Also ich habe es jetzt ja nicht viel beobachtet. Ne? Wie gesagt, ich war ja jetzt da gar nicht aktiv da dabei oder da drinnen. Aber ich glaube, man muss die Schüler halt einfach vielleicht auch noch irgendwie ein Stück weit mehr an die Hand nehmen und da ranführen, damit das wirklich auch Erfolg hat. Damit auch diese Gruppen oder damit diese Gruppendynamik halt auch besteht, und Bestand hat. Damit das halt eben wirklich auch erst mal losgetreten wird."* (E15, 00:18:21)

> *„Also wenn man das zukünftig macht, wie gesagt, erst einmal die Lehrkräfte mit in das Boot holen, dann die Schüler mit ins das Boot holen und dann auch mit konkreten Arbeitsstellungen, Aufgabenstellungen entsprechend auch arbeiten, ne?"* (E14, 00:13:47)

> *„Dass man uns mit involviert und dann kann man das auch ganz anders strukturieren. Dass man denen auch entsprechend Aufgaben gibt und und und. Also dieses Selbstständige, das war für die gar nichts."* (E14, 00:14:32)

Die Aussagen zeigen, die Lehr- und Ausbildungskräfte möchten gerne in das Projekt (stärker) eingreifen und bspw. die Wahl der Aufgabenstellungen aktiv mitbeeinflussen. Für ein solches Vorgehen kann argumentiert werden, zugleich würde dies (aber) die Autonomie und Selbstständigkeit im Lernen der Peer Group beeinflussen und in Teilen den Charakter des Projektes verändern. Inwieweit dies potenziell zu mehr Vor- als Nachteilen führt, könnte in einem zukünftigen Peer Learning Projekt empirisch analysiert werden.

Ein weiterer Aspekt, der aus Sicht der Lehr- und Ausbildungskräfte verbessert werden sollte, ist der zeitliche Vorlauf für die Planung und Organisation innerhalb des Lernortes Betrieb bzw. Berufsschule. Dies wurde (zumindest) an zwei Lernorten bzw.

Institutionen benannt und ist möglicherweise von den jeweiligen Gegebenheiten vor Ort abhängig, aber dennoch relevant, denn

„mit n bissn mehr zeitlich im Vorlauf. Das wär, das wär von Vorteil.“ (E5, 00:33:26)

„Ach gerne gerne öfters sowas. Das Problem ist natürlich ähm (.) das Problem ist immer die Zeit und ähm (.) auch natürlich ähm der der drückende Stoff.“ (E13, 00:13:30)

Insgesamt zeigen die genannten Verbesserungsvorschläge, dass bei zukünftigen Projekten die jeweiligen lokalen bzw. spezifischen Gegebenheiten, wie Arbeitsalltag in Betrieb und Berufsschule, zeitliche Verfügbarkeit, Gruppenatmosphäre usw., (noch stärker) berücksichtigt werden sollten. Gleichzeitig wird deutlich, manche kleineren Schwierigkeiten oder Hindernisse zeigen sich erst in der (praktischen) Umsetzung eines solchen Projekts. Denn die Absprachen, Vorbereitungen und einführenden Informationen für die Lerngruppen und mit den Lehr- und Ausbildungskräften waren in allen sechs Institutionen vergleichbar bzw. annähernd identisch.

Die genannten Aspekte nach einer stärkeren Beteiligung der Lehr- und Ausbildungskräfte in den Projekten des Peer Learning, z. B. in der Vorgabe der Aufgabenstellungen oder der Kontrolle der Umsetzung eines ernsthaften Arbeitens bzw. Lernens, sind differenziert bzw. kontrovers zu betrachten. Die Interviews mit den Expert*innen haben auch gezeigt, dass manche Lehr- und Ausbildungskräfte ungern die Kontrolle abgeben, wie z. B. Experte 1 auch selbst scherzhaft zugibt,

„es war ungewohnt äh, weil ich lasse mir nicht gerne die Fäden aus der Hand nehmen (lacht).“ (E1, 00:27:38)

Zugleich haben mehrere Auszubildende, zumindest in den Lerngruppen, in denen die Peer Education nicht erfolgreich umgesetzt werden konnte, sich eine Autoritäts- bzw. Aufsichtsperson gewünscht. Dennoch war es ein Ziel bzw. zentraler Ansatz, den Auszubildenden einen freien, autonomen und selbstständig zu gestaltenden Raum (und entsprechende Zeit) zu gewähren, in welchem sie selbstgeleitet Lernen und Arbeiten können (sollen). Hier wäre zukünftig eine individuelle Überprüfung pro Lerngruppe nötig, sodass bei auftretenden Schwierigkeiten, entgegen dem eigentlichen Ansatz, eine zeitlich begrenzte Intervention (von außen) vollzogen werden könnte. Die richtige Ansprache und Argumentation gegenüber der Peer Group wäre mitentscheidend über den weiteren (erfolgreichen) Verlauf des jeweiligen Peer Projekts. Um in solchen Situationen angemessen handeln zu können, benötigen die beteiligten Lehr- und Ausbildungskräfte wiederum ihrerseits eine inhaltliche Schulung und entsprechende Haltung gegenüber den Ansätzen des Peer Learning.

Weiterführende Überlegungen für eine Implementierung der Ansätze des Peer Learning in der beruflichen Ausbildung werden in Kapitel 7 diskutiert und in Kapitel 7.1.2 werden entsprechende Handlungsempfehlungen formuliert. Die Rolle sowie die Haltungen der beteiligten Lehr- bzw. Ausbildungskräfte werden im Folgenden ebenfalls weiterhin fokussiert und erörtert.

6.3.2 Einordnung der Ergebnisse

Abschließend sollen die Erkenntnisse aus den Interviews zur Beantwortung der dritten Forschungsfrage noch einmal geordnet und zusammengefasst werden. Hinsichtlich der drei intensiv betrachteten Kategorien „Positive Rückmeldungen", „Negative Rückmeldungen" und „Verbesserungsvorschläge" werden mehrere Aspekte deutlich. So werden u. a. die Schulungen (der Peer Educator*innen und Peer Mentor*innen), die Organisation und Rahmenbedingungen sowie das Erleben in einer neuen Rolle von den Auszubildenden sowohl als positive als auch als negative Rückmeldungen bzw. Verbesserungsvorschlag erwähnt. Manche Auszubildende konnten für sich in der neuen Rolle als Peer Educator*in oder Peer Mentor*in profitieren bzw. sich (persönlich) weiterentwickeln, andere bemerkten Unsicherheiten bzw. sahen sich (unbekannten) Herausforderungen ausgesetzt und wünschten sich dahingehend eine stärkere Unterstützung bzw. Begleitung (z. B. durch Lehr- und Ausbildungskräfte) oder eine intensivere Vorbereitung in der Schulung vor Projektbeginn.

Eben diese Schulung wurde von manchen Befragten aber auch lobend hervorgehoben, anderen war sie (wiederum) zeitlich zu kurz oder umfasste nicht alle relevanten (oder gewünschten) Inhalte und Themen. Eine ambivalente Beschreibung wurde ebenso bzgl. der Rahmenbedingungen und der Organisation in den unterschiedlichen Institutionen und Lernorten formuliert. Diese waren (wie zu erwarten war) nicht identisch und wurden über die sechs Institutionen und Lernorte unterschiedlich bewertet bzw. wurden auch innerhalb einzelner Institutionen teilweise positive und negative Rückmeldungen bzgl. derselben Aspekte geäußert. Dies zeigt, dass die Auszubildenden eine persönlich unterschiedliche bzw. individuelle Beobachtung und Bewertung vornehmen. Nichtsdestotrotz sind die kritischen Anmerkungen und wohlwollend formulierten Verbesserungsvorschläge zur Optimierung zukünftiger Projekte des Peer Learning zu berücksichtigen.

Dazu kann auch die Überlegung gezählt werden, in großen (Schul-)Klassen, vor der Peer Education, den Ansatz des Peer Tutoring zu nutzen. Durch das Peer Tutoring soll bzw. kann, wie u. a. von Topping (1996) und von Haag und Streber (2011) verdeutlicht, die soziale Integration gefördert werden. Dadurch wächst die Klasse zusammen und potenzielle Störungen in der Gruppenatmosphäre könnten gelöst werden, sodass anschließend die Peer Education erfolgreich umgesetzt werden können sollte. Für diese Annahme liegen (zwar) bislang noch keine empirischen Befunde vor, dennoch wäre dieser Gedankengang in zukünftigen Forschungsarbeiten weiterführend zu diskutieren.

Darüber hinaus sind auch die zeitliche und strukturelle Organisation sowie die Einbeziehung einer Aufsichts- oder Autoritätsperson, z. B. aus den Reihen der Lehr- und Ausbildungskräfte, zu berücksichtigen. Die genannten Verbesserungsvorschläge hinsichtlich einer kontinuierlichen Verstetigung des Ansatzes sowie eines potenziellen Einsatzes von Peer Learning in der beruflichen Ausbildung bereits ab dem ersten Lehrjahr sind ebenso zu überdenken (und weiterführend zu evaluieren). Der Wunsch nach Verstetigung (oder Fortsetzung) und einem frühzeitigeren Beginn von Peer Learning kann zugleich als Anerkennung bzw. Wertschätzung für die pädagogischen Ansätze interpretiert werden. Ferner gilt es, die denkbare (zeitliche) Erweiterung der Schulung der aktiven Peers (ggfs. auch um die Zielgruppe) um die Thematiken der Lernmethoden und des Kommunikationstrainings zu erwägen. Denn auch dies könnte insgesamt die Kooperation aller Beteiligten intensivieren und (zugleich) die Lehr- und Ausbildungskräfte stärker (wo es nötig oder gewünscht ist) in die Planung und Umsetzung der Projekte miteinbinden.

Werden solche Überlegungen weiter ausgeführt, könnte damit auch ein positiver Effekt auf die gesamte Lernkultur in der Klasse bzw. dem Jahrgang erzielt werden. Insbesondere in größeren Lerngruppen scheint es bedeutsam, alle Auszubildenden von Beginn an zu beteiligen bzw. miteinzubeziehen. Diese Argumentation aufgreifend, könnte sich für die Anwendung des Peer Tutoring (vor der Peer Education) begründend ausgesprochen werden. Denn im Peer Tutoring sind stets alle Gruppenmitglieder involviert. Darüber hinaus könnten sich Lehr- und Ausbildungskräfte mit der Anwendung eines ersten Ansatzes des Peer Learning vertraut machen. Dies könnte ihnen perspektivisch in ihrer Rolle helfen, sich in einem anderen Ansatz des Peer Learning zurückzunehmen oder aktiv einzubringen, je nachdem, ob dies situativ oder lerngruppenspezifisch benötigt wird.

Ferner sollen an dieser Stelle nochmals die beiden Klassen, in denen die Peer Education nicht vollumfänglich gelungen ist bzw. für die Gesamtgruppe nicht einheitlich positiv verlaufen ist, betrachtet werden. Dort zeigt sich, unter Berücksichtigung der theoretischen Vorannahmen der Forschungsarbeit, dass die Abwesenheit bzw. das Fehlen von sozialer Eingebundenheit, im Sinne der psychologischen Grundbedürfnisse der Selbstbestimmungstheorie von Deci und Ryan (siehe Kapitel 2.4), das Gelingen von Peer Learning gefährden bzw. verhindern (kann). Die Peer Educator*innen fanden eine Gruppe vor, in der nicht alle Auszubildenden sozial eingebunden waren bzw. diese sich nicht als eingebunden erlebt haben. Dies verhindert(e) ein autonomes Handeln der Peer Educator*innen, weshalb nach Projektende die Anwesenheit einer Autoritäts- oder Aufsichtsperson vorgeschlagen wurde. Durch das „Scheitern" der Peer Education in diesen Klassen (bzw. für die Gesamtgruppe) konnte nur Einzelnen ein Erleben der eigenen Wirksamkeit oder Kompetenz ermöglicht werden, jedoch nicht der Gesamtgruppe. Die Annahme, dass soziale Eingebundenheit (aller Gruppenmitglieder) vor Projektbeginn vorliegen sollte, konnte, auch entlang der Misserfolge in diesen beiden Klassen, bestätigt bzw. belegt werden.

Als zusätzliche interpretative Erklärung für die Vorgänge in diesen Klassen dient das Schattendreieck der TZI (siehe dazu auch Kapitel 2.5). Denn insbesondere der Aspekt des „Misstrauens", welcher nach Schapfel-Kaiser (1997) u. a. durch Konkurrenzsituationen gekennzeichnet sein kann, ist in den Klassen vorzufinden. Aber auch „Stillstand", dahingehend, dass wenig Erfahrung mit selbstständigen und handlungsorientierten Lernformen im Vorfeld vorgelegen hat und eine Form des „Chaos", bezogen auf unklare Aufgaben und Rollenverteilungen sowie möglicherweise widersprüchliche Anforderungen in der Durchführung der Peer Education für die agierenden Peers wie für die Zielgruppe (Schapfel-Kaiser, 1997, S. 512 f.).

Außerdem entsteht der Eindruck, dass in beiden Klassen kein positives gemeinsames „Wir" existierte und ebenso kein gemeinsames „Thema" (z. B. erfolgreich die Ausbildung abzuschließen; die nächste Prüfung gut zu bestehen) vorhanden war, welches von allen Gruppenmitgliedern gleichermaßen getragen oder angenommen wurde. Ebenso ist möglich, dass ein gemeinsames Ziel, wie die Ausbildung erfolgreich abzuschließen, eher in Betrieben als in Berufsschulen verbindend (oder motivierend) wirkt. Eine Möglichkeit ist zudem, dass das Setting im betrieblichen Lernort, insbesondere in gewerblich-technischen Ausbildungsberufen, in denen die Auszubildenden wissen, dass sie sich nach der Ausbildung als Kolleg*innen aufeinander verlassen können (wollen und müssen), einen anderen (intensiveren) kollegialen Zusammenhalt fördert als möglicherweise in der Berufsschule. Dazu trägt auch potenziell die Überlegung von Griese (2016) bei, wonach, aus soziologischer Perspektive, eine Anzahl von sieben oder acht Personen die ideale Größe einer Peer Group bzw. für die Ansätze des Peer Learning darstellt, da sich sonst eine „Subgruppenbildung" mit Abgrenzungstendenzen entwickeln kann. Um entstehenden Konflikten entgegenzuwirken, benötige es zumeist Autorität oder Zwang (Griese, 2016, S. 58). Vergleichbares ist in den beiden Klassen zu beobachten gewesen, sodass von den Auszubildenden (selbst) der Wunsch nach einer Autoritäts- oder Aufsichtsperson geäußert wurde, um dem entgegenzuwirken. Demzufolge ist die Gruppengröße für den Ansatz der Peer Education nochmals zu überdenken und die Gesamtgruppe durch eine gezielte pädagogische Schulung und Sensibilisierung für die Stärken bzw. den Nutzen des Peer Learning zu sensibilisieren. Eine Möglichkeit kann die Nutzung von Peer Tutoring vor der Peer Education sein, eine andere wäre eine Schulung der Gesamtgruppe und nicht ausschließlich der gewählten Peer Educator*innen.

Nichtsdestotrotz gibt es immer auch Auszubildende, die bevorzugt alleine bzw. einzeln lernen (wollen):

> *„Also ich bin generell nen Typ, der ehmm alleine lernt, also ähhh, wenn lerne ich sowieso lieber zu Hause für mich allein, brubbel mir das alles dreißigmal äh, vor."* (F-14, 00:18:39)

> *„Ähm aber ich persönlich, ich kann auch einfach am allerbesten zu Hause lernen."* (G-03, 00:04:01)

Dies entspricht zudem den Erkenntnissen von Leijten und Chan (2012), wonach das gemeinsame Peer Learning nicht für jede*n Auszubildende*n die passende und geeignete Lernumgebung darstellt. Dies gilt es entsprechend zu bedenken, denn (auch) Peer Learning vermag es (offensichtlich) nicht, alle Teilnehmer*innen einer heterogenen Lerngruppe gleichermaßen zu adressieren.

Des Weiteren sind an dieser Stelle nochmals die Probleme in der Umsetzung der Peer Education und des Peer Mentoring an manchen der Lernorte zu thematisieren, an denen keine festen Zeiten und Orte eingerichtet werden konnten und der jeweilige Ansatz im Peer Learning ausschließlich selbstorganisiert bzw. in den Pausen durchgeführt werden konnte (siehe dazu auch Kapitel 5.1). Die Beschreibungen durch die Auszubildenden hinsichtlich des Nutzens und der (subjektiven) Bewertung sind entsprechend unterschiedlich. Manche haben die Möglichkeiten genutzt, die gewählten Peer

Educator*innen und Peer Mentor*innen kontaktiert und um fachlichen Rat gefragt, außer Acht bleiben jedoch Auszubildende, die hier nicht selbst aktiv auf die Peer Educator*innen und Peer Mentor*innen zugegangen sind und dadurch keinen Mehrwert vom Projekt hatten. In einer zeitlich von der Schule oder dem Betrieb vorgegebenen Einheit hätten auch diese Auszubildenden profitieren können.

Ebenso bleibt für das Bildungspersonal das Potenzial im Peer Learning ungenutzt, wenn die Methode keinen Eingang in die didaktische Planung der Lehr-Lernsituationen findet. Dieser Gedankengang richtet sich insbesondere an den Lernort Schule, der Peer Education (oder Peer Learning allgemein) nicht als Freistunden oder als Kompensation für einen Lehrkräfteauswahl heranziehen darf und sollte. Denn vielmehr bieten sich für Lehrkräfte diverse Möglichkeiten, die verschiedenen Methoden des Peer Learning sinnvoll, abwechslungsreich und zielführend in den eigenen Unterricht mit einzubauen und die Stärken der Ansätze entsprechend zu nutzen. Eine Alternative könnten ferner zusätzliche Stunden sein, falls eine derartige Umsetzung gewollt und (überhaupt) möglich ist.

Resümierend ist daher festzuhalten, dass ein institutionelles Setting bzw. eine solche Rahmung (Bekanntheit, Vorgabe, Struktur, Organisation) für das Peer Learning benötigt wird. Bleibt Peer Learning ein pädagogisches Angebot, welches rein freiwillig und selbstorganisiert genutzt werden kann (und von außen in eine Bildungs- und Ausbildungsinstitution hingetragen wird), darf entsprechend nicht erwartet werden, alle Auszubildenden eines Jahrgangs gleichermaßen erreichen oder unterstützen zu können. Dies erklärt zusätzlich die in Kapitel 6.1 festgestellten nicht einheitlichen Veränderungen und Effekte im Gesamtdatensatz der quantitativen Erhebung.

Daneben bleibt unklar, welche Relevanz die verschiedenen Ansätze des Peer Learning für die beteiligten Personengruppen (wie Auszubildende oder Bildungspersonal) haben bzw. hatten, wenn Peer Learning derart unterschiedlich konsequent (häufig, umfangreich) durchgeführt und unterschiedlich stark in den Ausbildungsalltag integriert gewesen ist. Aufgrund fehlender Follow-up-Erhebungen ist zudem unbeantwortet, ob und in welcher Form die Ansätze des Peer Learning ggfs. an den verschiedenen Lernorten verstätigt wurden und potenziell Veränderungen in der Organisation beförderten. Die Frage ist auch dahingehend, zumindest perspektivisch, relevant, da sich das Bildungspersonal diesbezüglich in den Interviews zumeist eher offen und wohlwollend (ob der positiven beobachteten Veränderungen) äußerte.

Hinsichtlich des Wunsches nach mehr Autorität bzw. einer Autoritätsperson während der Durchführung von Peer Learning ist nochmals festzuhalten, wie unterschiedlich die Bewertung des Peer Learning und der Erweiterung zur optimalen Durchführung ausfällt. Die Präferenzen sind verschieden und das Resultat kann durchaus als kontrovers bezeichnet werden, wenn es manche der Auszubildenden (dauerhaft) vorziehen, von bzw. mit einer Person mit Expertenwissen und Autorität zu lernen als (zeitlich befristet) mit anderen Auszubildenden auf Augenhöhe. Der Wunsch nach mehr Autorität in einem Setting, welches vom Grundsatz her der Gruppe und dem Individuum mehr Freiheiten (im Lernen) ermöglichen soll, ist daher ein wenig erstaunlich und besonders. Es zeigt bzw. bestätigt in Teilen das, was von der kritisch-emanzipatorischen Berufsbildungstheorie im Kontext der beruflichen Bildung verdeutlicht wird. Die Auszubildenden durchlaufen eine (berufliche) Sozialisation, die sie (teilweise) „von oben" erzieht und weniger auf das Erkennen und Nutzen von Frei- räumen hin ausbildet als vielmehr auf Strukturen, Hierarchieebenen, alte Traditionen und die Umsetzung von (klaren) Vorgaben. Die Gestaltung des Lernprozesses zu einem selbstgesteuerten gemeinschaftlichen Prozess umzugestalten und sich selbst zu denjenigen zu erklären, die hierfür Verantwortung übernehmen, steht dann in star- kem Widerspruch zu den Alltagserfahrungen in den gewohnten Ausbildungssettings. Dieses vielleicht etwas unerwartete Ergebnis unterstreicht die berechtigte Kritik an be- stehenden Formen in der beruflichen Bildung.

Des Weiteren bleibt als Frage unbeantwortet, ob in einem Kontext von Lernsitua- tionen in der beruflichen Bildung die „gewünschte" Autorität moralisch vertretbar und „richtig" sein kann, wenn sie von den Auszubildenden selbst gewünscht bzw. demo- kratisch gewollt ist. Ein Abwägen von Pro- und Kontra-Argumenten zu dieser Überle- gung, insbesondere unter Rückbezug der Argumente und Analyseschablonen der kri- tisch-emanzipatorischen Berufsbildungstheorie, wäre nicht trivial, aber relevant. An dieser Stelle kann dies jedoch nur als Desiderat und als perspektivischer Diskurs für die Zukunft angeführt werden.

7 Quo vadis Peer Learning in der beruflichen Ausbildung? Resümee und Ausblick

7.1 Betrachtung zentraler Erkenntnisse

7.1.1 Abschließende Diskussion und Schlussfolgerungen

Die Auswertung in Kapitel 6 hat teilweise unterschiedliche und vielfältige Ergebnisse gezeigt, so verdeutlichen etwa die Resultate der quantitativen Fragebogenerhebung, dass das Peer Learning nicht für alle Auszubildenden gleichmäßig bzw. einheitlich positiv wirkt. Zwar zeigen Dimensionen wie Lernen mit anderen, Globaler Einfluss oder Elaborationsstrategien im Ansatz die erwarteten (positiven) Veränderungen, dennoch konnten abschließend keine (signifikanten) Veränderungen oder Anstiege für die Interventionsgruppe ermittelt werden. Dies kann mit standortbezogenen Gegebenheiten in den unterschiedlichen Lernsettings (bezogen auf die Umsetzung des Peer Learning) einordnend erklärt werden. Die Besonderheiten in den jeweiligen Lernorten, den sechs verschiedenen Institutionen sowie den unterschiedlichen Berufen, sind bei der Ergebnisinterpretation entsprechend zu beachten.

Die Interviewaussagen der Auszubildenden bestärken diesen Gedankengang, so wurden die Rahmenbedingungen in den Institutionen sehr verschieden beschrieben und bewertet. Teilweise wurden sogar innerhalb einzelner Institutionen sowohl positive als auch kritische Bemerkungen (z. B. zu der zeitlichen Organisation, den Abläufen oder den Räumlichkeiten) artikuliert.

Wird hier die Themenzentrierte Interaktion zur Schablone für die Interpretation herangezogen, könnten diese Überlegungen in Zusammenhang mit der Bedeutung des „Globe" gebracht werden. Die Umwelt bzw. die Rahmenbedingungen dürfen nicht unberücksichtigt bleiben, um zukünftig verbesserte (und potenziell standardisierte bzw. vergleichbare) Bedingungen zur Umsetzung des Peer Learning in der beruflichen Ausbildung zu schaffen.

Des Weiteren können ebenso Argumente für das „Scheitern" des Peer Learning in den Gruppen(-zusammensetzungen) selbst liegen (wie etwa in den beiden Klassen der Peer Education erlebt), weshalb die erwartete (einheitliche) positive Entwicklung abschließend nicht erzielt werden konnte. Inhaltlich passt hierzu, dass Deci und Ryan (1993, 2000, 2008) die soziale Eingebundenheit als ein Grundbedürfnis für die Lernmotivation hervorheben. Die soziale Eingebundenheit war (jedoch) möglicherweise in diesen Klassen (oder zumindest bei mehreren Auszubildenden in diesen Klassen) nicht stark ausgeprägt bzw. das „Wir" aus der TZI wurde nicht von allen Auszubildenden getragen. Diese Überlegungen und Annahmen zeigen erneut, dass die zentralen Dimensionen der Selbstbestimmungstheorie der Lernmotivation sowie der Themenzentrierten Interaktion für die Analyse von Lernprozessen in der beruflichen Bildung geeignet sind.

Argumentativ ergänzt werden können hierzu ebenfalls die Hinweise und Anregungen von Rohlfs (2010) und Otto (2015), wonach ein Agieren in Peer Groups und die Zugehörigkeit zu einem sozialen Netzwerk, wie z. B. einer Lern- oder Klassengemeinschaft, zu einer Befriedigung des Bedürfnisses nach sozialer Eingebundenheit beitragen können (Rohlfs, 2010, S. 64; Otto, 2015, S. 24). Wie zuvor in Kapitel 2.4 formuliert, wird die soziale Eingebundenheit (im Sinne von Wohlfühlen) für die Implementierung des Peer Learning (jedoch) als eine benötigte Voraussetzung erachtet. Dadurch, dass das Peer Learning (potenziell durch mangelnde soziale Eingebundenheit) in diesen beiden Klassen nicht erfolgreich durchgeführt werden konnte, war es (nahezu erwartungsgemäß) ebenfalls nicht möglich, für die Gesamtgruppe eine positive Entwicklung in den Dimensionen Autonomieerleben und Kompetenzerleben zu erzielen.

Bei der weiterführenden Analyse einer Förderung von Einstellungen und Dimensionen durch Peer Learning verdeutlichen die Ergebnisse der qualitativen Datenerhebungen, dass die Auszubildenden sowohl bei sich als auch bei anderen Auszubildenden soziale Kompetenzen wahrnehmen. Des Weiteren nehmen sie bei ihren Peers ebenso fachliche Kompetenzen wahr, demnach kann Peer Learning den Auszubildenden ein Kompetenzerleben in diesen beiden Dimensionen ermöglichen. Jedoch gilt auch dies nicht für alle Auszubildenden gleichermaßen. Deshalb ist zu resümieren, dass manche Auszubildende durch Peer Learning in ihrer Entwicklung profitieren, andere hingegen nicht. Verallgemeinerbare Veränderungen oder Effekte, die für alle Auszubildenden in der Interventionsgruppe einheitlich gelten, konnten demzufolge nicht ermittelt werden. Die (positiven) Veränderungen sind (zwar) bei mehreren Auszubildenden festzustellen, aber in unterschiedlich starker Ausprägung. Ebenso sind bei manchen (anderen) Auszubildenden auch keine (oder geringe) Veränderungen festzustellen. Diese Erkenntnis erscheint vergleichbar mit und ähnlich zu den Ergebnissen von Haag und Streber (2011) sowie von Leijten und Chan (2012).

Zur Analyse des Einflusses des Peer Learning auf das gemeinsame Lernen und die sozialen Beziehungen wurden sowohl quantitative als auch qualitative forschungsmethodische Zugänge herangezogen. Die Ergebnisse der Sozialen Netzwerkanalyse weisen auf eine Verstärkung bzw. eine Zunahme in den Freundschafts- und Sympathienetzwerken sowie den Hilfe- und Arbeitsnetzwerken nach dem Peer Learning hin. Diese Erkenntnis kann zugleich durch die qualitativ erhobenen Daten gestützt und entlang von beispielhaften Ausführungen der Befragten illustriert werden. Die Auszubildenden berichten in den Interviews bspw., dass es ihnen leichter fällt, andere Auszubildende um Rat oder Hilfe zu fragen. Außerdem erkennen die Auszubildenden, dass es sinnvoll ist, sich auch nach dem Ende des Peer Learning weiterhin gegenseitig zu helfen und sich mit wertschätzenden Rückmeldungen gegenseitig zu unterstützen. Im gemeinsamen Lernen wurde ihnen deutlich, dass sie einander vertrauen können. Daher äußern sie die Absicht, in Zukunft verstärkt zusammenarbeiten zu wollen.

Darüber hinaus beschreiben manche Auszubildende Situationen, die verdeutlichen, dass sie auf leistungsschwächere Auszubildende bewusst Rücksicht nehmen, sie beim Lernen unterstützen und sie aktiv in die soziale Gemeinschaft integrieren (wollen). Dieses Ergebnis passt inhaltlich zu den Argumenten von Topping (1996) sowie von Haag und Streber (2011), wonach das Peer Learning bzw. insbesondere das Peer Tutoring zu einer sozialen Integration beitragen kann. Außerdem ist die Absicht, andere Auszubildende aus der Klasse bzw. dem Ausbildungsjahrgang in die soziale Gemeinschaft mit einzubinden und dadurch zu einer sozialen Integration beizutragen, von zentraler Bedeutung (und zugleich Voraussetzung) für eine erfolgreiche Zusammenarbeit im beruflichen Alltag.

Des Weiteren sind Veränderungen und Entwicklungen in den Kategorien „Kommunikation", „Zusammenhalt" oder auch „Solidarität" angesprochen worden. Derartige Ergebnisse erlauben den interpretativen Rückschluss, dass Peer Learning partiell zur Förderung und Entwicklung der Sozialkompetenz, einer Teildimension der beruflichen Handlungskompetenz, beiträgt. Denn laut der KMK (2018) ist Sozialkompetenz die „Bereitschaft und Fähigkeit, soziale Beziehungen zu leben und zu gestalten, Zuwendungen und Spannungen zu erfassen und zu verstehen sowie sich mit anderen rational und verantwortungsbewusst auseinanderzusetzen und zu verständigen. Hierzu gehört insbesondere auch die Entwicklung sozialer Verantwortung und Solidarität" (KMK, 2018, S. 15). Eine ähnliche Argumentation ist auch auf den Aspekt der Fachkompetenz übertragbar, denn Fachkompetenz ist die „Bereitschaft und Fähigkeit, auf der Grundlage fachlichen Wissens und Könnens Aufgaben und Probleme zielorientiert, sachgerecht, methodengeleitet und selbstständig zu lösen und das Ergebnis zu beurteilen" (KMK, 2018, S. 15). Durch Peer Learning, insbesondere für die Wiederholung und Vertiefung bereits erlernter Inhalte, können die von der KMK (2018) aufgeführten Merkmale, unterstützt werden. Die authentische Kommunikation unter Peers ermöglicht den wechselseitigen Austausch über Lösungswege, Methoden und Problemlösestrategien. Des Weiteren verlangt bspw. das Peer Tutoring von Auszubildenden in der Rolle der Lehrperson, eine Beurteilung des Ergebnisses des Tandempartners bzw. der Tandempartnerin. In den Interviews konnten die Auszubildenden weniger bei sich selbst, hingegen aber bei ihren Peers, Merkmale von Fachkompetenz beobachten.

Die kommunikative Kompetenz ist laut KMK (2018) die „Bereitschaft und Fähigkeit, kommunikative Situationen zu verstehen und zu gestalten. Hierzu gehört es, eigene Absichten und Bedürfnisse sowie die der Partner wahrzunehmen, zu verstehen und darzustellen" (KMK, 2018, S. 16). Sie kann durch Ansätze des Peer Learning ebenfalls gefördert werden. Denn das Peer Learning schafft für die Auszubildenden neue Formen und Möglichkeiten des kommunikativen Austausches, ohne Sanktionen oder Beurteilungen durch Lehr- oder Ausbildungskräfte befürchten zu müssen. Dadurch entsteht ein geschützter kommunikativer Raum für die Auszubildenden.

Die Ergebnisse der Sozialen Netzwerkanalyse, wonach insbesondere die Freundschafts- und Sympathienetzwerke sowie die Hilfe- und Arbeitsnetzwerke dichter bzw. stärker geworden sind, können dementsprechend verstanden und interpretiert werden. Durch das Peer Learning entstand ein zusätzlicher Austausch im Lernen, die Auszubildenden lernten, sich gegenseitig besser wahrzunehmen und zu verstehen. Aus den Interviews kann geschlossen werden, dass die Auszubildenden untereinander ihr Vertrauen stärken konnten und deshalb die Netzwerke dichter wurden. Auch wenn dieser interpretative Rückschluss nicht für alle Klassen, Lerngruppen und Individuen festgestellt werden konnte, so wurde, zumindest in der Tendenz aufgezeigt, dass Peer Learning zu einer Entwicklung und Förderung der kommunikativen Kompetenz, im Sinne der KMK (2018), in der beruflichen Ausbildung beitragen kann.

Eine weitere bedeutende Teildimension der beruflichen Handlungskompetenz ist die Lernkompetenz, sie berücksichtigt die

> „Bereitschaft und Fähigkeit, Informationen über Sachverhalte und Zusammenhänge selbstständig und gemeinsam mit anderen zu verstehen, auszuwerten und in gedankliche Strukturen einzuordnen. Zur Lernkompetenz gehört insbesondere auch die Fähigkeit und Bereitschaft, im Beruf und über den Berufsbereich hinaus Lerntechniken und Lernstrategien zu entwickeln und diese für lebenslanges Lernen zu nutzen" (KMK, 2018, S. 16).

Insbesondere der Aspekt, Informationen über Sachverhalte und Zusammenhänge gemeinsam mit anderen zu verstehen, auszuwerten und einzuordnen, ist ein zentrales Ziel im Peer Learning. Abgebildet wurden diese Aspekte (und positiven Tendenzen) u. a. mit den Skalen Lernen mit anderen und Elaborationsstrategien. Auch wenn keine signifikanten Anstiege in der Interventionsgruppe ermittelt werden konnten, so berichten die Auszubildenden in den Interviews, dass ihnen das gemeinsame Lernen Freude bereitet hat und sie es als sinnvoll erlebt haben.

Diese Erkenntnisse stellen keine empirisch bzw. statistisch gesicherten Kompetenzzuwächse dar, wie z. B. durch wissenschaftliche Messinstrumente aus der Kompetenzdiagnostik. Aus den Beschreibungen und Berichten der Interviews mit den Auszubildenden sowie den Lehr- und Ausbildungskräften können allerdings Rückschlüsse gezogen werden, die in der Tendenz auf eine Förderung einzelner Kompetenzdimensionen der beruflichen Handlungskompetenz durch das Peer Learning hinweisen. Entsprechend sollte festgehalten werden: Wenn es möglich ist, durch Peer Learning in der beruflichen Ausbildung, die Sozialkompetenz, die Fachkompetenz oder die kommunikative Kompetenz zu fördern, dann sollten diese pädagogischen Ansätze in der beruflichen Ausbildung in den Lernorten Betrieb und Berufsschule (auch) implementiert werden.

Darüber hinaus sollen die Erkenntnisse zum Peer Learning in der beruflichen Ausbildung (zumindest im Ansatz) noch einmal mit der Perspektive einer kritisch-emanzipatorischen Berufsbildungstheorie betrachtet und diskutiert werden. Dadurch soll eine zusätzliche interpretative Schablone für die Analyse des Forschungsprojekts herangezogen und der Diskurs zusätzlich geöffnet werden. In der kritisch-emanzipatorischen Berufsbildungstheorie ist (u. a.) die Frage relevant, inwieweit innerhalb der Ausbildung (nur) die Fähigkeiten und Kompetenzen ausgebildet werden, die ökonomisch verwertbar sind oder ob die berufliche Bildung über ihren allgemeinen Bildungsauftrag nicht vielmehr (auch) die persönliche Bildung und Entwicklung des Individuums zu fokussieren hat. Denn Bildung ermöglicht den Ausweg aus der Unmündigkeit und befähigt den Menschen dazu, sich solidarisch zu verhalten (Kaiser, 2016, S. 194 f.).

Demzufolge ist, auch wenn sich durch Peer Learning mehrere Auszubildenden wirksam erlebt haben, sich in manchen Lerngruppen die Atmosphäre verbesserte und solidarisches Verhalten berichtet wurde, dennoch (aus der Perspektive einer kritisch-emanzipatorischen Berufsbildungstheorie) weiterhin eine kritische Betrachtung der Ansätze des Peer Learning in der beruflichen Ausbildung nötig. Denn die Ansätze dürften, sofern sie zukünftig häufiger in den Lernorten Betrieb und Berufsschule implementiert werden (sollten), nicht ökonomisch „ausgenutzt" werden, z. B. dahingehend, dass mit Peer Learning keine Einsparungen in der Personalkapazität bei den Lehr- und Ausbildungskräften begründet werden dürfen. Peer Learning will weder die Lehr- oder Ausbildungskraft ersetzen noch darf Peer Learning in der Berufsschule die Antwort auf Unterrichtsausfall sein. Vielmehr haben die Ergebnisse gezeigt, dass die Lerngruppen, zumindest in Teilen, eine Lehr- oder Ausbildungskraft benötigen, sowohl für fachliche Rückfragen als auch als Aufsichtsperson bei Störungen, die von den Auszubildenden selbst nicht gelöst werden können. Denn Peer Learning verfolgt nicht die Idee, dass die Auszubildenden (ohne Anleitung, Hinweise oder Aufgabenstellungen) vollständig allein gelassen werden sollen. Ebenso ist nicht beabsichtigt, ihnen die alleinige Verantwortung für den gesamten Lernprozess in der beruflichen Ausbildung zu übertragen.

Peer Learning sollte stets als eine sinnvolle Ergänzung erachtet und genutzt werden, um den Auszubildenden zusätzliche Anregungen und Lernmöglichkeiten zu offerieren, damit sie sich weiterentwickeln und in einem vertrauensvollen Rahmen gemeinsam lernen können. Es dürfte nicht vonseiten eines Betriebs oder einer Berufsschule ein Wettstreit oder Konkurrenzdruck aufgebaut werden, z. B. wer als Peer Educator*in oder Peer Mentor*in gewählt wird. Vielmehr kann ein richtig eingesetztes Peer Learning dazu beitragen, dass die Lerngruppe aus sich heraus gestärkt werden kann und die Auszubildenden erkennen (können), dass sie durch den solidarischen Umgang, das gegenseitige Vertrauen und das gemeinsame Lernen, mehr erreichen können (als ohne).

Bezug nehmend auf die thematischen und theoretischen Grundlagen zur Rahmung der vorliegenden Arbeit sollen abschließende Gedanken formuliert werden. Zunächst ist festzuhalten, dass die Berücksichtigung der beruflichen Handlungskompetenz inhaltlich zu den Zielen der beruflichen Bildung und in inhaltlicher Verbindung zum Peer Learning dahingehend angemessen erscheint, als gezeigt werden kann, dass Peer Learning in der beruflichen Bildung zwar einzelne ausgewählte Kompetenzdimensionen der beruflichen Handlungskompetenz in ihrer Entwicklung unterstützen und fördern kann, dies aber nicht auf alle Aspekte der beruflichen Handlungskompetenz zutrifft. Eine Förderung in der Entwicklung konnte insbesondere für die Sozialkompetenz und die Fachkompetenz ermittelt werden. Die vorab formulierten Überlegungen (siehe dazu auch Kapitel 2.2) können somit nach der empirischen Analyse weiterführend diskutiert und weiterentwickelt werden.

Die Einbeziehung der kritisch-emanzipatorischen Berufsbildungstheorie zur Betrachtung und zur Konzeption von Peer Learning in der beruflichen Bildung hat sich ebenso als hilfreich erwiesen. Insbesondere zur kritischen Betrachtung der generierten Erkenntnisse, die sich auch aus den betrieblichen und schulischen Settings in der beruflichen Bildung ergeben und damit zur Einordnung der empirischen Daten, sind und waren die Bezüge der kritisch-emanzipatorischen Berufsbildungstheorie geeignet. Dies zeigt sich u. a. in den wichtigen Hinweisen, dass Peer Learning in der beruflichen Bildung per se in der Gefahr steht, funktionalistisch betrachtet und genutzt zu werden, sowie an Überlegungen, ob und inwieweit demokratisch gewünschte Autoritäten in einem Setting wie Peer Learning angemessen sein können. Es bestätigt sich der Verdacht, dass Auszubildende in der beruflichen Bildung „von oben herab" sozialisiert werden und eine solche Hierarchie als richtig erleben bzw. dass es ihnen (bzw. manchen Auszubildenden) offensichtlich schwerfällt, ungewohnte Freiheiten und neue Möglichkeiten für sich selbst zielführend und sinnstiftend nutzen zu können.

Ferner ist zu vermerken, wie in Kapitel 3 und 6 an mehreren Stellen dargelegt, dass die Selbstbestimmungstheorie der Lernmotivation von Deci und Ryan (1993, 2008) für die Analyse von Lernsituationen im Kontext der beruflichen Bildung sowohl als theoretische Grundlage als auch als empirisches Messinstrument geeignet ist. So war u. a. das Nichtgelingen der Peer Education in zwei Klassen anteilig durch ein Fehlen von sozialer Eingebundenheit zu erklären. Die Bedeutung der psychologischen Grundbedürfnisse nach Autonomieerleben, Kompetenzerleben und sozialer Eingebundenheit ist für die erfolgreiche Umsetzung von Lernsituationen in der beruflichen Bildung allgemein, und für Peer Learning im Speziellen, entsprechend gegeben.

Abschließend ist die Relevanz der Themenzentrierten Interaktion für die vorliegende Arbeit nochmals darzulegen, so konnte die TZI einerseits wichtige Hinweise und Impulse zur Konzeption der Schulung geben, aber auch (entlang der Überlegungen zu dem Schattendreieck in Kapitel 2.5) zur Konzeption des Peer Learning im Vorfeld und als Analyseschablone zur Einordnung der generierten Erkenntnisse beitragen und sinnvoll genutzt werden.

7.1.2   Handlungsempfehlungen für die berufliche (Aus-)Bildung

Die empirischen Daten der wissenschaftlichen Analyse sollen in dem folgenden Kapitel genutzt werden, um daraus Handlungsempfehlungen für die Praxis abzuleiten. Thematisch umfasst dies u. a., wie bzw. unter welchen Bedingungen und Voraussetzungen Peer Learning in der beruflichen Ausbildung in den Lernorten Betrieb und Berufsschule implementiert werden kann. Insbesondere aus den Interviews mit den Auszubildenden sowie mit den Lehr- und Ausbildungskräften können Rückschlüsse generiert werden, welche Faktoren für die Durchführung des Peer Tutoring, der Peer Education und des Peer Mentoring bedeutsam sind und zukünftig stärker berücksichtigt werden sollten.

Eine wichtige Erkenntnis aus den Interviews ist die zentrale Bedeutung der zeitlichen und strukturellen Organisation, denn die Rahmenbedingungen wurden in den Institutionen sehr unterschiedlich beschrieben und bewertet. Wesentlich für die Umsetzung von Peer Learning sind fest eingeplante Zeiten und Räume. Insbesondere die zeitliche (Jahres-)Planung schien für manche Betriebe und Schulen besonders herausfordernd zu sein. Es bedarf folglich einer frühzeitigen und langfristigen Terminansetzung, in welchen Zeitfenstern (oder an welchen Tagen) das Peer Learning umgesetzt werden kann. In solchen Fällen ist eine (frühzeitige) Koordination mit anderen Abteilungen (im Betrieb) oder Klassenstufen bzw. Jahrgängen (in den Berufsschulen) ein zentraler Aspekt. Die Begleitung der durchgeführten Projekte hat überdies angedeutet, dass es den Auszubildenden nur in begrenztem Umfang möglich ist, auf verschiedene (höhere) Abteilungen oder Klassenleitungen Einfluss zu nehmen. Es braucht vielmehr eine klar kommunizierte Entscheidung für das Peer Learning, welche von der gesamten betrieblichen Ausbildungsabteilung bzw. der Schulleitung inklusive des Kollegiums getragen wird. Gelingt die Setzung und Planung von verbindlichen Zeitfenstern (inkl. geeigneter Räumlichkeiten) innerhalb der Institution, ist (bereits) eine wichtige Voraussetzung bzw. Rahmenbedingung erfüllt.

Eine weitere zentrale Erkenntnis umfasst das Verhalten bzw. die Anwesenheit von Lehr- und Ausbildungskräften während der Projektdurchführung. Die Befragungen haben gezeigt, dass für eine (gelingende) Umsetzung des Peer Learning, zumindest zeitweise, eine Aufsichts- oder Autoritätsperson benötigt werden kann. Es wurde aus zwei Klassen berichtet, dass durch das Fehlen einer Aufsichts- oder Autoritätsperson keine ruhige Arbeitsatmosphäre während der Peer Education entstanden ist. Dieser Hinweis wurde ausschließlich von den Auszubildenden aus den beiden Klassen genannt, in denen die Umsetzung der Peer Education durch Störungen von Klassenmitgliedern behindert wurde. In den anderen Klassen und Lerngruppen sind Auszubildende, zumindest über eine gewisse Zeit, ebenfalls ohne Aufsichts- oder Autoritätsperson gewesen. Aus diesen Gruppen wurden keine vergleichbaren Schwierigkeiten berichtet und auch nicht der Wunsch nach einer Aufsichts- oder Autoritätsperson geäußert. Deshalb ist zukünftig jede Gruppe einzeln zu betrachten (zu beobachten, zu befragen), ob und inwieweit die Klasse (z. B. in der Peer Education) alleine lernen und arbeiten kann bzw. möchte oder ob die Anwesenheit einer Aufsichts- oder Autoritätsperson benötigt wird.

Soll Peer Learning als Methode für die Gestaltung der Lernsituationen in die didaktische Unterrichtsplanung der schulischen Lehrkräfte und des betrieblichen Ausbildungspersonals systematisch eingebunden werden (siehe dazu auch Kapitel 6.3.2), bedarf es einer systematischen Qualifizierung des Bildungspersonals in diesem Bereich. Erst dann ist auch diesem bewusst, dass kein Freistunden-Charakter entstehen soll und hier dem Bildungspersonal die Möglichkeit an die Hand gegeben wird, den Unterricht bzw. die Ausbildung abwechslungsreicher zu gestalten und zugleich Peer Learning auch für Demokratieförderung effektiv sowie zielführend einzubauen. Die bewusste didaktische Planung ist hier als Voraussetzung für eine gelingende Umsetzung zu erachten. Das ist voraussetzungsvoll und nicht einmal nebenbei im Alltagsgeschäft zu erledigen und bedarf auch der Überzeugung des Teams der jeweiligen Bildungsgänge sowie der verantwortenden Leitungen, die Qualifizierungsfreiräume gewähren müssen.

Ferner ist zu diskutieren, ob insbesondere bei Störungen innerhalb der Gruppe diesen zukünftig (idealerweise durch eine unabhängige dritte Person, z. B. von einem Bildungsträger), im Sinne des Störungspostulats der TZI (siehe dazu auch Kapitel 2.5),

Vorrang gegeben werden könnte, damit das gemeinsame Lernen, nach Auflösung der Störung, (besser) gelingen kann. Denn ohne ein gemeinsames „Wir" in der Gruppe und ohne ein von allen Gruppenmitgliedern bestimmtes und gemeinsames „Thema" (z. B. Prüfungsvorbereitung oder erfolgreiches Ergebnis in der nächsten Prüfung), im Sinne der TZI, erscheint die erfolgreiche Umsetzung des Peer Learning zumindest als gefährdet. Zwar kann, wie gezeigt, Peer Learning das gemeinsame Lernen fördern, jedoch nicht, wenn, wie in Kapitel 6.3 beschrieben, die Umsetzung (z. B. der Peer Education) von einzelnen Gruppenmitgliedern aktiv be- oder verhindert wird.

Hinsichtlich der Anwesenheit einer Aufsichts- oder Autoritätsperson ist des Weiteren als potenzielles Argument zu nennen, dass eine anwesende Lehr- oder Ausbildungskraft, bei inhaltlichen Unklarheiten oder Rückfragen, mit fachlich korrekten Hinweisen unterstützen kann. Dadurch kann den gewählten Peer Educator*innen und Peer Mentor*innen in der Ausübung ihrer Rolle eine zusätzliche Sicherheit und Begleitung ermöglicht werden. Ferner könnte dies auch die Kooperation aller Beteiligten intensivieren und die Lehr- und Ausbildungskräfte (noch) stärker in die Umsetzung des Peer Learning integrieren.

Darüber hinaus ist zu überlegen, ob es insbesondere in den größeren Gruppen oder Schulklassen geeignet sein könnte, mit dem Peer Tutoring zu starten und anschließend die Peer Education durchzuführen. Peer Tutoring ermöglicht die Zusammenarbeit mit variierenden Partner*innen aus dem Klassen- bzw. Lerngruppenverbund und kann durch die wechselnden Personenkonstellationen zur sozialen Integration und zu einem Bewusstsein für das gemeinsame Lernen beitragen. Das Peer Tutoring würde durch die Tandemkonstellation allen Gruppenmitgliedern bzw. allen Auszubildenden das Erleben der Rolle einer Lehrkraft ermöglichen. Somit kann diese Rolle (bzw. Aufgabe) potenziell besser nachvollzogen und die anschließende Durchführung einer Peer Education möglicherweise auch störungsfrei(er) realisiert werden.

7.2   Forschungsmethodische Reflexion

In diesem Kapitel werden das forschungsmethodische Vorgehen und die Projektdurchführung reflektiert, denn für die Ergebnisinterpretation sind einschränkend mehrere Limitationen zu bedenken. Für die quantitative Fragebogenerhebung ist bspw. anzumerken, dass in der (Sub-)Skala Kompetenzerleben die Reliabilität ungenügend gewesen ist. Zudem war auch die Konsistenz in den Skalen berufliche Handlungskompetenz und Autonomieerleben unterhalb des akzeptablen Werts von .70.

In der quantitativen Fragebogenerhebung wurden zum ersten Messzeitpunkt sowohl in der Interventions- als auch in der Kontrollgruppe vergleichsweise hohe Mittelwerte festgestellt. Es ist abschließend nicht eindeutig zu beantworten, warum dieses Ergebnis trotz der vergleichsweise hohen Heterogenität in der Stichprobe bzw. den Ausbildungsberufen und der sechs verschiedenen Institutionen erzielt wurde. Darüber hinaus ist limitierend anzumerken, dass die Auszubildenden in der Kontrollgruppe allein von einem (berufsschulischen) Lernort und ausschließlich aus den gewerblich-technischen Ausbildungsberufen generiert werden konnten. Die Kontrollgruppe weist folglich nicht dieselbe Heterogenität auf wie die Interventionsgruppe.

Des Weiteren sind auch Limitationen hinsichtlich des Forschungsstands zu benennen, denn einerseits liegen überwiegend Querschnittserhebungen auf Basis von Selbsteinschätzungen vor, zum anderen liegen überhaupt sehr wenig bis keine (einschlägigen oder vergleichbaren) Arbeiten vor, die den Einsatz von Peer Learning in der (beruflichen) Bildung in Deutschland untersuchten.

Bezogen auf die Stichprobe und die Lernorte in Betrieb und Berufsschule ist außerdem auf die regionale Bündelung hinzuweisen. Alle sechs Institutionen sind regional auf einen Standort bzw. Landkreis begrenzt. Folglich bleibt unklar, ob oder inwieweit die hier generierten Erkenntnisse nur für diese eine Region bzw. Stadt Gültigkeit besitzen. Eine Verallgemeinerung oder Generalisierung der Befunde ist deshalb abschließend nicht zulässig.

Als weitere Einschränkung ist anzumerken, dass es im Rahmen des Forschungsprojekts nicht ermöglicht werden konnte, eine Follow-up-Befragung in der Interventionsgruppe durchzuführen. Deshalb liegen hier keine (empirisch belegten) Erkenntnisse über einen langfristigen Nutzen vor, welche für den wissenschaftlichen Diskurs zu den Wirkungen des Peer Learning in der beruflichen Ausbildung herangezogen werden könnten. In zukünftigen Forschungsprojekten wäre es demzufolge anzuraten, bspw. sechs Monate nach Beendigung des Peer Learning, eine (quantitative) Follow-up-Erhebung durchzuführen.

Für die Interpretation ist außerdem limitierend zu bedenken, dass es weitere Faktoren gibt, die das Lernen sowie die Entwicklung der hier erhobenen Dimensionen beeinflussen oder erklären können. Das Peer Learning selbst ist nur ein Einflussfaktor, daneben wirken weitere Aspekte aus dem privaten, betrieblichen und schulischen Umfeld auf die Auszubildenden ein, welche das Lern- und Arbeitsverhalten potenziell verstärkend oder mindernd beeinflussen können.

Des Weiteren sind die Ergebnisse sowohl der quantitativen als auch der qualitativen Erhebungen mit Vorsicht zu interpretieren, da sie auf Selbstauskünften bzw. Selbsteinschätzungen beruhen. Dementsprechend sind Effekte oder Muster der sozialen Erwünschtheit im Antwortverhalten nicht auszuschließen, selbiges gilt für das Risiko einer Selbstüberschätzung der Auszubildenden (im positiven Sinne) in den Befragungen. Zudem ist anzumerken, dass die Interviews mit den Auszubildenden vergleichsweise kurz nach Beendigung der Intervention durch das Peer Learning erfolgten und zudem keine späteren Befragungen im Sinne eines Follow-up realisiert wurden.

Teile der Limitationen der quantitativen Fragebogenerhebung (wie z. B. die Stichprobe) sind für die Einordnung der Befunde aus der Sozialen Netzwerkanalyse gleichfalls übertragbar. Auch hier könnte eine Follow-up-Erhebung relevante Erkenntnisse und Veränderungen zeigen und wäre entsprechend zukünftig zu berücksichtigen.

In Hinsicht auf die Interviews mit den Auszubildenden sowie den Lehr- und Ausbildungskräften ist als Einschränkung anzuführen, dass sowohl die Interviewdurchführung als auch die Transkription von Masterstudierenden geleistet wurde. Die Studierenden wurden (zwar) im Seminar zuvor bzgl. der Interviewführung und der Transkriptionsregeln geschult, dennoch bestehen Unterschiede in den forschungsmethodischen Vorerfahrungen, z. B. im Interviewverhalten, wenn Befragte kürzere Antworten geben als erwartet.

Neben diesen Aspekten ist auch die Selbstaktivierung zur Teilnahme an den Interviews anzuführen, da hier der Nachteil einer selektiven Stichprobe (Reinders, 2005, S. 123) besteht. Es kann zwar eine Freiwilligkeit angenommen werden, gleichzeitig besteht aber ein Risiko darin, überproportional die zufriedeneren Auszubildenden zur Teilnahme an den Interviews zu generieren. Diesen Gedanken weiterführend, sind möglicherweise negative oder kritische Argumentationen zum Peer Learning unterrepräsentiert. Ähnliches gilt für die Interviews mit den Lehr- und Ausbildungskräften. Gleichfalls ist zu erwähnen, dass auch die sechs Institutionen freiwillig am Projekt teilgenommen haben. Dies erlaubt den Gedanken, dass es sich hierbei um eine Positivauswahl bzw. um verhältnismäßig gut strukturierte Betriebe und Berufsschulen handeln könnte. Folglich sind die Erkenntnisse aus dem vorliegenden Datenmaterial (auch deshalb) nicht generalisierbar.

An dieser Stelle soll zudem noch einmal auf die praktische Umsetzung im Projekt bzgl. der beiden Klassen hingewiesen werden, in denen die Durchführung der Peer Education aktiv von einzelnen Gruppenmitgliedern verhindert wurde. Die verweigerte Teilnahme hat möglicherweise dazu beigetragen, dass die gewünschten positiven Effekte durch den gemeinsamen Lernprozess in diesen Gruppen nicht wie erhofft realisiert werden konnten. Zudem konnten, wie in Kapitel 5.1 dargelegt, in mehreren Institutionen die Peer Education und das Peer Mentoring nicht in der Form, Qualität und Häufigkeit umgesetzt werden, wie es angedacht gewesen ist. Dies kann potenziell zu einer Verzerrung der Ergebnisse bzw. im Datensatz geführt haben.

Durch die seltene und nicht standardisierte Durchführung und Rahmung besteht das Risiko, dass den Auszubildenden der Nutzen des pädagogischen Ansatzes nicht deutlich wird und auch nicht erfahren werden kann. So ist nicht ausgeschlossen, dass teils einzeln angebotene Termine zum Peer Learning in der Bedeutung und dem Erleben „für sich allein" stehen und weder vom Bildungspersonal noch den Auszubildenden aufgegriffen, reflektiert oder weitergeführt werden.

Abschließend ist die Doppelrolle des Autors kritisch anzumerken. Denn alle organisatorischen Absprachen zum Projekt mit den beteiligten Lehr- und Ausbildungskräften sowie die Durchführung der Schulungen der Peer Educator*innen und Peer Mentor*innen erfolgten unter Beteiligung des Autors dieser Forschungsarbeit. Deshalb wurde bewusst darauf verzichtet, selbst Interviews zu führen, um eine angemessene Distanz im Erhebungsprozess zu wahren.

7.3 Fazit und Forschungsausblick

Das vorgestellte Projekt leistet einen Beitrag zum Erkenntnisgewinn über die Effekte von gemeinsamen Lernaktivitäten von Auszubildenden in der beruflichen Bildung und gibt zugleich Hinweise, welche Faktoren bei einer zukünftigen Durchführung des Peer Learning zu berücksichtigen sind. Die Analyse konnte bspw. zeigen, dass Peer Learning zu einer Förderung der Sozialkompetenz und der Fachkompetenz beitragen kann. Zudem weisen die Ergebnisse auf eine steigende Bereitschaft der Auszubildenden hin, mit anderen Auszubildenden gemeinsam lernen zu wollen. Ebenso bemerken die Auszubildenden Fortschritte in ihren Lernstrategien und berichten von neu entstandenen Freundschaften. Darüber hinaus äußern sie die Absicht, sich auch zukünftig um Rat zu fragen und sich gegenseitig mit wertschätzender Rückmeldung unterstützen zu wollen. Ebenso wurde in den Interviews berichtet, dass das Peer Learning dazu beitragen konnte, dass sich die Auszubildenden gegenseitig (zunehmend) vertrauen können, weshalb sie zukünftig verstärkt zusammenarbeiten wollen. Außerdem leistet das Peer Learning einen Beitrag dazu, die soziale Integration und die Solidarität zu fördern. Trotz dieser positiven Erkenntnisse bleibt einschränkend festzuhalten, dass diese Entwicklungen nicht für alle Teilnehmenden in der Interventionsgruppe nachgewiesen werden konnten.

Dies zeigt aber auch, dass an Peer Learning keine zu hohen oder überhöhten Erwartungen gestellt werden dürfen. Peer Learning stellt (lediglich) einen methodischen Ansatz dar, der in eine entsprechende Lehr-Lernkultur eingebunden sein muss, wenn er die zuvor genannten Effekte für die Auszubildenden erbringen soll. Ein Mythos um diese Methode bzw. ihre Effekte soll nicht entstehen, vielmehr gilt es, Situation zu prüfen, wo und in welcher Form und Häufigkeit die Methode eine gelungene (und willkommene) Abwechslung zum bestehenden Lernalltag in der Schule und im Betrieb stellen kann und insbesondere einen Beitrag zur Entwicklung von sozialen Kompetenzen.

Darüber hinaus bleibt weiterhin unklar, für welche Personengruppe Peer Learning besonders geeignet ist und wie Peer Learning für alle wirksam gestaltet werden kann. Denn die Analyse zeigt, dass Peer Learning für einen Teil der Auszubildenden positive Effekte und Entwicklungen ermöglicht, jedoch nicht für die Gesamtgruppe. Entsprechend sollte, bezogen auf die praktische Umsetzung des Peer Learning, nochmals ermittelt werden, wie die Interventionen verstärkt individualisiert bzw. subjektorientiert ausgestaltet werden können, damit ein größerer Teil der Gruppe (bzw. möglichst alle) angesprochen werden kann und mehr Auszubildende in ihrer Entwicklung durch Peer Learning profitieren können. Erste Überlegungen zu einer weiterführenden Individualisierung sind mit der Nutzung des Peer Tutoring verbunden, da dieser Peer Ansatz im gesamten Klassenverbund durchgeführt wird, alle Gruppenmitglieder aktiv beteiligt sind und das Lerntempo in den Tandems jeweils individuell festgelegt werden kann.

Resümierend soll hier deshalb die Anregung formuliert werden, den Einsatz des Peer Learning für die Gestaltung von Lernsituationen (insbesondere in der Wiederholung und Vertiefung bereits unterrichteter Inhalte und Themen) in der beruflichen Ausbildung situativ zu prüfen und entsprechend zu implementieren. Werden die Hinweise und Erkenntnisse zu den benötigten Voraussetzungen einer Umsetzung des Peer Learning beachtet, kann ein Mehrwert für die beteiligten Auszubildenden generiert werden sowie potenziell eine (zeitlich begrenzte) Entlastung für die Lehr- und Ausbildungskräfte. Durch das Peer Learning können Lernprozesse potenziell aktiver, attraktiver und abwechslungsreicher gestaltet werden. Dementsprechend weisen auch Grunert und Krüger (2020) darauf hin, dass Schulen sich ihrer Rolle zur Ermöglichung von Lern- und Bildungsprozessen auf Grundlage von Peer Beziehungen bewusst werden müssen und diese grundsätzlich anerkennen sollten (Grunert & Krüger, 2020, S. 709).

Hinsichtlich der Voraussetzungen und Indikatoren zur erfolgreichen Umsetzung sind ferner eine einführende und erklärende Anleitung (sowohl für das Bildungspersonal als auch für die Auszubildenden) für das Peer Learning wichtig sowie die zeitliche und räumliche Organisation und Strukturierung, um die Bedeutung des Peer Learning betriebs- oder schulintern zu dokumentieren. In großen Schulklassen wäre der Einsatz des Peer Tutoring vor der Anwendung der Peer Education zu empfehlen bzw. allgemein erscheint es für Schulen angeraten, die Ansätze (bevorzugt) innerhalb einer Klasse umzusetzen (entsprechend Peer Tutoring und/oder Peer Education), da somit keine weiteren Absprachen mit höheren Klassen- oder Jahrgangsstufen nötig wären. Demgegenüber ist es in Betrieben möglicherweise mit weniger Aufwand verbunden, den Ansatz des Peer Mentoring (sowie das Peer Tutoring) umzusetzen. Dies wäre in zukünftigen Forschungsprojekten in der Planung zu berücksichtigen.

Zudem scheint ein Diskurs um die Rolle oder Bedeutung einer Autoritätsperson während der Durchführung von Peer Learning in der beruflichen Bildung (wie in Kapitel 6.3.2 angedeutet), insbesondere unter kritischer Analyse der Argumente der kritisch-emanzipatorischen Berufsbildungstheorie, ein Diskurs, welcher perspektivisch zu führen ist und zugleich eine gewisse Relevanz beinhaltet. Abschließend ist festzuhalten, dass weiterhin Forschungsbedarf besteht, so sollten, hinsichtlich einer wissenschaftlichen Perspektive, zunächst die hier generierten Befunde in einer zweiten Studie erneut überprüft werden. Potenziell relevante (neue) Erkenntnisse könnten zudem durch Subgruppen-Vergleiche unter Einbeziehung von personenbezogenen Merkmalen generiert werden, wie ein Vergleich der Geschlechter, des Alters, des Schulabschlusses vor Ausbildungsbeginn, der Lernorte oder der Ausbildungsberufe. Neben den aufgeführten Forschungsdesideraten ist eine Adaption der Ansätze auf weitere Ausbildungsberufe (z. B. kaufmännisch-verwaltende) anzustreben. Um zusätzliche Erkenntnisse zu generieren, sollten zukünftig außerdem Messinstrumente der Kompetenzdiagnostik, vor und nach der Intervention, eingesetzt werden. Dies könnte weiterführende Befunde und neue Erkenntnisse über die Kompetenzentwicklung bei Auszubildenden durch die Teilnahme am Peer Learning ermöglichen, insbesondere wenn dies inklusive eines Kontrollgruppendesigns realisiert werden kann. Ebenso wäre ein Längsschnittdesign wünschenswert, welches eine Follow-up-Erhebung (z. B. sechs Monate nach Beendigung des Peer Learning) umfasst.

Perspektivisch sind ferner neue digitale Lernformate für das Peer Learning in der beruflichen Ausbildung zu entwickeln, wie bspw. die Erstellung von Schulungsvideos durch Peer Educator*innen oder Peer Mentor*innen für die jeweilige Zielgruppe. Solche Überlegungen würden zudem den aktuellen Trends zur Digitalisierung und Nachhaltigkeit gleichermaßen Rechnung tragen. Für die Wissenschaftsdisziplin der Berufs- und Wirtschaftspädagogik ergeben sich daraus somit interessante (weiterführende) Forschungsperspektiven.

Des Weiteren ist final, insbesondere als Perspektive weiterführender Forschungsarbeiten sowie praktischer Anwendungen des Peer Learning in der beruflichen Bildung, auf zwei besondere „Erfolge" der vorliegenden Arbeit zu verweisen bzw. deren Übernahme anzuraten. Dies betrifft einerseits die hier entwickelten bzw. hergeleiteten und (in weiten Teilen) entwicklungssensitiven und als reliabel bestätigten Messinstrumente. Diese haben sich hinsichtlich der Untersuchung der Forschungsfragen bewährt und könnten in aufbauenden Studien, eine berechtigte Anwendung finden. Zum anderen darf bzw. soll hier abschließend auf die Implikationen und Handlungsempfehlungen zur Umsetzung von Peer Learning und die Schulung von Peer Educator*innen und Peer Mentor*innen verwiesen werden. Auch diese sind potenziell für die weitere Verwendung geeignet.

Literaturverzeichnis

Adorno, T. W. (1966). Erziehung nach Auschwitz. In T. W. Adorno (Hrsg.), *Erziehung zur Mündigkeit* (S. 92–109). Frankfurt: Suhrkamp.

Adorno, T. W. (1971). *Erziehung zur Mündigkeit*. Frankfurt: Suhrkamp.

Apel, E. (2003). Peer Education – eine historische Betrachtung aus Sicht der Jugendverbandarbeit. In M. Nörber (Hrsg.), *r* (S. 16–37). Weinheim: Beltz.

Appel, E. (2002). *Auswirkungen eines Peer-Education-Programms auf Multiplikatoren und Adressaten – eine Evaluationsstudie*. Dissertation: Freie Universität Berlin.

Appel, E. & Kleiber, D. (2003). Auswirkungen eines Peer-Education-Programms zu Liebe, Sexualität und Schwangerschaftsverhütung auf Multiplikatorinnen und Multiplikatoren sowie Adressatinnen und Adressaten. In M. Nörber (Hrsg.), *Peer Education. Bildung und Erziehung von Gleichaltrigen durch Gleichaltrige* (S. 336–359). Weinheim: Beltz.

Arens, F. & Brinker-Meyendriesch, E. (2020). Berufs- und Wirtschaftspädagogik Schwerpunkt Gesundheit. Die berufs- und wirtschaftspädagogischen und fachwissenschaftlichen Bezüge im Spektrum Lehrerbildung Pflege und Gesundheit. *bwp@ Berufs- und Wirtschaftspädagogik - online, 37*, 1–23. Online: http://www.bwpat.de/ausgabe37/arens_brinker-meyendriesch_bwpat37.pdf (18.02.2020).

Backes, H. & Schönbach, K. (2001). *Peer Education – ein Handbuch für die Praxis*. Köln: Bundeszentrale für gesundheitliche Aufklärung.

Backhaus, K., Erichson, B., Plinke, W. & Weiber, R. (2018). *Multivariate Analysemethoden. Eine anwendungsorientierte Einführung*. Berlin: Springer.

Bandura, A. (1976). Die Analyse von Modellierungsprozessen. In A. Bandura (Hrsg.), *Lernen am Modell. Ansätze zu einer sozial-kognitiven Lerntheorie* (S. 9–67). Stuttgart: Klett-Cotta.

Bandura, A. (1979). *Sozial-kognitive Lerntheorie*. Stuttgart: Klett-Cotta.

Bandura, A. (1986). *Social foundations of thought and action: A social cognitive theory*. Englewood-Cliffs, New Jersey: Prentice-Hall.

Bandura, A. (1997). *Self-efficacy. The exercise of control*. New York: Freeman.

Barghorn, K. (2010). *Einstellungen und Verhalten von Mitarbeitern in betrieblichen Veränderungsprozessen*. Dissertation: Universität Osnabrück.

Beck, K. (2019). Irrungen und Wirrungen im „Abseits politisch-ökonomischer Reflexion". Eine nicht ganz unpolemische und zugleich de(kon)struktive Entgegnung auf Günter Kutschas „Polemik in konstruktiver Absicht". *bwp@ Berufs- und Wirtschaftspädagogik - online, 35*, 1–15. Online: http://www.bwpat.de/ausgabe35/beck_entgegnung-kutscha_bwpat35.pdf (06.12.2019).

Blankertz, H. (1963). *Berufsbildung und Utilitarismus*. Düsseldorf: Schwann.

Blankertz, H. (1964). Die Menschlichkeit der Technik. *Westermanns pädagogische Beiträge, 10*, 451–460.

Blankertz, H. (1966). Bildungstheorie und Ökonomie. In K. Rebel (Hrsg.), *Pädagogische Provokationen I. Texte zur Schulreform Texte zur Schulreform* (S. 61–86). Weinheim: Beltz.

Böhn, S. & Deutscher, V. (2020). Development and Validation of a Learning Quality Inventory for In-Company Training in VET (VET-LQI). *Vocations and Learning, 14*, 23–53.

Bohnsack, R. & Hoffmann, N. F. (2016). Die Peergroup als Institution und als Gegeninstitution. In A. Schippling, C. Grunert & N. Pfaff (Hrsg.), *Kritische Bildungsforschung. Standortbestimmungen und Gegenstandsfelder* (S. 275–288). Opladen: Budrich.

Bois-Reymond, M. d. & Behnken, I. (2016). Netzwerk-Lerner und informelles Lernen in Peergruppen. In S.-M. Köhler, H.-H. Krüger & N. Pfaff (Hrsg.), *Handbuch Peerforschung* (S. 365–382). Opladen: Budrich.

Brake, A. (2016). Triangulation/Mixed Methods Research in der Peerforschung. In S.-M. Köhler, H.-H. Krüger & N. Pfaff (Hrsg.), *Handbuch Peerforschung* (S. 187–195). Opladen: Budrich.

Büchter, K. (2019). Kritisch-emanzipatorische Berufsbildungstheorie – Historische Kontinuität und Kritik. *bwp@ Berufs- und Wirtschaftspädagogik - online, 36*, 1–21. Online: http://www.bwpat.de/ausgabe36/buechter_bwpat36.pdf (02.09.2019).

Cammann, C., Fichman, M., Jenkins, D. & Klesh, J. (1979). *The Michigan Organizational Assessment Questionnaire*. Unpublished Manuscript. University of Michigan. Ann Arbor.

Deci, E. L. & Ryan, R. M. (1993). Die Selbstbestimmungstheorie der Motivation und ihre Bedeutung für die Pädagogik. *Zeitschrift für Pädagogik, 39*(2), 223–238.

Deci, E. L. & Ryan, R. M. (2000). The „What" and „Why" of Goal Pursuits: Human Needs and the Self-Determination of Behavior. *Psychological Inquiry, 11*(4), 227–268.

Deci, E. L. & Ryan, R. M. (2008). Self-determination theory: A macrotheory of human motivation, development, and health. *Canadian Psychology, 49*(3), 182–185.

Dehnbostel, P. (2015). *Betriebliche Bildungsarbeit. Kompetenzbasierte Aus- und Weiterbildung im Betrieb*. Baltmannsweiler: Schneider Hohengehren.

Dehnbostel, P., Fürstenau, B., Klusmeyer, J. & Rebmann, K. (2010). Kontextbedingungen beruflichen Lernens: Lernen in der Schule und im Prozess der Arbeit. In R. Nickolaus, G. Pätzold, H. Reinisch & T. Tramm (Hrsg.), *Handbuch Berufs- und Wirtschaftspädagogik* (S. 87–98). Bad Heilbrunn: Klinkhardt.

DGB (2016). *Ausbildungsreport 2016*. DGB-Bundesvorstand, Abteilung Jugend und Jugendpolitik (Hrsg.). Berlin.

Ebbinghaus, M., Krewerth, A., Flemming, S., Beicht, U., Eberhard, V. & Granato, M. (2010). *BIBB-Forschungsverbund zur Ausbildungsqualität in Deutschland. Qualitätssicherung in der betrieblichen Berufsausbildung. Ausbildung aus Sicht der Auszubildenden. Gemeinsamer Abschlussbericht*. Bonn: Bundesinstitut für Berufsbildung.

Eckardt, C., Lemken, M., Ratschinski, G., Struck, P., del Estal, M. & Sommer, J. (2015). *Evaluation des BMBF-Programms zur „Förderung der Berufsorientierung in überbetrieblichen und vergleichbaren Berufsbildungsstätten" – zweiter Zwischenbericht*. Bonn: BMBF-Online-Publikation.

Elsholz, U. (2013). *Betriebliches Lernen in Aus- und Weiterbildung: Konzepte, Analysen und theoretische Fundierung.* Kumulative Habilitation: TU Hamburg-Harburg.

Emme, M. & Spielmann, J. (2009). Es. In M. Schneider-Landolf, J. Spielmann & W. Zitterbarth (Hrsg.), *Handbuch Themenzentrierte Interaktion (TZI)* (S. 128–133). Göttingen: Vandenhoeck & Ruprecht.

Eskay, M., Onu, V. C., Obiyo, N. & Obidoa, M. (2012). Use of Peer Tutoring, Cooperative Learning, and Collaborative Learning: Implications for Reducing Anti-social Behavior of Schooling Adolescents. *US-China Education Review,* A 11, 932–945.

Ferchhoff, W. (2012). Peergroups. In U. Sandfuchs, W. Melzer, B. Dühlmeier & A. Rausch (Hrsg.), *Handbuch Erziehung* (S. 522–528). Bad Heilbrunn: Klinkhardt.

Fileccia, M. (2016). *Kompetenzentwicklung bei der Ausbildung von „Medienscouts" als medienpädagogischen Ansatz der Peer Education. Eine empirische Untersuchung zur Medienkompetenz von Schülerinnen und Schülern.* Dissertation: Universität Duisburg-Essen.

Fuge, J. & Kremer, H.-H. (Hrsg.) (2020). *Mentoring in Hochschuldidaktik und -praxis. Eine Reflexion wissenschaftlicher Erkenntnisse und praktischer Erfahrungen.* Detmold: Eusl.

Gagné, M. & Forest, J. (2008). The study of compensation systems through the lens of self-determination theory: Reconciling 35 years of debate. *Canadian Psychology, 49,* 225–232.

Gebhardt, A., Martínez Zaugg, J. & Metzger, C. (2014). Motivationale, emotionale und selbstwirksamkeitsbezogene Dispositionen von Auszubildenden und deren Wahrnehmung der Lernumgebung und Lernbegleitung im betrieblichen Teil der beruflichen Grundbildung. *bwp@ Berufs- und Wirtschaftspädagogik - online, 26,* 1–23. Online: http://www.bwpat.de/ausgabe26/gebhardt_etal_bwpat26.pdf (20.06.2014).

Gebhardt, A., Martínez Zaugg, Y. & Nüesch, C. (2009). Förderung von Lernkompetenzen im betrieblichen Teil der Berufsausbildung. *bwp@ Berufs- und Wirtschaftspädagogik - online, 17,* 1–35. Online: http://www.bwpat.de/ausgabe17/gebhardt_etal_bwpat17.pdf (17.12.2009).

Gerholz, K.-H. (2014). Peer Learning in der Studieneingangsphase – Didaktische Gestaltung und Wirkung am Beispiel der Wirtschaftswissenschaften. *Zeitschrift für Hochschulentwicklung, 9*(5), 163–178.

Gerholz, K.-H. (2015). Peer Learning als ein modernes Lernformat. *News & science: Begabtenförderung und Begabtenforschung, 39*(1), 22–25.

Ginsburg-Block, M. D., Rohrbeck, C. A. & Fantuzzo, J. W. (2006). A Meta-Analytic Review of Social, Self-Concept, and Behavioral Outcomes of Peer-Assisted Learning. *Journal of Educational Psychology, 98*(4), 732–749.

Gläser, J. & Laudel, G. (2010). *Experteninterviews und qualitative Inhaltsanalyse.* Wiesbaden: VS Verlag für Sozialwissenschaften.

Gold, A. (2011). *Lernschwierigkeiten. Ursachen, Diagnostik, Intervention.* Stuttgart: Kohlhammer.

Griese, H. M. (2016). Die soziologische Perspektive: Peers und ihre Bedeutung für die gesellschaftliche (Des-?)Integration. In S.-M. Köhler, H.-H. Krüger & N. Pfaff (Hrsg.), *Handbuch Peerforschung* (S. 55–73). Opladen: Budrich.

Grunert, C. & Krüger, H.-H. (2020). Peerbeziehungen. In P. Bollweg, J. Buchna, T. Coelen & H.-U. Otto (Hrsg.), *Handbuch Ganztagsbildung* (S. 701–714). Wiesbaden: Springer VS.

Guay, F., Ratelle, C. F. & Chanal, J. (2008). Optimal learning in optimal contexts: The role of self-determination in education. *Canadian Psychology, 49*, 233–240.

Haag, L. & Streber, D. (2011). Tutorielles Lernen. *Empirische Pädagogik, 25*(3), 358–369.

Haag, L. (2014). Tutorielles Lernen. In G. W. Lauth, M. Grünke & J. C. Brunstein (Hrsg.), *Interventionen bei Lernstörungen – Förderung, Training und Therapie in der Praxis* (S. 462–471). Göttingen: Hogrefe.

Hackman, J. R. & Oldham, G. R. (1975). Development of the Job Diagnostic Survey. *Journal of Applied Psychology, 60*, 159–170.

Hackman, J. R. & Oldham, G. R. (1980). *Work redesign*. Massachusetts: Addison- Wesley.

Hanf, A. (2021). *Verantwortungsvoll und glücklich in der beruflichen Bildung. Zur Unterstützung emanzipatorischer Prozesse basierend auf kritischer Berufsbildungstheorie verbunden mit Selbstbestimmungstheorie und Themenzentrierter Interaktion*. Rostocker Schriften der Berufspädagogik. Rostock: Universität Rostock.

Hannover, B. & Zander, L. (2016). Die Bedeutung der *Peers* für die individuelle schulische Entwicklung. In J. Möller, M. Köller & T. Riecke-Baulecke (Hrsg.), *Basiswissen Lehrerbildung. Schule und Unterricht. Lehren und Lernen* (S. 91–105). Seelze: Klett-Kallmeyer.

Harteis, C., Bauer, J., Festner, D. & Gruber, H. (2004). Selbstbestimmung im Arbeitsalltag. *Unterrichtswissenschaft, 32*(2), 128–142.

Hasselhorn, M. & Gold, A. (2013). *Pädagogische Psychologie: Erfolgreiches Lernen und Lehren*. Stuttgart: Kohlhammer.

Hasselhorn, M. & Gold, A. (2017). *Pädagogische Psychologie: Erfolgreiches Lernen und Lehren*. Stuttgart: Kohlhammer.

Helfferich, C. (2011). *Die Qualität qualitativer Daten. Manual für die Durchführung qualitativer Interviews*. Wiesbaden: VS Verlag für Sozialwissenschaften.

Helfferich, C. (2014). Leitfaden- und Experteninterviews. In N. Baur & J. Blasius (Hrsg.), *Handbuch Methoden der empirischen Sozialforschung* (S. 559–574). Wiesbaden: Springer VS.

Heydorn, H.-J. (1970). *Über den Widerspruch von Bildung und Herrschaft*. Frankfurt: Europäische Verlagsanstalt.

Jacomy, M., Heymann, S., Venturini, T. & Bastian, M. (2014). ForceAtlas2, a Continuous Graph Layout Algorithm for Handy Network Visualization Designed for the Gephi Software. *PLOS ONE, 9*(6), 1–12.

Jansen, D. (1999). *Einführung in die Netzwerkanalyse. Grundlagen, Methoden, Anwendungen*. Wiesbaden: Springer VS.

Johnson, R. B. & Onwuegbuzie, A. J. (2004). Mixed Methods Research: A Research Paradigm Whose Time Has Come. *Educational Researcher, 33*(7), 14–26.

Kahr, C. (2003). Orientierungspunkte für Peer-Education-Projekte – Ideen und Visionen. In M. Nörber (Hrsg.), *Peer Education. Bildung und Erziehung von Gleichaltrigen durch Gleichaltrige* (S. 368–381). Weinheim: Beltz.

Kaiser, F. (2016). Berufliche Bildung und Emanzipation. Heydorns Impulse für eine kritische Berufsbildungstheorie sowie Stolpersteine aus eigener berufspädagogischer Sicht. In F. Ragutt & F. Kaiser (Hrsg.), *Menschlichkeit der Bildung. Heydorns Bildungsphilosophie im Spannungsfeld von Subjekt, Arbeit und Beruf* (S. 181–198). Paderborn: Schöning.

Kaiser, F. (2019). Studierende zur kritischen Gestaltung der beruflichen Bildung ermutigen. Zur zentralen Aufgabe berufspädagogischer Lehramtsstudiengänge in einer demokratischen Gesellschaft. In C. Kalisch & F. Kaiser (Hrsg.), *Bildung beruflicher Lehrkräfte. Wege in die pädagogische Königsklasse* (S. 35–47). Bielefeld: wbv.

Kaiser, F. & Ketschau, T. J. (2019). Die Perspektive kritisch-emanzipatorischer Berufsbildungstheorie als Widerspruchsbestimmung von Emanzipation und Herrschaft. In E. Wittmann, D. Frommberger & U. Weyland (Hrsg.), *Jahrbuch der berufs- und wirtschaftspädagogischen Forschung 2019* (S. 13–29). Opladen: Budrich.

Kaiser, F. (2020). „Zu wissen, dass wir zählen, gegen die Kälte" Lebendiges Lernen als Teil des kritisch-subjektorientierten beruflichen Lehramtsstudiums. In R. W. Jahn, A. Seltrecht & M. Götzl (Hrsg.), *Ausbildung von Lehrkräften für berufsbildende Schulen. Aktuelle hochschuldidaktische Konzepte und Ansätze* (S. 69–89). Bielefeld: wbv.

Kanitz, A. v. (2009). Einführung zu den Axiomen und Postulaten. In M. Schneider-Landolf, J. Spielmann & W. Zitterbarth (Hrsg.), *Handbuch Themenzentrierte Interaktion (TZI)* (S. 78–79). Göttingen: Vandenhoeck & Ruprecht.

Kästner, M. (2003). Peer Education – ein sozialpädagogischer Arbeitsansatz. In M. Nörber (Hrsg.), *Peer Education. Bildung und Erziehung von Gleichaltrigen durch Gleichaltrige* (S. 50–64). Weinheim: Beltz.

Keck, A., Weymar, B. & Diepold, P. (1997). Lernen an kaufmännischen Arbeitsplätzen. In Bundesinstitut für Berufsbildung (Hrsg.), *Berichte zur Beruflichen Bildung, 199.* Berlin und Bonn.

Kelle, U. (2014). Mixed Methods. In N. Bauer & J. Blasius (Hrsg.), *Handbuch Methoden der empirischen Sozialforschung* (S. 153–166). Wiesbaden: Springer VS.

Kelly, J. A. (2004). Popular opinion leaders and HIV prevention peer education: resolving discrepant findings, and implications for the development of effective community programmes. *AIDS care, 16*(2), 139–150.

Ketschau, T. J. (2018). Reflexionen zur Philosophie der Berufsbildung. Rekonstruktion und Perspektiven. *Zeitschrift für Berufs- und Wirtschaftspädagogik, 114*(2018/1), 85–108.

Kleiber, D., Appel, E. & Pforr, P. (1998). *Peer Education in der Präventionsarbeit. Entwicklungslinien, Begründungsmuster, Erfahrungen und Entwicklungsanforderungen.* Schriftenreihe des Instituts für Prävention und psychosoziale Gesundheitsforschung. Berlin: Freie Universität Berlin.

Knörzer, M. (2012). Vorbild. In U. Sandfuchs, W. Melzer, B. Dühlmeier & A. Rausch (Hrsg.), *Handbuch Erziehung* (S. 572–577). Bad Heilbrunn: Klinkhardt.

Köhler, S.-M. (2016). Die sozialisationstheoretische Perspektive: Der Wandel der Peer- und Freundschaftsbeziehungen im Lebenslauf. In S.-M. Köhler, H.-H. Krüger & N. Pfaff (Hrsg.), *Handbuch Peerforschung* (S. 89–119). Opladen: Budrich.

Köhler, S.-M., Krüger, H.-H. & Pfaff, N. (2016). Peergroups als Forschungsgegenstand – Einleitung. In S.-M. Köhler, H.-H. Krüger & N. Pfaff (Hrsg.), *Handbuch Peerforschung* (S. 12–36). Opladen: Budrich.

Kramer, K. (2002). *Die Förderung von motivationsunterstützendem Unterricht. Ansatzpunkte und Barrieren*. Dissertation. Kiel: Christian-Albrechts-Universität zu Kiel.

Krapp, A. & Prenzel, M. (Hrsg.) (1992). *Interesse, Lernen, Leistung. Neuere Ansätze der pädagogisch-psychologischen Interessenforschung*. Münster: Aschendorff.

Krüger, H.-H. (2016). Die erziehungswissenschaftliche Perspektive: Peers, Lernen und Bildung. In S.-M. Köhler, H.-H. Krüger & N. Pfaff (Hrsg.), *Handbuch Peerforschung* (S. 37–54). Opladen: Budrich.

Krüger, H.-H. & Hoffmann, N. F. (2016). Peers und informelles Lernen. In M. Harring, M. D. Witte & T. Burger (Hrsg.), *Handbuch informelles Lernen. Interdisziplinäre und internationale Perspektiven* (S. 381–397). Weinheim: Beltz.

Kuckartz, U. (2012). *Qualitative Inhaltsanalyse. Methoden, Praxis, Computerunterstützung*. Weinheim: Beltz.

Kuckartz, U. (2016). *Qualitative Inhaltsanalyse. Methoden, Praxis, Computerunterstützung*. Weinheim: Beltz.

Kügler, H. (2009). Vier-Faktoren-Modell der TZI. In M. Schneider-Landolf, J. Spielmann & W. Zitterbarth (Hrsg.), *Handbuch Themenzentrierte Interaktion (TZI)* (S. 107–114). Göttingen: Vandenhoeck & Ruprecht.

Kultusministerkonferenz (2018). *Handreichung für die Erarbeitung von Rahmenlehrplänen der Kultusministerkonferenz für den berufsbezogenen Unterricht in der Berufsschule und ihre Abstimmung mit Ausbildungsordnungen des Bundes für anerkannte Ausbildungsberufe*. Berlin.

Kultusministerkonferenz (2019). *Rahmenvereinbarung über die Berufsschule*. Beschlusssammlung der KMK, Beschluss-Nr. 323. Beschluss der Kultusministerkonferenz vom 12.03.2015 i. d. F. vom 20.09.2019.

Kunter, M., Schümer, G., Artelt, C., Baumert, J., Klieme, E., Neubrand, M., Prenzel, M., Schiefele, U., Schneider, W., Stanat, P., Tillmann, K.-J. & Weiß, M. (2002). *PISA 2000: Dokumentation der Erhebungsinstrumente*. Nr. 72 Materialien aus der Bildungsforschung. Berlin: Max-Planck-Institut für Bildungsforschung.

Kutscha, G. (2019). Berufliche Bildung und berufliche Handlungskompetenz im Abseits politisch-ökonomischer Reflexion. Eine Polemik in konstruktiver Absicht und Wolfgang Lempert zum Gedenken. *bwp@ Berufs- und Wirtschaftspädagogik - online, 35*, 1–19. Online: http://www.bwpat.de/ausgabe35/kutscha_bwpat35.pdf (01.05.2019).

Kutscha, G. (2020). Klaus Becks „Irrungen und Wirrungen" – Eine notwendige Klärung und ein Plädoyer für „Kritischen Pragmatismus". *bwp@ Berufs- und Wirtschaftspädagogik - online, 35*, 1–8. Online: http://www.bwpat.de/ausgabe35/kutscha-erwiderung-beck_bwpat35.pdf (16.02.2020).

Kutscha, G., Besener, A. & Debie, S. O. (2012). Einstieg in die Berufsausbildung – Probleme der Auszubildenden und Handlungsbedarf in den Kernberufen des Einzelhandels. *Zeitschrift für Berufs- und Wirtschaftspädagogik, 108*(3), 394–419.

Lave, J. & Wenger, E. (1991). *Situated Learning: Legitimate peripheral participation*. Cambridge: Cambridge University Press.

Lehmann, R. H., Ivanov, S., Hunger, S. & Gänsfuß, R. (2005). *ULME I. Untersuchung der Leistungen, Motivationen und Einstellungen zu Beginn der beruflichen Ausbildung*. Hamburg: Behörde für Bildung und Sport.

Leijten, F. & Chan, S. (2012). *The effectiveness of peer learning in a vocational education setting*. CPIT. Ako Aotearoa Southern Hub project.

Lempert, W. (1971). *Leistungsprinzip und Emanzipation*. Frankfurt: Suhrkamp.

Lempert, W. (1974). *Berufliche Bildung als Beitrag zur gesellschaftlichen Demokratisierung*. Frankfurt: Suhrkamp.

Lempert, W. (1998). *Berufliche Sozialisation oder Was Berufe aus Menschen machen. Eine Einführung*. Baltmannsweiler: Schneider Hohengehren.

Lotz, W. (2009). Ich. In M. Schneider-Landolf, J. Spielmann & W. Zitterbarth (Hrsg.), *Handbuch Themenzentrierte Interaktion (TZI)* (S. 115–119). Göttingen: Vandenhoeck & Ruprecht.

Machwirth, E. (1980). Die Gleichaltrigengruppe (peer-group) der Kinder und Jugendlichen. In B. Schäfers (Hrsg.), *Einführung in die Gruppensoziologie. Geschichten, Theorien, Analysen* (S. 246–262). Heidelberg: Quelle & Meyer.

Marsh, H. W. (1990). *Self-Description Questionnaire (SDQ) II: A theoretical and empirical basis for the measurement of multiple dimensions of adolescent self-concept: An interim test manual and a research monograph*. San Antonio, TX: The Psychological Corporation.

Mayring, P. (2016). *Einführung in die qualitative Sozialforschung. Eine Anleitung zu qualitativem Denken*. Weinheim: Beltz.

Meuser, M. & Nagel, U. (2002a). ExpertInneninterviews – vielfach erprobt, wenig bedacht. Ein Beitrag zur qualitativen Methodendiskussion. In A. Bogner, B. Littig & W. Menz (Hrsg.), *Das Experteninterviews. Theorie, Methode, Anwendung* (S. 71–93). Opladen: Leske + Budrich.

Meuser, M. & Nagel, U. (2002b). Vom Nutzen der Expertise. ExpertInneninterviews in der Sozialberichterstattung. In A. Bogner, B. Littig & W. Menz (Hrsg.), *Das Experteninterviews. Theorie, Methode, Anwendung* (S. 257–272). Opladen: Leske + Budrich.

Meuser, M. & Nagel, U. (2009). Das Experteninterview – konzeptionelle Grundlagen und methodische Anlage. In S. Pickel, G. Pickel, H.-J. Lauth & D. Jahn (Hrsg.), *Methoden der vergleichenden Politik- und Sozialwissenschaft. Neue Entwicklungen und Anwendungen* (S. 465–479). Wiesbaden: VS Verlag für Sozialwissenschaften.

Naudascher, B. (1977). *Die Gleichaltrigen als Erzieher. Fakten – Theorien – Konsequenzen zur Peer-Group-Forschung*. Bad Heilbrunn: Klinkhardt.

Naudascher, B. (1978). *Jugend und Peer Group. Die pädagogische Bedeutung der Gleichaltrigen im Alter von zwölf bis sechzehn Jahren*. Bad Heilbrunn: Klinkhardt.

Naudascher, B. (2003a). Die Gleichaltrigen als Erzieher. Fakten – Theorien – Konsequenzen zur Peer-Group-Forschung. In M. Nörber (Hrsg.), *Peer Education. Bildung und Erziehung von Gleichaltrigen durch Gleichaltrige* (S. 119–139). Weinheim: Beltz.

Naudascher, B. (2003b). Jugend und Peer Group. Die pädagogische Bedeutung der Gleich-altrigen im Alter von zwölf bis sechszehn Jahren. In M. Nörber (Hrsg.), *Peer Educa-tion. Bildung und Erziehung von Gleichaltrigen durch Gleichaltrige* (S. 140–164). Wein-heim: Beltz.

NCVER (2000). *Student Outcomes Survey 2000. National Report*. Adelaide: NCVER.

Nelhiebel, W. (2009). Globe. In M. Schneider-Landolf, J. Spielmann & W. Zitterbarth (Hrsg.), *Handbuch Themenzentrierte Interaktion (TZI)* (S. 134–140). Göttingen: Van-denhoeck & Ruprecht.

Nicht, J. (2016). Netzwerkforschung und Soziometrie. In S.-M. Köhler, H.-H. Krüger & N. Pfaff (Hrsg.), *Handbuch Peerforschung* (S. 167–178). Opladen: Budrich.

Nickolaus, R. & Ziegler, B. (2007). Motivation in der elektrotechnischen Grundbildung. *Zeitschrift für Berufs- und Wirtschaftspädagogik, 103,* 397–415.

Nörber, M. (2003a). Peers und Peer-Education. In M. Nörber (Hrsg.), *Peer Education. Bil-dung und Erziehung von Gleichaltrigen durch Gleichaltrige* (S. 9–14). Weinheim: Beltz.

Nörber, M. (2003b). Peer Education – ein Bildungs- und Erziehungsangebot? Zur Praxis von Peer Education in Jugendarbeit und Schule. In M. Nörber (Hrsg.), *Peer Education. Bildung und Erziehung von Gleichaltrigen durch Gleichaltrige* (S. 79–93). Weinheim: Beltz.

Österreichische Arbeitsgemeinschaft Suchtvorbeugung (2003). Peer Education in der Suchtprävention im Schulbereich – einige Richtlinien. In M. Nörber (Hrsg.), *Peer Education. Bildung und Erziehung von Gleichaltrigen durch Gleichaltrige* (S. 362–367). Weinheim: Beltz.

Otto, A. (2015). *Positive Peerkultur aus Schülersicht. Herausforderungen (sonder-)pädagogischer Praxis*. Wiesbaden: Springer VS.

Piaget, J. (1932). *Le jugement moral chez l'enfant*. Paris: Presses Universitaires de France.

Piaget, J. (1986). *Das moralische Urteil beim Kinde*. Stuttgart: Klett-Cotta.

Prenzel, M. & Drechsel, B. (1996). Ein Jahr kaufmännische Erstausbildung: Verände-rungen in Lernmotivation und Interesse. *Unterrichtswissenschaft. Zeitschrift für Lernfor-schung, 24*(3), 217–234.

Prenzel, M., Drechsel, B. & Kramer, K. (1998). Lernmotivation im kaufmännischen Unter-richt: Die Sicht von Auszubildenden und Lehrkräften. *Zeitschrift für Berufs- und Wirt-schaftspädagogik, 14,* 169–187.

Prenzel, M., Kramer, K. & Drechsel, B. (2001). Selbstbestimmt motiviertes und interessier-tes Lernen in der kaufmännischen Erstausbildung – Ergebnisse eines Forschungs-projektes. In K. Beck & V. Krumm (Hrsg.), *Lehren und Lernen in der beruflichen Erstaus-bildung* (S. 37–75). Opladen: Budrich.

Prenzel, M., Krapp, A. & Schiefele, H. (1986). Grundzüge einer pädagogischen Interessen-theorie. *Zeitschrift für Pädagogik, 32,* 163–173.

Prenzel, M., Kristen, A., Dengler, P., Ettle, R. & Beer, T. (1996). Selbstbestimmt motiviertes und interessiertes Lernen in der kaufmännischen Erstausbildung. *Zeitschrift für Be-rufs- und Wirtschaftspädagogik, 13,* 108–127.

Ratschinski, G. & Struck, P. (2014). Berufswahlverhalten und Wirksamkeitserleben. Erste Ergebnisse der Evaluation des ESF-Projektes AvDual. In H. Sturm, H. Schulze, K. Glüsing-Alsleben, A. Großberger, L. Thomsen, G. Wald & T. Ziesche (Hrsg.), *Die Zukunft sichern: Jugend, Ausbildung, Teilhabe. AvDual – Dualisierung und Regionalisierung der Ausbildungsvorbereitung in Hamburg* (S. 163–175). Hamburg: Hamburger Institut für Berufliche Bildung.

Rauner, F. (1999). Entwicklungslogisch strukturierte berufliche Curricula: Vom Neuling zur reflektierten Meisterschaft. *Zeitschrift für Berufs- und Wirtschaftspädagogik, 96*(3), 424–446.

Rausch, A. (2011). *Erleben und Lernen am Arbeitsplatz in der betrieblichen Ausbildung*. Wiesbaden: VS Verlag für Sozialwissenschaften.

Rebmann, K. & Tenfelde, W. (2008). *Betriebliches Lernen. Explorationen zur theoriegeleiteten Begründung, Modellierung und praktischen Gestaltung arbeitsbezogenen Lernens.* München: Hampp.

Reinders, H. (2005). *Qualitative Interviews mit Jugendlichen führen. Ein Leitfaden.* München: Oldenbourg.

Riedl, A. (2011). *Didaktik der beruflichen Bildung.* Stuttgart: Franz Steiner.

Rohlfs, C. (2010). Freundschaft und Zugehörigkeit – Grundbedürfnis, Entwicklungsaufgabe und Herausforderung für die Schulpädagogik. In M. Harring, O. Böhm-Kasper, C. Rohlfs & C. Palentien (Hrsg.), *Freundschaften, Cliquen und Jugendkulturen. Peers als Bildungs- und Sozialisationsinstanzen* (S. 61–71). Wiesbaden: Springer VS.

Rohloff, C. (2003). Das In-Team – Ein schulisches Peer-Education-Projekt. In M. Nörber (Hrsg.), *Peer Education. Bildung und Erziehung von Gleichaltrigen durch Gleichaltrige* (S. 317–323). Weinheim: Beltz.

Rohrbeck, C. A., Ginsburg-Block, M. D., Fantuzzo, J. W. & Miller, T. R. (2003). Peer-Assisted Learning Interventions with Elementary School Students: A Meta-Analytic Review. *Journal of Educational Psychology, 95*(2), 240–257.

Rosendahl, J., Fehring, G. & Straka, G. A. (2008). Lernkompetenz bei Bankkaufleuten in der beruflichen Erstausbildung. *Zeitschrift für Berufs- und Wirtschaftspädagogik, 104*(2), 201–214.

Ruhloff, J. (2000). Emanzipation im problematisch-pädagogischen Vernunftgebrauch. Bemerkungen zur Blickrichtung Allgemeiner Pädagogik. In C. Dietrich & H.-R. Müller (Hrsg.), *Bildung und Emanzipation. Klaus Mollenhauer weiterdenken* (S. 27–31). Weinheim: Juventa.

Rützel, J. & Schapfel, F. (Hrsg.) (1997). *Gruppenarbeit und Qualität. Qualifizierungspraxis und Forschung in der betrieblichen Erstausbildung (Modellversuch FLAI).* Darmstadt: Leuchtturm-Verlag.

Ryan, R. M. & Deci, E. L. (2000). Self-Determination Theory and the Facilitation of Intrinsic Motivation, Social Development, and Well-Being. *American Psychologist, 55*(1), 68–78.

Salisch, M. v. (2016). Die psychologische Perspektive: Persönlichkeitsentwicklung. In S.-M. Köhler, H.-H. Krüger & N. Pfaff (Hrsg.), *Handbuch Peerforschung* (S. 75–87). Opladen: Budrich.

Schapfel, F. (1997). Themenzentrierte Interaktion als ein Strukturinstrument beruflicher Bildungsprozesse: Chancen und Grenzen eines pädagogisch-therapeutischen Zugangs und dessen Gestaltungspotential auf der Basis wertender Entscheidungen im Zusammenhang mit einem betrieblichen Modellversuch. In J. Rützel & F. Schapfel (Hrsg.), *Gruppenarbeit und Qualität. Qualifizierungspraxis und Forschung in der betrieblichen Erstausbildung (Modellversuch FLAI)* (S. 347–365). Darmstadt: Leuchtturm-Verlag.

Schapfel-Kaiser, F. (1997). Themenzentrierte Interaktion als Gestaltungsinstrument und Forschungshilfe für berufliche Bildungsprozesse in aktuellen Wandlungsprozessen. *Zeitschrift für Berufs- und Wirtschaftspädagogik, 5,* 500–520.

Schapfel-Kaiser, F. (1999). Aspekte von Haltung und Leitung in der Themenzentrierten Interaktion. Skizzen aus einem Theorieseminar von WILL Deutschland, Anfang 1997. *Themenzentrierte Interaktion, 13*(2), 108–111.

Schapfel-Kaiser, F. (2000). Die Gleichzeitigkeit von Kooperation und Konkurrenz – Erfahrungen mit Gruppenarbeit und Qualitätssicherung im Modellversuch FLAI. In R. Schlausch & M. Sander (Hrsg.), *Herausforderungen an die Gestaltung der metalltechnischen Berufsausbildung* (S. 28–46). Neusäß: Kieser.

Schapfel-Kaiser, F. (2009). TZI und Berufs(aus)bildung. In M. Schneider-Landolf, J. Spielmann & W. Zitterbarth (Hrsg.), *Handbuch Themenzentrierte Interaktion (TZI)* (S. 332–336). Göttingen: Vandenhoeck & Ruprecht.

Schmidt, B. (2002). Peer-Intervention – Peer-Involvement – Peer-Support: Möglichkeiten und Grenzen peergestützter Ansätze für die Prävention riskanter Drogenkonsumformen in der Partyszene. In Bundeszentrale für gesundheitliche Aufklärung (Hrsg.), *Drogenkonsum in der Partyszene. Entwicklungen und aktueller Kenntnisstand* (S. 127–141). Köln.

Schmidt, D. (2003). Peer-Education in der betrieblichen Ausbildung. In M. Nörber (Hrsg.), *Peer Education. Bildung und Erziehung von Gleichaltrigen durch Gleichaltrige* (S. 216–219). Weinheim: Beltz.

Schneider-Landolf, M. (2009). Wir. In M. Schneider-Landolf, J. Spielmann & W. Zitterbarth (Hrsg.), *Handbuch Themenzentrierte Interaktion (TZI)* (S. 120–127). Göttingen: Vandenhoeck & Ruprecht.

Schreier, M. (2014). Varianten qualitativer Inhaltsanalyse: Ein Wegweiser im Dickicht der Begrifflichkeiten. *Forum Qualitative Sozialforschung, 15*(1), 1–27.

Schülke, C. (2012). Schüler als Paten. In U. Sandfuchs, W. Melzer, B. Dühlmeier & A. Rausch (Hrsg.), *Handbuch Erziehung* (S. 279–283). Bad Heilbrunn: Klinkhardt.

Smith, B. (2006). Inspiring Students with Peer Tutoring. *International Society for Technology in Education, 07,* 18–21.

Sperber, W (2009). Struktur – Prozess – Vertrauen. In M. Schneider-Landolf, J. Spielmann & W. Zitterbarth (Hrsg.), *Handbuch Themenzentrierte Interaktion (TZI)* (S. 176–182). Göttingen: Vandenhoeck & Ruprecht.

Spielmann, J. (2009). Was ist TZI? In M. Schneider-Landolf, J. Spielmann & W. Zitterbarth (Hrsg.), *Handbuch Themenzentrierte Interaktion (TZI)* (S. 15–17). Göttingen: Vandenhoeck & Ruprecht.

Spreitzer, G. M. (1995). Psychological empowerment in the workplace: Dimensions, Measurement, and validation. *Academy of Management Journal, 38*, 1442–1465.

Staufenbiel, T. (2000). *Organizational Citizenship Behavior*. Marburg: Unveröffentlichte Habilitationsschrift.

Steckler, A., McLeroy, K. R., Goodman, R. M., Bird, S. T. & McCormick, L. (1992). Toward Integrating Qualitative and Quantitative Methods: An Introduction. *Health Education Quarterly, 19*(1), 1–8.

Stöffler, F. (2003). Motivieren – Qualifizieren – Honorieren. Das Schülermentorenprogramm in Baden-Württemberg zur Förderung der Peer-Education an Schulen. In M. Nörber (Hrsg.), *Peer Education. Bildung und Erziehung von Gleichaltrigen durch Gleichaltrige* (S. 324–334). Weinheim: Beltz.

Stratmann, K. (1979/1999). Berufs- und Wirtschaftspädagogik als wissenschaftliche Disziplin. In G. Pätzold & M. Wahle (Hrsg.), *Karlwilhelm Stratmann. Berufserziehung und sozialer Wandel* (S. 509–580). Frankfurt: Verlag der Gesellschaft zur Förderung arbeitsorientierter Forschung und Bildung.

Struck, P. (2016). *Das Wissensmodell im Berufswahlprozess: Eine empirische Untersuchung zur Bedeutung von Selbstwirksamkeit und Ergebniserwartung für die Berufswahlaktivitäten und das Wissen über den Wunschberuf bei Jugendlichen vor dem Übergang Schule-Beruf*. Detmold: Eusl.

Topping, K. J. (1996). The Effectiveness of Peer Tutoring in Further and Higher Education: A Typology and Review of the Literature. *Higher Education, 32*(3), 321–345.

Topping, K. J. & Ehly, S. W. (1998). Introduction to Peer-Assisted Learning. In K. J. Topping & S. W. Ehly (Hrsg.), *Peer-Assisted Learning* (S. 1–23). Mahwah: Lawrence Erlbaum.

Topping, K. J. (2001). *Peer Assisted Learning: A Practical Guide for Teachers*. Cambridge: Brookline Books.

Turner, G. & Shepherd, J. (1999). A method in search of a theory: peer education and health promotion. *Health Education Research, 14*(2), 235–247.

Vygotsky, L. (1929). The problem of the cultural development of the child. *Journal of Genetic Psychology, 36*, 415–434.

Vygotsky, L. (1978). *Mind in society. The development of higher psychological processes*. Cambridge, MA: Harvard University Press.

Vygotsky, L. (1986). *Thought and language*. Cambridge, MA: MIT Press.

Wilbers, K. (2020). *Wirtschaftsunterricht gestalten*. Berlin: epubli.

Wild, K.-P. & Schiefele, U. (1994). Lernstrategien im Studium: Ergebnisse zur Faktorenstruktur und Reliabilität eines neuen Fragebogens. *Zeitschrift für Differentielle und Diagnostische Psychologie, 15*, 185–200.

Witzel, A. (2000). Das problemzentrierte Interview. *Forum qualitative Sozialforschung, 1*(1), 1–13.

Zander, L. (2013). Warum wir auch „natürliche" soziale Netzwerke in Lehr- und Lernkontexten nicht länger ignorieren sollten. Ein Beitrag aus der Perspektive der Pädagogischen Psychologie. In T. Junge (Hrsg.), *Soziale Netzwerke im Diskurs* (S. 102–125).

Zander, L. (2014). „*Sage mir, mit wem du umgehst...*". *Reziproke Zusammenhänge zwischen Selbstwahrnehmung, Merkmalen Anderer und Beziehungen zu Anderen in Lernkontexten.* Habilitationsschrift: Freie Universität Berlin.

Zander, L., Kreutzmann, M. & Hannover, B. (2017). Peerbeziehungen im Klassenzimmer. *Zeitschrift für Erziehungswissenschaft, 20*(3), 353–386.

Zschach, M. (2016). Interviews. In S.-M. Köhler, H.-H. Krüger & N. Pfaff (Hrsg.), *Handbuch Peerforschung* (S. 145–149). Opladen: Budrich.

Anhang

Anhang 1: Umsetzungen und Schulungen

Die Einheiten der Schulung der Peer Educator*innen und Peer Mentor*innen
1. Wer waren meine Vorbilder?
2. Stärken von mir und Stärken einer guten Lehrperson
3. Welche Formen des Lernens gibt es und wie lerne ich am besten?
4. Was brauche ich, um mutig zu sein?
5. Hindernisse und Probleme

Phase	zeitlicher Umfang	Inhalt	Methode & Sozialform

Einstieg	5 Minuten	• „Bei Vorbildern ist es unwichtig, ob es sich dabei um einen großen toten Dichter, um Mahatma Gandhi oder um Onkel Fritz aus Braunschweig handelt, wenn es nur ein Mensch ist, der im gegebenen Augenblick ohne Wimpernzucken gesagt oder getan hat, wovor wir zögern." Erich Kästner
		• Kurze Vorstellung des Themas – „Wer waren meine Vorbilder?"
		• Benennen des Kurzabrisses für die kommende Einheit
		  – Bild wird aus dem Innenkreis nach einer bestimmten Aufgabenstellung ausgewählt
		  – Einzelarbeit:
		    – kurzer Rückblick auf den bisherigen Lebensweg
		    – Welche Vorbilder haben Sie begleitet?
		  – Partner*innenarbeit:
		    – Austausch untereinander zu den gewonnenen Erkenntnissen
		  – Sammlung im Plenum:
		    – Auf freiwilliger Basis erfolgt hier ein Austausch über die Ergebnisse und Berichte
		  – Ausstieg:
		    – Kurze Zusammenfassung und theoretische Abrundung durch Seminarleitung
			• Zitat auf Flipchart wird vorgelesen
			• LV

Motivation für das Thema	5 Minuten	• Im Innenkreis sind verschiedene Bilder mit teilweise bekannten oder fiktiven Personen ausgelegt
		• Teilnehmer*innen bekommen folgenden Auftrag:
		  – Wählen Sie ein Bild aus dem Innenkreis und nehmen Sie es mit zum Platz.
		  – Welches Bild ist für Sie ansprechend unter dem Aspekt der Eigenschaften der aufgeführten Personen?
			• LV
			• Visulisierung erfolgt über Flipchart

Erarbeitung	10 Minuten	• Teilnehmer*innen bekommen eine Kopie ausgehändigt
		• Aufgabenstellung:
		• **Lassen Sie Ihren bisherigen Lebensweg Revue passieren und überlegen Sie, welche Vorbilder Sie begleitet haben! Berücksichtigen Sie dabei folgende Fragestellungen:**
		  – Wann haben Sie realisiert, dass Sie ein Vorbild haben?
		  – Gab es immer „das eine" oder war es eine Mischung aus mehreren?
		  – Was machte dieses Vorbild/diese Vorbilder aus?
		  – Können Sie Eigenschaften aufzählen?
		  – Hat sich das Vorbild irgendwann verändert und gewann unter Umständen an Bedeutung für Sie?
		  – Wurde Ihr Vorbild in einer Lebensphase von einem anderen abgelöst?
		  – In welcher Lebensphase war ein Vorbild für Sie von ganz besonderer Bedeutung?
			• LV/EA
			• Kopie

Phase	zeitlicher Umfang	Inhalt	Methode & Sozialform

Vertiefung	10 Minuten	• Teilnehmer*innen können sich im Raum frei bewegen und finden sich zu zweit zusammen
		• Aufgabestellung:
		  Tauschen Sie sich mit Ihrer/Ihrem Gruppenpartner*in über Ihr(e) Vorbild(er) aus.
		  – Gibt es Gemeinsamkeiten – wenn ja, welche?
		  – Gibt es Unterschiede – wenn ja, welche?
		  – Welche Bedeutung haben Vorbilder für Sie heute?
			• LV/Kopie
			• Tandem

Sicherung	10 Minuten	• Sammlung im Plenum • Alle finden sich im Stuhlkreis wieder zusammen • Teilnehmer*innen werden gefragt, ob sie sich zu den Ergebnissen äußern möchten • Freiwilligkeitsprinzip	• LSG
Ausstieg	5 Minuten	• Seminarleitung beendet diese Einheit mit einem sehr kurzen theoretischen Input • Vorbilder leisten Orientierungsarbeit. Dies tun sie, indem sie sehr idealtypische Dinge verkörpern. Diese Elemente können sein: Bildung, Reichtum, Glück, Menschlichkeit, Zielstrebigkeit, Kraft, Ruhm, Mitmenschlichkeit. Besonders während der Pubertät ist es für Jugendliche wichtig, Vorbilder als Identifikatoren, wenn auch unbewusst, zu haben. Auch wenn Jugendliche in dieser Zeit nur die glänzende Seite ihres gewählten Vorbildes sehen, ist dieser Vorgang als normal anzusehen. Im Erwachsenenalter sollten Vorbilder, sofern sie aus dem eignen Umfeld stammen, zu Mentor*innen werden. An ihnen können junge Erwachsene reifen und wachsen, um so eigene Ziele zu erreichen.	• LV

Phase	Dauer	Inhalt und Thema	Methode & Sozialform

Einstieg	5 Minuten	• Thematischer Einstieg
		• Kurze Vorstellung des Themas – „Stärken von mir und Stärken einer guten Lehrperson/einer guten Educatorin bzw. eines guten Educators/einer guten Mentorin bzw. eines guten Mentors"
		• Benennen des Kurzabrisses für die kommende Einheit
		  – Input
		  – Einzelarbeit
		  – Gruppenarbeit (nach Klasse/Beruf/Arbeitgeber):
		    – Austausch untereinander zu den gewonnenen Erkenntnissen
		    – Sammlung im Plenum:
		      – Austausch über die Ergebnisse
		    – Ausstieg
		• Persönlicher Einstieg: persönliche Antwort (Welche Stärken habe ich und wo wurden sie mit klar?
		  – *Animation, VNJ, Moderation*
		    – kurzer Rückblick auf den bisherigen Lebensweg
		    – Welche Vorbilder haben Sie begleitet?
			• LV

Erarbeitung	10 Minuten	**„Ich erinnere mich an ‚starke' Momente von mir"**
		• Fragestellungen:
		  – Welche Stärken habe ich und wann konnte ich sie zeigen? (Vergangenheit und Zukunft)
		  – Welche Stärken würde ich mir bei mir/einem guten Mentor*in/Educator*in wünschen?
		  – Wie wäre ich gerne als Mentor*in/Educator*in?
		  – Welche Eigenschaften brauche ich noch? Welche Stärken möchte ich noch ausbauen?
			• LV/EA
			• Fragestellung austeilen

Vertiefung	10 Minuten	Teilnehmer*innen suchen sich in ihrer Gruppe (nach Klasse/Beruf/Arbeitgeber) einen gemeinsamen Arbeitsplatz
		
		„Wir überlegen gemeinsam, wie wir als Educator*innen/Mentor*innen sein wollen und welche Stärken wir einbringen können", „und wir tauschen uns über Eigenschaften und Stärken guter Anleiter*innen und Lehrpersonen aus"
		• Fragestellungen:
		  – Gemeinsame Ziele: Was wollen wir als Educator*innen/innen/Mentor*innen erreichen?
		  – Wie können wir uns gegenseitig helfen, gute Educator*innen/Mentor*innen zu sein?
			• LV
			• Kleingruppen

Phase	Dauer	Inhalt und Thema	Methode & Sozialform
Sicherung	10 Minuten	• Sammlung im Plenum • Alle finden sich im Stuhlkreis (!) wieder zusammen • Teilnehmer*innen werden gebeten, die Ergebnisse aus ihren Gruppen zu präsentieren	• LSG

Ausstieg	5 Minuten	• Seminarleitung beendet diese Einheit mit einem sehr kurzen inhaltlichen Input zur Motivationssteigerung
		– Die Gruppe hat Sie als Educator*innen/Mentor*innen gewählt, Sie sind „die Richtigen"
		– Es werden Erwartungen und Hoffnungen an Sie gestellt, Sie können diese aber auch erfüllen
		– Man kann auch als Educator*in/Mentor*in mal sagen, „Das weiß ich nicht"
		– Sie bestärken darin, dass sie diese Rolle auch ausfüllen **dürfen (*Seid überzeugt von euch, denn die Rolle ist abgesegnet, ihr dürft das auch*)**
		  – Es ist eine neue Rolle, es gilt diese bewusst anzunehmen und mutig auszufüllen, das Vertrauen aus der Gruppe liegt vor!
		  – Emanzipatorischen Anspruch deutlich machen und Aspekte ergänzen zu: *Partizipation und Demokratisierung im Lernprozess (und allgemein)*
		  – Teamwork, kein Konkurrenzdenken
		  – Basic Needs: Kompetenzerleben, Autonomie und soziale Eingebundenheit
		– Eigenschaften könnten sein:
		  – Jemand sein wollen, an dem sich andere orientieren können (mit gutem Beispiel vorangehen, Gutes zeigen/vormachen)
		  – Eine Person sein, die vorangeht
		  – Nach innen gut kommunizieren können, z. B. positives, wertschätzendes Feedback geben
		  – Als Lehrkraft stets authentisch sein
			• LV

Zeit/Dauer	Phase	Unterrichtsaktivität	Sozial-/ Arbeits- formen	Medien/ Material	Thema	Sonstiges
0–5 Minu- ten	Einstieg	Leiter*in: • Das Thema der folgenden Einheit umfasst Lern- strategien. • Einerseits soll sich darüber ausgetauscht werden, wie bisher gelernt wurde • Andererseits soll ein Input hinsichtlich der Lern- formen sowie Erfordernisse an die Lernumgebung erfolgen • Ziel ist es hierbei, dass erkannt wird, dass jede*r unterschiedlich lernt und dass die bekannten Lernmethoden nicht immer die einzigen und bes- ten sind, nur, weil sie gewohnt sind • Dieses Wissen kann das Lernen der Mentor*in- nen/Educator*innen beeinflussen, aber auch den potenziellen Hilfe suchenden Mitschüler*innen erklärt werden Teilnehmende: hören zu	Frontal	Flipchart mit dem Titel der Einheit	„Mein Lernpro- zess zwischen Schule, Mitschü- ler*innen und mir"	Sitzordnung idealer- weise in Bankreihen oder mindestens so, dass die Teilnehmenden bequem auf einem Tisch schreiben können
5–10 Minu- ten	Erarbeitung	Leiter*in: • Die Teilnehmenden werden gebeten, sich in 2er- oder 3er-Gruppen zu finden • Sie erhalten die Aufgabenstellung: „Beschreiben Sie in eigenen Worten, wie Sie lernen. Gehen Sie dabei auf Methoden, Orte, Umgebungen oder Ri- tuale ein." Mentor*innen/Educator*innen: besprechen in den Gruppen ihr Lernverhalten	Gruppen- arbeit		Lernverhalten der Mentor*innen/ Educator*innen	

Zeit/Dauer	Phase	Unterrichtsaktivität	Sozial-/Arbeits-formen	Medien/Material	Thema	Sonstiges
10–17 Minuten	Sicherung	Leiter*in: • Fragt die Teilnehmenden nach ihrem typischen Lernverhalten • Stellt bei Bedarf Fragen nach: „Wo?", „Wann?", „Gibt es überhaupt ein typisches Lernverhalten bei Ihnen oder ist es immer unterschiedlich?" • Macht auf Grundlage der Äußerungen stichwortartige Mitschriften an der Tafel • Bedankt sich für die Vielzahl an Beiträgen • Kündigt an, im Folgenden die Lernkanäle vorstellen zu wollen und dass die genannten Dinge eventuell als Erläuterungsbeispiele genutzt werden können Mentor*innen/Educator*innen: geben Erfahrungen preis	Unterrichtsgespräch	Tafel	Lernverhalten der Mentor*innen/Educator*innen	Mit Erläuterungsbeispielen ist gemeint, dass wenn ein*e Mentor*in/Educator*in äußert, dass sie/er lernt, indem sie/er sich Übersichten und Skizzen anschaut, kann beim Besprechen einer visuellen Lernform auf dieses Beispiel, das an der Tafel steht, erneut eingegangen werden.
17–28 Minuten	Erarbeitung	Leiter*in: • Teilt Handouts aus und bereitet ein Tafelbild vor, dass die Lernformen beinhaltet und Platz bietet für die Zuordnung verschiedener Lernmethoden • Erklärt die Lernformen auf Basis der Notizen auf dem Handout inklusive des dazugehörigen Lernkanals • Erfragt, welche Lernmethoden hierzu gehören könnten, bzw. ordnet die Methoden den Lernformen am Tafelbild zu Mentor*innen/Educator*innen: hören zu, machen Mitschriften, arbeiten mit	Lehrer*invortrag	Flipchart mit Moderationskärtchen	Lernprozess – Lernformen	

Zeit/Dauer	Phase	Unterrichtsaktivität	Sozial-/Arbeits-formen	Medien/Material	Thema	Sonstiges
28–32 Minuten	Sicherung	Mentor*innen/Educator*innen: • Ordnen Sie sich an der Tafel mittels Magnete oder Sticker Ihrer bevorzugten Lernform zu. Begründen Sie die Auswahl kurz.				

32–40 Minuten	Erarbeitung und Sicherung	Leiter*in:
		• Bedankt sich für die Teilnahme und leitet über zur Lernumgebung
		• Möchte zum Thema Lernplatz, Lernumgebung zu sprechen kommen
		• Ein guter Lernort ist sehr individuell, sodass es keine generelle Vorgabe geben kann
		• Richtlinien sind allerdings:
		  – Beseitigung von Ablenkungen (Radio, Smartphone, TV)
		  – Festen Arbeitsplatz nutzen statt unterwegs in Bus, Auto, Bahn
		• Leiter*in sagt, dass zur Lernumgebung auch Lernpartner*innen gehören können
		• Leiter*in fragt die Mentor*innen/Educator*innen nach Vor- und Nachteilen von Lerntreffs zu zweit
			Unterrichtsgespräch		Lernumgebung	

40–45 Minuten	Sicherung	Leiter*in fasst die Inhalte der Einheit zusammen und verabschiedet sich	Lehrer*invortrag			

Phase	Dauer	Inhalt und Thema	Methode & Sozialform

Einstieg	5 Minuten	• Thematischer Einstieg
		• Kurze Vorstellung des Themas → Was ist Mut? Wann kann ich mutig sein? In welchen Situationen könnte ich als Mentor*in/Educator*in Mut brauchen?
		• Welche „Art" von Mut ist das? Gibt es vergleichbare Situationen, in welchen diese „Art" von Mut evtl. nötig ist?
		• Benennen des Kurzabrisses für die kommende Einheit
		Zielstellung:
		• Bewusstwerdung von Emotionen, Gedanken und Einstellungen zum Mutigsein, Vermittlung von Hilfestellungen zum Mutigsein, Motivation zur Offenheit und zum Mut in der Mentor*innentätigkeit
		  – Einzelarbeit (Arbeitsblatt)
		  – Gruppenarbeit (Austausch und Ergänzung)
		    – Darstellung der Beispiele gruppenweise
		      Darstellung an der Tafel
		      – Ergänzung
		  – Vermittlung einer Hilfstechnik zum Mutigsein
		    – 5-Sekunden-Regel
		    – Ausstieg und Motivation
			LV

Erarbeitung	10 Minuten	**Ich erinnere mich an Situationen, in den ich mutig war, und antizipiere Situationen, in denen ich voraussichtlich Mut brauchen werde.**
		• Fragestellungen:
		  – Wann war ich in der Vergangenheit mutig?
		  – Welche Gedanken und Emotionen waren dabei beteiligt?
		  – In welcher/n zukünftigen Situation/en werde ich voraussichtlich Mut brauchen?
		  – Welche Gedanken und Emotionen kann ich jetzt hinsichtlich dieser Situation/en wahrnehmen?
		  – Welche davon sind hilfreich? Welche eher hinderlich?
			LV/EA
			Arbeitsblatt austeilen

Vertiefung	10 Minuten	• Teilnehmende finden sich zu Kleingruppen (3 Personen) zusammen, tauschen sich über die erarbeiteten Beispiele aus und ergänzen ggfs. • Die jeweiligen Gruppen tragen die Beispiele vor • Erarbeitete Ergebnisse werden an der Tafel dargestellt • Bei Bedarf werden die Arbeitsblätter weiter ergänzt	GA

Phase	Dauer	Inhalt und Thema	Methode & Sozialform
Vermittlung	5 Minuten	**5-Sekunden-Regel:** • Zwischen dem Initialgedanken und der mutigen Handlung dürfen als Richtwert nur ca. 5 Sekunden vergehen • Wirkungsweise der Technik ist, sinngemäß zu handeln, ohne lange darüber nachzudenken und die Situation abzuwägen („Es einfach tun") Es gibt viele verschiedene Techniken (einigen Menschen helfen diese)	LV
Zusammenfassung	5 Minuten	**Beantwortung der zentralen Fragestellung (Arbeitsblatt)** Um als Mentor*in/Educator*in mutig zu sein, hilft mir: (Gedanken, Emotionen, Einstellungen, Bedingungen, Techniken etc.)	EA
Auswertung	5 Minuten	Zusammentragen im Plenum • Was hilft beim Mutigsein als Mentor*in/Educator*in (Auswertung der Frage)	LV

Ausstieg	5 Minuten	**Abschluss der Einheit und Motivation der Teilnehmenden zum Mutigsein**
		• Jede*r von Euch/Ihnen war in der Vergangenheit schon oft mutig (Alleine das freiwillige Melden als Mentor*in/Educator*in ist mutig)
		• Die Rolle als Mentor*in/Educator*in ist geprägt davon, dass:
		  – Die Mentor*innen/Educator*innen auf die Schüler*innen zugehen und Initiative zeigen
		  – Stets präsent sind und Probleme auch ohne Wortmeldung erkennen
		  – Mit gutem Beispiel vorangehen und Vorbild sind
		• Diese Rolle wird von den Schüler*innen in Teilen auch erwartet
		• Ein entsprechendes Verhalten ist anerkannt und wird zum Erfolg aller Beteiligen führen
		• Ihr/Sie dürft also mutig sein, euer/Ihr Mut wird belohnt
			LV

Einstieg	3 Minuten	• Evtl. Vorstellung der Lehrkraft
		• Vorstellung Ablauf
		  1. Hindernisse benennen
		  2. Hindernisse bearbeiten, Lösungsansätze finden
		  3. Vorstellung der Lösungsansätze
		  4. Problemlösestrategie vorstellen
		  5. Fazit
			• Vorstellung Ziele der UE
			  – Die Mentor*innen/Educator*innen sind sensibilisiert für verschiedene Probleme und Hindernisse.
			  – Die Mentor*innen/Educator*innen erarbeiten Lösungsansätze für mögliche Hindernisse.
				• Plenum
				• Monologisch durch LK
				• Stuhlkreis

Phase	Dauer	Inhalt und Thema	Methode & Sozialform
Hinführung	5 Minuten	• Die Lernenden werden aufgefordert, je 1–2 vermutete eigene Probleme/Hindernisse im Hinblick auf das Peer Learning Programm auf jeweils eine Karte zu notieren und im Kreis kurz vorzustellen. • Die Karte wird in der Mitte abgelegt.	• Einzelarbeit • Monologisch • Stuhlkreis • Stifte und Moderatorenkarten
Erarbeitung	10 Minuten	• Analysieren der Hindernisse, eigene Lösungsvorschläge im Umgang damit: Die Lernenden werden aufgefordert (je nach Steuerung), sich in Gruppen oder paarweise zu finden und je 1–2 Hindernisse mittels des Arbeitsauftrages zu beschreiben und Lösungsansätze zu entwickeln	• Partner*innenarbeit- oder Kleingruppe • Verteilung im Raum • Dialogisch • Arbeitsblatt
Bündelung/Sicherung	15 Minuten	• Vorstellung des Hindernisses/Problems + Lösungsvorschlag durch die Gruppe • Diskussionsrunde: Die Lernenden stellen ihren Lösungsansatz im Plenum vor • Fokus auch auf mögliche Unterstützung	• Plenum • Monologisch und dialogisch • Stuhlkreis
Vertiefung	5 Minuten	• Vorstellung Problemlösestrategie: Die/der Lehrende teilt das Handout aus und gibt den Hinweis, dass das Handout zum vertiefenden Verständnis für Problemlösestrategien genutzt werden kann	• Plenum • Monologisch • Stuhlkreis • Handout
Reflexion	5 Minuten	• Die Lernenden werden zum Abschluss aufgefordert, zu reflektieren, was sie aus der UE mitnehmen, und beantworten die Frage: Was nehme ich für mich mit?	• Plenum • Monologisch • Stuhlkreis
Ausstieg	1 Minute	• Ausleitende Worte und Überleitung zur nächsten Einheit	• Plenum • Monologisch • Stuhlkreis

Bewertung der Regeln/des Verhaltenskodex (Peer Tutoring)

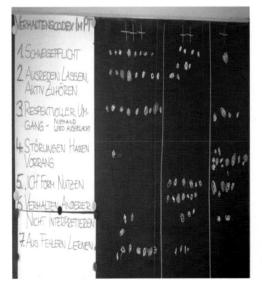
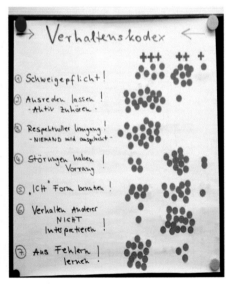

Verhaltenskodex der vier Klassen/Jahrgänge des Peer Tutoring

Bewertung der Regeln/des Verhaltenskodex (Schulung der Peer Educator*innen und Peer Mentor*innen)

 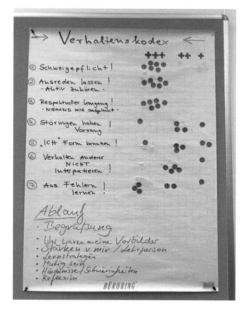

Verhaltenskodex der Gruppen in der Schulung der Peer Educator*innen und Peer Mentor*innen

Feedbackblitzlichtrunde zum Peer Tutoring

Was nehme ich mit?	Was lasse ich hier?
• interessente Erfahrung • Möglichkeit des Austausches • Einblick in die Zwischenprüfung zu erhalten • Lehrer-Schüler-Situationen zu erleben • Lernstärken/-strategien • Mitarbeiter*innen der Uni kennenzulernen • neue Lernmethode • Gefühl der guten Vorbereitung • Möglichkeit eines offenen Austausches • Duosystem ist effizient • Möglichkeit der Anwendung auch in der Schule • Einblick in die Zwischenprüfung, aber auch andere Ausbildungsinhalte zu erhalten • Lehrer-Schüler-Situationen zu erleben • Lernstärken/-strategien • Peer & Peer als freieres Lernen empfunden • Angenehme Atomsphäre • Gefühl, dass mehr „hängen" bleibt	– –

Anhang 2: Der Fragebogen

Liebe Auszubildende,

wir sind bemüht, die Lehrmöglichkeiten in der [Name der Institution] weiter zu verbessern und noch stärker auf die Auszubildenden zuzuschneiden. Zu diesem Zweck möchten wir Sie bitten, den vorliegenden Fragebogen vollständig auszufüllen.

Vielen Dank für Ihre Teilnahme!

Forschungszweck und Anonymität

Ihre Daten dienen reinen Forschungszwecken. Das Erkenntnisinteresse ist dabei, ob der Einsatz von Peer Learning in der [Name der Institution] einen Beitrag zur Verbesserung der Lernprozesse leisten kann. Die Auswertung der Daten erfolgt anonym.

Weil jeder seine eigene Meinung hat, gibt es keine richtigen oder falschen Antworten.

Bitte schätzen Sie ein, inwieweit Sie den folgenden Aussagen zustimmen.

	nie	selten	gelegentlich	oft	immer
Ich bearbeite Texte und Aufgaben zusammen mit anderen Auszubildenden.	O	O	O	O	O
Ich nehme mir Zeit, um mit anderen Auszubildenden über den Stoff zu diskutieren.	O	O	O	O	O
Ich vergleiche meine Mitschriften oder Aufzeichnungen mit denen anderer Auszubildender.	O	O	O	O	O
Ich lasse mich von anderen Auszubildenden abfragen und stelle auch ihm bzw. ihr Fragen zum Stoff.	O	O	O	O	O
Ich nehme die Hilfe anderer in Anspruch, wenn ich ernsthafte Verständnisprobleme habe.	O	O	O	O	O
Wenn mir etwas nicht klar ist, so frage ich andere Auszubildende um Rat.	O	O	O	O	O
Entdecke ich größere Lücken in meinen Aufzeichnungen, so wende ich mich an andere Auszubildende.	O	O	O	O	O

	trifft über- haupt nicht zu	trifft nicht zu	trifft eher nicht zu	trifft teil- weise zu	trifft eher zu	trifft zu	trifft voll und ganz zu
Ich verfüge über hohe fachliche Kompeten- zen.	O	O	O	O	O	O	O
Ich verfüge über hohe soziale Kompeten- zen (z. B. Kommunikationsstärke, Team- fähigkeit etc.).	O	O	O	O	O	O	O
Ich kann die meisten Aufgaben im Betrieb selbstständig und ohne Hilfe bearbeiten.	O	O	O	O	O	O	O
Ich fühle mich den künftigen beruflichen Herausforderungen gewachsen.	O	O	O	O	O	O	O
Am Ende meiner Ausbildung werde ich alles können, um in diesem Beruf arbeiten zu können.	O	O	O	O	O	O	O

	stimme überhaupt nicht zu	stimme eher nicht zu	teils – teils	stimme eher zu	stimme voll und ganz zu
Ich kann selbstständig entscheiden, wie ich meine Arbeit mache.	O	O	O	O	O
Ich kann selbst entscheiden, wie ich in meiner Arbeit vorgehe.	O	O	O	O	O
Ich habe beträchtliche Freiheiten darin, wie ich meine Tätigkeit ausübe.	O	O	O	O	O
Ich bin davon überzeugt, dass ich über die Fähigkei- ten verfüge, die für meine Tätigkeit notwendig sind.	O	O	O	O	O
Ich fühle mich in meiner Tätigkeit kompetent.	O	O	O	O	O
Ich verfüge über die Fertigkeiten, die für meine Tätig- keiten erforderlich sind.	O	O	O	O	O
Die Arbeit, die ich mache, ist bedeutsam.	O	O	O	O	O
Die Tätigkeit, die ich ausübe, ist mir wichtig.	O	O	O	O	O
Meine Tätigkeit ist für mich persönlich bedeutsam.	O	O	O	O	O
Ich habe großen Einfluss darauf, was im Unterneh- men geschieht.	O	O	O	O	O
Ich kann auf das einwirken, was im Unternehmen passiert.	O	O	O	O	O
Ich kann das, was im Unternehmen geschieht, in bedeutsamer Weise beeinflussen.	O	O	O	O	O

	stimme überhaupt nicht zu	stimme eher nicht zu	teils – teils	stimme eher zu	stimme voll und ganz zu
In der Ausbildung kann ich Dinge ausprobieren.	O	O	O	O	O
In der Ausbildung kann ich meine Arbeitszeit frei einteilen.	O	O	O	O	O
In der Ausbildung kann ich entscheiden, wie ich es mache.	O	O	O	O	O
Mein*e Ausbilder*in hört sich gerne die Meinung von uns Auszubildenden an.	O	O	O	O	O
Ich kann in der Ausbildung zeigen, was ich kann.	O	O	O	O	O
Mein*e Ausbilder*in zeigt mir, was ich noch besser machen kann.	O	O	O	O	O
In der Ausbildung stelle ich mich geschickt an.	O	O	O	O	O
Mit meiner Leistung in der Ausbildung bin ich zufrieden.	O	O	O	O	O
Ich fühle mich unter meinen Mitauszubildenden wohl.	O	O	O	O	O
In der Ausbildung habe ich den Eindruck, ernst genommen zu werden.	O	O	O	O	O
Ich komme mit meinen Ausbilder*innen gut zurecht.	O	O	O	O	O
Man hält in der Ausbildung gut zusammen.	O	O	O	O	O
Insgesamt bin ich mit meinem Job zufrieden.	O	O	O	O	O
Alles in allem bin ich sehr zufrieden mit meiner Arbeit.	O	O	O	O	O
Im Allgemeinen arbeite ich gerne hier.	O	O	O	O	O
Ich bin im Allgemeinen mit der Art meiner Tätigkeit zufrieden.	O	O	O	O	O

	trifft nicht zu	trifft eher nicht zu	trifft eher zu	trifft zu
In den meisten Schulfächern lerne ich schnell.	O	O	O	O
In den meisten Schulfächern schneide ich in Klassenarbeiten gut ab.	O	O	O	O
Ich bin in den meisten Schulfächern gut.	O	O	O	O

	nie	selten	gelegentlich	oft	immer
Ich versuche, Beziehungen zwischen dem Lernstoff und den Inhalten anderer Fächer herzustellen.	O	O	O	O	O
Zu neuen Konzepten stelle ich mir praktische Anwendungen vor.	O	O	O	O	O
Ich versuche, neue Begriffe oder Theorien auf mir bereits bekannte Begriffe und Theorien zu beziehen.	O	O	O	O	O
Ich stelle mir manche Sachverhalte bildlich vor.	O	O	O	O	O
Ich versuche in Gedanken, das Gelernte mit dem zu verbinden, was ich schon darüber weiß.	O	O	O	O	O
Ich denke mir konkrete Beispiele zu bestimmten Lerninhalten aus.	O	O	O	O	O
Ich beziehe das, was ich lerne, auf meine eigenen Erfahrungen.	O	O	O	O	O
Ich überlege mir, ob der Lernstoff auch für mein Alltagsleben von Bedeutung ist.	O	O	O	O	O

Vielen Dank für Ihre Teilnahme!

Anhang 3: Histogramme

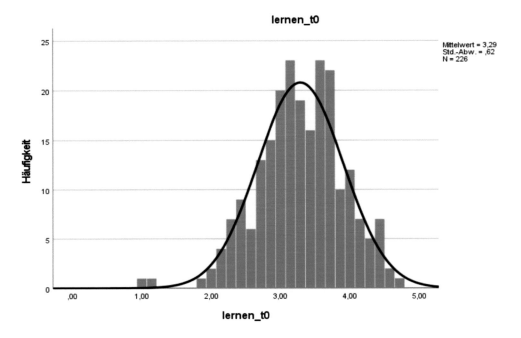

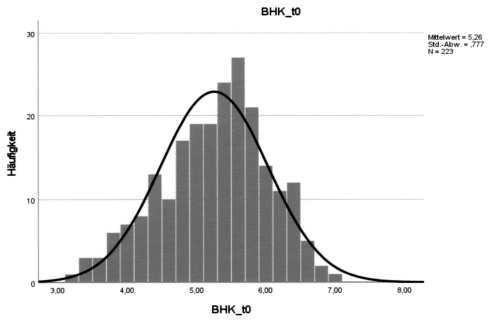

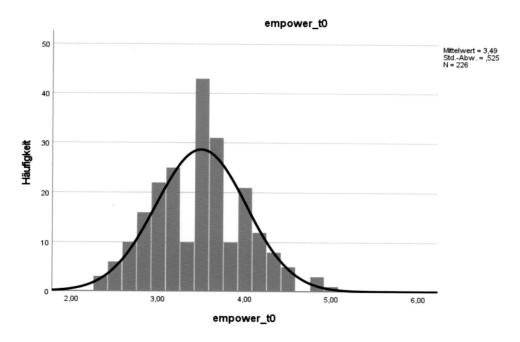

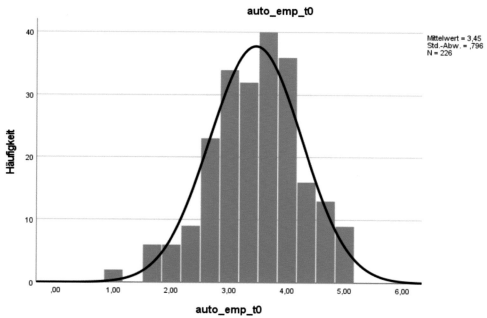

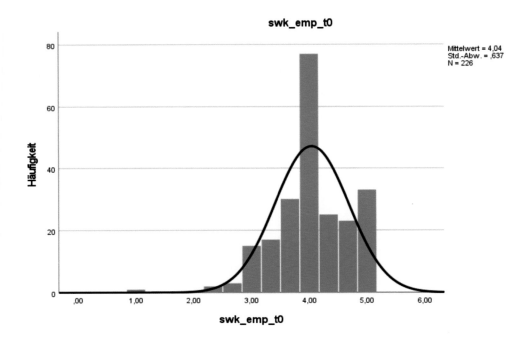

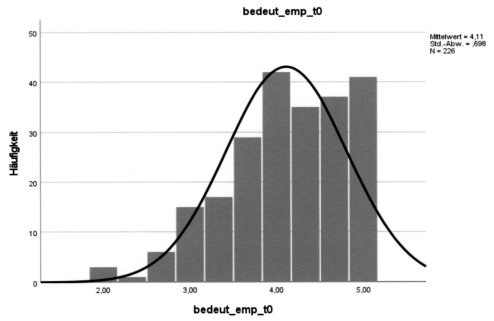

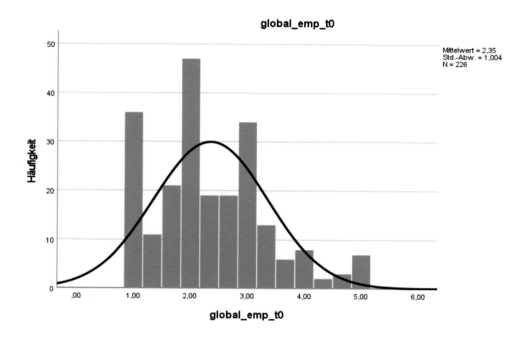

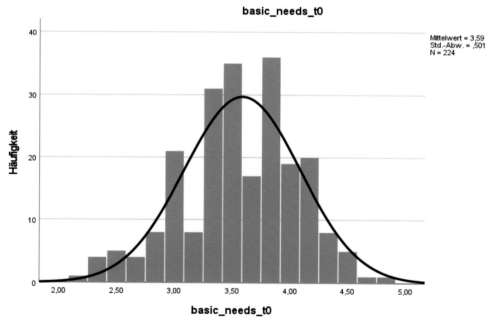

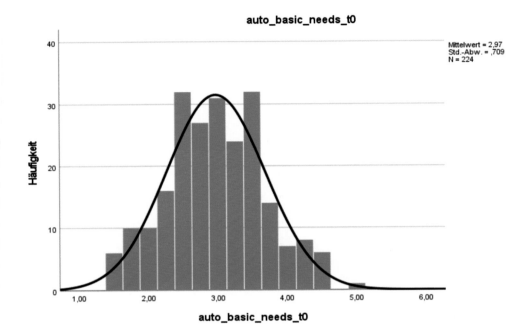

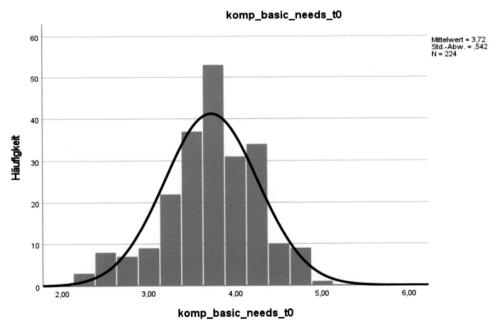

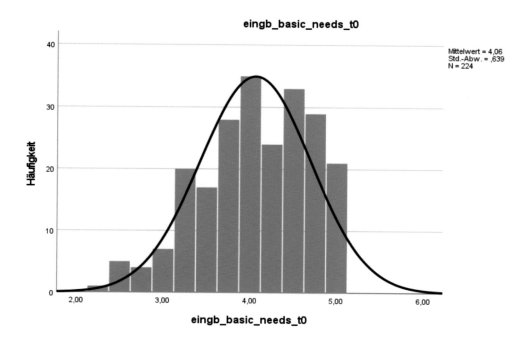

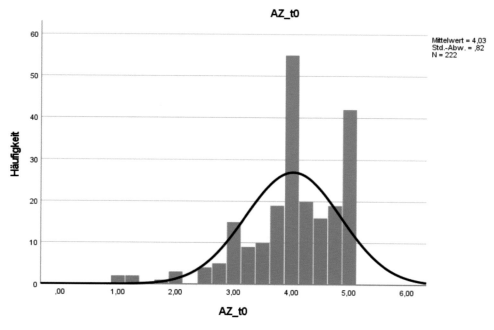

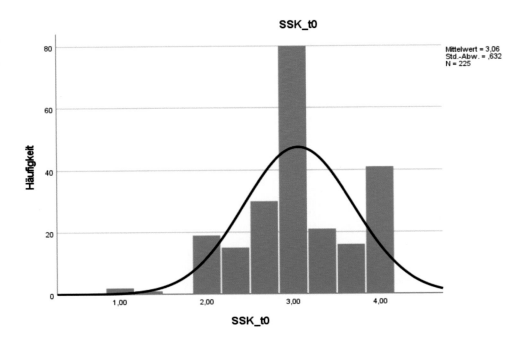

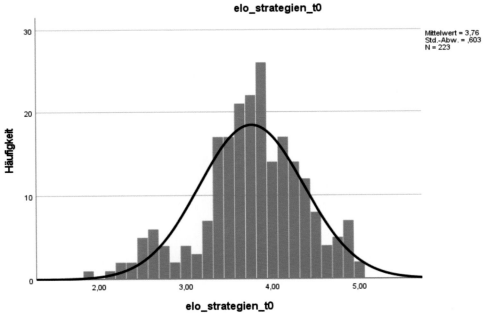

Anhang 4: Der Bogen zur Sozialen Netzwerkanalyse

Liebe Auszubildende,

in diesem Bogen möchten wir erfahren, welche anderen Auszubildenden Sie mögen und welche Sie um Rat fragen. Außerdem soll hier die Wahl der Educator*innen bestimmt werden.

Zu diesem Zwecke möchten wir Sie bitten, den vorliegenden Fragebogen vollständig auszufüllen.

Wen bitten Sie bei fachlichen Fragen um Hilfe?
(Sie können mehrere Personen nennen.)

_____   _____   _____

_____   _____   _____

Mit wem arbeiten Sie gerne zusammen?
(Sie können mehrere Personen nennen.)

_____   _____   _____

_____   _____   _____

Wer sind Ihre besten Freundinnen/Freunde?
(Sie können mehrere Personen nennen.)

_____   _____   _____

_____   _____   _____

Wen hätten Sie gerne als Educator*in?
(Sie können mehrere Personen nennen. Hier können Sie sich auch selbst nennen.)

_____   _____   _____

_____   _____   _____

Wenn Sie zum Educator*in gewählt werden sollten, nehmen Sie die Wahl an?

☐ Ja   ☐ Nein

Anhang 5: Soziale Netzwerkanalyse – Auswertung: Tabellen und Abbildungen

Peer Education (I)

	Hilfenetzwerk		Arbeitsnetzwerk		Freundschafts-netzwerk	
Erhebungszeitpunkt	t0	t1	t0	t1	t0	t1
Mögliche Paarungen	462	462	462	462	462	462
Digrafen	63	58	67	78	42	59
Netzwerkdichte	0,136	0,126	0,145	0,169	0,091	0,127
Mittelwert	3,000	2,762	3,190	3,714	2,000	2,810
Mittlerer Grad	2,739	2,522	2,913	3,391	2,625	2,682
Modularität	0,266	0,233	0,285	0,351	0,269	0,364
Mittlere Pfadlänge	2,473	1,820	2,997	3,284	1,692	3,011
Durchschn. Clusterkoeffizient	0,199	0,180	0,293	0,285	0,312	0,258

Hilfenetzwerk t0   t1

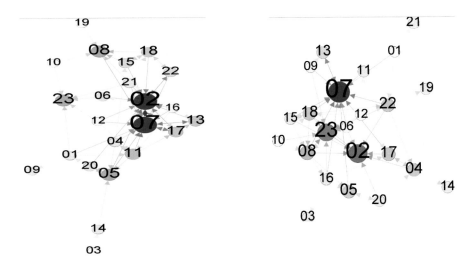

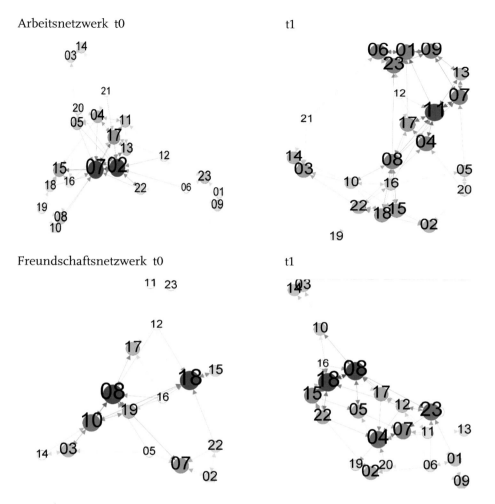

Arbeitsnetzwerk t0   t1

Freundschaftsnetzwerk t0   t1

Peer Education (II)

	Hilfenetzwerk		Arbeitsnetzwerk		Freundschafts-netzwerk	
Erhebungszeitpunkt	t0	t1	t0	t1	t0	t1
Mögliche Paarungen	169	130	169	130	169	130
Digrafen	40	30	51	32	30	30
Netzwerkdichte	0,237	0,231	0,302	0,246	0,178	0,231
Mittelwert	3,071	3,000	3,923	3,200	2,308	3,000
Mittlerer Grad	2,857	2,500	3,643	2,286	2,500	2,308
Modularität	0,153	0,119	0,273	0,286	0,088	0,239
Mittlere Pfadlänge	1,534	2,108	2,057	1,876	2,108	1,927
Durchschn. Clusterkoeffizient	0,437	0,416	0,412	0,285	0,416	0,294

Hilfenetzwerk t0

t1

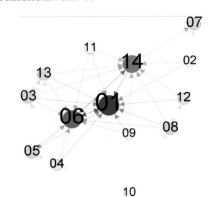
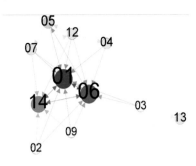

Arbeitsnetzwerk t0

t1

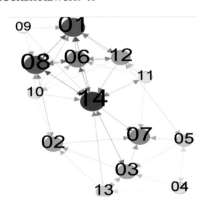

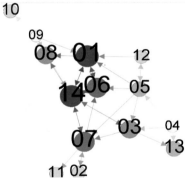

Freundschaftsnetzwerk t0

t1

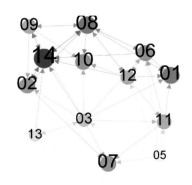
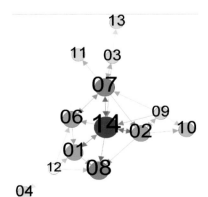

Peer Education (III)

	Hilfenetzwerk		Arbeitsnetzwerk		Freundschafts-netzwerk	
Erhebungszeitpunkt	t0	t1	t0	t1	t0	t1
Mögliche Paarungen	506	161	506	161	506	161
Digrafen	80	31	128	39	67	32
Netzwerkdichte	0,158	0,193	0,253	0,242	0,132	0,199
Mittelwert	3,636	4,429	5,818	5,571	3,045	4,571
Mittlerer Grad	3,478	1,824	5,333	2,053	2,792	1,684
Modularität	0,183	0,294	0,137	0,250	0,377	0,369
Mittlere Pfadlänge	3,053	1,762	2,287	2,452	3,034	1,677
Durchschn. Clusterkoeffizient	0,248	0,138	0,417	0,094	0,313	0,193

Hilfenetzwerk t0   t1

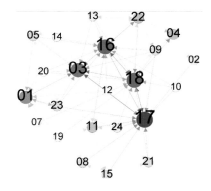
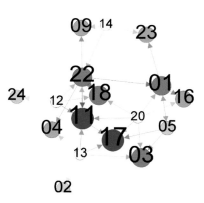

Arbeitsnetzwerk t0   t1

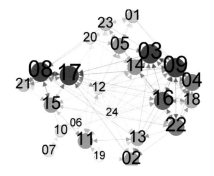
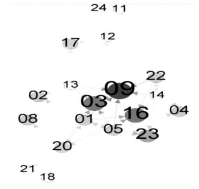

Freundschaftsnetzwerk t0   t1

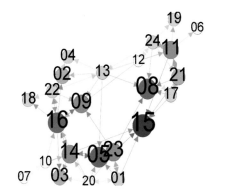
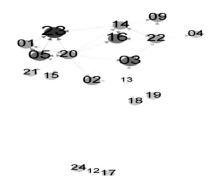

Peer Education (IV)

	Hilfenetzwerk		Arbeitsnetzwerk		Freundschafts-netzwerk	
Erhebungszeitpunkt	t0	t1	t0	t1	t0	t1
Mögliche Paarungen	156	130	156	130	156	130
Digrafen	27	33	47	33	35	33
Netzwerkdichte	0,173	0,254	0,301	0,254	0,224	0,254
Mittelwert	2,250	3,300	3,917	3,300	2,917	3,300
Mittlerer Grad	1,929	2,538	3,357	2,538	2,500	2,538
Modularität	0,317	0,391	0,320	0,419	0,512	0,419
Mittlere Pfadlänge	1,754	1,233	2,203	1,273	1,467	1,481
Durchschn. Clusterkoeffizient	0,232	0,482	0,417	0,510	0,762	0,559

Hilfenetzwerk t0

t1

Arbeitsnetzwerk t0

t1

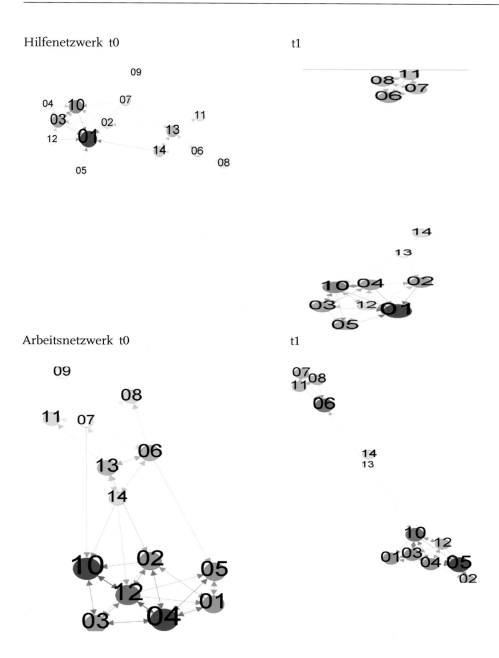

Freundschaftsnetzwerk t0   t1

Peer Education (V)

	Hilfenetzwerk		Arbeitsnetzwerk		Freundschafts-netzwerk	
Erhebungszeitpunkt	t0	t1	t0	t1	t0	t1
Mögliche Paarungen	380	360	380	360	380	360
Digrafen	60	60	95	102	60	62
Netzwerkdichte	0,158	0,1667	0,25	0,283	0,158	0,172
Mittelwert	3,158	3,333	5,000	5,667	3,158	3,444
Mittlerer Grad	2,900	3,333	4,600	4,857	2,900	3,100
Modularität	0,307	0,206	0,363	0,200	0,329	0,571
Mittlere Pfadlänge	2,696	1,854	2,177	1,919	2,696	1,913
Durchschn. Clusterkoeffizient	0,287	0,376	0,437	0,543	0,287	0,633

Hilfenetzwerk t0

t1

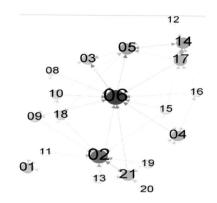
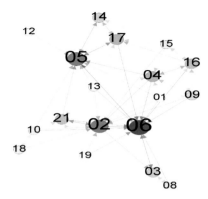

Arbeitsnetzwerk t0

t1

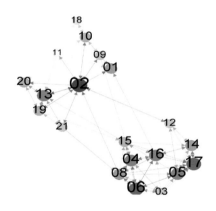
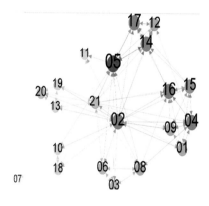

Freundschaftsnetzwerk t0

t1

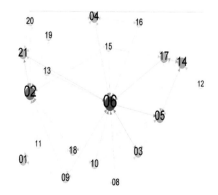
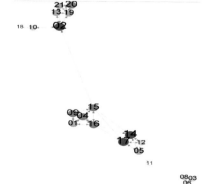

Peer Mentoring

	Hilfenetzwerk		Arbeitsnetzwerk		Freundschafts-netzwerk	
Erhebungszeitpunkt	t0	t1	t0	t1	t0	t1
Mögliche Paarungen	20	30	20	30	20	30
Digrafen	7	18	8	14	4	8
Netzwerkdichte	0,350	0,600	0,400	0,467	0,200	0,267
Mittelwert	1,400	3,600	1,600	2,800	0,800	1,600
Mittlerer Grad	1,750	2,571	2,000	2,000	1,000	1,600
Modularität	0,000	0,061	0,000	0,179	0,167	0,220
Mittlere Pfadlänge	1,222	1,308	1,111	1,733	1,200	1,714
Durchschn. Clusterkoeffizient	0,583	0,448	0,667	0,238	0,000	0,367

Peer Tutoring (I)

	Hilfenetzwerk		Arbeitsnetzwerk		Freundschafts-netzwerk	
Erhebungszeitpunkt	t0	t1	t0	t1	t0	t1
Mögliche Paarungen	6	6	6	6	6	6
Digrafen	3	3	6	6	4	4
Netzwerkdichte	0,500	0,500	1,000	1,000	0,667	0,667
Mittelwert	1,000	1,000	1,000	1,000	1,333	1,333
Mittlerer Grad	1,000	1,000	2,000	2,000	1,333	1,333
Modularität	0,000	0,000	0,000	0,000	0,000	0,000
Mittlere Pfadlänge	1,25	1,25	1,000	1,000	1,000	1,000
Durchschn. Clusterkoeffizient	0,000	0,000	1,000	1,000	0,667	0,667

Peer Tutoring (II)

	Hilfenetzwerk		Arbeitsnetzwerk		Freundschafts-netzwerk	
Erhebungszeitpunkt	t0	t1	t0	t1	t0	t1
Mögliche Paarungen	552	483	552	483	552	483
Digrafen	83	85	139	148	73	75
Netzwerkdichte	0,150	0,176	0,252	0,306	0,132	0,155
Mittelwert	3,458	4,048	5,792	7,048	3,042	3,571
Mittlerer Grad	3,458	3,542	5,792	6,167	3,042	3,125
Modularität	0,220	0,237	0,180	0,140	0,363	0,326
Mittlere Pfadlänge	2,843	1,985	2,071	1,770	1,449	2,183
Durchschn. Clusterkoeffizient	0,365	0,399	0,441	0,566	0,402	0,345

Hilfenetzwerk t0   t1

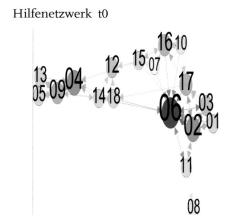
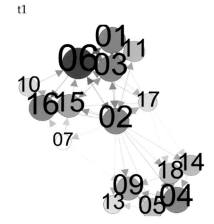

Arbeitsnetzwerk t0   t1

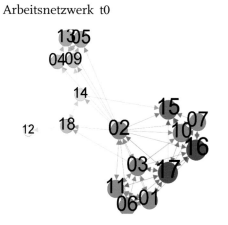
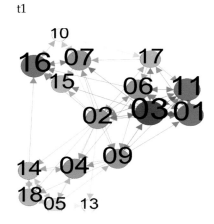

Freundschaftsnetzwerk t0   t1

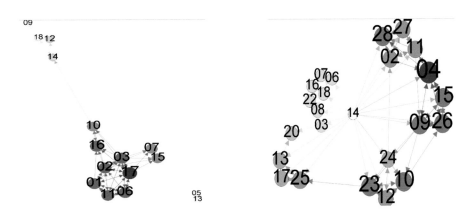

Peer Tutoring (III)

	Hilfenetzwerk		Arbeitsnetzwerk		Freundschafts-netzwerk	
Erhebungszeitpunkt	t0	t1	t0	t1	t0	t1
Mögliche Paarungen	240	210	240	210	240	210
Digrafen	65	59	75	73	56	43
Netzwerkdichte	0,271	0,281	0,313	0,348	0,233	0,205
Mittelwert	4,063	4,214	4,688	5,214	3,500	3,071
Mittlerer Grad	3,111	3,688	4,412	4,562	3,500	3,071
Modularität	0,373	0,250	0,279	0,204	0,238	0,266
Mittlere Pfadlänge	2,763	1,884	2,110	1,914	1,930	1,796
Durchschn. Clusterkoeffizient	0,412	0,482	0,543	0,497	0,518	0,362

Hilfenetzwerk t0   t1

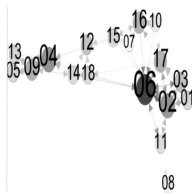 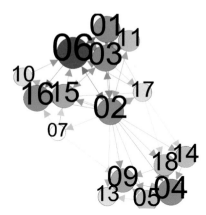

Arbeitsnetzwerk t0   t1

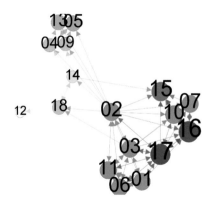 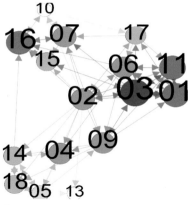

Freundschaftsnetzwerk t0   t1

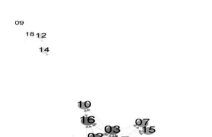 

Peer Tutoring und Peer Education

	Hilfenetzwerk			Arbeitsnetzwerk			Freundschafts-netzwerk		
Erhebungszeitpunkt	t0	t1	t2	t0	t1	t2	t0	t1	t2
Mögliche Paarungen	20	20	20	20	20	20	20	20	20
Digrafen	14	18	18	15	19	19	16	18	18
Netzwerkdichte	0,700	0,900	0,900	0,750	0,950	0,950	0,800	0,900	0,900
Mittelwert	2,800	3,600	3,600	3,000	3,800	3,800	3,200	3,600	3,600
Mittlerer Grad	2,800	3,600	3,600	3,000	3,800	3,800	3,200	3,600	3,600
Modularität	0,000	0,000	0,000	0,000	0,000	0,000	0,000	0,000	0,000
Mittlere Pfadlänge	1,125	1,100	1,100	1,250	1,050	1,050	1,200	1,100	1,100
Durchschn. Clusterkoeffizient	0,700	0,900	0,900	0,750	0,950	0,950	0,800	0,900	0,900

Peer Tutoring und Peer Mentoring

	Hilfenetzwerk			Arbeitsnetzwerk			Freundschafts-netzwerk		
Erhebungszeitpunkt	t0	t1	t2	t0	t1	t2	t0	t1	t2
Mögliche Paarungen	6	6	15	6	6	15	6	6	15
Digrafen	4	5	11	6	6	9	6	6	4
Netzwerkdichte	0,667	0,833	0,733	1,000	1,000	0,600	1,000	1,000	0,267
Mittelwert	1,333	1,667	1,833	2,000	2,000	3,000	2,000	2,000	1,333
Mittlerer Grad	1,333	1,667	1,833	2,000	2,000	2,250	2,000	2,000	1,333
Modularität	0,000	0,000	0,117	0,000	0,000	0,000	0,000	0,000	0,000
Mittlere Pfadlänge	1,333	1,167	1,267	1,000	1,000	1,000	1,000	1,000	1,000
Durchschn. Clusterkoeffizient	0,000	0,833	0,422	1,000	1,000	0,750	1,000	1,000	0,667

Kontrollgruppe (I)

	Hilfenetzwerk		Arbeitsnetzwerk		Freundschafts-netzwerk	
Erhebungszeitpunkt	t0	t1	t0	t1	t0	t1
Mögliche Paarungen	225	195	225	195	225	195
Digrafen	46	41	53	49	32	31
Netzwerkdichte	0,204	0,210	0,236	0,251	0,142	0,159
Mittelwert	3,067	3,154	3,533	3,769	2,133	2,385
Mittlerer Grad	3,067	2,733	3,312	3,267	2,462	2,067
Modularität	0,269	0,237	0,413	0,377	0362	0,445
Mittlere Pfadlänge	2,209	2,459	2,723	2,416	2,275	2,798
Durchschn. Clusterkoeffizient	0,431	0,309	0,543	0,554	0,447	0,507

Hilfenetzwerk t0   t1

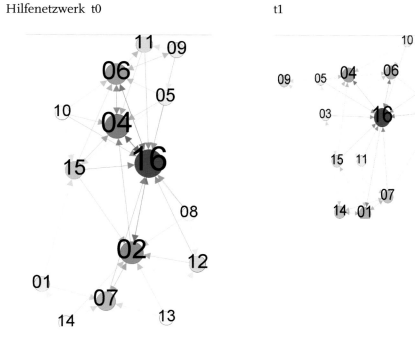

Arbeitsnetzwerk t0

t1

Freundschaftsnetzwerk t0   t1

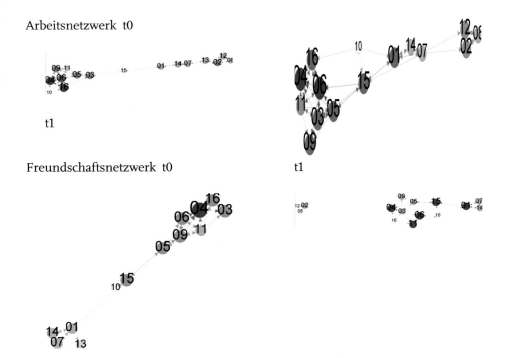

Kontrollgruppe (II)

	Hilfenetzwerk		Arbeitsnetzwerk		Freundschafts-netzwerk	
Erhebungszeitpunkt	t0	t1	t0	t1	t0	t1
Mögliche Paarungen	210	165	210	165	210	165
Digrafen	35	29	31	24	27	32
Netzwerkdichte	0,152	0,176	0,148	0,145	0,129	0,194
Mittelwert	2,500	2,636	2,214	2,182	1,929	2,909
Mittlerer Grad	2,059	2,231	1,938	1,500	1,929	2,000
Modularität	0,266	0,170	0,457	0,561	0,34	0,374
Mittlere Pfadlänge	1,429	1,333	2,273	1,424	2,013	2,175
Durchschn. Clusterkoeffizient	0,235	0,394	0,184	0,215	0,208	0,287

Hilfenetzwerk t0

t1

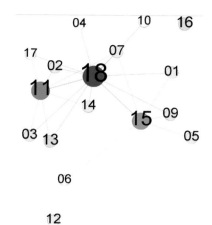
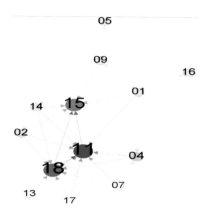

Arbeitsnetzwerk t0

t1

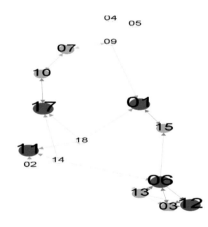
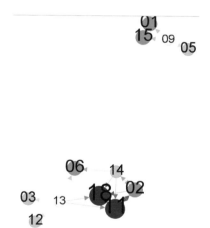

Freundschaftsnetzwerk t0   t1

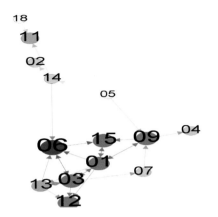
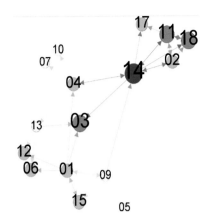

Kontrollgruppe (III)

	Hilfenetzwerk		Arbeitsnetzwerk		Freundschafts-netzwerk	
Erhebungszeitpunkt	t0	t1	t0	t1	t0	t1
Mögliche Paarungen	572	624	572	624	572	624
Digrafen	66	76	67	82	55	72
Netzwerkdichte	0,115	0,122	0,117	0,131	0,096	0,115
Mittelwert	3,000	3,166	3,045	3,417	2,500	3,000
Mittlerer Grad	2,750	2,714	2,680	2,929	2,391	2,667
Modularität	0,305	0,34	0,425	0,424	0,474	0,466
Mittlere Pfadlänge	2,476	2,895	2,471	2,959	3,146	3,549
Durchschn. Clusterkoeffizient	0,219	0,219	0,274	0,312	0,284	0,323

Hilfenetzwerk t0

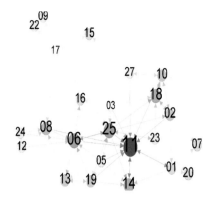

t1

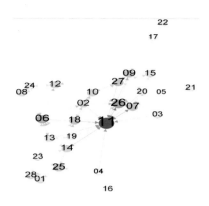

Arbeitsnetzwerk t0

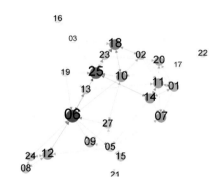

t1

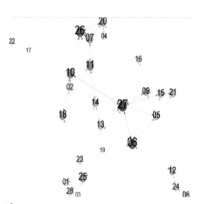

Freundschaftsnetzwerk t0

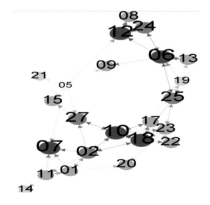

t1

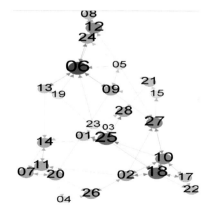

Anhang 6: Die Leitfäden

Interview mit den Auszubildenden

Persönliche Vorstellung Interviewer*in

Student*in

Universität Rostock

Institut für Berufspädagogik

Beschreibung des Forschungsablaufs

Befragte, Vorgehen der Befragung

Erläuterung der Interviewsituation

Ziele des Interviews

Ablauf des Interviews

Aufzeichnung, Einverständnis zur Aufzeichnung und zur Veröffentlichung

Hallo, ich studiere in Rostock, um später mal Berufschullehrer*in zu werden; weil ich vorher eine Ausbildung gemacht habe zur/zum XY in ABC.

In XY, da komme ich her...

(Ein wenig von sich selbst zu zeigen, zu erzählen, schafft eine Brücke zu dem/der anderen. Hier nicht zu ausführlich werden und nach Möglichkeit eigene Haltungen und Bewertungen vermeiden)

In meiner Ausbildung hatte ich nicht so ein Peer Projekt und ich war ja auch nicht dabei, deshalb finde ich es jetzt auch spannend, von dir etwas dazu zu hören.

Ich möchte heute mit dir über das in den letzten Monaten bei euch durchgeführte Peer Projekt sprechen. Mich interessiert dabei, wie du es erlebt hast, was passiert ist und wie es dir gefallen hat.

Wir werden das Interview nachher anonymisieren (*alle Namen rauslöschen*), sodass niemand erfährt, was du gesagt hast. Du kannst ganz ungestört und frei erzählen. Du selbst bestimmst dabei, was du berichten möchtest!

Ist es für dich okay, wenn wir uns duzen? (oder zu Begrüßung)

Hast du noch Fragen?

Ich würde dann jetzt die Aufnahme starten. *(Aufnahme starten.)*

Einstiegsfrage (Stimulus)

Narrativer Einstieg:

Vor einiger Zeit hat bei euch in der [Name der Schule/des Betriebs] ja das Peer Projekt begonnen. Bitte sage mir alles, was dir spontan zu dem Projekt einfällt. Es gibt keine richtigen oder falschen Antworten. Du kannst alles erzählen, was dir richtig und wichtig erscheint. Ich würde dir erst mal nur zuhören und später dann vielleicht noch mal nachfragen.

Nachfragen:
- Ja vielen Dank, jetzt hast du ja schon einiges zum Peer Projekt gesagt. Ich möchte dich gerne noch einmal bitten, etwas mehr zu erzählen und weiter ins Detail zu gehen. Kannst du nochmal bitte von Anfang an erzählen, wie ging es los und wie ging es von da an weiter.

(Falls nur eine kurze Antwort gegeben wurde, ruhig bleiben, Stille aushalten, Frage wiederholen in anderen Worten)
- Erzähl gern noch mehr.
- Was fällt dir noch spontan ein?
- Was ist dir besonders in Erinnerung geblieben?

I. Allgemeine Sondierungen: Peer Projekt
Narrativer Einstieg:
Kannst du mir mal bitte ein Beispiel aus dem Alltag des Peer Projekts beschreiben?

Nachfragen:
- Was habt ihr da genau gemacht?
- Wie hast du das erlebt?

Erfahrungen und Erlebnisse im Projekt

Zwischenfrage
Und unabhängig vom Peer Projekt, gab es noch andere größere Ereignisse oder Veränderungen, die Einfluss auf dich oder die Klasse gehabt haben könnten?

Narrativer Einstieg:
Vielen Dank, dann lass uns jetzt wieder über das Peer Projekt sprechen.

Kannst du mir erzählen, was du im Projekt alles erlebt hast?

Nachfragen:
- Was war besonders toll für dich?
- Was war besonders hilfreich?
- Was hätte besser laufen können?

II. Spezifische Sondierungen: Das Peer Projekt

Lernen
Narrativer Einstieg:
Ich würde gerne von dir wissen, wie ihr in dem Peer Projekt zusammen gelernt habt. Kannst du mir dazu ein Beispiel nennen?

Nachfragen:
- Was hast du besonders positiv erlebt?
- Und was hat dir davon geholfen?
- Gab es auch Sachen, die du nicht gut fandst?

Veränderungen
Die Gruppe

Narrativer Einstieg:
Kannst du bitte beschreiben, inwieweit sich seit dem Projektbeginn deine Klasse verändert hat?

Nachfragen:
- Kannst du mir dazu bitte ein Beispiel nennen?
- Was hat sich für dich in der Klasse geändert?
- Zum Guten oder zum Schlechten?

Das Individuum

Narrativer Einstieg:
Und kannst du mir bitte sagen, welche Veränderung du bei dir selbst durch das Projekt festgestellt hast?

Nachfragen:
- Wobei hast du das gemerkt?
- Wie findest du diese Veränderung?
- Hast du auch etwas Schlechtes festgestellt?

Verhalten und Umgang miteinander
Narrativer Einstieg:
Kannst du mir erzählen, wie sich die anderen Mitschülerinnen und Mitschüler im Projekt verhalten haben und wie sie miteinander umgegangen sind?

Nachfragen:
- Kannst du mir dazu bitte ein Beispiel nennen?
- Wie hat sich die Gruppe verändert?
- Was hast du besonders positiv erlebt?
- Gab es auch Sachen, die du nicht gut fandst?

Die Rollen
Block: Educator*in

Narrativer Einstieg:
Jetzt möchte ich gerne mit dir über deine Rolle als Educator*in sprechen. Erzähl doch mal bitte, wie du die Rolle erlebt hast.

Nachfragen:
- Wie hast du ihnen geholfen? Wie hast du mit ihnen gearbeitet? Kannst du mir bitte ein Beispiel nennen?
- Hättest du dir von den Lehrkräften mehr Unterstützung gewünscht?
- Gab es auch negative Ereignisse oder Erfahrungen für dich?

(Auch wenn dazu schon was gesagt wurde, sollten die Fragen trotzdem gestellt werden)

Oder

Block: Zielgruppe

Narrativer Einstieg:
Jetzt möchte ich gerne mit dir über die Rolle der Educator*innen sprechen. Erzähl doch mal bitte, wie hast du sie erlebt.

Nachfragen:
- Wie haben sie dir geholfen? Wie haben sie mit dir gearbeitet? Kannst du mir bitte ein Beispiel nennen?
- Hättest du dir von den Lehrkräften mehr Unterstützung gewünscht?
- Gab es auch negative Ereignisse oder Erfahrungen für dich?

(Auch wenn dazu schon was gesagt wurde, sollten die Fragen trotzdem gestellt werden)

III. Ergebnisse aus der Fragebogenanalyse und Sozialen Netzwerkanalyse (Spiegelung/Konfrontation)

Wie du weißt, wurde in dem Projekt auch ein Fragebogen eingesetzt. Ich habe für unser heutiges Gespräch die Ergebnisse ausgewertet und möchte über ein paar der Ergebnisse gerne kurz mit dir sprechen.

Ergebnis 1 (SNA)
Info für die/den Interviewer*in:
Die soziale Netzwerkanalyse zeigt, dass in der Zeit des Peer Projekts die Klasse enger zusammengerückt ist, besonders bzgl. der Nennungen von anderen Auszubildenden, mit denen sie gerne zusammenarbeiten möchten.

Das ist eine positive Entwicklung.

(Beispielsatz)

Narrativer Einstieg/Frage:
Wir haben festgestellt, dass ihr euch in der Klasse besser versteht und häufiger zusammenarbeiten wollt.

Wie erklärst du das? Und wie hast du das selbst erlebt?

(Beispielfrage)

Ergebnis 2 (SNA)

Info für die/den Interviewer*in:

Die soziale Netzwerkanalyse zeigt, dass die Educator*innen sowohl vor als auch nach dem Projekt sehr häufig um Rat gefragt werden. Alle drei konnten ihre Position in der Gruppe „festigen".

(Beispielsatz)

Narrativer Einstieg/Frage:

Wie wir sehen konnten, werdet ihr drei Educator*innen nach wie vor häufig um Rat gefragt. Wie hast du euch drei in der Rolle erlebt und wie schätzt du das ein?

(Beispielfrage)

Ergebnis 3 (Fragebogen)

Info für die/den Interviewer*in:

Die Auswertung des Fragebogens hat gezeigt, dass die Arbeitszufriedenheit im Laufe des Projekts gesunken ist. Dies liegt möglicherweise an äußeren Umständen (negative Rückmeldung von Prüfer*innen, Zunahme von Druck/Stress, Wechsel von Betreuungsverhältnissen); oder am durchgeführten Projekt.

(Beispielsatz)

Narrativer Einstieg/Frage:

Wie wir sehen konnten, ihr seid mit eurer Arbeit bzw. dem Arbeitgeber (Schule oder Praxis) nicht mehr so zufrieden.

Gab es da ein bestimmtes Ereignis? Wie kannst du dir das erklären?

(Beispielfrage)

Themenausstieg und Bilanzierung

Narrativer Einstieg:

Wenn du jetzt noch einmal zurückblickst, wie würdest du das Projekt für dich einschätzen.

Wenn du das Projekt insgesamt benoten solltest, welche Schulnote würdest du geben?

(Gib eine Schulnote von 1–6 und begründe die Note.)

Hast du eine Idee, warum das Projekt funktioniert/nicht funktioniert hat? Was waren aus deiner Sicht die Gründe dafür.

Jetzt, nach den Erfahrungen aus dem Peer Projekt, was würdest du dir wünschen, wie sollte ein solches Projekt zukünftig durchgeführt werden?

Gibt es sonst noch etwas, das du mir zu dem Peer Projekt sagen möchtest?

IV. Ad-hoc-Fragen

So, du hast ja jetzt schon viel zum Peer Projekt gesagt, vielen Dank dafür.

Nun würde ich dir gerne noch einmal ein paar Fragen zu deiner Ausbildung und [Name der Schule/des Betriebs] stellen.

Wie zufrieden bist du insgesamt mit deiner Ausbildung (Schule und Betrieb)?

Erzähl mal genauer, was findest du an deiner Ausbildung (Schule und Betrieb) gut?

Was findest du nicht so gut?

Warum wolltest du eigentlich genau diese Ausbildung machen?

Was möchtest du in deiner Ausbildung lernen?

(Welche Eigenschaften und Fähigkeiten möchtest du in der Ausbildung erlernen?)

Gerne würde ich jetzt mit dir noch ein wenig über die Ziele von beruflicher Bildung sprechen. Was soll berufliche Bildung leisten?

Was würdest du sagen, sind für dich die wichtigsten Ziele beruflicher Bildung?

Was macht für dich eine*n gute*n Berufsschullehrer*in aus?

Was sind die wichtigsten Eigenschaften eines/einer guten Lehrers/Lehrerin? Kannst du mir bitte ein paar konkrete Eigenschaften eines/einer guten Lehrers/Lehrerin nennen?

Stell dir vor, du könntest die Bedingungen und Gegebenheiten in Deutschland beeinflussen, wie könnte berufliche Bildung zukünftig verbessert werden?

Und ganz konkret, bei dir in [Name der Schule/des Betriebs]?

V. Gesprächsausstieg

Gibt es sonst noch etwas, das du ergänzen möchtest?

Vielen Dank für das interessante Gespräch!

Interview mit den Lehr- und Ausbildungskräften

Persönliche Vorstellung Interviewer*innen

Student*in 1

Universität Rostock

Institut für Berufspädagogik

Beschreibung des Forschungsablaufs

Befragte, Vorgehen der Befragung

Erläuterung der Interviewsituation

Ziele des Interviews

Ablauf des Interviews

Aufzeichnung, Einverständnis zur Aufzeichnung und zur Veröffentlichung

Hallo, ich studiere in Rostock, um später mal Berufschullehrer*in zu werden; weil ich vorher eine Ausbildung gemacht habe zur/zum XY in ABC.

In XY, da komme ich her...

(Ein wenig von sich selbst zu zeigen, zu erzählen, schafft eine Brücke zu dem/der anderen. Hier nicht zu ausführlich werden und nach Möglichkeit eigene Haltungen und Bewertungen vermeiden)

Ich möchte heute mit Ihnen über das in den letzten Monaten durchgeführte Peer Projekt (Peer Education) sprechen. Mich interessiert dabei, wie Sie es erlebt haben, was passiert ist und wie es Ihnen gefallen hat.

Wir werden das Interview nachher anonymisieren *(alle Namen rauslöschen)*, sodass niemand erfährt, was Sie gesagt haben. Sie können ungestört und frei erzählen. Sie bestimmen selbst, was Sie berichten möchten!

Haben Sie noch Fragen?

Ich würde dann jetzt die Aufnahme starten. *(Aufnahme starten.)*

Block 1 – Berufliche Bildung

Teil 1: Berufsbiografie
Erzählen Sie bitte mal von Ihrem Werdegang.

(Bezogen auf Werdegang, Studium, Ausbildung + die eigene Motivation und die eigenen Ziele, die die Person verfolgt → nach dem Warum fragen; Gab es z. B. Vorbilder für den eigenen Weg)

Beschreiben Sie bitte Ihre Tätigkeit hier in [Name der Schule/des Betriebs]. Welche Aufgaben umfasst Ihre Tätigkeit?

Teil 2: Haltung und Einstellung zur beruflichen Bildung
Berufliche Bildung

Narrativer Einstieg:
Gerne würde ich jetzt mit Ihnen ein wenig über die Ziele von beruflicher Bildung sprechen. Was bedeutet für Sie „berufliche Bildung"? Erzählen Sie doch mal bitte.

(Antwort könnte sich auch richten an: Aus-, Fort- und Weiterbildung)

Nachfragen:
1. Was sind für Sie ganz persönlich die wichtigsten Ziele beruflicher Bildung?

(Wichtige Frage, ggfs. nachfragen, in anderen Worten ein zweites Mal stellen)

2. Was sind die zentralen Ziele beruflicher Bildung bei Ihnen in [Name der Schule/des Betriebs]?

(Wichtige Frage, ggfs. nachfragen, in anderen Worten ein zweites Mal stellen)

3. Ergeben/ergaben sich daraus Spannungen zum schulischen Umfeld/im schulischen Alltag?

(Gemeint ist, ob es durch die Ziele der beruflichen Bildung in der jeweiligen [Name der Schule/des Betriebs] *dadurch zu Spannungen kam; ob und welche Hindernisse es gab, diese Ziele umzusetzen/zu realisieren...)*

Die Rolle der Berufsschullehrkraft

1. Was macht für Sie eine gute Berufsschullehrkraft/Dozentin bzw. einen guten Dozenten aus?
2. Was sind die wichtigsten Eigenschaften einer guten Berufsschullehrkraft/Dozentin bzw. eines guten Dozenten?
3. Was sollen die Schülerinnen und Schüler am Ende der Ausbildung bei Ihnen gelernt haben?

Themenausstieg

1. Stellen Sie sich vor, Sie könnten die Bedingungen und Gegebenheiten (gesamtgesellschaftlich) in Deutschland beeinflussen, wie könnte berufliche Bildung zukünftig verbessert werden?

(Wichtige Frage, ggfs. nachfragen, in anderen Worten ein zweites Mal stellen)

2. Und ganz konkret, bei Ihnen in der [Name der Schule/des Betriebs]?

Teil 3: Die Ausbildung

1. Inwiefern ist selbstständiges Arbeiten und Lernen für die Schülerinnen und Schüler bei Ihnen in der [Name der Schule/des Betriebs] gegeben?

Können Sie dazu ein Beispiel nennen?

2. Inwieweit zeigen Sie Ihren Schülerinnen und Schülern, was sie gut gemacht haben und was sie noch besser machen können?

Und wie ist es bei Ihren Kolleg*innen? *(Falls nur von sich erzählt wird.)*

3. Wie kommen Sie mit den Schülerinnen und Schülern; und die Schülerinnen und Schüler mit Ihnen zurecht?

Und wie ist es bei Ihren Kolleg*innen? *(Falls nur von sich erzählt wird.)*

Block 2 – Das Peer Projekt

Teil 1: Erfahrungen und Erlebnisse im Projekt (Peer Education)
Narrativer Einstieg:
Im nächsten Teil unseres Gesprächs möchten wir gerne mit Ihnen über die Peer Education sprechen.

Beschreiben Sie bitte, wie die Schülerinnen und Schüler zusammen gelernt und gearbeitet haben; und beschreiben Sie bitte auch, wie Sie das erlebt haben.

(Wichtige Frage, ggfs. nachfragen, in anderen Worten ein zweites Mal stellen)

Nachfragen:
1. Können Sie dazu ein Beispiel nennen?
2. Was ist Ihnen besonders in Erinnerung geblieben?
3. Bezogen auf Ihre Tätigkeit als Berufsschullehrkraft/Dozent*in, wie haben Sie das Projekt empfunden?
4. Wie haben Sie die Schülerinnen und Schüler unterstützt?
5. Welche Schwierigkeiten und Probleme gab es in der Umsetzung/im Alltag?

(Falls etwas nicht funktioniert hat, nach den Gründen fragen.)

(Bezogen auf die äußeren Rahmenbedingungen, Zeit, Absprachen)

6. Welche Veränderung haben Sie durch die Peer Education bei Ihren Schülerinnen und Schülern wahrgenommen?

(Als Nachfrage: Bei Einzelnen und/oder der Gruppe?)

(Wichtige Frage, ggfs. nachfragen, in anderen Worten ein zweites Mal stellen)

7. Was würden Sie sagen, hat das Projekt den Schülerinnen und Schülern gebracht?
8. Wie zufrieden sind Sie mit der Peer Education insgesamt?

(Geben Sie eine Schulnote von 1–6 und begründen Sie die Note.)

(Wichtige Frage, ggfs. nachfragen, in anderen Worten ein zweites Mal stellen)

Teil 2: Ergebnisse aus der Fragebogenanalyse und Sozialen Netzwerkanalyse → Peer Education

Wie Sie wissen, haben wir zu diesem Projekt einen Fragebogen entwickelt und Ihre Schülerinnen und Schüler damit befragt. Wir haben für unser heutiges Gespräch die Ergebnisse ausgewertet und möchten über ein paar unserer Befunde gerne mit Ihnen sprechen.

Ergebnis 1 (SNA)

*Info für die/den Interviewer*in:*
Die soziale Netzwerkanalyse zeigt, dass in der Zeit des Peer Projekts die Klasse enger zusammengerückt ist, besonders bzgl. der Nennungen von anderen Auszubildenden, mit denen sie gerne zusammenarbeiten möchten.

Das ist eine positive Entwicklung.

Narrativer Einstieg/Frage:
Wir haben festgestellt, dass sich die Schülerinnen und Schüler in Ihrer Klasse besser verstehen und häufiger zusammenarbeiten wollen.

Wie erklären Sie das? Wie schätzen Sie das ein? Wie haben Sie das erlebt?

Ergebnis 2 (SNA)

Info für die/den Interviewer*in:
Die soziale Netzwerkanalyse zeigt, dass die Educator*innen sowohl vor als auch nach dem Projekt sehr häufig um Rat gefragt werden. Alle drei konnten ihre Position in der Gruppe „festigen".

Narrativer Einstieg/Frage:
- Wie wir sehen konnten, werden die drei Educator*innen häufig um Rat gefragt.
- Wie haben Sie die drei Schüler*innen in ihrer Rolle erlebt? Wie schätzen Sie das ein?

Ergebnis 3 (Fragebogen)

Info für die/den Interviewer*in:
Die Auswertung des Fragebogens hat gezeigt, dass die Arbeitszufriedenheit im Laufe des Projekts gesunken ist. Dies liegt möglicherweise an äußeren Umständen (negative Rückmeldung von Prüfer*innen, Zunahme von Druck/Stress, Wechsel von Betreuungsverhältnissen); oder am durchgeführten Projekt.

Narrativer Einstieg/Frage:
Wir haben festgestellt, dass die Schülerinnen und Schüler womöglich nicht mehr so sehr mit ihrer eigenen Arbeit bzw. dem Arbeitgeber (Schule oder Praxis) zufrieden sind.

Gab es da ein bestimmtes Ereignis? Wie erklären Sie das? Wie schätzen Sie das ein? Warum ist das so?

Teil 3: Abschluss und Ausblick
- Gibt es sonst noch etwas, das Sie uns zu diesem Thema sagen möchten?
- Jetzt, nach den Erfahrungen aus den beiden Peer Projekten, was würden Sie sich wünschen, wie sollten solche Projekte zukünftig durchgeführt werden?
- Welche Rolle sollten Ihrer Meinung nach Peer Projekte in der beruflichen Ausbildung in der Zukunft in Deutschland spielen?
- Und ganz konkret, bei Ihnen in der [Name der Schule/des Betriebs]?

Vielen Dank für das interessante Gespräch!

Anhang 7: Kategorien

Codierleitfaden Auszubildende

Hauptkategorie: 1. Lernen	
Name der Unterkategorie:	**1.1 gemeinsames Lernen der Auszubildenden/Schüler*innen**
Inhaltliche Beschreibung:	Gemeint ist, innerhalb des Peer Projektes zusammen mit anderen Peers zu Lernen
Anwendung der Kategorie:	Die Kategorie wird bei den folgenden Äußerungen angewandt: • zusammen zu üben • sich gemeinsam auf die Prüfung vorzubereiten • gemeinsam Aufgaben zu lösen • zusammen zu lernen • besser zu lernen • Beschreibung des Ablaufes des Miteinanderlernens
Beispiele für Anwendungen:	„Ähm wir haben uns ähm wir haben uns Prüfungsaufgaben gegenseitig vorgestellt so gesehen und ähm dem anderen versucht möglichst einfach die Prüfungsaufgaben zu erklären und sie gemeinsam zu lösen und ähm ja. (.)" (00:02:07) (C-02) „Na ich denke dadurch, dass man sich halt ergänz, lernt man dadurch leichter. Anstatt jetzt stupide irgendwie auswendig zu lernen oder so, was der Lehrer vorgibt. Ist natürlich besser, wenn man immer im Wechsel ist und sich ergänzen kann. Ich denke schon ja." (00:11:45) (C-01)

Hauptkategorie: 1. Lernen	
Name der Unterkategorie:	**1.2 Gegenseitiges Helfen der Auszubildenden/Schüler*innen**
Inhaltliche Beschreibung:	Gemeint ist, sich untereinander bei Fragen/Problemen/Unsicherheiten zu helfen und zu unterstützen
Anwendung der Kategorie:	Die Kategorie wird bei den folgenden Äußerungen angewandt: • sich bei Fragen/Problemen an andere wenden • die Gewissheit, jemanden um Hilfe bitten zu können • Hilfe bei Leuten suchen, die man vorher nicht angesprochen hätte • gesunkene Hemmschwelle, andere um Hilfe zu bitten • andere Auszubildende vermehrt um Hilfe bitten • anderen Auszubildenden bei Fragen/Problemen helfen • auf andere Auszubildende zugehen und ihnen helfen • sich freuen, anderen Auszubildenden zu helfen/gerne helfen zu wollen • Hilfe bei Fragen erhalten • anderen Auszubildenden Tipps oder Ratschläge geben • anderen Auszubildenden Inhalte vermitteln/etwas vorzeigen
Beispiele für Anwendungen:	„Haben uns dann auch mal zusammengesetzt äh so nochmal: ‚Wie meinst du?' ‚Wie geht das?' oder ‚Wie war das nochmal?' und dann haben wir uns dann so im Punkt auch gegenseitig geholfen. (4sek)" (0:07:36) (H-08) „Wenns dann Probleme gibt, dann sucht man sich den jenigen aus, den man kennt, den man weiß, der is drauf. (..) Ja... Und dann wird einem auch geholfen, auch gegenseitig auch." (0:13:10) (H-12)

Hauptkategorie: 1. Lernen	
Name der Unterkategorie:	**1.3 Austausch über (Lern-)Erfahrungen**
Inhaltliche Beschreibung:	Gemeint ist, sich über Lernerfahrungen/Lerntechniken auszutauschen
Anwendung der Kategorie:	Die Kategorie wird bei den folgenden Äußerungen angewandt: • Arten und Formen des Lernens kennenlernen • neue Lerntechniken erfahren/ausprobieren • andere Lösungswege kennenlernen • Austausch über Lernmethoden
Beispiele für Anwendungen:	„Hm also, dass zum Beispiel von Mitschülern einfach nochmal 'n anderer Weg zum Erklären oder zum Beispiel ähm Lernhilfen gezeigt werden. Das war schon schön." (00:07:06) (G-01) „Ja, die Sache mit der Mind Map fand ich eigentlich am interessantesten, weil wir uns selbst n oder, weil wir halt selbst noch mal überlegt haben, was wissen wir überhaupt eigentlich noch. (.) Oder was ist uns in Erinnerung geblieben." (00:11:32) (F-13)

Hauptkategorie: 1. Lernen	
Name der Unterkategorie:	**1.4 Zeit für das Projekt/zum Lernen gekommen**
Inhaltliche Beschreibung:	Gemeint ist, die Möglichkeit für das Projekt erhalten zu haben sowie Zeit für das Lernen in der Schule/dem Betrieb zu bekommen
Anwendung der Kategorie:	• Die Kategorie wird bei den folgenden Äußerungen angewandt: • Zeit zur Verfügung bekommen haben • durch das Projekt zusammen lernen können
Beispiele für Anwendungen:	„Also, das Projekt war auf einer Art, wie gesagt, sehr positiv, dass man zusammensetzen konnten. Das wir die Zeit auch hatten, in der Schule natürlich" (F-14) „Hilfreich und toll war einfach, dass uns die Zeit zur Verfügung gestellt wurde. Also, ähem, in der Unterrichtszeit. Also das ist auf jeden Fall ein riesen positiver Aspekt, dass wir da jetzt nicht noch, äh, sage ich mal, Extrastunden drauflegen mussten. Also das war wirklich sehr, sehr positiv." (G-08)

Hauptkategorie: 2. Verhalten und Umgang der Gruppe/Klasse	
Name der Unterkategorie:	2.1 Gruppenklima
Inhaltliche Beschreibung:	Gemeint ist das Miteinander in den Pausen, im Unterricht sowie außerhalb des Betriebs/der Berufsschule
Anwendung der Kategorie:	Die Kategorie wird bei den folgenden Äußerungen angewandt: • positive Veränderung des Gruppenklimas • keine Veränderung des Gruppenklimas • negative Veränderung des Gruppenklimas • der Umgang der Auszubildenden/Schüler*innen
Beispiele für Anwendungen:	„Es wurd halt ein bisschen lockerer mit den zusammen. Das macht halt den wichtigsten Faktor mit aus." (C-04) „Die Gruppe meiner Mitauszubildenden hat sich (.) eigentlich auch nicht wirklich (.) verändert. Also, ist alles beim Alten geblieben" (C-12)

Hauptkategorie: 2. Verhalten und Umgang der Gruppe/Klasse	
Name der Unterkategorie:	2.2 Arbeitsatmosphäre
Inhaltliche Beschreibung:	Gemeint ist die Arbeitsatmosphäre sowohl während als auch nach dem Peer Learning
Anwendung der Kategorie:	Die Kategorie wird bei den folgenden Äußerungen angewandt: • Lernbereitschaft der Auszubildenden/Schüler*innen • Spaß während des Peer Learning • Mitarbeit der Auszubildenden/Schüler*innen • lockerere/aufgeschlossene/entspannte Atmosphäre • respektvoller Umgang
Beispiele für Anwendungen:	„ja unsere Atmosphäre is eigentlich fast immer locker. (..) Also (lacht) das is so ein ganz entspanntes Miteinander. (..) Ja das kann auch ruhig so bleiben (lacht)" (0:13:18) (H-08) „Man kannte sich ja schon alle. Und deswegen war es halt auch eine sehr lockere und angenehme Atmosphäre. Und es war ja eigentlich im Prinzip nur wirklich hinter uns. Von daher war's ne entspannte Art zu arbeiten oder zu lernen." (00:00:35) (C-04)

Hauptkategorie: 2. Verhalten und Umgang der Gruppe/Klasse	
Name der Unterkategorie:	**2.3 Feedback(-kultur)**
Inhaltliche Beschreibung:	Gemeint ist, einander Feedback zu geben und bei Fragen/Problemen/Unsicherheiten auf andere zuzugehen
Anwendung der Kategorie:	Die Kategorie wird bei den folgenden Äußerungen angewandt: • bei Problemen/Unsicherheiten auf andere zugehen und nachfragen • offener sein, anderen Fragen zu stellen • eine/mehrere neue Ansprechperson/en haben • anderen mehr Fragen zu stellen • Hemmschwelle sinkt/Barrieren werden abgebaut • andere vermehrt um Rat fragen
Beispiele für Anwendungen:	„Also ich muss auch sagen, dass ich wirklich mehr nachfrage, seitdem. Und halt auch frage, könntest du mir das noch mal erklären oder hast du das vielleicht mitgeschrieben und ähh war ich grad kurz nicht da oder da hab ich gefehlt einfach. (.) Solche Dinge." (00:21:57) (F-13) „und es is auch allein fürs Gewissen auch schon gut ok da kann man hingehen, den kann man fragen da kommt nichts blödes zurück und ja das echt angenehm (3sek)" (0:06:15) (H-08)

Hauptkategorie: 2. Verhalten und Umgang der Gruppe/Klasse	
Name der Unterkategorie:	**2.4 Kommunikation**
Inhaltliche Beschreibung:	Gemeint ist die Kommunikation der Auszubildenden/Schüler*innen untereinander
Anwendung der Kategorie:	Die Kategorie wird bei den folgenden Äußerungen angewandt: • auf Augenhöhe kommunizieren • auf gleicher Wellenlänge sein • mehr miteinander reden • Gespräche mit neuen Personen führen • gesunkene Hemmschwelle, Gespräche zu führen • vermehrte Kommunikation in Klassengruppen z. B. über „WhatsApp" • durch gleiches Alter/gleiche Lebenslage leichter Gleichaltrige ansprechen können • mehr/neue Ansprechpartner*innen • gemeinsamer Austausch über inhaltliche oder private Themen
Beispiele für Anwendungen:	„Mich hat es persönlich mehr beruhigt es von Gleichaltrigen zu hören, der es ein Jahr vorher gemacht hat, als einer, der es schon zehn oder fünfzehn Jahre hinter sich hat." (00:04:03) (A-04) „Sie redet mehr miteinander. Also (.) **alle** miteinander. °So° die die reden sowieso miteinander, aber es gibt wie gesagt Grüppchen oder gab halt wirklich, also (.) Grüppchen, die sich jetzt bissl mehr **gelöst** haben. Wo jetzt die erste Reihe vorn auch mal mit der hinteren Reihe so diesen (winkt) macht, ne." (G-02)
Abgrenzung zu anderen Kategorien	Feedback(-kultur) im Sinne von reiner Rückmeldung ist hier nicht gemeint → Abgrenzung zur Kategorie 2.3 Feedback(-kultur)

Hauptkategorie: 2. Verhalten und Umgang der Gruppe/Klasse	
Name der Unterkategorie:	2.5 Beziehungsgestaltung
Inhaltliche Beschreibung:	Gemeint ist die Beziehung der Auszubildenden/Schüler*innen untereinander, sich besser kennenzulernen oder neue Bekanntschaften/Freundschaften aufzubauen
Anwendung der Kategorie:	Die Kategorie wird bei den folgenden Äußerungen angewandt: • gestiegener Kontakt untereinander • neue Kontakte geknüpft • neue Leute kennengelernt • Freundschaften aufgebaut • sich näher kennengelernt • sich besser zu verstehen
Beispiele für Anwendungen:	„Also veränderungsmäßig war es halt einfach so ja wieder neue kennengelernt, neue Leute." (B-01) „Man lernt sich besser kennen über die Schulblöcke ähm (.) und ähm ja dadurch entstehen ja auch Freundschaften." (G-01)

Hauptkategorie: 2. Verhalten und Umgang der Gruppe/Klasse	
Name der Unterkategorie:	2.6 Zusammenhalt
Inhaltliche Beschreibung:	Gemeint ist der Zusammenhalt (aller) in der Gruppe
Anwendung der Kategorie:	Die Kategorie wird bei den folgenden Äußerungen angewandt: • stärkerer Zusammenhalt • Förderung der Teamfähigkeit/Kooperation • bessere Zusammenarbeit • kollektivbildende Maßnahme • stärkeres Gruppengefühl (Wir-Gefühl)
Beispiele für Anwendungen:	„Und das hat auch ein bisschen den Klassenzusammenhalt gestärkt. Ja." (00:03:46) (G-09) „Und ähm das ist denn in meinen Augen auch über die, die Woche denn besser geworden, dass die denn halt auch selber selbstständig als Team da funktioniert haben richtig gut." (B-05)

Hauptkategorie: 2. Verhalten und Umgang der Gruppe/Klasse	
Name der Unterkategorie:	2.7 Solidarität
Inhaltliche Beschreibung:	Gemeint ist sowohl das eigene „solidarische" Verhalten in der Gruppe als auch das „solidarische" Verhalten der Gruppe, anderen zu helfen, beim Lernen bzw. Bestehen der Prüfung. Auch gemeint sind die Eingebundenheit einzelner Personen in der Gruppe, soziale Eingebundenheit im Sinne von Anerkennung und der Rückgang von Ausgrenzung
Anwendung der Kategorie:	Die Kategorie wird bei den folgenden Äußerungen angewandt: • Unterstützung Leistungsschwächerer • Einbindung Einzelner in die Klasse • anderen helfen, die noch nicht mit der Arbeit fertig wurden • anderen unter die Arme zu greifen • keiner wird zurückgelassen • anderen eigene Aufzeichnungen/Bücher zu geben • dafür zu sorgen, dass alle auf dem gleichen Level sind • Schwächere in die Gruppe integrieren, unterstützen, miteinbeziehen • eigene Bedürfnisse zurückzustellen, um anderen zu helfen • nicht nur für sich, sondern für alle zu arbeiten • Rücksicht auf andere zu nehmen
Beispiele für Anwendungen:	„Aber wir haben immer so versucht, dass wir in dieser einen Gruppe, dass wir schon auf einem gewissen Level sind. Wenn jetzt einer irgendwie hängengeblieben ist und sich das nicht erklären konnte, dann haben wir, ähm, halt alle versucht ihm das zu erklären, bis er halt genauso weit ist wie man selber war, also wie wir alle waren. Ja." (00:12:03) (G-09) „Naja, wie gesagt, am Anfang war es halt wirklich so: ‚Ich mache meins, du machst deins.' So in der Art. Aber dann, als dann klarwurde, dass man sich auch gegenseitig helfen kann oder auch **sollte**, ne, dass die Qualität besser wird, dann hat wirklich jeder jedem unter die Arme gegriffen." (A-04)

Hauptkategorie: 2. Verhalten und Umgang der Gruppe/Klasse	
Name der Unterkategorie:	2.8 Beziehung zwischen Ausbilder*innen und Zielgruppe
Inhaltliche Beschreibung:	Gemeint ist die Art der Beziehung zwischen Ausbilder*innen/Lehrkräften und den Auszubildenden/Schüler*innen
Anwendung der Kategorie:	Die Kategorie wird bei den folgenden Äußerungen angewandt: • Art des Unterrichtens einzelner Ausbilder*innen/Lehrkräfte • mehr Kontakt zu Ausbilder*innen/Lehrkräften • entspanntes Auftreten • Beziehungsgestaltung
Beispiele für Anwendungen:	„Was auf jeden Fall auch gut war wieder, dass wir da mit den Ausbildern viel wieder zu tun hatten." (B-01) „Mit dem Ausbilder mit den, der noch nen bisschen so bei uns mit bei war. Mit dem haben wir uns halt immer super verstanden, aber auch schon vorher. Der... Mit dem kann man auch immer gut (unverständlich) (00:15:25) Kannst auch über alles reden mit dem, kannst auch witzeln und was weiß ich was." (B-01)

Hauptkategorie: 3. Erfahrungen und Erlebnisse	
Name der Unterkategorie:	**3.1 Eigene Erlebnisse**
Name der Unter-Unterkategorie	**3.1.1 Fachliche Kompetenz**
Inhaltliche Beschreibung:	Gemeint ist das Erleben der eigenen fachlichen Fähigkeit(en) im Sinne einer Kompetenzentwicklung
Anwendung der Kategorie:	Die Kategorie wird bei den folgenden Äußerungen angewandt: • Entwicklung fachspezifischer/berufsspezifischer Inhalte • verbessertes Lern-/Arbeitsverhalten • Bereitschaft zu einer und Erleben von einer zielorientierten Aufgaben- und Problemlösung • Erleben und Förderung theoretischer/praktischer Inhalte • keine fachliche Kompetenzentwicklung
Beispiele für Anwendungen:	„Dass ich halt jetzt ein bisschen mehr weiß als davor. Wie man das macht oder wie man das schneller macht. Man lernt halt schon ein bisschen auf jeden Fall mehr dazu. Und man hat auch gemerkt, dass man immer schneller und schneller wird. Dass man am Ende der Zeit halt immer mehr hat. Ja, dass man halt bei den einzelnen Fragen nicht mehr nachfragen muss, sondern halt das schon alleine von selber macht." (00:13:22) (A-02) „Also für mich war es die eine Stunde auf jeden Fall positiv, jetzt zum Beispiel bei der Medikamentenberechnung. Ehm. (.) Da habe ich das schon besser verstanden dadurch, weil man das im Unterricht, muss das alles schnell schnell gehen, ne. Da hat man seine Themen vorgegeben, die man in der Stunde, ehm, (.) halt anbringen muss und da war es schon nich schlecht, dass wir das alles noch mal besprechen konnten." (00:12:38) (F-14)

Hauptkategorie: 3. Erfahrungen und Erlebnisse	
Name der Unterkategorie:	**3.1 Eigene Erlebnisse**
Name der Unter-Unterkategorie	**3.1.2 Personale Kompetenz**
Inhaltliche Beschreibung:	Gemeint ist die eigene personale Kompetenzentwicklung im Sinne eines persönlichen Bewusstwerdens der Aspekte wie Anpassungsfähigkeit, Belastbarkeit, Disziplinfähigkeit, Durchsetzungsvermögen, Eigenverantwortung, Entscheidungsfähigkeit oder auch Selbstbewusstsein
Anwendung der Kategorie:	Die Kategorie wird bei den folgenden Äußerungen angewandt: • Erfahrung gemacht, belastbar zu sein • Erfahrung gemacht, Entscheidungen treffen zu können • erlangte Selbstständigkeit • Durchhaltevermögen • keine personale Kompetenzentwicklung
Beispiele für Anwendungen:	„Ja, ich würd sagen, dass man noch nen bisschen selbstständiger geworden ist, dass man ähm... Wir waren vorher auch schon selbstständig, aber das man denn selber denn nochmal, ähm jetzt auch in Bezug, wenn man danach in der, in der Produktion wieder war, dann halt auch nen bisschen... (.) Ja, noch nen bisschen selbstständiger, also das man halt noch nen bisschen mehr selber wieder gemacht hat und das man halt auch mehr Sicherheit wieder gekriegt hat, weil man halt... Da war halt so anderen Auszubildenden wieder was vermittelt hat. Und das hat eigentlich schon son bisschen Kraft gegeben, dass man denn schon sagen kann: ‚Oah, da ist schon nen bisschen Stolz auf sich so war, dass man denn halt da für anderen die Prüfungsvorbereitung gemacht haben, was sonst immer Ausbilder gemacht haben.‘ Aber das war, war man sehr schon stolz und wurd dann halt auch selbstständiger, °dadurch nochmal.°" (00:25:50) (B-05) „Und halt son bisschen sozusagen der Chef da von den andern zu sein, das war auf jeden Fall auch gut gewesen ja." (01:01:06) (B-01)

Hauptkategorie: 3. Erfahrungen und Erlebnisse	
Name der Unterkategorie:	**3.1 Eigene Erlebnisse**
Name der Unter-Unterkategorie	**3.1.3 Soziale Kompetenz**
Inhaltliche Beschreibung:	Gemeint sind die Förderung bzw. das Erleben eigener sozialer Kompetenzen im Sinne einer Kompetenzentwicklung
Anwendung der Kategorie:	Die Kategorie wird bei den folgenden Äußerungen angewandt: • Verantwortung übernehmen • anderen (gerne) helfen wollen • Kooperation mit anderen • gesunkene Hemmschwelle anderen zu helfen/sie zu unterstützen • Förderung von Empathie/Einfühlungsvermögen/ Perspektivenübernahme • Wertschätzung/Respekt voreinander • keine soziale Kompetenzentwicklung
Beispiele für Anwendungen:	„Ja äh, zu dem... Man kann ja, man kann ja nich wirklich sagen, es is n Geben und Nehmn. Also man nimmt ja in der, in dem Punkt ja fast nur (.) und (.) ja aber (.) man kricht halt trotzdem was zurück, indem der andere sich freut, man freut sich auch selber, ok der hats jetzt verstanden, ich hab ihm geholfen (.) is super (fröhlich, mit erhöhter Stimme)" (H-08) „Und ja so im Voraus so war das denn vielleicht so dass man denn vielleicht mit diesem Sozialding so war man einfach nicht einschätzen konnte wie man da so tickt. Deswegen dachte man da vielleicht so: ‚Jaa mal gucken.' Aber, im Nachhinein hätt man das gar nicht... So hätt man da keine Angst vor haben müssen. Also Angst so in Anführungsstrichen ne. So äh, weil das lief ja alles gut. Das war alles, ja." (01:02:49) (B-01)

Hauptkategorie: 3. Erfahrungen und Erlebnisse	
Name der Unterkategorie:	**3.1 Eigene Erlebnisse**
Name der Unter-Unterkategorie	**3.1.4 Autonomie/Selbstständigkeit (im Handeln im Projekt)**
Inhaltliche Beschreibung:	Gemeint ist das selbstständige Handeln im Projekt ohne Anwesenheit von Ausbilder*innen/Lehrkräften
Anwendung der Kategorie:	Die Kategorie wird bei den folgenden Äußerungen angewandt: • selbstständiges Arbeiten • Fehlen von Ausbilder*innen/Lehrkräften • keine Anleitung haben
Beispiele für Anwendungen:	„Aber sonst so, an sich, glaub ich, war ja auch das Ziel, dass das wir uns selbst helfen und nicht das jemand vorne steht, weil dann wär's ja wie'n normaler Unterricht. (..) Von daher. (.) Pff. Hab ich jetzt eigentlich (.) auch keine Unterstützung irgendwie vermisst von Lehrern." (00:38:45) (F-05) „Wir hatten eigentlich nur wirklich in diesen Tandems gearbeitet und da war jetzt... (.) Wir hatten auch keine Anleitung oder so." (C-05)

Hauptkategorie: 3. Erfahrungen und Erlebnisse	
Name der Unterkategorie:	**3.1 Eigene Erlebnisse**
Name der Unter-Unterkategorie	**3.1.5 Motivation** **3.1.5.1 Motivation der Educator*innen/Mentor*innen**
Inhaltliche Beschreibung:	Gemeint ist die Motivationslage der agierenden Peers
Anwendung der Kategorie:	Die Kategorie wird bei den folgenden Äußerungen angewandt: • Motivation für weiterer Verlauf der Ausbildung • Motivation für Durchführung des Projektes
Beispiele für Anwendungen:	„Und man is, also ich find, man is n bisschen motivierter, auch was für die Schule zu machen, weil man das halt nich nur für sich macht, sondern halt son bisschen für alle." (F-03) „Danach waren wir auch echt alle total motiviert für das Projekt" (G-06)

Hauptkategorie: 3. Erfahrungen und Erlebnisse	
Name der Unterkategorie:	**3.1 eigene Erlebnisse**
Name der Unter-Unterkategorie	**3.1.5 Motivation** **3.1.5.2 Motivation der Mitschüler*innen**
Inhaltliche Beschreibung:	Gemeint ist die Motivationslage der Zielgruppe
Anwendung der Kategorie:	Die Kategorie wird bei den folgenden Äußerungen angewandt: • Motivation zur Durchführung des Projektes • Lernbereitschaft im Projekt • Motivation für weiterer Verlauf der Ausbildung
Beispiele für Anwendungen:	„Also es hat mir auch Motivation gegeben, denn da hinzugehen, wenn ich genau weiß, die haben sich extra damit beschäftigt, dass wir noch mal fragen und so klären können. (.) Ja, find ich schon gut." (F-05) „Tatsächlich weil wir selber entscheiden was wir lernen. Also ich meine in jedem Frontalunterricht, wo ich mich reinsetze, werde ich gezwungen, dass ich mir das anhöre. Natürlich kann ich an meinem Handy sein, aber ich bin ja zwangsläufig anwesend. Und da kommt die Motivation nicht von **mir**. Und in dem Moment kam sie ja von mir. Ich habe mich ja dazu entschieden, mit [Name einer Schülerin] zusammen, mich auf die Klausuren vorzubereiten. Und das hat uns ja beiden geholfen. °Deswegen denke ich hat es funktioniert.°" (00:28:37) (G-15)

Hauptkategorie: 3. Erfahrungen und Erlebnisse	
Name der Unterkategorie:	**3.2 stellvertretende Erfahrungen**
Name der Unter-Unterkategorie	**3.2.1 bei anderen wahrgenommene fachliche Kompetenz**
Inhaltliche Beschreibung:	Gemeint ist eine Wahrnehmung oder ein Beobachten von fachlichen Fähigkeiten bei anderen
Anwendung der Kategorie:	Die Kategorie wird bei den folgenden Äußerungen angewandt: • gestiegene Selbstsicherheit in fachlichen/beruflichen Fähigkeiten • gute Vorbereitung auf die Zwischenprüfung • gestiegene fachliche Qualität • Entwicklung fachspezifischer/berufsspezifischer Inhalte • verbessertes Lern-/Arbeitsverhalten • keine fachliche Kompetenzentwicklung
Beispiele für Anwendungen:	„Am ersten Tag war es noch so, da konnten sie ohne Zeitdruck, damit sie es einfach mal gemacht haben. Hat denn so mehr oder weniger gut geklappt. Denn am nächsten Tag war das mal so auf Zeit. Zwar noch nicht ganz die Zeit wie in der Prüfung wär, sondern bisschen mehr. Aber denn auch schon bisschen besser und am letzten Tag hats eigentlich, bis auf einer, jeder so in der Zeit noch geschafft." (B-01) „Mhm, also, ich glaub, funktioniert hat es gut, weil ähm zum Beispiel [Name eines Auszubildenden] hat halt wirklich echt großes Fachwissen und man hat halt denn auch wirklich jemanden, wo man weiß, okay: ‚Der hat nich nur dieses schulische Wissen und das Wissen, was er sich jetzt über Internet angeeignet hat.', sondern auch einen, der halt so viel Praxiserfahrungen hat." (F-03)

Hauptkategorie: 3. Erfahrungen und Erlebnisse	
Name der Unterkategorie:	**3.2 stellvertretende Erfahrungen**
Name der Unter-Unterkategorie	**3.2.2 bei anderen wahrgenommene personale Kompetenz**
Inhaltliche Beschreibung:	Gemeint ist eine Wahrnehmung oder ein Beobachten von personaler Kompetenz(-entwicklung) bei anderen
Anwendung der Kategorie:	Die Kategorie wird bei den folgenden Äußerungen angewandt: • verstärktes Selbstvertrauen/verstärkte Selbstsicherheit • erlangte Selbstständigkeit • Durchhaltevermögen • Belastbarkeit • keine personale Kompetenzentwicklung
Beispiele für Anwendungen:	„Man hat auf jeden Fall gemerkt, wer unter Zeitdruck oder unter Stress halt n bisschen sich verändert hat. Also vom Menschlichen. Das ist natürlich auch was Positives, wie man merkt, was mit denen passiert, wenn die unter Stress sind. Bei anderen merkt man das auch, dass das entspannter ist bei denen." (A-02) „Und das hat den anderen glaube ich auch ne Sicherheit gebracht. Oder auch Ruhe gegeben, dass sie denn nicht so nervös werden." (00:11:52) (B-05)

Hauptkategorie: 3. Erfahrungen und Erlebnisse	
Name der Unterkategorie:	**3.2 stellvertretende Erfahrungen**
Name der Unter-Unterkategorie	**3.2.3 bei anderen wahrgenommene soziale Kompetenz**
Inhaltliche Beschreibung:	Gemeint ist eine Wahrnehmung oder ein Beobachten von sozialer Kompetenz(-entwicklung) bei anderen
Anwendung der Kategorie:	Die Kategorie wird bei den folgenden Äußerungen angewandt: • Verantwortung übernehmen • anderen (gerne) helfen wollen • Kooperation mit anderen • gesunkene Hemmschwelle, anderen zu helfen/sie zu unterstützen • Förderung von Empathie/Einfühlungsvermögen/Perspektivenübernahme • Wertschätzung/Respekt voreinander • keine soziale Kompetenzentwicklung
Beispiele für Anwendungen:	„Man muss denn sagen doch, äh weil sie sind offener geworden in dem Punkt **Nachfragen**. (..) Das hat dann doch schon gut geholfen" (H-08) „Weil jeder akzeptiert wurde, bereits durch dieses Projekt auch, danach auch immer mehr, alle, die ganze Klasse." (H-12)

Hauptkategorie: 3. Erfahrungen und Erlebnisse	
Name der Unterkategorie:	**3.2 stellvertretende Erfahrungen**
Name der Unter-Unterkategorie	**3.2.4 bei anderen wahrgenommene Autonomie/Selbstständigkeit**
Inhaltliche Beschreibung:	Gemeint ist eine Wahrnehmung oder ein Beobachten von autonomem/selbstständigem Handeln im Projekt bei anderen, ohne Anwesenheit von Ausbilder*innen/Lehrkräften
Anwendung der Kategorie:	Die Kategorie wird bei den folgenden Äußerungen angewandt: • selbstständiges Arbeiten • Fehlen von Ausbilder*innen/Lehrkräften • keine Anleitung haben
Beispiele für Anwendungen:	„Das hat [Name der Mentorin] auch alles so in ihre eigene Hand genommen und hat gesagt: ‚Alles klar wir buchen jetzt den Raum zu dann und dann machen wir das so.' Klar hat sie´s abgesprochen. Hat gesagt damit wir nicht sonst irgendwie rumlaufen und das wir alle auf einen Haufen sind." (C-07) „Und dann hatten wir diese Stunden und es wurde gefragt, ob 'n Lehrer mit dabei sein soll oder nicht. Und wir haben uns halt dagegen entschieden. Ich glaub, das war 'n Fehler, weil dann als das alles losging haben die Schüler, die das eigentlich leiten sollten, nicht wirklich eingegriffen, wenn es laut wurde oder so und... Deswegen." (G-01)

Hauptkategorie: 3. Erfahrungen und Erlebnisse	
Name der Unterkategorie:	3.2 stellvertretende Erfahrungen
Name der Unter-Unterkategorie	3.2.5 bei anderen wahrgenommene Heterogenität/Individualität
Inhaltliche Beschreibung:	Gemeint ist die Wahrnehmung von Unterschiedlichkeiten bei den Auszubildenden/Schüler*innen innerhalb der eigenen Ausbildungsklasse
Anwendung der Kategorie:	Die Kategorie wird bei den folgenden Äußerungen angewandt: • Erkennen leitungsstarker Personen • Erkennen leistungsschwacher Personen • Erkennen unterschiedlicher Leistungsniveaus • Zusammenarbeit der Leistungsstarken mit Leistungsschwächeren und Unterstützung der letzteren
Beispiele für Anwendungen:	„Und Schwache mit Starken zusammen, dass sich das so ergänzt und auch selber fördert. Dass alle davon son bisschen profilieren können." (F-04) „Das hat mich gestört, dass es da unterschiedliche Leistungsstufen oder Leistungsniveaus vielleicht gibt. Es soll jetzt nicht so herablassend sein, aber das ist so. Das ist einfach so." (00:26:03) (C-05)

Hauptkategorie: 3. Erfahrungen und Erlebnisse	
Name der Unterkategorie:	3.2 stellvertretende Erfahrungen
Name der Unter-Unterkategorie	3.2.6 bei anderen wahrgenommene Motivation 3.2.6.1 bei den Educator*innen/Mentor*innen
Inhaltliche Beschreibung:	Gemeint ist die bei den agierenden Peers wahrgenommene Motivation
Anwendung der Kategorie:	Die Kategorie wird bei den folgenden Äußerungen angewandt: • Motivation zur Durchführung des Projektes • keine Motivation zur Durchführung des Projektes • Motivation, anderen zu helfen
Beispiele für Anwendungen:	„Also, wie gesagt, [Name eines Educator] der wurde da glaube ich so reingewählt, der wollte das vielleicht auch gar nicht so unbedingt (lacht)." (G-15) „Sie sind ja auf uns eingegangen. Also, sie wollten das auch und sie haben das auch wirklich sehr gut gemacht" (F-13)

Hauptkategorie: 3. Erfahrungen und Erlebnisse	
Name der Unterkategorie:	**3.2 stellvertretende Erfahrungen**
Name der Unter-Unterkategorie	**3.2.6 bei anderen wahrgenommene Motivation** **3.2.6.1 bei den Mitschüler*innen**
Inhaltliche Beschreibung:	Gemeint ist die wahrgenommene Motivation bei der Zielgruppe
Anwendung der Kategorie:	Die Kategorie wird bei den folgenden Äußerungen angewandt: • Motivation zur aktiven Arbeit im Projekt • fehlende Motivation zur aktiven Arbeit im Projekt
Beispiele für Anwendungen:	„Was ich immer nicht gut finde ist, wenn wir… Wenn da so eine… (.) Also ich hatte manchmal das Gefühl von den anderen, dass sie das gar nicht so annehmen wollen oder dass sie keine Lust darauf haben und dass das nicht so… Das diese Bereitschaft auch was tun zu wollen da nicht so existent ist. Also die Bereitschaftswilligkeit habe ich da manchmal nicht so richtig gesehen und den Willen das zu machen. Also so ein bisschen so eine Unlust." (C-05) „Ähm. Die anderen Beiden, die haben, ja die waren total motiviert, die haben: ‚Oh hier und guck ma da. Und ich würds so!'" (C-15)

Hauptkategorie: 4. Durchführung und Umsetzung	
Name der Unterkategorie:	**4.1 Beschreibung des Ablaufes**
Name der Unter-Unterkategorie	**4.1.1 Vorbereitung (durch die Institution Schule/Betrieb)**
Inhaltliche Beschreibung:	Gemeint ist die Vorbereitung für die Durchführung des Peer Learning
Anwendung der Kategorie:	Die Kategorie wird bei den folgenden Äußerungen angewandt: • das Projekt vorgestellt • agierende Peers gewählt • Bögen zur Wahl der Peer Educator*innen/Mentor*innen • Zeit/Räume zur Verfügung gestellt
Beispiele für Anwendungen:	„Also das fing ja bei uns an das äh unser Ausbildungsleiter auf uns zu kam und ähm dann erstmal in unserem Ausbildungslehrjahr, im dritten Lehrjahr denn gefragt hat wer Interesse denn überhaupt dran hat und ähm, ob denn überhaupt denn alle das… Also ob da überhaupt jeder mitmachen möchte." (B-05) „Ja wir haben einmal ähm so 'n festes Datum sag ich mal alle zwei, drei Wochen hier bei uns in der Firma mit unserem Ausbilder zusammen und das is' halt so 'n Treffen für Azubi und Ausbilder, dass wir uns gegenseitig austauschen können. Und naja, da hat er uns halt über dieses Projekt informiert und direkt die Auswahlbögen denn auch gleichzeitig zur Verfügung gestellt." (C-12)

Hauptkategorie: 4. Durchführung und Umsetzung	
Name der Unterkategorie:	**4.1 Beschreibung des Ablaufes**
Name der Unter-Unterkategorie	**4.1.2 eigene Vorbereitung auf die Rolle als Educator*in/Mentor*in**
Inhaltliche Beschreibung:	Gemeint ist die eigene Vorbereitung der agierenden Peers für die Durchführung des Peer Learning und ihre Rolle als Educator*in/Mentor*in
Anwendung der Kategorie:	Die Kategorie wird bei den folgenden Äußerungen angewandt: • fachliche Vorbereitung • Vorbereitung der Methoden/Arbeitsmaterialien • Absprechen des Ablaufes mit der gesamten Gruppe • Fragen der Gruppe nach Wünschen zur Durchführung • Verteilung der Aufgaben
Beispiele für Anwendungen:	„[Name eines Educator] zum Beispiel hat dann so kleine Flipchart-Fetter-Blätter vorbereitet" (F-03) „Da ähm haben wir denn verschiedene Themen vorbereitet, zum Beispiel Hormonsystem, Psychologie und einmal Facharzt" (F-03)

Hauptkategorie: 4. Durchführung und Umsetzung	
Name der Unterkategorie:	**4.1 Beschreibung des Ablaufes**
Name der Unter-Unterkategorie	**4.1.3 Schulung (durch Universität)**
Inhaltliche Beschreibung:	Gemeint ist die Beschreibung der Schulung der agierenden Peers durch die Universität
Anwendung der Kategorie:	Die Kategorie wird bei den folgenden Äußerungen angewandt: • Beschreibung der Inhalte der Schulung • Ablauf der Schulung • Bewertung der Schulung • Lernerfahrungen während und durch die Schulung
Beispiele für Anwendungen:	„Wir hatten ja... Im Seminar hatten wir ja auch schon son paar Partnerübungen, wo man denn selber miteinander über... Ja das sind eigentlich heikle Themen so Prüfungsangst und so wat alles und dann... Und selber haben wir uns denn ja auch gegenseitig ausgetauscht darüber. So das denn da in meinen Augen denn noch, noch son bisschen das Vertrauen dann da so bisschen gestärkt wurde" (B-05) „Und naja, denn waren wir auch den ganzen Tach in der Uni (.) von morgens bis mittags und haben da halt Trainingseinheiten bekommen. Worüber das genau ging weiß ich jetzt gar nicht mehr so (.) im Einzelnen, aber es ging halt auch äh viel darüber um Dich selbst, was was Du selber ähm... bzw. was sind deine Fähigkeiten, was kannst Du gut und wie kannst du das jemandem anderen vermitteln." (C-12)

Hauptkategorie: 4. Durchführung und Umsetzung	
Name der Unterkategorie:	**4.1 Beschreibung des Ablaufes**
Name der Unter-Unterkategorie	**4.1.4 Zusammenarbeit mit der Zielgruppe und deren Unterstützung durch die Educator*innen/Mentor*innen**
Inhaltliche Beschreibung:	Gemeint ist die Interaktion der agierenden Peers mit der Zielgruppe
Anwendung der Kategorie:	Die Kategorie wird bei den folgenden Äußerungen angewandt: • Vermittlung fachlicher Inhalte • gemeinsames Üben von Prüfungsinhalten • Helfen bei Problemen/Fragen/Schwierigkeiten • Beschreibung der Art der Hilfe und Unterstützung • Agieren als Ansprechpartner*in • Liefern von Tipps und Ratschlägen • Vorbereitung der Zielgruppe auf die Zwischenprüfung
Beispiele für Anwendungen:	„Der hat dann nochmal versucht das nochmal für **uns** zu erklären. Weil der ja auch nu in unser, ich sag mal, unser Wellenlänge is. Nich so wie unser Lehrer und da muss ich echt sagen hat ers auch gut rübergebracht ja." (00:03:44) (H-08) „Also dann hatten wir einen Plan gemacht. Dann haben sie uns noch ein bisschen was abgefragt. Was zu der Zeichnung, so halt so ein bisschen Theorie. Was halt natürlich auch in der Prüfung drankommt. Ja, das (.) hat eigentlich auch gut geholfen. Vorbereitung." (00:02:06–3) (A-02)

Hauptkategorie: 4. Durchführung und Umsetzung	
Name der Unterkategorie:	**4.1 Beschreibung des Ablaufes**
Name der Unter-Unterkategorie	**4.1.5 Zusammenarbeit zwischen den Educator*innen/Mentor*innen**
Inhaltliche Beschreibung:	Gemeint ist das gemeinsame Agieren der Educator*innen/Mentor*innen
Anwendung der Kategorie:	Die Kategorie wird bei den folgenden Äußerungen angewandt: • gemeinsame Vorbereitung auf das Peer Projekt • Absprachen • Aufteilen von Arbeitsaufträgen • gemeinsame Organisation • gegenseitige Unterstützung • Erstellung eines Arbeitsplans
Beispiele für Anwendungen:	„Na wir haben, (.) uns immer abgesprochen was wir denn jetzt zum Beispiel den nächsten Tag denn mit denen, mit den Auszubildenden machen möchten und äh haben uns denn nen groben Plan immer gemacht. Und äh, ja da wurd... Da haben wir uns eigentlich immer während der Zeit, wir hatten ja genug Zeit denn immer uns zu besprechen. Und da haben wir denn immer alles abgequatscht und dann nächsten Tag dann auch so meistens durchgeführt wieder. Also wir haben eigentlich, ziemlich gut miteinander fungiert. Dass wir uns denn auch abgewechselt haben mit dem, mit dem unterstützen." (00:36:05) (B-05) „Also, wir haben schon viel miteinander so geplant und geredet." (B-01)

Hauptkategorie: 4. Durchführung und Umsetzung	
Name der Unterkategorie:	**4.1 Beschreibung des Ablaufes**
Name der Unter-Unterkategorie	**4.1.6 Zusammenarbeit und Unterstützung durch die Ausbilder*innen/Lehrkräfte**
Inhaltliche Beschreibung:	Gemeint ist die Art der Zusammenarbeit und Unterstützung der Auszubildenden/Schüler*innen durch die Ausbilder*innen/Lehrkräfte
Anwendung der Kategorie:	Die Kategorie wird bei den folgenden Äußerungen angewandt: • Bereitstellung von Zeit und Räumen • Ansprechpartner*in bei Fragen/Problemen • Feedback geben • zu wenig/keine Zusammenarbeit und Unterstützung
Beispiele für Anwendungen:	„Ich und mein Kollege uns erstmal Fragen ausgedacht. Und äh die wurden ja denn den Auszubildenden gestellt während der Prüfung. Und da hat er denn uns am Ende denn nochmal gesagt was wir denn da noch für bessere Fragen und was wir denn da noch allgemein besser machen können, das war ja für uns denn auch nochmal Neuland, denn als **Prüfer** sag ich jetzt mal nochmal zu fungieren. Und da hat er uns denn unterstützt und denn auch denn die entsprechenden Hinweise gegeben was wir da besser machen können." (00:35:03) (B-05) „Äh, einmal die Unterstützung auf jeden Fall durch unseren Ausbilder. (.) Weil du ja denn trotzdem natürlich nicht alles wusstest, ist ja klar. Das man denn zu dem kommen, gehen konnte. Das war eigentlich die wichtigste Hilfe." (B-01)

Hauptkategorie: 4. Durchführung und Umsetzung	
Name der Unterkategorie:	**4.2 Einschätzungen des Ablaufes**
Name der Unter-Unterkategorie	**4.2.1 Positive Rückmeldungen**
Inhaltliche Beschreibung:	Gemeint sind positive Rückmeldung zum Peer Learning
Anwendung der Kategorie:	Die Kategorie wird bei den folgenden Äußerungen angewandt: • Organisation • Ablauf • Planung • Strukturierung • allgemeine positive Einschätzung zum Projekt
Beispiele für Anwendungen:	„Da beim Seminar war sehr, sehr sehr freundlich hier euer... Das ist doch euer Dozent oder wer? Euer Dozent war sehr sympathisch, mit dem konnte man auch locker reden. Der hat denn auch alles gut vermittelt, ja war (.) gut, gut durchstrukturiert, gut geplant das Projekt." (B-05) „Also der Tach war gut durchstrukturiert, ähm (.) war gut geplant. Ähm. (.) Es wurde ja auch gut alles organisiert hier (.) zwischen Firma und Universität." (C-12)

Hauptkategorie: 4. Durchführung und Umsetzung	
Name der Unterkategorie:	4.2 Einschätzungen des Ablaufes
Name der Unter-Unterkategorie	4.2.2 Negative Rückmeldungen
Inhaltliche Beschreibung:	Gemeint sind negative Einschätzungen zum Peer Learning
Anwendung der Kategorie:	Die Kategorie wird bei den folgenden Äußerungen angewandt: • Organisation • Ablauf • Planung • Strukturierung • zu wenig Anleitung • Zeitraum/-rahmen für das Projekt • allgemeine negative Einschätzung zum Projekt
Beispiele für Anwendungen:	„Man hätte das intens- intensiver noch durchführen können, auch die Lehrer. Weil es gab halt wirklich Wochen, wo es komplett ignoriert wurde, so. Wo halt... Da habe ich total vergessen, dass dieses Projekt überhaupt lief. So und das dann der Kollege kam (..) und gesagt hat: ‚Das Projekt lief jetzt schon so lange.‘ ‚Oh äh Was fürn Projekt?‘ Das hätte man denn doch intensiver mal erwähnen können." (00:09:39) (H-12) „Ich glaube, dass man das viel, viel früher hätte anfangen müssen. Ich glaube wirklich, dass man so was im ersten Lehrjahr anfangen muss (.) und nicht erst, ähem, ja Ende des zweiten Lehrjahres." (G-09)

Hauptkategorie: 4. Durchführung und Umsetzung	
Name der Unterkategorie:	4.2 Einschätzungen des Ablaufes
Name der Unter-Unterkategorie	4.2.3 Verbesserungsvorschläge
Inhaltliche Beschreibung:	Gemeint sind Verbesserungsvorschläge für die Durchführung zukünftiger Peer Learning Projekte
Anwendung der Kategorie:	Die Kategorie wird bei den folgenden Äußerungen angewandt: • Anleitung durch Lehrkraft/Ausbilder*in • bessere Zeiteinteilung • längere Durchführung des Projektes • früherer Beginn des Projektes • keine Verbesserungsvorschläge
Beispiele für Anwendungen:	„Na ich denke es wär vielleicht noch besser gewesen ... gut es ist ne organisatorische Frage ... ist vielleicht noch ein bisschen weiter vor die Prüfung zu setzen. Also das ist .. Nee das war jetzt falsch ausgedrückt. Ähm na wir hatten ja noch so viel Zeit zwischen diesem Lernen und der Prüfung. Und das denn vielleicht noch ein bisschen der Zeitraum bisschen kleiner wird." (C-01) „Also ich glaube, dass, wenn ähh irgendwie ne, (.) ja wenn irgendwie'n Lehrer oder so dabei gewesen wär, (.) einfach nur das irgendwie so'ne Respektperson ange-, angewesend gewesen wäre, dann wär das glaub ich, alles n bisschen anders verlaufen, weil man dann ja wirklich so, (.) dann muss man das ja machen. Also, das hört sich jetzt so gezwungen an, aber, ehm (Pause, 3sek) dann hat man ja doch eher so, (.) ähh, ne Freistunde im Kopf, sag ich ma, wenn keiner mit anwesend is, wenn man so unter Freunden is. (..) Daher (Pause, 7sek) Das is jetzt kein (.) richtiges Beispiel." (00:09:46) (F-05)

Hauptkategorie: 4. Durchführung und Umsetzung	
Name der Unterkategorie:	**4.2 Einschätzungen des Ablaufes**
Name der Unter-Unterkategorie	**4.2.4 Resümee und Note**
Inhaltliche Beschreibung:	Gemeint ist ein abschließendes Fazit der Befragten sowie eine begründete Vergabe einer Note zwischen 1 und 6
Anwendung der Kategorie:	Die Kategorie wird bei den folgenden Äußerungen angewandt: • Geben eines Fazits • Geben einer Zusammenfassung • Geben einer Note von 1 bis 6 • Begründung der Note • allgemeine Einschätzung des Projektes
Beispiele für Anwendungen:	„Hmm, ja dann würd ich so... (3sek) Ja an sich würd ich da ne 1 geben, das hört sich zwar immer so... Ja so an so. (.) Ja weil ich ja schon immer die ganze Zeit gesagt... Ich hatte ja nichts Negatives, weil denn kann ich ja eigentlich nur ne 1 geben weil... Da hat ja alles gepasst. Wie eben schon gesagt auch so, wenn jetzt vielleicht das mit dem hier im Nachhinein nicht gewesen wär oder im Voraus so, denn wär's schlechter ausgefallen aber so war es jetzt gut. (.) Oder sehr gut ne, in diesem Fall." (01:08:23) (B-01) „Ich würd ne zwei geben ja, also ich fand's schon sehr gut aber wie gesagt, es war ja auch so, dass es halt noch n bisschen mehr hätte Struktur geben müssen, deshalb würde ich ne zwei geben." (00:17:34) (G-16)

Codierleitfaden Expert*innen

Hauptkategorie: 1. Lernen	
Name der Unterkategorie:	**1.1 gemeinsames Lernen der Auszubildenden/Schüler*innen**
Inhaltliche Beschreibung:	Gemeint ist, innerhalb des Peer Projektes zusammen mit anderen Peers zu lernen
Anwendung der Kategorie:	Die Kategorie wird bei den folgenden Äußerungen angewandt: • zusammen zu üben/lernen • gemeinsam Aufgaben zu lösen • sich gemeinsam auf die Prüfung vorzubereiten • besser zu lernen • voneinander zu lernen • Austausch über fachliche Inhalte • Spaß und Freude beim Lernen • Beschreibung des Ablaufes des Miteinanderlernens
Beispiele für Anwendungen:	„Und dann war das aber frontal. Das war jetzt nicht irgendwie sowas wie: ‚Ach machen wir mal (unverständlich) (0:43:56) -checking und der ist da für verantwortlich und der ist dafür verantwortlich und der dafür.', das hab ich jetzt nicht unbedingt raus erlebt, sondern, die haben sich eher getroffen, haben Fragen geklärt, die dann aufgetaucht sind, ähm, aber jetzt nicht indem man jetzt, ähm, jeden einzelnen gleichwertigen Kompetenzbereich zugeschrieben hat. Sondern [Name eines Educator] stand vorne und der hat dann immer so Fragen gestellt, ja." (0:44:13) (E11) „Ja, sie haben äh/ Ja, ganz salopp gesagt, sie haben sich Montagfrüh getroffen, äh haben sich in der Lehrwerkstatt hingesetzt, haben sich erstmal nach einer Zeichnung das Bauteil angeguckt und haben erstmal eine Frage-Antwort-Runde gespielt. Wie kann man welches Problem lösen oder wie kann man was bauen" (E1)

Hauptkategorie: 1. Lernen	
Name der Unterkategorie:	**1.2 Gegenseitiges Helfen der Auszubildenden/Schüler*innen**
Inhaltliche Beschreibung:	Gemeint ist, sich untereinander bei Fragen/Problemen/Unsicherheiten zu helfen und zu unterstützen
Anwendung der Kategorie:	Die Kategorie wird bei den folgenden Äußerungen angewandt: • anderen Auszubildenden bei Fragen/Problemen helfen • auf andere Auszubildende zugehen und ihnen helfen • anderen Auszubildenden Tipps oder Ratschläge geben • anderen Auszubildenden Inhalte vermitteln/etwas vorzeigen • anderen Auszubildenden Unterstützung anbieten
Beispiele für Anwendungen:	„dass sie sich dann immer gegenseitig auch son bissn pushen." (E7) „und dann ging es los und dann haben die Jungs immer quasi jetzt (ihr Werkzeug nicht hingelegt?), sie haben noch Hilfe, sie haben noch Tipps gegeben, sie haben mit festgehalten." (E1)

Hauptkategorie: 1. Lernen	
Name der Unterkategorie:	**1.3 Zeit für das Projekt/zum Lernen gekommen**
Inhaltliche Beschreibung:	Gemeint ist, die Möglichkeit für das Projekt erhalten zu haben sowie Zeit für das Lernen in der Berufsschule/im Betrieb zu bekommen
Anwendung der Kategorie:	Die Kategorie wird bei den folgenden Äußerungen angewandt: • Zeit und Räume zur Verfügung zu stellen • durch das Projekt zusammen lernen zu können
Beispiele für Anwendungen:	„das ich dann ihnen das ein oder andere mal auch Raum gegeben hab" (E11) „Aber, wie gesagt, es ist auch kein Thema, wenn ich merke, da gibt es Defizite, weil ein gutes Prüfungsergebnis (das?) ist in unser aller Interesse, dann strecke ich auch äh/ da stelle ich Freiräume zur Verfügung." (00:24:21) (E6)

Hauptkategorie: 2. Verhalten und Umgang der Gruppe/Klasse	
Name der Unterkategorie:	**2.1 Gruppenklima**
Inhaltliche Beschreibung:	Gemeint ist das Miteinander in den Pausen, im Unterricht sowie außerhalb des Betriebs/der Berufsschule
Anwendung der Kategorie:	Die Kategorie wird bei den folgenden Äußerungen angewandt: • positive Veränderung des Gruppenklimas • keine Veränderung des Gruppenklimas • negative Veränderung des Gruppenklimas • der Umgang der Auszubildenden/Schüler*innen
Beispiele für Anwendungen:	„Ähm (.) und (..) ja also grundsätzlich muss man ja sagen, dass bei den Azubis diese Gruppendynamik eigentlich schon mal recht positiv is, dass sie sich dann immer gegenseitig auch son bissn pushen. Kommt auch n bissn aufn Jahrgang an immer (.) und äh, hatte da eigentlich n ganz gutes Gefühl. Jetzt auch im Nachgang von der Auswertung." (E7) „Was ich so mitbekomme als Klassenlehrer und was mir auch die anderen Kollegen rückmelden, dass das dass das für die Gruppe das dieser Gruppe innerhalb sehr gut getan hat. Also, dass das hm das Gruppenklima sich dadurch verbessert." (E13)

Hauptkategorie: 2. Verhalten und Umgang der Gruppe/Klasse	
Name der Unterkategorie:	2.2 Arbeitsatmosphäre
Inhaltliche Beschreibung:	Gemeint ist die Arbeitsatmosphäre während (sowie nach) dem Peer Learning
Anwendung der Kategorie:	Die Kategorie wird bei den folgenden Äußerungen angewandt: • Lernbereitschaft der Auszubildenden/Schüler*innen • Spaß während des Peer Learning • Mitarbeit der Auszubildenden/Schüler*innen • respektvoller Umgang
Beispiele für Anwendungen:	„Denen hat das sehr viel Spaß gemacht, soweit wie ich das weiß" (E8) „Und muss für mich leider formulieren, dass ich sie doch mehr oder weniger erlebt habe, wie sie Handy gespielt haben, sich ihr iPad mitgenommen haben oder sich doch mehr in private Gespräche involviert haben." (E14)

Hauptkategorie: 2. Verhalten und Umgang der Gruppe/Klasse	
Name der Unterkategorie:	2.3 Feedback(-kultur)
Inhaltliche Beschreibung:	Gemeint ist, einander Feedback zu geben und bei Fragen/Problemen/Unsicherheiten auf andere zuzugehen
Anwendung der Kategorie:	Die Kategorie wird bei den folgenden Äußerungen angewandt: • bei Problemen/Unsicherheiten auf andere zugehen und nachfragen • eine/neue Ansprechperson/en haben • andere (nicht) vermehrt um Rat fragen
Beispiele für Anwendungen:	„Na, das liegt darin begründet, weil die beiden ja natürlich schon länger in der Produktion sind, sie haben schon mehrere Bereiche durchlaufen, ne. Können also aus ihrem Erfahrungsschatz natürlich äh viel mehr äh den Jugendlichen mitteilen und haben die Prüfung schon mal gemacht, ne. Also das war..." (00:48:53) (E3) „Also das ha- hat ja, hat vielen Lehrl- wahrscheinlich gezeigt, dass man einfach mal machen kann auch. Das es dann, wie gesagt, Vorteile bringt und dass es ja nicht nur... das dritte Lehrjahr hört jetzt bald auf, ähm, aber wir habens ja auch in den Jahren davor immer gehabt, dass die Azubis, die auslernen, die verschließen sich ja nicht gegenüber den Azubis denn. Die sagen ja nicht: ‚Oh nee, mich brauchst du nicht wieder anrufen, ich bin jetzt kein Azubi mehr'. Die bieten das ja durchaus aktiv an. Das wird nur halt von den Azubis wenig angenommen. Ne und vielleicht ist das jetzt die Chance jetzt mal zu sehen: ‚Mensch, bringt ja wirklich was, wenn ich den mal frag, der **weiß** ja was.'" (0:27:57) (E5)

Hauptkategorie: 2. Verhalten und Umgang der Gruppe/Klasse	
Name der Unterkategorie:	**2.4 Kommunikation**
Inhaltliche Beschreibung:	Gemeint ist die Kommunikation der Auszubildenden/Schüler*innen untereinander
Anwendung der Kategorie:	Die Kategorie wird bei den folgenden Äußerungen angewandt: • auf Augenhöhe kommunizieren • auf gleicher Wellenlänge sein • mehr miteinander reden • gesunkene Hemmschwelle, Gespräche zu führen • durch gleiches Alter/gleiche Lebenslage leichter Gleichaltrige ansprechen können
Beispiele für Anwendungen:	„Wie ich das jetzt wahrgenommen habe äh, (.) warum äh die Jungs äh an die herangetreten sind, (…) ja ich kann es auch wieder nur sagen äh, es ist einfacher mit einem Gleichaltrigen, mit einem auf gleicher Wellenlänge äh zu stehen und äh mit ihnen ins Gespräch zu kommen. Das ist immer so, ja, mehr kann ich dazu auch ehrlich gesagt gerade nicht sagen. Also so habe ich es äh wahrgenommen." (00:39:44) (E1) „Es ist/ Aufgrund äh der Gleichaltrigkeit äh von allen äh ist es einfacher, weil wenn ich mit einem Gleichaltrigen etwas zusammen mache, ist es mehr ein freundschaftliches Verhältnis, als, wenn ich jetzt von oben herab äh als Ausbilder äh ja/ Da ist ja, da ist ja irgendwo doch, doch eine kleine Distanz. Und äh das, das konnte ich feststellen, die Jungs waren viel entspannter." (E1)
Abgrenzung zu anderen Kategorien	Feedback(-kultur) im Sinne von reiner Rückmeldung ist hier nicht gemeint → Abgrenzung zur Kategorie 2.3 Feedback(-kultur)

Hauptkategorie: 2. Verhalten und Umgang der Gruppe/Klasse	
Name der Unterkategorie:	**2.5 Beziehungsgestaltung**
Inhaltliche Beschreibung:	Gemeint ist die Beziehung der Auszubildenden/Schüler*innen untereinander, sich besser kennenzulernen oder neue Bekanntschaften/Freundschaften aufzubauen
Anwendung der Kategorie:	Die Kategorie wird bei den folgenden Äußerungen angewandt: • gestiegener Kontakt untereinander • neue Kontakte zu knüpfen • sich näher kennenzulernen • sich besser verstehen
Beispiele für Anwendungen:	„Ähm, ich glaub dafür ist das Projekt wirklich gut gewesen, die mal auf den Trichter zu bringen, dass es ja durchaus Vorteile hat, wenn man mal Kontakt hat, ne. Also (.) ich glaub das liegt schon am Projekt, ja." (0:26:58) (E5) „Also der Lehrende und der Lernende und so, dass sie sich da doch nochmal so ein bisschen intensiver kennengelernt haben. Und ich habe das auf jeden Fall gemerkt." (E6)

Hauptkategorie: 2. Verhalten und Umgang der Gruppe/Klasse	
Name der Unterkategorie:	2.6 Zusammenhalt
Inhaltliche Beschreibung:	Gemeint ist der Zusammenhalt (aller) in der Gruppe
Anwendung der Kategorie:	Die Kategorie wird bei den folgenden Äußerungen angewandt: • stärkerer Zusammenhalt • Förderung der Teamfähigkeit/Kooperation • bessere Zusammenarbeit • stärkeres Gruppengefühl • keine Veränderung
Beispiele für Anwendungen:	„Grade, weil natürlich auch Teamfähigkeit gefördert wird. Das ist natürlich eine wichtige Kompetenz ist, die sie dann später brauchen." (E13) „und (.) ähm (.), wenn dann habe- haben sie sich nochmal (.) in ihrer Zusammengehörigkeit zumindest nicht verschlechtert. Obs sich jetzt verbessert hat, kann ich gar nicht beurteilen." (E11)

Hauptkategorie: 2. Verhalten und Umgang der Gruppe/Klasse	
Name der Unterkategorie:	2.7 Solidarität
Inhaltliche Beschreibung:	Gemeint ist sowohl das eigene „solidarische" Verhalten in der Gruppe als auch das „solidarische" Verhalten der Gruppe, anderen zu helfen, beim Lernen bzw. Bestehen der Prüfung. Auch gemeint sind die Eingebundenheit einzelner Personen in der Gruppe, soziale Eingebundenheit im Sinne von Anerkennung und der Rückgang von Ausgrenzung
Anwendung der Kategorie:	Die Kategorie wird bei den folgenden Äußerungen angewandt: • Verantwortung für alle haben/übernehmen • Erkennen von Leistungsstarken/Leistungsschwachen • Unterstützung Leistungsschwächerer • nicht nur für sich, sondern für alle zu arbeiten • Rücksicht auf andere zu nehmen
Beispiele für Anwendungen:	„Das liegt alleine an der Verantwortung, weil ähm, wenn ich eine Verantwortung für jemanden habe, dann habe ich nicht nur eine, eine eigene Verantwortung für mich und meine Arbeit, sondern auch für andere Menschen." (E1) „Wo da auch eins, zwei Stärkere mit bei waren, die sich denn um drei, vier Schwächere gekümmert haben." (E10)

Hauptkategorie: 3. Stellvertretende Erfahrungen und Erlebnisse	
Name der Unterkategorie	**3.1 Fachliche Kompetenz**
Inhaltliche Beschreibung:	Gemeint ist eine Wahrnehmung oder ein Beobachten von fachlichen Fähigkeiten bei den Auszubildenden im Sinne einer Kompetenzentwicklung
Anwendung der Kategorie:	Die Kategorie wird bei den folgenden Äußerungen angewandt: • gestiegene Selbstsicherheit in fachlichen/beruflichen Fähigkeiten • gute Vorbereitung auf die Zwischenprüfung • verbessertes Lern-/Arbeitsverhalten • gestiegene fachliche Qualität • gestiegene Arbeitsqualität • Entwicklung fachspezifischer/berufsspezifischer Inhalte • keine fachliche Kompetenzentwicklung
Beispiele für Anwendungen:	„das liegt aber auch daran, dass sie wirklich schon äh ja ich sage mal sehr viel fachliche Erfahrung gesammelt haben. Das macht sie auch sicher und, und, wenn ich etwas lerne und das öfters umsetzen kann, dann werde ich immer sicherer, das ist in jedem Lernprozess so. Sonst würden sie nicht lernen. Und, und das denke ich mal, das meinten die Jungs dann damit. Also davon gehe ich dann auch aus und ja/" (00:37:42) (E1) „Also es ist auf jeden Fall, ähm (.) mh (..), eine Vorbereitung für die, für die, ähm (.), Prüfungen, die sie dadurch auch wahr- wahrgenommen haben. **Wobei** ich glaube, dass das auch so passiert wär." (E11)

Hauptkategorie: 3. Stellvertretende Erfahrungen und Erlebnisse	
Name der Unterkategorie	**3.2 Personale Kompetenz**
Inhaltliche Beschreibung:	Gemeint ist eine Wahrnehmung oder ein Beobachten von personaler Kompetenz(-entwicklung) bei den Auszubildenden
Anwendung der Kategorie:	Die Kategorie wird bei den folgenden Äußerungen angewandt: • verstärktes Selbstvertrauen/Selbstsicherheit • erlangte Selbstständigkeit • Durchhaltevermögen • Belastbarkeit • keine personale Kompetenzentwicklung
Beispiele für Anwendungen:	„wenn ich das halt für die Teilnehmer aus dem [Berufsbereich] so sagen kann, ja, die haben da (.) in puncto Selbstständigkeit, Charakterstärke, ja, haben die echt zugelegt." (00:16:31) (E4) „Na, (.) keine bewussten jetzt erst mal." (00:35:30) (E6)

Hauptkategorie: 3. Stellvertretende Erfahrungen und Erlebnisse	
Name der Unterkategorie	**3.3 Soziale Kompetenz**
Inhaltliche Beschreibung:	Gemeint ist eine Wahrnehmung oder ein Beobachten von sozialer Kompetenz(-entwicklung) bei den Auszubildenden
Anwendung der Kategorie:	Die Kategorie wird bei den folgenden Äußerungen angewandt: • Tipps/Ratschläge geben • Verantwortung übernehmen • Führung übernehmen • Kooperation mit anderen • Förderung von Empathie/Einfühlungsvermögen/Perspektivenübernahme • Wertschätzung/Respekt voreinander • keine soziale Kompetenzentwicklung
Beispiele für Anwendungen:	„und dann ging es los und dann haben die Jungs immer quasi jetzt (ihr Werkzeug nicht hingelegt?), sie haben noch Hilfe, sie haben noch Tipps gegeben, sie haben mit festgehalten." (E1) „Naja mal neue Einblicke, auch mal son bisschen Rollenwechsel, ich mein da musste sich ja dann doch einer mal in die Rolle des Ausbilders quasi einfügen und äh, das is sicherlich auch mal nich schlecht. Nochmal zu sehen, dass man denkt, dass man den irgendwas vermitteln muss." (0:23:11) (E7)

Hauptkategorie: 3. Stellvertretende Erfahrungen und Erlebnisse	
Name der Unterkategorie	**3.4 Autonomie/Selbstständigkeit**
Inhaltliche Beschreibung:	Gemeint ist eine Wahrnehmung oder ein Beobachten von autonomem/selbstständigem Handeln im Projekt bei den Auszubildenden
Anwendung der Kategorie:	Die Kategorie wird bei den folgenden Äußerungen angewandt: • selbstständiges Arbeiten • Zurückhaltung der Ausbilder*innen/Lehrkräfte • fehlende/keine Anleitung
Beispiele für Anwendungen:	„So und da habe ich sie einfach nur beobachtet dabei. Dann sind sie alleine schon zu Lösungen äh gekommen, wo ich sage, ‚okay, brauchst du nicht mal einschreiten'. Und das haben sie gemacht unter sich" (E1) „Und ich glaube, es muss jemanden geben, der das lenkt und leitet. Ne? Der erst mal ein Stück weit mitgeht und dann halt die loslässt. Und vielleicht muss man das einfach mit kleineren Projekten machen oder mit kleineren Sachen machen. Ne? Dass die so im Prinzip, so nach dem Motto: Hilf mir, es selbst zu tun, vielleicht da herangeführt werden, und dann machen sie es." (E15)

Hauptkategorie: 3. Stellvertretende Erfahrungen und Erlebnisse	
Name der Unterkategorie	**3.5 Heterogenität/Individualität**
Inhaltliche Beschreibung:	Gemeint ist die Wahrnehmung von Unterschiedlichkeiten der Auszubildenden/Schüler*innen innerhalb der Ausbildungsklasse
Anwendung der Kategorie:	Die Kategorie wird bei den folgenden Äußerungen angewandt: • Erkennen leitungsstarker Personen • Erkennen leistungsschwacher Personen • Erkennen unterschiedlicher Leistungsniveaus • Zusammenarbeit der Leistungsstarken mit Leistungsschwächeren und Unterstützung der letzteren
Beispiele für Anwendungen:	„lso wir haben in den Ausbildungsjahren, ähm, immer ne ganz gute Mischung drin. Also wir haben nicht nur 17-Jährige und nicht nur irgendwie gereifte Persönlichkeit von 28 Plus, das is schon relativ durchwaschen, ne. Also die nehmen sich da gegenseitig schon son bisschen an die Hand. Ähm, klappt mal mehr mal weniger gut, aber meistens klappts, wirklich gut, ähm, dass wir da ne Mischung drin haben von Leuten die schon n bisschen, bisschen im Leben stehen und bisschen gefestigt sind (.) **in** ihrer Persönlichkeit und dazu halt son paar, ja, dass sind ja teilweise Schulkinder, die dann da reinrutschen quasi. Ähm, aber die nehmen sich da gegen- schon gegenseitig an die Hand, unterstützen sich da gegenseitig" (E5) „Also ich fand es schade, dass gerade die Schüler, die lernschwach sind, nicht die Möglichkeit genutzt haben, sich mit den Lernstarken zusammenzutun." (E14)

Hauptkategorie: 3. Stellvertretende Erfahrungen und Erlebnisse	
Name der Unterkategorie	**3.6 Motivation** **3.6.1 der Mitschüler*innen**
Inhaltliche Beschreibung:	Gemeint ist die wahrgenommene Motivation bei der Zielgruppe
Anwendung der Kategorie:	Die Kategorie wird bei den folgenden Äußerungen angewandt: • Motivation zur aktiven Arbeit im Projekt • fehlende Motivation zur aktiven Arbeit im Projekt • Motivation für die weitere Ausbildung
Beispiele für Anwendungen:	„Naja, sie haben das ja selber positiv **bewertet**, also es is sicherlich auch nochmal, wenn man das im regulären Betrieb anwendet dann sicherlich auch nochmal (.) Motivation auch was zu machen." (E7) „wobei ich jetzt das Gefühl hatte, dass so eins zwei Leute nich so ganz motiviert bei der Sache waren." (0:18:41) (E7)

Hauptkategorie: 3. Stellvertretende Erfahrungen und Erlebnisse	
Name der Unterkategorie	3.6 Motivation 3.6.2 der Educator*innen/Mentor*innen
Inhaltliche Beschreibung:	Gemeint ist die bei den agierenden Peers wahrgenommene Motivation
Anwendung der Kategorie:	Die Kategorie wird bei den folgenden Äußerungen angewandt: • Motivation zur Durchführung des Projektes • keine Motivation zur Durchführung des Projektes
Beispiele für Anwendungen:	„Naja, die beiden Auszubildenden wo sie jetzt gewählt wurden, ne, waren dann aber auch wirklich (.) nicht euphorisch, aber sehr offen, bereit äh dann auch diese Schulung mitzumachen, dann auch sich einzubringen." (E3)

Hauptkategorie: 4. Durchführung und Umsetzung	
Name der Unterkategorie:	4.1 Beschreibung des Ablaufes
Name der Unter-Unterkategorie	4.1.1 Vorbereitung (intern in der Institution Schule/Betrieb)
Inhaltliche Beschreibung:	Gemeint ist die Vorbereitung für die Durchführung des Peer Learning
Anwendung der Kategorie:	Die Kategorie wird bei den folgenden Äußerungen angewandt: • das Projekt vorgestellt • agierende Peers gewählt • Bögen zur Wahl der Peer Educator*innen/Mentor*innen • Zeit/Räume zur Verfügung gestellt
Beispiele für Anwendungen:	„Und wir haben dann gesagt, ‚okay äh wir suchen uns die zwei, drei Jugendlichen, die das machen', und wir haben sie natürlich auch gefunden" (E1)

Hauptkategorie: 4. Durchführung und Umsetzung	
Name der Unterkategorie:	4.1 Beschreibung des Ablaufes
Name der Unter-Unterkategorie	4.1.2 Vorbereitung der Auszubildenden/Schüler*innen (Organisation)
Inhaltliche Beschreibung:	Gemeint ist die Vorbereitung der Auszubildenden/Schüler*innen für die Durchführung des Peer Projektes
Anwendung der Kategorie:	Die Kategorie wird bei den folgenden Äußerungen angewandt: • Organisation der Räume • Organisation der Termine
Beispiele für Anwendungen:	„Äh, die haben sich nen...Die haben sich, glaube ich, 'nen Besprechungsraum gesucht" (E4) „Dann haben sie sich einen Termin geholt bei der (..)/ in einer [Werkstatt]" (E6)

Hauptkategorie: 4. Durchführung und Umsetzung	
Name der Unterkategorie:	**4.1 Beschreibung des Ablaufes**
Name der Unter-Unterkategorie	**4.1.3 Vorbereitung auf die Rolle als Educator*in/Mentor*in**
Inhaltliche Beschreibung:	Gemeint ist die Vorbereitung der agierenden Peers für die Durchführung des Peer Learning und ihre Rolle als Educator*in/Mentor*in
Anwendung der Kategorie:	Die Kategorie wird bei den folgenden Äußerungen angewandt: • Terminvereinbarungen • fachliche Vorbereitung • fachliche Vorbereitung • Vorbereitung der Methoden/Arbeitsmaterialien • Absprechen des Ablaufes mit der gesamten Gruppe
Beispiele für Anwendungen:	„Also die sind tatsächlich ähm, ab und zu mal ein Tag zwischendurch im Unternehmen gewesen und haben sich dann aber auch das zweite Ausbildungsjahr gekrallt und haben sich mit denen hingesetzt und mit denen Termine gemacht." (E5)

Hauptkategorie: 4. Durchführung und Umsetzung	
Name der Unterkategorie:	**4.1 Beschreibung des Ablaufes**
Name der Unter-Unterkategorie	**4.1.4 Schulung (durch Universität)**
Inhaltliche Beschreibung:	Gemeint ist die Beschreibung der Schulung der agierenden Peers durch die Universität
Anwendung der Kategorie:	Die Kategorie wird bei den folgenden Äußerungen angewandt: • Beschreibung der Inhalte der Schulung • Ablauf der Schulung • Bewertung der Schulung
Beispiele für Anwendungen:	„Dann wurden sie ja dann zwischendurch mal geschult, ne. Wie man dann äh solche Dinge, wie so ein/ ja, wie man das aufbaut, wie man vielleicht auch mal ins Gespräch kommt" (E1)

Hauptkategorie: 4. Durchführung und Umsetzung	
Name der Unterkategorie:	4.1 Beschreibung des Ablaufes
Name der Unter-Unterkategorie	4.1.5 Zusammenarbeit mit der Zielgruppe und deren Unterstützung durch die Educator*innen/Mentor*innen
Inhaltliche Beschreibung:	Gemeint ist die Interaktion der agierenden Peers mit der Zielgruppe
Anwendung der Kategorie:	Die Kategorie wird bei den folgenden Äußerungen angewandt: • gemeinsames Üben von Prüfungsinhalten • Helfen bei Problemen/Fragen/Schwierigkeiten • Beschreibung der Art der Hilfe und Unterstützung • Liefern von Tipps und Ratschlägen • Einschätzung der Zusammenarbeit und Unterstützung
Beispiele für Anwendungen:	„und ähm konnte dann ähm die verbleibende Zeit nutzen ebend, um (.) in seinem Umkreis oder auch weiter entfernter Umkreis äh Unterstützung °zu geben°. (…) Das habe ich äh (.) gesehen" (E12) „Das heißt Arbeitsorganisatoren, Arbeitsplanung, das sind so Dinge, wo sich die meisten Jugendlichen immer ein bisschen verzetteln, gerade bei Prüfungen, Prüfungsangst und diese ganze Geschichte ähm. Aber äh die beiden haben das in die richtige Bahn gelenkt und haben äh dem zweiten Lehrjahr gesagt, ‚so, so, so müsst ihr es machen'" (E3)

Hauptkategorie: 4. Durchführung und Umsetzung	
Name der Unterkategorie:	4.1 Beschreibung des Ablaufes
Name der Unter-Unterkategorie	4.1.6 Zusammenarbeit mit der Zielgruppe und deren Unterstützung durch die Ausbilder*innen/Lehrkräfte
Inhaltliche Beschreibung:	Gemeint ist die Art der Zusammenarbeit und Unterstützung der Auszubildenden/Schüler*innen durch die Ausbilder*innen/Lehrkräfte
Anwendung der Kategorie:	Die Kategorie wird bei den folgenden Äußerungen angewandt: • Bereitstellung von Zeit und Räumen • Ansprechpartner*in bei Fragen/Problemen • Feedback geben • Hilfe bei fachlicher Vorbereitung • zu wenig/keine Zusammenarbeit und Unterstützung
Beispiele für Anwendungen:	„Ich habe natürlich vorher mit den Jungs besprochen äh, was sie mal so für technische Fragen stellen könnten, in der Prüfung direkt. Die Prüfung ist ja mehr so aufgebaut, ich habe äh fünf, sechs theoretische Fragen, ich führe Fachgespräche mit den jeweiligen Prüflingen und das sollten die Jungs auch so machen." (E1) „Also zum Beispiel, ähm (.), war's so, dass ich auch in meinem Raum nochmal so nachdem praktisch am f-, äh, En- also Ende Mai die Prüfungen, ähm, -szeit **begonnen hat**, für die Schüler, ähm, dann im Prinzip mit meinem Stoff auch schon mehr oder weniger im [Berufsbereich] soweit durch war, als das ich dann ihn das ein oder andere mal auch Raum gegeben hab, damit ich ja auch mal dabei sein kann, sozusagen und mal sehen kann, wie das umsetzen" (E11)

Hauptkategorie: 4. Durchführung und Umsetzung	
Name der Unterkategorie:	**4.2 Einschätzungen des Ablaufes**
Name der Unter-Unterkategorie	**4.2.1 Positive Rückmeldungen**
Inhaltliche Beschreibung:	Gemeint sind positive Rückmeldung zum Peer Learning
Anwendung der Kategorie:	Die Kategorie wird bei den folgenden Äußerungen angewandt: • Organisation • Ablauf • Planung • Strukturierung • Wissenschaftlichkeit
Beispiele für Anwendungen:	„also von der...von der Umsetzung, so wie es jetzt gelaufen wird, war es jetzt schon nicht...ist es nicht schlecht gewesen" (E4) „Und, und so wie ihr die Sachen gestartet habt äh, muss ich sagen, ist es sehr, ja sehr qualitativ hochwertig. Okay?" (00:40:51) (E1)

Hauptkategorie: 4. Durchführung und Umsetzung	
Name der Unterkategorie:	**4.2 Einschätzungen des Ablaufes**
Name der Unter-Unterkategorie	**4.2.2 Negative Rückmeldungen**
Inhaltliche Beschreibung:	Gemeint sind negative Einschätzungen zum Peer Learning
Anwendung der Kategorie:	Die Kategorie wird bei den folgenden Äußerungen angewandt: • Organisatorischer und zeitlicher Aufwand • zeitliches Zusammenkommen • Fehlen von Zeit • Kritik an der freiwilligen und klassenübergreifenden Teilnahme • zu wenig Involvierung der Ausbilder*innen/Fachkräfte • keine Kritik
Beispiele für Anwendungen:	„Es wäre schön gewesen, wenn wir in dieses Projekt mit involviert gewesen wären im Vorfeld. Dass wir auch wissen, was da passiert. Ne? Und dann hätte man das sicher auch noch anders begleiten können, aber dadurch, dass wir ja keine Infos darüber hatten als Lehrkräfte und nichts an uns herangetragen wird, ist es eigentlich für mich verlorene Zeit gewesen, muss ich ganz ehrlich sagen." (00:13:26) (E14) „Für mich ist es halt der organisatorische Aufwand dahinter gewesen, aber ansonsten hab ich, hab ich davon dann **wenig** mitbekommen." (E5)

Hauptkategorie: 4. Durchführung und Umsetzung	
Name der Unterkategorie:	**4.2 Einschätzungen des Ablaufes**
Name der Unter-Unterkategorie	**4.2.3 Verbesserungsvorschläge**
Inhaltliche Beschreibung:	Gemeint sind Verbesserungsvorschläge für die Durchführung zukünftiger Peer Learning Projekte
Anwendung der Kategorie:	Die Kategorie wird bei den folgenden Äußerungen angewandt: • Anleitung durch Lehrkraft/Ausbilder*in • bessere Zeiteinteilung • längere Durchführung des Projektes • früherer Beginn der Planung und Durchführung des Projektes • keine Verbesserungsvorschläge • intensivere Durchführung der Schulung • stärkere Einbindung der Ausbilder*innen/Lehrkräfte • Anwendung des Projektes in anderen Ausbildungsberufen • fester Bestandteil des Projektes im Stundenplan • Praxisbezug
Beispiele für Anwendungen:	„Also ich glaube, man muss es besser begleiten. Also ich habe es jetzt ja nicht viel beobachtet. Ne? Wie gesagt, ich war ja jetzt da gar nicht aktiv da dabei oder da drinnen. Aber ich glaube, man muss die Schüler halt einfach vielleicht auch noch irgendwie ein Stück weit mehr an die Hand nehmen und da ranführen, damit das wirklich auch Erfolg hat. Damit auch diese Gruppen oder damit diese Gruppendynamik halt auch besteht, und Bestand hat. Damit das halt eben wirklich auch erst mal losgetreten wird." (00:18:21) (E15) „Wie gesagt, also das is der Zeitaufwand, den man im Auge- Auge behalten muss, dass man die halt alle zusammenkriegt und das muss ja auch irgendwie reinpassen." (E5)

Hauptkategorie: 4. Durchführung und Umsetzung	
Name der Unterkategorie:	**4.2 Einschätzungen des Ablaufes**
Name der Unter-Unterkategorie	**4.2.4 zukünftige Peer Learning Projekte**
Inhaltliche Beschreibung:	Gemeint ist die Bedeutung zukünftiger Peer Learning Projekte in Deutschland in Betrieben bzw. der Berufsschule
Anwendung der Kategorie:	Die Kategorie wird bei den folgenden Äußerungen angewandt: • vermehrtes und längeres Durchführen von Peer Learning • Einbindung des Peer Learning in den betrieblichen/schulischen Alltag • Einbezug anderer Betriebe • Art der Durchführung der Projekte in den Betrieben
Beispiele für Anwendungen:	„Ich persönlich würde es begrüßen, wenn man das noch mal macht und dann vielleicht auch weiter aufrollt, wie gesagt" (00:25:03) (E4) „Ich weiß ja nich, wie's bei andern Unternehmen is, aber zumindest bei **uns**, äh, wie gesagt, äh, kann das durchaus n Instrument sein (.), gerade bei den Sachen, äh, die doch n bisschen lernstoffintensiver sind, äh, und und nicht ganz so praxisorientiert äh, dass man das n bisschen abwechslungsreicher und interessanter auch gestaltet, für die Azubis. Also wenn se jetzt in ner Werkstatt sind oder halt im [Tätigkeitsbereich] Anrufe entgegennehmen oder halt die [Tätigkeitsbereich] für irgendwelche, äh, **Beratungen** organisieren, da is das sicherlich nich so zielführend, aber, gerade bei uns, wo halt sehr viel theoretischer Stoff auch is oder meinetwegen auch in ner [Tätigkeitsbereich], wenn sie halt, äh, Theorie pauken, dann is das sicherlich ganz sinnvoll." (0:35:58) (E7)

Hauptkategorie: 4. Durchführung und Umsetzung	
Name der Unterkategorie:	4.2 Einschätzungen des Ablaufes
Name der Unter-Unterkategorie	4.2.5 Resümee und Note
Inhaltliche Beschreibung:	Gemeint ist ein abschließendes Fazit der Befragten sowie eine begründete Vergabe einer Note zwischen 1 und 6
Anwendung der Kategorie:	Die Kategorie wird bei den folgenden Äußerungen angewandt: • abschließendes Fazit • Geben einer Note • Begründung der Note
Beispiele für Anwendungen:	„Ja habe ich ja eben gesagt, ich bin sehr zufrieden, das ist eine Eins äh. Äh meine Erwartungen äh wurden erfüllt äh, das Ergebnis äh ist genauso wie ich es erhofft habe, äh alles gut." (00:45:08) (E3) „Na das is ja mein Job geschuldet, dass ich da nicht so viel Zeit für hab ne, ähm, ähm, würde ich jetzt, also (lachen) aus der- aus der Laune heraus erstmal ne 3 geben, weil es is ja für mich viel organisatorischer Aufwand halt, ne. Ähm, so an sich is es aber ne 2 definitiv, also (schnaufen), ne 1 kriegt man bei mir ganz schlecht ne, deswegen is ne 2 schon (.) ganz gut. Ähm (..), wenn ich mehr Zeit hätte und mich damit noch hätte intensiver beschäftigen können, wäre es glaub ich noch ganz gut, noch... vielleicht noch n bisschen cooler geworden, aber ich, bin zufrieden, ist alles gut. So." (0:24:40) (E5)

Hauptkategorie: 4. Durchführung und Umsetzung	
Name der Unterkategorie:	4.3 Allgemeine Einschätzungen
Inhaltliche Beschreibung:	Gemeint sind allgemeine (subjektive, individuelle) Einschätzung zum Peer Learning
Anwendung der Kategorie:	Die Kategorie wird bei den folgenden Äußerungen angewandt: • subjektive Kritik • subjektives Lob • interne Probleme z. B. in den Klassen • Einschätzung zur Grundidee/zur Umsetzung • eigenes Erleben • Grundsätzliches • Einstellungen zum Peer Learning
Beispiele für Anwendungen:	„Ja, es war ungewohnt äh, weil ich lasse mir nicht gerne die Fäden aus der Hand nehmen (lacht)" (E1) „Ähm, bisschen problematisch wars am Anfang, dass noch nicht der gesamte Stoff, der in diesen Prüfungsaufgaben abgefragt wurde, in der Berufsschule schon behandelt wurde. Das hats am Anfang n bisschen kompliziert gemacht, ähm in der, in der, in der zweiten Welle da gings dann aber." (E7)
Abgrenzung zu anderen Kategorien	Nicht gemeint sind Einschätzungen des Ablaufs und die Planung/Organisation der Universität → Abgrenzung zu Kategorie 4.2 „Einschätzungen des Ablaufes"

Melanie Sittig

Förderung von heterogenen Zielgruppen im Übergang Schule – Beruf

Eine empirische Untersuchung von Landesstrategien und regionalen Förderkonzepten der Beruflichen Orientierung

Im Übergang von der Schule in den Beruf begegnen Jugendliche verschiedenen Herausforderungen, die ihre Chancen auf eine durch Erwerbstätigkeit gesicherte Zukunft beeinflussen. In den vergangenen Jahren haben sich Landesstrategien und regionale Förderkonzepte zur Unterstützung dieses Prozesses entwickelt. Um diese näher zu ergründen, wurde eine empirische Untersuchung auf quantitativer und qualitativer Ebene durchgeführt. Diese befasst sich mit der Forschungsfrage, welche Strukturen eine Landesstrategie aufweisen sollte, um heterogene Zielgruppen mit spezifischem Unterstützungsbedarf mit Angeboten der Beruflichen Orientierung zu erreichen und somit im Prozess des Übergangs von der Schule in den Beruf zu fördern.

wbv.de/bwp

Berufsbildung, Arbeit und Innovation – Dissertationen und Habilitationen, 74
283 S., 49,90 € (D)
ISBN 978-3-7639-7286-9
E-Book im Open Access